泰山区年鉴

2018

泰 安 市 泰 山 区 人 民 政 府　主办

中共泰安市泰山区委党史征集研究办公室
泰安市泰山区年鉴编辑委员会办公室　编

方志出版社
Publishing House of Local Records

图书在版编目(CIP)数据

泰山区年鉴. 2018/中共泰安市泰山区委党史征集研究办公室，泰安市泰山区年鉴编辑委员会办公室编.——北京：方志出版社，2018.9

ISBN 978-7-5144-3313-5

I.①泰… II. ①中… ②泰… III. ①区（城市）—泰安—2018—年鉴 IV. ①Z525.24

中国版本图书馆 CIP 数据核字（2018）第 224263 号

泰山区年鉴（2018）

编　　者：中共泰安市泰山区委党史征集研究办公室
泰安市泰山区年鉴编辑委员会办公室
责任编辑：刘　珊

出 版 人：冀祥德
出 版 者：方志出版社
地址　北京市朝阳区潘家园东里 9 号（国家方志馆 4 层）
邮编　100021
网址　http://www.fzph.org
发　　行：方志出版社图书经销中心
电话（010）67110500
经　　销：各地新华书店
印　　刷：山东省泰安市长城印刷有限公司

开　　本：889mm×1194mm　1/16
印　　张：18
字　　数：556 千字
版　　次：2018 年 9 月第 1 版　2018 年 9 月第 1 次印刷
印　　数：001~800 册

ISBN 978-7-5144-3313-5　　定价：178.00 元

泰安市泰山区地方史志编纂委员会

名誉主任　赵　斌

主　　任　王爱新

副 主 任　王冠祥　栾　静

委　　员　周　栋　李　力　王玉贞　张继峰　沈坤远　张荣田
　　　　　王景银　霍　蕾　杨卫兵　冯　立　邹　斌　徐振峰
　　　　　展新维　翟代伟　朱　杰　胡继峰　宋绪勇　刘玉朴
　　　　　栗长峥　周义红

《泰山区年鉴(2018)》编审人员

主　　审　王爱新

副 主 审　王冠祥　栾　静

主　　编　胡继峰

执行主编　刘玉朴

副 主 编　栗长峥　周义红　彭锡瑞　于宪忠

编　　辑　杨　扬　杨　冉　蒋晨晨　万　霞　韩丽瑾

编　　务　王　忠

编 辑 说 明

1.《泰山区年鉴》是泰山区人民政府主办，泰山区地方史志办公室编辑的综合性、资料性鉴刊，是详细载录泰山区区情的大型资料性工具书。全书以马克思列宁主义、毛泽东思想、邓小平理论、“三个代表”重要思想、科学发展观、习近平新时代中国特色社会主义思想为指导，坚持辩证 和历史唯物主义的立场、观点和方法，全面、客观、系统地记载2017年全区政治、经济、文化和各项社会事业发展的新情况、新变化、新成绩，为各级领导机关决策提供参考依据，为社会各界和人民群众提供信息资料，为建设经济文化强区服务，为宣传泰山区、研究泰山区服务。

2.《泰山区年鉴（2018）》，时间断限为2017年1月1日至2017年12月31日，部分资料的时限适当上溯或下延。

3. 本卷年鉴采用分类编辑法，由类目、分目、条目三个层次组成，以条目为基本记载单元。

4. 本卷《泰山区年鉴》设22个类目，依次为：特载、大事记、区情概览、政党·政权·政协、民主党派·群众团体、法治、经济综合管理、农业·农村经济、工业·信息化产业·商业、财政·税务、金融、交通·旅游、城乡建设·环境保护、科技园区开发区、科技、教育·体育、文化、卫生计生、社会生活、街道·镇、人物、附录等栏目。

5. 本卷《泰山区年鉴》以文字记述为主，结合文字内容，插入相应图片。

6. 本卷《泰山区年鉴》资料和数据由区直各部门、各街道（镇）提供并确认。综合性数据依区统计局公布数据核定。

7. 大津口乡于2005年划归泰山风景文物管理委员会管理，行政版图保留。

2017年1月16日— 18日，中共泰安市泰山区第十三次代表大会召开

2017年1月21日— 24日，泰山区第十七届人民代表大会第一次会议召开

2017年1月20日—23日，政协第十三届泰安市泰山区委员会第一次会议召开

2017年5月4日，“中国体育彩票杯”2017年泰安市中小学生体育联赛田径比赛在泰山区举办

2017年8月8日，全国职业人群健骨操大赛泰山区赛场

2017年6月15日，泰山宝泰隆旅游景区媒体风采（夏丽苗摄）

2017年9月5日，泰山区第十一届金秋艺术节开幕式

曳尾园精品酒店 高端民宿（2017年9月20日摄）

目 录

民主党派·群众团体

法　治

经济综合管理

农业 · 农村经济

工业·信息化产业·商业

财政 · 税务

金 融

交通·旅游

城乡建设·环境保护

科技园区开发区

科　技

教育·体育

文 化

卫 生 计 生

社 会 生 活

街道·镇

人 物

附　录

特 载

拼搏实干创新　决胜全面小康
为建设富强和美泰山区而努力奋斗

——在中国共产党泰安市泰山区第十三次代表大会上的报告

（2017 年 1 月 16 日）

赵　斌

各位代表、同志们：

现在，我代表中共泰安市泰山区第十二届委员会向大会作报告。

这次大会，是在我区全面建成小康社会决胜阶段召开的一次重要会议，大会的主要任务是：全面总结区第十二次党代会以来的工作，科学确立今后五年的奋斗目标和重点任务，选举产生新一届区委和区纪委领导机构，组织和动员全区各级党组织、全体党员干部和全区人民，拼搏实干创新，决胜全面小康，为建设富强和美泰山区而努力奋斗。

一、过去五年的工作回顾

2011 年区第十二次党代会以来的五年，是泰山区发展史上不平凡的五年。五年来，在市委、市政府的坚强领导下，区委团结带领全区上下，认真贯彻落实党的十八大、十八届历次全会和习总书记系列重要讲话精神，解放思想、锐意进取，攻坚克难、精准发力，胜利实现了区第十二次党代会确定的目标任务，谱写了泰山区经济社会健康发展的壮丽篇章。

*——五年来，我们始终坚持转方式调结构，综合实力不断增强。*面对经济前三年快速增长、后两年持续下行的严峻形势，顶住压力、保持定力、激发活力，大力推动产业转型、结构转变、动能转换，经济发展迈出坚实步伐。主要指标快速跃升。2016 年预计地区生产总值达到 493 亿元、全社会固定资产投资达到 392 亿元、一般公共预算收入达到 31.4 亿元，分别是 2011 年的 1.48 倍、1.81 倍、1.6 倍，年均增长 9.6%、15.8%、9.87%。产业调整向深层次推进。三次产业比例由 2011 年的 2.5:37.4:60.1 调整为 2016 年的 2.2:33.1:64.7，服务业税收对全区税收收入的贡献率达到 69%，精心培育的金融、电商等新兴产业增加值年均增长 10%以上，荣获全省服务业发展先进区荣誉称号，连续五年夺得全市服务业考核第一名。重点发展的输变电设备、工程机械、汽车配件、纺织服装、食品医药五大工业主导产业占比达到 60.91%，高新技术产业产值占规模以上工业总产值比重由 2011 年的 39.1%提升至 49.47%。农业影响力逐步扩大，成功举办两届中国泰山农业博览会、五届泰山苗木花卉交易会、三届泰山茶博会，被列为国家级茶叶综合标准化示范区，初步建成江北最大的苗木花卉交易集散地，农高区成功争创国家农业科技园区。项目建设成果丰硕。五年来，推进投资过亿元项目 308 个，完成投资 1276.5 亿元。万达广场、恒大城等一批片区项目，泰山国际金融中心、梦想谷电商产业园、泰山云谷、宝

泰隆旅游度假区等一批现代服务业项目，泰开泰山工业园、海天智能康复机器人、云清新等一批战略性新兴产业项目建成运营；泰城中央商务区、新华城等一批过百亿元的大项目签约落地、快速推进，宝来利来、普瑞特等企业在“新三板”挂牌，在历年全市招商引资和项目建设检查考核中我区始终名列前茅。基础设施建设取得重要进展。温泉路、双龙路、花园路等干道打通，泰新路改造、冯家庄互通立交、环山路东延等重大工程完工，片区开发竣工714万平方米，完成棚改24.6万平方米，完善了城市功能、提升了城市品质。生态环境进一步优化。单位生产总值能耗下降22.31%，化学需全面发展，被授予全市首家省级生态区、国家重点生态功能区。

——*五年来，我们始终坚持抓改革促创新，发展活力不断释放。*把改革作为推动发展的根本之策，加快推进社会信用体系建设、企业改制上市、国有企业负责人薪酬制度改革，在破除要素制约、释放发展活力、提升发展能力上取得了积极进展。省级服务业综合改革试点区、旅游综合改革试验区建设成效显著，2016年景区接待入园游客417万人次、实现门票收入4.38亿元，年均分别增长16.11%、10.53%，旅游服务业成为百亿级产业，我区被评为中国旅游综合实力百强区。全省知识产权试点区作用凸显，发明专利申请量、授权量始终保持全市首位，康平纳集团荣获国家科技进步一等奖，岱银集团荣获中国专利金奖。大众创业、万众创新氛围日趋浓厚，顺利完成食品药品监管、工商和质监等领域改革，实现市场主体“三证合一”，各类市场主体达到6.2万家，年均增长22.35%。农村土地承包经营权确权登记颁证工作全面完成，村级“三资”管理走在全国前列。党的建设制度改革、纪检监察机关“三转”工作取得阶段性成果，医疗改革、公务用车制度改革成效明显，预算制度、“营改增”等财税改革全面推进。

——*五年来，我们始终坚持重保障惠民生，社会治理不断创新。*坚持把工作的立足点放在服务群众、惠及民生上。五年来，民生支出达到70.43亿元，城镇登记失业率始终控制在3%以内，2016年预计城镇居民、农村居民人均可支配收入分别达到35480元、15480元，比2011年提高12792元、5124元。抓住国家卫生城市复审机遇，投入人力59万人次，实施建区以来最大规模的全域环境整治，城乡面貌焕然一新。扶贫开发扎实推进，1530户、2639名贫困人口实现脱贫。社会治理能力不断增强，“五个一”社区治理新模式、“互联网+”社区治理等做法在全国推广，被评为全国和谐社区建设示范区、全国社区治理和服务创新实验区。社会保障体系日益完善，在全省率先建立覆盖城乡居民的社会养老保险保障体系、率先实现城乡医保一体化。治安形势持续向好，大力实施“天网工程”，深入开展“平安泰山区”专项行动，社会大局和谐稳定。教育、医疗、卫生等事业快速发展，被评为全国义务教育发展基本均衡区、全国健康教育示范基地、全国基层中医药工作先进单位、全国残疾人工作先进单位等荣誉称号。科技、计生、老龄、史志、档案、广播电视等社会事业取得新成绩。民族宗教、侨务统战、国防教育和民兵预备役建设不断加强。工会、共青团、妇联等群团组织较好发挥了桥梁纽带作用。

——*五年来，我们始终坚持创精品增效益，宣传思想文化工作不断加强。*城市文明进一步提升。牢牢把握宣传引导工作的主动权，积极参与和服务全国文明城市创建，被评为全省乡村文明行动示范区、全省“四德”工程示范区。文化事业蓬勃发展。打造“文化繁星”工程、“击鼓传花”交流演出、新春民俗文化月、金秋艺术节等群众文化活动品牌；大力开展文体小广场建设，在全市率先实现社区村全覆盖；泰山民族乐团应邀赴韩国、英国开展国际文化交流；新增9处省级文物保护单位、3处省级非物质文化遗产，文化引领力、凝聚力、影响力不断增强，我区被评为全国文化先进区、文化强省建设先进区。文化产业实现新突破。建成和在建过亿元文化产业项目55个，总投资230亿元，从业人员2.1万余人，文化及相关产业增加值占比达到5.5%，连续五年在全市考核中名列第一。

——*五年来，我们始终坚持抓党建强作风，党的建设科学化水平不断提升。*扎实开展群众路线教育实践活动、“三严三实”专题教育、

"两学一做"学习教育，广大党员干部受到深刻思想洗礼。强化干部监督管理，探索"能上能下"机制，整改消化超职数配备干部，稳妥解决干部提前离岗问题，限时规范清理党员干部在企业兼职任职和出资办企业问题。连续五年开展基层组织攻坚活动，顺利完成村社区"两委"换届，提高村社区干部补贴待遇，涌现出花园、后七里等一批先进基层党组织。深入推进反腐倡廉，把握运用监督执纪"四种形态"，对违纪违法行为动真碰硬、严查快处，营造了风清气正的良好环境。完善"五个一"包保、"四定三包一负责"等制度，充分发挥区人大、区政协在经济社会发展中的作用，有力保障了各项工作取得积极成效。

以上成绩来之不易，这些成绩的取得，是在中央和省委、市委的坚强领导下，全区各级党组织、广大党员干部和人民群众开拓进取、团结拼搏的结果。在此，我代表中共泰安市泰山区第十二届委员会，向全区人民、向广大党员干部、向离退休老同志、向所有为泰山区发展做出贡献的同志们、朋友们，表示崇高的敬意和衷心的感谢！

创业充满艰辛，奋斗铸就辉煌。回顾过去五年的实践，我们深深体会到，做好泰山区的各项工作，必须坚持实事求是这一原则，想问题、办事情、作决策要从实际出发，确保各项工作取得实实在在的成效；必须牢牢把握发展第一要务，抓项目、促转型、求跨越，推动经济更好更快发展；必须把民生作为最大的政治，强保障、补短板、惠民生，使改革发展成果最大限度地惠及广大人民群众；必须正确处理好改革发展稳定关系，保安全、促稳定、构和谐，营造更加安定有序的发展环境；必须持之以恒争先创新，抓重点、克难点、出亮点，始终做到不甘人后、勇争一流；必须全面加强党的建设，严纪律、转作风、强队伍，不断提升党的凝聚力和战斗力。对于这些经验和做法，我们要倍加珍惜，一以贯之地坚持下去，不断推动全区经济文化和社会各项事业迈上新台阶。

在肯定成绩的同时，我们也要清醒地看到，发展中还存在一些困难和问题，主要表现在：经济总量还不够大，产业结构还不够优，城市承载力和环境容量受限，保持高速增长难度增大；基层基础工作仍需加强，部分群众关注的热点难点问题还没有彻底解决，还存在影响社会和谐稳定的因素；党的建设还存在薄弱环节，从严治党仍须常抓不懈。以上问题必须引起我们的高度重视，以更加饱满的热情，更加务实的作风，更加有力的措施，攻坚克难、锐意进取，以实际行动加快改革和发展。

二、未来五年的目标任务

今后五年是泰山区全面建成小康社会的攻坚决胜期，也是大有可为、大有作为的重要战略机遇期。从国际看，世界多极化、经济全球化深入推进，为我们更大范围、更高层次汇聚资源，带来了良好机遇；从国内看，"五大发展理念"成为共识，一带一路、供给侧结构性改革等重点任务深入实施，为发展新经济、培育新动能提供了难得机遇；从周边看，随着各级党委班子换届的顺利完成和党的十九大即将召开，全国各地特别是市内兄弟县市区必将兴起竞相发展的热潮。这些既为我们带来了难得机遇，也带来了巨大压力。全区上下必须坚定信心、乘势而上、主动作为，奋力创出更加辉煌的业绩，不负群众所盼、不负组织重托、不负使命担当。今后五年，全区工作总的要求是：高举中国特色社会主义伟大旗帜，深入贯彻党的十八大和十八届三中、四中、五中、六中全会精神，全面落实"五位一体"总体布局和"四个全面"战略布局，以创新、协调、绿色、开放、共享五大发展理念为引领，坚持"一二三四五"的发展思路，攻坚"一个目标"，实现"两个富裕"，推动"三个更强"，构建"四个和谐"，打造"五个美好"，全面加强党的建设，引领全区上下奋力拼搏、创新实干，决胜全面小康，为建设富强和美泰山区而努力奋斗。

建设富强和美泰山区，就是围绕全面建成小康社会，加快实现群众富裕、经济发达、社会和谐、环境美好的泰山区，具体内容概括为"一二三四五"的发展思路：

攻坚"一个目标"，就是聚力攻坚在全市率先建成并巩固提升全面小康社会这一总目标。生产总值年均增长7.5%左右、地方财政收入年均增长7.5%左右，到2021年分别达到700亿元、42.25亿元，在全市率先全面建成小康社会并巩固提升这一成果。

实现“两个富裕”，就是努力实现物质富裕和精神富裕“双丰收”。坚持城乡居民收入增幅超过生产总值增幅，推动社会主义核心价值观深入人心，到2021年确保城镇和农村居民人均可支配收入分别达到50900元、23300元，年均分别增长7.5%、8.5%以上，文化发展主要指标达到国内领先水平。

推动“三个更强”，就是加快推动项目支撑力更强、产业竞争力更强、创新发展活力更强。到2021年三次产业比例达到1.5:31.3:67.2，服务业始终保持全省领先地位、工业总产值达到千亿级、农业特色更加突出，在全国科学发展百强区、投资潜力百强区、市辖区综合实力百强区中位次有较大前移。

构建“四个和谐”，就是积极构建经济社会和谐、改革发展和谐、城市农村和谐、干部群众和谐。坚持科学发展，统筹推进经济社会全面协调可持续发展。紧紧围绕提升效率效益效能，深化改革、扩大开放、加快发展，实现改革与发展的有机统一、协调推进。加快城乡一体化、均衡化发展，让广大城乡居民共享改革发展成果。深化民主法治建设，积极回应群众关切，凝聚和促进发展合力。

打造“五个美好”，就是着力打造经济环境美好、家园宜居美好、城乡生态美好、文明素质美好、政治生态美好。深化简政放权、优化发展环境，坚决维护安全稳定。强化城乡建设管理，不断改善生态环境，建设美丽宜居家园。大力倡树文明新风，提升居民文化素养。狠抓党风政风作风建设，营造风清气正创业环境。通过打造“五个美好”，探索开启基本实现现代化建设的新征程。

建设富强和美泰山区是区委立足目前发展阶段、顺应全面建成小康社会的大势提出来的，是我们今后五年工作的核心和基本遵循，必须坚持这一方向、持之以恒加以推进。一要准确把握基本内涵。建设富强和美泰山区，群众富裕是重要目标，经济发达是关键任务，社会和谐是保障措施，环境美好是奋斗成果。这一目标体现时代要求，符合泰山区实际，必须统一思想、加压奋进，确保实现富民、强区、和谐、美好的有机统一。二要准确把握实践路径。建设富强和美泰山区是一项系统工程、战略工程，必须明确路线图，确定时间表，聚力聚焦、攻坚突破。今后五年，要聚焦创新转型，增强经济综合实力；聚焦共建共享，着力改善民生福祉；聚焦思想引领，加快文化繁荣发展；聚焦生态环境，建设美丽宜居家园；全面从严治党，筑牢坚实组织根基。三要准确把握具体保障。建设富强和美泰山区既充满希望，更充满挑战、充满艰辛，必须把“拼搏实干，创新争先”作为保障，做到敢于拼搏，对既定目标任务盯上、靠上、豁上，千方百计攻坚克难、加快推进；专于实干，一环一环抓落实，一步一步重实干，做到不达目的不罢休、不出成绩不罢休；善于创新，打造特色亮点，提升工作境界，抓住重点求突破，突出特色促提升；勇于争先，作表率，当先锋，树标杆，创一流，始终保持不甘人后、唯旗是夺的精神状态，坚定不移、毫不放松地抓好各项任务落实，确保今后五年实现富强和美的重大突破。

三、聚焦创新转型，增强经济综合实力

发展是时代的主题，是建设富强和美泰山区的力量源泉。要调优产业结构、强化项目支撑、提升创新活力，不断提高经济增长的质量和效益。

实施精准转调，打造产业新体系。产业兴则经济兴，产业强则发展强。要以供给侧结构性改革为引领，瞄准高端产业和产业高端，加快构建以现代服务业为主导、以新兴工业为骨干、以精品农业为基础的高端产业新体系。提升现代服务业发展层次。大力发展休闲旅游、金融保险、电子商务、养老养生、医药医疗、物流配送、教育培训等经济新引擎，着力打造中心城区、东部商务区、南部国际物流园区、东南沿汶河休闲观光片区、北部碧霞湖省级旅游度假区“一中心、四片区”服务业发展新格局，特别是以泰山慢谷、汶水慢情为主线，以创建省级全域旅游示范区为目标，大力发展休闲旅游服务业。到2021年服务业增加值占生产总值的比重达到67.2%以上。增强新兴工业支撑能力。完善泰山经济开发区及省庄、邱家店工业集聚区“1+2”布局，重点打造高端装备、新材料、电子信息、生物医药四大战略性新兴产业，不断壮大输变电设备、纺织服装、工程机械、汽车零部件、食品酿酒五大优势产业，到2021年形成输变电设备、工程机械、汽车零部件3个百亿级产业集群。打造精品农业新亮点。实施精品农业战略，以泰安国家农业科技园区为龙头，加快三次产业融合步伐，培育壮大泰山茶、苗木花卉等精品产业、产品，重点抓好龙头企业、农业品牌、休闲观光、特色园区等方面的建设，大力推进“互联网+农业”的发展，不断提升农业的精品化、特色化、信息化、品牌化、效益化水平，力促农业向专精特优方向发展，着力打造农业发展新亮点。

优化梯次结构，做强项目新支撑。项目是经济增长的发动机，是转型升级的助推器。要坚定不移把招商引资和项目建设作为科学发展的头等大事，实施策划招商、开工建设、竣工运营、股改上市“四个一批”工程，形成梯次合理、滚动发展的项目链条。坚持数量与质量相统一。牢固树立择商选资的理念，瞄准国内外500强、央企、上市公司和知名品牌企业，全力引进一批实力强、品牌响、业绩好、贡献大、建管一体的项目。特别是要在招大引强的基础上，做好借力做强、扶优培强工作，重点扶持岱银、康平纳、泰开、宝来利来、厚丰等企业着眼尖端、提质增效，努力打造一批国内外行业龙头企业，五年内引进世界500强企业10家以上，培育股改企业30家、上市挂牌企业达20家以上。坚持速度与效益相统一。提高时间效率，突出签约落地、建成运营等关键节点，卡死形象进度，加快推进泰城中央商务区、东部商务区等一批过百亿元的大项目、好项目，泰山同方电子商务产业园、太平洋文化广场、国商商品交易中心等一批现代服务业项目，泰山石敢当、泰山慢谷等一批特色小镇项目，北汽海纳川高档轮毂、海洋平台齿轮箱研发制造、智能康复机器人等一批战略性新兴产业项目，威高医用高分子制品、高端医疗健康产业园、诺莱再生医学等一批科技文化项目，泰山人家上高庄园、汶水休闲观光园等一批休闲农业项目，确保重点项目快落地、快开工、早建成、早见效。坚持管理与服务相统一。以从严管理提高执行力，以优质服务提高生产力，创新调度督导方式，千方百计为招商发展服务、为壮大本土企业和中小微企业服务，真正让客商、让企业、让投资者满意。

加速改革创新，培育发展新动能。改革是进步之魂，创新是动力之源。要坚持向改革创新要活力，加快新旧发展动能转换，形成以创新为主要引领和支撑的经济体系，建成具有较高知名度和影响力的区域创新创业中心。加快改革推动。深化行政审批、财税等各领域改革，探索土地指标、投融资等要素保障新方式，形成有利于培育比较优势和竞争优势的内外环境。加快开放拉动。配合做好济泰、青兰等高速公路建设工作，主动对接融入一带一路、省会都市圈、山东半岛自主创新示范区等发展战略，加强展会节会等平台建设，扩大境内外投资合作，形成全方位、多层次、宽领域开放局面。加快创新驱动。借助“互联网+”发展的新机遇，充分发挥山东（泰山）专利技术展示交易中心作用，深化协同创新和产学研合作，鼓励企业加大技术革新、装备更新、品牌创新力度，到2021年全区高新技术企业达到25家，省级以上企业工程技术中心达到35家。

四、聚焦共建共享，着力改善民生福祉

共建共享是全面小康的核心要义。要在群众所盼上用真情，在社会所需上下真功，加快构建社会建设人人尽力、发展成果人人共享的良好局面。

以更大力度提升民生保障水平，让广大人民群众共享美好生活。保障民生是加快发展的出发点和落脚点。要以群众满意为标准，集中人力、物力、财力，高质量实施民生实事工程，不断提高群众幸福感和满意度。要注重贫困群体特惠。牢固树立“精准”理念，坚持因村因户因需施策，全力加快精准扶贫、精准脱贫进程，同步做好相对贫困人口脱贫工作，确保在全市率先完成扶贫任务。要注重民生公平普惠。利用丽泰泰山创业梦工场、云谷We+创客空间等载体，掀起大众创业、万众创新热潮，实现劳有宜业；强化师资力量，均衡教育资源，持续开展规范化学校创建活动，妥善解决大班额问题，实现学有优教；巩固扩大医改成果，抓好基层站所改貌提

升，推进家庭医生签约服务，加强分级诊疗制度建设，大力发展智慧医疗，实现病有良医。要注重社会事业均惠。深入推进城乡社保一体化，做好健康城市、健康村镇创建活动，扎实推进社会福利、慈善和残疾人事业，统筹推进人口计生、安监质监等工作，建成用好区档案馆新馆，确保社会事业全面均衡发展。

*以更高起点加强社会治理创新，让广大人民群众共享优质服务。*创新社会治理是凝聚社会共识、协调社会关系、实现共建共享的现实路径。要加快推进全国社区治理和服务创新实验区建设，实现政府治理、社区治理和群众自治的良性互动。推进社会治理信息化。建成用好政务服务中心和电子政务平台，完善民生服务中心、“12349”居家养老服务信息中心软硬件设施，提高流动人口信息化服务管理水平，建立多级联动、资源共享的社会治理大数据库。推进社会治理多元化。坚持重心下移，加快构建以社区为平台、以社会组织为载体、以社工队伍为支撑、以社区志愿者为补充的社区治理服务新体系，积极推进政府购买服务，实现社会治理由政府“一肩挑”向多元主体“群策群力”转变。推进社会治理品牌化。拓展智慧社区、泰山居家养老、薪火行动、阳光低保等民生品牌的内涵和外延，努力打造更多新品牌，确保社会建设继续走在全省、全国前列。

*以更实举措加快法治建设进程，让广大人民群众共享和谐稳定。*公平公正的法治环境是社会和谐稳定的基石。要坚持以法治意识思考问题、以法治思维谋划工作、以法治手段攻坚难点，确保生产稳定、治安稳定、信访稳定。坚持普法与执法相结合。认真开展“七五”普法，加强律师会客厅、普法超市等法律服务阵地建设，深入开展法治宣传教育；完善政府权力清单、责任清单和负面清单，严格实行依法行政、公正司法、司法公开，规范行政执法行为，保障社会公平正义。坚持维稳与维权相结合。健全完善群众诉求表达、源头预防、多方联动、分类处置等机制，完善各领域应急预案，切实将各类不稳定因素化解在基层和初始阶段。坚持严打与严防相结合。深化“天网工程”建设，充分发挥金盾一体化作战指挥平台的作用，形成立体化社会治安防控体系。加大校园周边秩序、食品药品安全、人员密集场所、建筑施工等领域问题线索排查整治力度，深入推进“安如泰山”安全预防体系建设，不断提升平安泰山区建设的制度化、法治化水平。

五、聚焦思想引领，加快文化繁荣发展

文化软实力就是精神凝聚力、核心竞争力。要巩固全国文化先进区创建成果，促进文化事业全面繁荣、文化产业快速发展，努力培育与经济社会发展相适应的文化优势。

*扎实推进精神文明建设。*干部群众有信仰，未来才有希望，发展才有力量。要一以贯之抓好社会主义精神文明建设，积极投身全国文明城市创建等活动，为建设富强和美泰山区提供坚强思想保证。要以教育培育文明，深化社会主义核心价值观教育，持续抓好“泰山好人”推荐评选工作，加强文明礼仪、社会公德和现代公民意识教育，努力提高群众思想道德素质。要以活动传播文明，深入开展“讲文明、树新风”等活动，扎实推进诚信泰山区建设，着力选树一批先进典型，在全社会营造见贤思齐的良好氛围。要以监督塑造文明，净化社会文化环境，加大文明陋习曝光力度，使广大人民群众养成讲文明、讲卫生、讲秩序的良好习惯。

*扎实推进社会舆论宣传。*舆论导向事关社会稳定、社情民意。要加强党管意识形态工作，坚持团结稳定鼓劲、正面宣传为主，发挥好政务微博、政务微信、泰山幸福e家园以及政府网站作用，大力开展成就宣传、典型宣传、主题宣传，加强对网络舆情的监控管理，健全新闻发布、舆情研判和舆论引导机制，为决胜全面小康提供有力舆论支持。

*扎实推进文化惠民工程。*让群众享有优质的精神文化生活，是全面建成小康社会的重要内容。要加快均衡发展，提升区级图书馆、文化馆建设运营水平，推进街道镇图书馆建设，扶持民间博物馆发展，加强街道镇文化站、社区村文化服务中心建设，提高文化活动场所覆盖率、利用率。要加强文艺精品创作，充分发挥“文化繁星”工程和“击鼓传花”等活动作用，创作一批体现时代精神、彰显地方特色、深受群众喜爱的优秀作品。要加强文化品牌打造，进一步叫响泰

山民族乐团演艺、泰山文化大厦会展等品牌，积极承办全国、全省高层次展览，举办大型演出活动，真正以过硬品牌引领文化事业提质增效。

*扎实推进文化产业发展。*文化产业是消费升级的核心产业，是经济转型的重要方向。要以建设“泰山文化”品牌核心区、“创意山东”文化产业集聚示范区为目标，大力发展新兴文化业态，到2021年文化产业增加值占GDP比重达到10%，打造文化产业“泰山模式”。要促进产业特色发展，突出平安文化、石敢当文化、碧霞文化等主题，创新开发特色文化产品，打响泰山文化产业品牌。要推动产业融合发展，做强永昌志合、开创盛世等实体项目，推进碧霞湖文化项目建设，加快文化与旅游、科技、金融、养生等产业融合互动。加大文化产业孵化器建设力度，加快推动产业集聚发展，发挥泰山科技文化产业园、泰山云谷互联网产业园等载体的产业优势和集聚效应，扩大软件开发、动漫设计等高科技文化创意产业规模，真正将文化软实力转化为发展硬支撑。

六、聚焦生态环境，建设美丽宜居家园

保护生态就是保护生产力，改善环境就是发展生产力。要坚持生态优先原则，突出规划、建设、管理、整治等环节，积极营造优美的自然环境和舒适的人居环境。

*建管并重，建设宜居城区。*城区是经济发展的关键载体，是群众安居乐业的重要依托。要牢固树立“精明增长”理念，建设东部、开发南部、优化北部、提升中西部，不断提高生产集约度、生活舒适性和综合竞争力。要实施一体化规划。坚持全域发展的规划视角，力促城市规划、土地利用规划、产业规划、基础设施规划、交通规划等多规合一，统筹城市建设和发展。要实施精品化建设。精心打造新华片区、西南片区、上高片区、七里片区等重点片区的开发和建设，提升老旧小区改造、棚户区改造水平，积极推动和配合万官大街、北上高大街等道路建设，优化城市道路环境，形成特色鲜明、功能互补的主题片区和特色街区。要实施精细化管理。深化城市管理体制改革，完善城乡环卫等市场化运作机制，规范市场、道路经营秩序，建成用好城市管理指挥调度系统，加大联合执法频次，打造宜居城区新标杆。

*因地制宜，建设美丽乡村。*美丽乡村建设是统筹城乡发展的有力抓手。要深入实施生态文明村（美丽乡村）升级转化行动，高标准规划建设农村新型社区，全面改善农村生产生活条件，到2021年市级以上美丽乡村示范村达到50个。要做好生态经济，积极探索生态资源产业化新路径，特别是依托北部山区、汶河沿线旅游资源以及产业基础、风土人情，建设乡村旅游特色村，打造农村庭院小品，开发村际景观长廊，努力实现农村美、农业强、农民富。

*以人为本，强化环境保护。*绿水青山就是金山银山。要以建设国家重点生态功能区为统揽，严格产业准入和项目落地标准，强力推进大气污染、水污染防治，形成经济、资源、环境相协调的发展格局。要大力实施绿化、亮化、美化、净化工程，积极做好梳洗河等河道景观改造工作，持续整治城乡环境卫生，加大违法建设管控力度，提高园林绿化养护、市政设施维护水平，确保城乡环境整洁优美。

七、全面从严治党，筑牢坚实组织根基

事业成败，关键在党。要深入贯彻中央和省委、市委关于全面从严治党的部署要求，把抓好党建作为最大政绩，敢管敢严、真管真严、长管长严，推动党的建设各项工作迈上新台阶，为建设富强和美泰山区提供坚强有力的政治保证。

*加强思想政治建设，凝聚干事创业的强大合力。*思想政治建设是党的根本性建设，是一切工作的生命线。要坚持用党的最新理论武装头脑，不断强化“四个意识”，切实筑牢信仰之基、补足精神之钙、把稳思想之舵。要发挥党校教育主阵地、主渠道作用，办好泰山讲坛、区委中心组理论学习，推动各级干部深入学习和掌握干好本职工作的知识和技能。要加强和规范党内政治生活，严守党的政治纪律和政治规矩，增强党内政治生活的政治性、时代性、原则性、战斗性。

*加强干部队伍建设，打造勇于担当的中坚力量。*领导班子和干部队伍是加快富强和美泰山区建设的决定因素。要提高各级党组织总揽全局、协调各方的能力，支持人大依法、政协依章

履行职能，做好统一战线工作，全面贯彻党的民族宗教政策，加强对工会、共青团、妇联等人民团体的领导。要从严选人用人，坚持“凭德才用干部、以实绩论升迁”，严格执行干部选拔任用工作条例，注重选拔政治强、懂专业、善治理、敢担当、作风正的干部。要激励担当作为，深入开展“互观互检互学互促”活动，健全“四定三包一负责”等机制，增强各级干部的使命意识、责任意识、紧迫意识。要强化人才保障，以建设“泰山人才管理改革试验区”为总抓手，深入实施领军人才“百人计划”、环境提升“港湾计划”、专业人才“培优计划”和技能人才“名匠计划”，全力打造泰山人才新高地。要大力培养选拔优秀年轻干部、妇女干部、少数民族干部和党外干部，进一步优化领导班子结构。要关心照顾老同志、老干部，积极引导他们发挥余热、贡献力量。

*加强基层组织建设，巩固坚强有力的战斗堡垒。*基层组织是建设富强和美泰山区的坚实力量支撑。要建强基层干部队伍，精心组织好村级班子换届，选好配强“两委”成员特别是党组织书记。要持续整顿软弱涣散基层党组织，真正把基层班子建设成为落实上级决策部署的坚强堡垒、联系服务群众的主阵地。要从严抓好党员发展和日常教育监督管理，严格党内组织生活，激发党员队伍活力。要优化党的基层组织设置，积极推进区域化党建工作，统筹推进“两新”组织党的建设，强化党组织领导核心和政治引领作用。

*加强党风廉政建设，锤炼保障发展的过硬作风。*作风建设是所有工作的根本保障，是从严治党的永恒课题。要严格落实“两个责任”，巩固和拓展群众路线、“三严三实”、“两学一做”教育活动成果，持之以恒抓好中央八项规定精神落实，推进作风建设常态化、长效化。要严格执行纪律处分条例、问责条例等党内法规，真正把纪律规矩立起来、严起来、执行到位。要认真落实党员领导干部调查研究、“五个一”包保等制度，坚决整治“庸懒散”等不良风气，不断密切党群干群关系，切实履行好党和人民赋予的神圣职责。

各位代表，同志们！百舸争流，破浪者领航；千帆共进，奋勇者当先。让我们紧密团结在以习近平同志为核心的党中央周围，承载全区发展的历史担当，秉持改革创新的智慧勇气，肩负全区人民的期望重托，不忘初心、继续前进，拼搏实干、创新争先，为谱写率先全面建成小康社会的崭新篇章，为建设富强和美泰山区而努力奋斗！

政府工作报告

——在泰安市泰山区第十七届人民代表大会第二次会议上

泰山区人民政府区长　王爱新

（2018 年 1 月 18 日）

各位代表：

现在，我代表区人民政府向大会报告工作，请予审议，并请各位政协委员和其他列席会议的同志提出意见。

一、2017 年工作回顾

过去的一年是极不平凡的一年，是大事多、急事多、难事多的一年。面对艰巨繁重的改革发展稳定任务，全区上下围绕建设富强和美泰山区，按照“一二三四五”的工作思路，凝心聚力，攻坚克难，拼搏进取，圆满完成了区十七届人大一次会议确定的年度目标任务。

——*经济实力与质量持续提升*。预计全年完成生产总值 535.7 亿元，增长 6.8%。完成一般公共预算收入 30.86 亿元，同口径增长 5.3%，税收收入占财政收入的比重达到 91.58%。社会消费品零售总额 390.2 亿元，增长 10%。研发投入占生产总值比重达到 3.01%。年度节能减排降碳等约束性指标全面完成。

——*发展动力与后劲不断增强*。全年完成固定资产投资 348.5 亿元，招商引资到位资金 80.2 亿元。实施投资过亿元项目 63 个，其中 30 个项目竣工投产。16 个项目列入省、市级重点建设项目名单。实际到账外资和外贸进出口总额分别达到 4.7 亿元、50.8 亿元，分别增长 18.3%、17.6%。在齐鲁股权交易中心挂牌企业新增 8 家，上市挂牌企业总数达到 14 家。

——*城乡面貌与环境显著变化*。环保督察治理散乱污企业 1500 家、关闭搬迁畜禽养殖场 700 余家。$PM_{2.5}$ 同期改善 13.3%左右，空气质量稳居全省内陆城市前列。违建治理拆除面积 585.4 万平方米。新建、改建城乡道路 90 公里，改造农村危房 70 户。农村无害化厕所改造 7565 户，城乡环卫一体化位列全省前茅。全区美丽乡村覆盖率达到 81.7%，列全市第一位。

——*社会保障与民生明显改善*。现有贫困人口基本实现脱贫，省定贫困村全部脱贫出列。学校建设等 10 件实事让群众广泛受益。城镇登记失业率 2.08%，低于 3.5%的控制指标。城镇和农村居民人均可支配收入分别达到 37960 元和 16700 元，分别增长 7.8%和 8.7%。居民储蓄余额 212 亿元，增长 3.6%。

一年来，在上级党委、政府和区委的坚强领导下，区政府按照“五个致力于”的原则，全方位推动经济与社会协调发展，较好地实现了“五个加速”。

（一）致力于质量效益，产业转型加速升级。以新旧动能转换为抓手，精准优化产业结构，出台了支持“三强”和“四上”企业发展、突破园区转型发展、鼓励科技创新的具体实施意见和扶持政策，统筹推动稳增长调结构促转型。全区新申报“四上”企业 82 家，第三产业增加值增幅高于生产总值增幅 2.7 个百分点，三次产业比例优化为 1.2:33:65.8。

全域推进“服务业强区”，圆满完成第一批全省服务业综合改革试点，顺利入选全省“十三五”服务业综合改革试点区和全省重点服务业城区，服务业税收占税收总收入的比重达到 67.5%。青岛银行、威海银行、恒丰银行落户我区，华林、华安、安信等证券公司开业运营，金融保险业税收占服务业税收的比重达到 27.97%。培育发展梦想谷、影响力等电商产业园，全区电商经营主体超过 2000 家，电子商务交易额、网络零售额分别增长 30%和 35%。新引进零度物流项目，速恒物流园等现代物流园区逐步做大做强。实施全域旅游，全年旅游人次增长 14.9%，旅游消费总额增长 15.6%；泰山方特欢乐世界等3个4A级景区被评为省级服务标准化单位，泰山龙宫景区入园游客突破200万人次，花样年华景区成为省级研学旅游基地，艾家庄曳尾园成为全市高端民宿新标杆。新增规模以上文化企业7个，泰山创业工场、泰山科技文化产业园成功争创省重点文化产业园区，山东德佳文化传媒项目列入省重点文化产业项目库。

全面实施“工业兴区”，积极克服发展空间小、成本高等现实困难，引导骨干企业延伸智能制造、新材料等研发型产业链条。输变电设备、工程机械、汽车配件、纺织服装、生物医药等支柱产业产值占规模以上工业总产值的62%。为“三强”企业提供融资支持4亿元，5家市级和18家区级“三强”企业主营业务收入、利润、上缴税金分别增长5.1%、5.98%和11.9%。主营业务收入过亿元企业达到52家，税收过千万元企业达到51家。新增中国驰名商标1件、省名牌产品12个。

全力打造“农业特区”，以泰安国家农业科技园区为龙头，培育壮大苗木花卉、泰山茶等特色产业，积极探索“一产”变“新六产”的现实路径，新增市级以上农业龙头企业11家，发展新型农业经营主体30家。泰安现代农业产业园被评为市级现代农业产业园，并通过省级评审。创新组织承办方式，成功举办首届泰山茶优秀品牌评选大赛，在泰山国际花木城现场举办第十三届泰山苗木花卉交易会。我区被评为国家苗木花卉综合标准化示范区，列入全省农村集体“三资”管理规范化建设试点区、全省生猪屠宰“撤点并厂、定点配送”试点县。

（二）致力于招商引资，项目优势加速集聚。全面实施策划招商、开工建设、竣工运营、股改上市“四个一批”工程，初步形成了梯次合理、滚动发展的项目链条。在全市招商引资和项目建设现场检查考核中取得了县市区第二名的好成绩。

抢抓北京非首都功能产业转移的机遇，分别在泰安和北京两地举办高层次的对接洽谈和项目签约活动，搭建了京鲁（泰山）跨区域产业协作平台，引进了中建环球人工智能制造产业园、山海文旅高端旅游等一批投资过50亿元的新旧动能转换项目。全年举办4次集中签约、2次集中开工仪式，居然之家城市广场、绿城太阳谷等99个重点项目成功签约。强力推进31个重点项目，泰安盘古电子商务产业园、三里屯文旅综合体等22个项目开工建设，诺莱国际医学健康产业园、康平纳纱线染色智能工厂和高档毛纺染整智能化车间、阳光智慧谷等项目实现当年开工建设、当年投产运营。

泰山经济开发区着力打造新能源智能输变电装备产业基地，新开工10个重点项目，教育部“蓝火计划”试点正式签约，园区的产业、项目和人才聚集效应越来越强，在省级经济开发区综合排名前移12个位次。泰安国家农业科技园区开工建设农业科技孵化器，建成青少年科技体验营，顺利通过科技部复审验收。

（三）致力于城乡统筹，环境品质加速提升。坚守发展和生态两条底线，编制产业发展负面清单，建立生态功能区项目库，国家级重点生态功能区建设扎实推进。圆满完成中央环保督察整改任务。加快东部新城区路网规划建设，完成境内8.32公里济泰高速和10.8公里博阳路的征地拆迁任务。启动东南片区徐家楼组团建设，实施尚家寨、灌庄等6个棚户区改造项目，全面推进23个片区项目，总开工面积达到242万平方米。大力实施道路畅通工程，灵山大街“小黄楼”、南湖大街泰新电器、双龙路北段、南关大街立交等多年遗留拆迁“硬骨头”全部解决，顺利完成老泰莱路升级改造，佛光路、万官大街东段、侯石路基本建成通车，全力做好万官大街中段、东湖路东段、擂鼓石大街东段、环山路绿道等7条市政道路征地拆迁和部分建设工作，迎春路、紫欣大街、黄前西干渠路等4条道路拆迁工作接近尾声。加快推进智慧城管建设，新建8个二级数字平台，实现监控全天候、全时段。推进市容秩序管理网格化，逐步构建起区、街道镇、社区村三级城市管理网络。创新联合执法新模式，全面打赢拆违攻坚战，集中拆除了财源街道旧镇、岱庙街道南关、泰前街道白马石、上高街道韩家结庄、徐家楼街道栗家庄等违建群，共计310万平方米。新建站厕一体工程6处，生活垃圾无害化处理率达到100%。新增省级美丽乡村示范村1个，市级美丽乡村示范村6个。邱家店镇被评为省级森林乡镇，丽景、农大、科大社区被评为省级绿色社区。全面推行和落实河长制。加大耕地和基本农田保护力度，积极盘活闲置低效用地，完成土地储备520亩，控制储备569亩，争取土地指标2560亩，保障了重点项目建设需求。

（四）致力于改革创新，发展活力加速迸发。“三去一降一补”任务高效落实，服务业增加值占生产总值的比重高于全市目标15.8个百分点，工业品产销率同比提高0.6个百分点。深入推进“放管服”和商事制度改革，顺利完成综合行政执法体制和市场监管体制改革，新增各类市场主体1.18万户，达到7.29万户，增长16.95%。实行财税联合办公，在全市率先建成税收社会化管理全景平台，纳税服务水平和管理效能进一步提升。事业单位分类改革稳妥推进，实施了校长职级制改革和公立医院法人治理结构改革。推进医药卫生体制改革，成立7家医疗联合体，分级诊疗取得初步成效。积极开展助保贷、政银企合作业务，累计为企业提供融资12亿元。宝来利来、普瑞特机械在“新三板”分别直接融资5510万元、3200万元。开展新型农村合作金融改革试点和农村集体产权制度改革试点，完成7个村集体经济组织产权制度改革任务。深入推进人才管理改革试验区建设，培养引进“两院”院士、“千人计划”专家、泰山学者等省级以上人才8名，新建省级以上科技孵化器、工程实验室、院士工作站等平台8个。科技创新不断提速，山东国泰科技有限公司荣获日内瓦国际发明展金奖，全区新增国家级高新技术企业6家，总数达到30家；高新技术产业产值占规模以上工业总产值的比重达到52.06%，提高1.05个百分点。

*（五）致力于以人为本，民生福祉加速提高。*坚持把民生保障作为发展的“指南针”，全力办好民生实事，民生领域投入占到预算支出的75.1%；民生服务热线接单23820件，办结率97.96%，提高了16.2个百分点。

社会保障提标扩面。培育建成2个市级创业示范平台，扶持创业853户，发放创业奖补资金200万元。落实民生保障政策，为6559名城乡低保对象发放低保金2387万元，为1180名困难群众发放救助金259.9万元。全区基本养老保险参保人数达21.1万人，城镇基本医疗保险参保人数达50.11万人。实施少数民族帮扶工程6个。全力维护妇女、儿童、老年人、农民工、残疾人等群体权益，建成4处市级以上残疾人就业扶贫基地，4家单位获得省老年人服务示范站等荣誉称号。

社会事业协调推进。大力实施义务教育均衡发展攻坚工程，建成覆盖各学校的网络直播课堂系统，实现了优质教育资源城乡共享，顺利通过国家义务教育发展基本均衡区验收。全力解决城镇中小学大班额问题，新增事业编制全部用于教师招聘，纳入省调度的29处学校项目快速推进。积极开展家庭医生签约服务，在全市率先完成全民健康信息化平台建设。建成10处高标准便民国医堂，2家社区卫生服务中心入围全国百强社区卫生服务中心。全民健身活动蓬勃开展，为35个社区村、7所中小学配备更换健身器材1300余件。开展消夏系列晚会、金秋艺术节、文化下乡等群众文化活动，举办“泰山秋韵”民族音乐会，社区村综合文化服务中心建设实现全覆盖。泰山民族乐团被评为全省优秀文化志愿服务团队，赴伦敦参演的“首届全英华人华侨新春团拜会演出活动”被评为省优秀对外文化交流项目。弘扬主旋律，以广播电视为主渠道的融媒体宣传深入推进。

社会治理安全稳定。加强市场监管，深入开展假冒伪劣商品整治等专项行动，经营秩序规范有序。省级食品安全示范城市创建成效明显，食品药品安全保障水平不断提升。严格落实安全生产责任，持续深化重点行业领域专项整治，夯实安全生产基础，安全形势持续平稳。打造“互联网+社区”治理新模式，顺利通过“全国社区治理和服务创新实验区”中期评估。扎实开展“打黑除恶、打霸治痞”专项行动，严厉打击各类违法犯罪，全面开展禁毒行动和社区矫正工作，建成运行区公共法律服务中心，“律师会客厅”达到46家，社会秩序和谐稳定。扎实推进双拥共建、国防教育、国防动员，民兵预备役工作进一步加强。

脱贫攻坚目标基本实现。投入资金770余万元，建成融精准扶贫、医疗扶贫、就业服务于一体的“互联网+”信息化扶贫平台；实施扶贫扩面工程，重点推进了11个产业扶贫项目；为全部贫困人口购买“扶贫特惠保险”，在全省率先实施医疗“三次报销”，现有贫困人口、贫困村基本实现脱贫。

各位代表，过去的一年，我们牢固树立“四个意识”，认真贯彻全面从严治党要求，扎实推进政府系统“两学一做”学习教育常态化制度化，坚决贯彻中央八项规定和省市配套细则，牢牢把握“拼搏实干、创新争先”的要求，以“勇担当、提效能、促发展”作风建设年活动为抓手，全方面提高落实能力，以“亮点创新、比学赶超”活动为标尺，多层次激励争先进位，政府工作做到了目标同向、工作同频、行动同步。坚持依法行政，强化政务公开，自觉接受人大、政协和社会各界监督，认真听取民主党派、工商联和无党派人士意见，建议提案办结率达到100%。加大行政监察和审计监督力度，权力运行进一步规范。扎实推进政务服务平台建设，159项区级许可事项、1246项公共服务事项实现网上运行，政务环境不断优化。

各位代表，过去的一年，我们牢记使命、砥砺奋进，经受住各种风险考验，取得了令人鼓舞的成绩。我区先后荣获全国投资潜力百强区、全国平安建设先进区、全国法治宣传教育先进区、全国科普示范区、全国平安农机示范区、全省社会治安综合治理先进区等称号，顺利通过全国农村社区建设示范区验收，被认定为国家防震减灾科普教育基地。一年来的实践启示我们：不管在发展中遇到的困难多么复杂，只要始终保持正确的政治方向，始终坚持发展第一要务，始终把人民放在心中最高位置，勇于担当，勤奋工作，就一定能够创造出一流业绩。

各位代表，回顾过去一年，面对众多急难险重的硬任务和各种困难挑战，取得这样的成绩实属不易。这是区委科学决策、坚强领导的结果，是区人大、政协和社会各界有效监督、鼎力支持的结果，是各级各部门和全区人民团结奋斗、拼搏奉献的结果。在此，我代表区人民政府，向全区人民，向人大代表、政协委员，向各民主党派、无党派人士、各人民团体，向离退休的老领导、老同志，向所有关心、支持和参与泰山区建设发展的各界朋友，致以崇高的敬意和衷心的感谢！

在肯定成绩的同时，我们更清醒地认识到，全区经济社会发展还存在着不少困难和问题：综合实力不强，新旧动能转换任务艰巨，新经济、新业态、新模式发展相对不足；“四上”企业、“三强”企业、行业龙头企业偏少，企业创新能力弱、竞争力不强；新上大项目少，手续推进慢、资金到位慢，缺少支撑地方财源的大项目、好项目；刚性支出不断增加，预算平衡压力巨大；城乡功能布局和宜居品质尚需优化，公共服务均衡化还需做出极大努力；在优化发展环境、提高行政效能等方面还有大量的工作要做。对此，我们将继续保持政治定力、保持清醒头脑，把困难估计得更充分一些，把措施准备得更周密一些，沉着应对，主动担当，努力把各项工作做得更好。

二、2018年目标任务和工作重点

2018年，是贯彻党的十九大精神的开局之年，也是建设富强和美泰山区的关键一年。我们将全面贯彻党的十九大精神，以习近平新时代中国特色社会主义思想为指引，坚持稳中求进总基调，坚持以人民为中心，紧扣社会主要矛盾新变化和高质量发展新要求，持之以恒地落实“一二三四五”的工作思路，全力实施新旧动能转换，全力推进生态文明建设，全力提升民生保障水平，全力优化发展环境，努力在实现高质量发展上走在前列。

综合考虑各方面因素，今年的预期目标是：地区生产总值增长7%左右；一般公共预算收入增长6%；全社会固定资产投资增长8%；社会消费品零售总额增长10%左右；进出口总额增长6%；实际到账外资增长8%；研发投入占GDP比重3%左右；城镇居民人均可支配收入增长7.5%，农村居民人均可支配收入增长8.5%；城镇登记失业率控制在3.5%以内，城镇新增就业5500人以上；全面完成市政府下达的节能减排降碳等约束性指标。

实现上述目标任务，需要全区上下解放思想、振奋精神、坚定信心，扎实做好以下六个方面的工作。

（一）加快新旧动能转换，引领高质量发展。泰山区已经初步具备了在高质量发展上走在前列的基础和条件，新旧动能转换是高质量发展的强大引擎。围绕实施好新旧动能转换，着力做好“加减乘除”法，努力打造经济升级版。

在载体引领上做“加法”。在东部新城区，加快建设集科技研发、智能制造、旅游休闲、养生养老、户外运动、生态绿地于一体的现代化产业新城。加大北京非首都功能产业转移和济南都市圈经济协作力度，构建“一核引领、两翼齐飞”的总体格局。“一核”，即在泰山经济开发区集中打造新旧动能转换产业园区，建设高端装备产业园、医养结合大健康产业园、生物医药产业园、科技文化产业园，努力把泰山经济开发区建设成为重大项目的孵化器、新兴产业的集聚区、区域经济的增长极。“两翼”，即在泰安农业科技园区和泰山碧霞湖旅游度假区，重点发展苗木花卉、泰山茶、生态奶业、文化旅游、养老养生等产业，全力争创国家现代农业产业园和全国知名的山岳滨湖型度假区。

在业态引领上做“减法”。经济业态发展从“大而全”转向“少而精”，重点发展以知识、技术、数据等新生产要素为支撑的新动能项目。加快实施新材料研发制造基地、九为高科技产业园区等项目，打造全省有影响力的制造业智能化发展示范园区。加强与国内知名电商企业合作，加快泰安盘古、泰山云谷、影响力、梦想谷等电商基地建设，打造5家省级电商示范企业。大力发展跨境电子商务，建设以岱银集团为龙头的跨境电商聚集区，争取外贸进出口总额达到53.8亿元。依托泰山科技文化产业园，培育教育装备、文化创意、数字动漫、影视创作等新型文化业态，做好泰山碧霞湖文化、乡村文化博物馆、泰山书城等项目建设。

在创新引领上做“乘法”。完善山东泰山专利技术展示交易中心功能，召开第一届泰山区科技奖励大会，策划举办2018年驻泰高校技术成果展示交易推介会、康平纳机器人论坛等活动，驱动企业转型升级。重点抓好岱银集团、国泰科技、视聆通讯等国家级创新平台申报工作，鼓励引导硕力机械、亚奥特乳业等企业创建省市级技术创新平台，年内争取新增国家级高新技术企业5家，高新技术产业产值占比达到52.51%。实施领军人才支撑计划，成立高层次人才发展促进会，启用泰山人才公寓，引进培养省级以上人才工程人选6名以上。加强现代农业科技孵化器项目建设，引领高端农业发展。

在机制引领上做“除法”。突出供给侧结构性改革，严格执行国家生态功能区负面清单，稳步推进“三去一降一补”任务落实。持续推进政府职能转变，深化行政审批制度改革，抓好“放管服”各项工作，全面实行清单管理制度，加强涉企收费管理，降低实体经济发展成本。推进商事制度便利化改革，实现“双随机、一公开”全覆盖，加强和完善事中事后监管，服务好中小微企业，服务好实体经济。加快推进15个省级以上改革试点，深化部门整合和职能融合，为高质量发展提供制度保障。

（二）加快产业结构升级，促进高质量发展。高质量发展必须有高质量的产业作为支撑。注重从全区产业发展的层面整合资源，摆脱空间束缚，拿出“绣花”功夫，实施服务业壮大、工业培强、乡村振兴战略，走集约发展、精细发展、高效发展之路，切实把每一寸土地利用好，形成具有泰山区特色的发展路径。

实施服务业壮大战略。发挥城市经济的拉动作用，依托泰山国际金融中心、长城商务中心等载体，借助云计算中心、人民银行数据中心等平台，充分利用城区闲置楼宇和商厦，签约落户16家全国性金融、证券、保险机构，引进结算、交易等功能性总部经济，培育研发孵化、教育培训等楼宇经济，打造全省一流的现代服务业集聚区。引导金融机构扩大信贷投放，加强金融风险防范化解，探讨设立政府性融资担保机构，为中小企业提供金融服务。发挥旅游经济的推动作用，完善“两横四纵”全域旅游发展格局，提升泰山方特、泰山龙宫等项目功能，抓好绿城太阳谷、泰山文旅度假区等新开工旅游项目，规划北部山区旅游连绵带，打造高端旅游功能群，全区旅游人次和旅游消费总额力争增长12%以上。做大做强社会化养老养生产业，加快亲和源、养心谷等项目建设，鼓励医疗机构发展医疗养老服务，努力打造“养老泰山福寿齐天、养生泰山一世平安”品牌。加快专业市场和大型商贸综合体建设，完善农村和社区商业网点布局，更好地满足城乡居民消费需求。全区服务业增加值增长7.2%以上，继续高于生产总值增幅，并进一步提高占比量。

实施工业培强战略。以市级、区级23家“三强”企业为依托，抓好康平纳产业园、宝来利来微生态制剂、泰开新能源汽车配件、智能康复机器人、普瑞特高端装备制造等项目建设，积极引导生产要素、优惠政策、人才资源向“三强”企业聚集，年内规模以上工业企业突破100家。着力在智能产业发展上下功夫，不断提高智能制造、电子信息、高端装备等产业占比，培强做大以泰开泰山工业园、鲁能泰山电力装备为代表的输变电产业集群，以岱银、康平纳为代表的纺织服装产业集群，以岳首机械、嘉和重工为代表的工程机械产业集群，以启程车轮、厚丰汽车空调为代表的汽车零部件产业集群。重点抓好嘉和中车高端工程机械研发制造基地、旭德光伏产业园、泰山啤酒5万吨个性化产品生产线等40个重点工业项目建设，年内争取15个项目建成投产。

实施乡村振兴战略。按照“产业兴旺、生态宜居、乡风文明、治理有效、生活富裕”的总要求，突出规划引领、产业振兴、环境改善，大力发展都市型精致农业，不断做大做强苗木花卉、泰山茶、生态奶业三大特色产业，策划招商建设现代农业综合体，打造一批“望得见山、看得见水、记得住乡愁”的最美古村落。抓好新型职业农民培训，积极培育市级农业领军人才、省市乡村之星，吸引工商资本下乡、农村人才留乡、成功人士回乡，发展“归雁”经济。落实全市农业“一圈一带”规划，争创国家级现代农业产业园，新增市级以上农业龙头企业7家、新型农业经营主体20家。切实做好农村土地承包经营权确权登记颁证、农村金融、水利、供销等农业农村改革，完成131个村产权制度改革任务。严格落实粮食直补、农资综合补贴、良种补贴、农机补贴等一系列强农惠农政策。扎实做好抗旱防汛、森林防火、动植物疫病防控、气象预警等工作，完善农业发展支撑保障体系。

（三）加快重点项目建设，带动高质量发展。实现高质量发展最终要落实到具体项目和优质项目上。坚持把项目建设作为头等大事，全力实施“三大突破、三大拉动、三大提升”工程，即通过实施招商引资大突破、项目建设大突破、股改上市大突破，借助“三强”拉动、投资拉动、城市拉动，最终实现产业层次大提升、质量效益大提升、发展水平大提升的新目标。

突出招大引强。积极面向长三角、珠三角和京津冀开展项目推介，实现招商引资数量、质量和层次的全面提升。瞄准国内外500强企业，点对点策划、面对面招商，年内签约开工浙江大学国家科创园、美的智能家居工厂、泰山文旅国际度假区、万胜荣首岳电商产业园等投资过10亿元大项目。加强信息收集研判，重点在大数据、装备制造、旅游养老、商贸物流、会展经济等招商领域取得突破。积极拓展对外开放与合作，加快融入“一带一路”，支持有实力的企业开展重大项目国际合作和工程承包。持续做好外事侨务、对台事务等工作，营造全方位合作新格局。全年争取招商引资到位资金88亿元、实际到账外资突破5亿元。

突出快速推进。筛选确定碧霞湖文化、新城吾悦广场、绿城太阳谷、泰开产业园、教育装备产业园等36个全区重点推进项目，按照“四定三包一负责”要求，拉出项目清单，限期完成，保障项目按期开工建设。加快推进中南财源门、泰山亲和源、居然之家城市广场、人工智能制造产业园、华网电力装备、交通工程检测及新材料研发等项目建设，竣工运营三里屯文商旅综合体、WE+创客空间、春雨软件园、星艺佳家居生活广场等项目。

突出培育提升。争取康平纳年产2万吨纱线染色智能工厂、教育装备产业园、诺莱国际医学、岳首机械成套设备、海天智能、宝来利来生物等项目列入省市级重点建设项目。实行差异化辅导、个性化解难，力促“淘你欢”在美国上市融资，康平纳机械、普瑞特机械、鲁普科技等企业在新三板或创业板上市，形成鼓励企业股改上市的大氛围，推动企业融资效益、经营效益、品牌效益同步提升。

（四）加快生态文明建设，推动高质量发展。环境就是民生，青山就是美丽，蓝天也是幸福。坚持把生态文明建设放在更加突出的位置，以更大决心、更高标准、更实举措，推动形成绿色发展的空间格局、产业结构、生活方式。

保护生态资源。深入开展蓝天工程，严格落实水十条、河长制等政策规定，开工建设泮河、芝田河、明堂河等山水林田湖生态修复工程。坚决抓好环境突出问题整改，重点推进工业“三废”治理，巩固燃煤锅炉淘汰成果，打好环境污染防治攻坚战，全面提升生态环境质量。开展创建节约型机关、绿色家庭、绿色学校、绿色社区和绿色出行等行动，争创省级生态循环农业示范基地1处、省级森林乡镇1个、省级森林村庄2个。全面提升防汛及地质灾害防治水平。落实最严格的耕地保护制度，扎实推进第三次全国土地普查和田长制，依法依规收回闲置低效利用土地，严厉打击违法占地行为，提高单位土地投资强度和利用效率。

建设宜居家园。抢抓国家棚改政策机遇，大力推进棚户区改造工程，高水平实施东南片区、博阳路片区等22个片区项目建设，全力推进徐家楼组团、灌庄社区二期等7个棚户区改造项目，配套完善公共服务设施，推进海绵城市建设，不断提升主城区综合承载能力。以美丽乡村建设为总抓手，年内创建省级美丽乡村示范村2个、市级美丽乡村示范村5个，完成农村改厕3365户，全区美丽乡村覆盖率达到85%以上。加快农村公路建设。在省庄镇启动绿城生态旅游居住组团社区建设，依托绿城太阳谷项目，打造辐射省会城市经济圈的泰山小镇，推进与蓝城合作“现代农业综合体”项目。启动邱家店镇总体规划修编工作，策划泰山生态旅游特色项目，规划建设汶河沿岸生态绿色小镇。

提升管理品质。全力配合博阳路、济泰高速、青兰高速工程建设，完成北上高大街拆迁腾空任务，实现万官大街全程贯通。加强城市主干道、城乡结合部、公园景区等区域环境综合整治，实施市容秩序、环卫保洁、户外广告、渣土扬尘等市容环境专项治理，强化施工管理和油烟污染整治。完善城市治理模式，采用市场化模式推进城乡环卫一体化进程。集中打好治理违法建设歼灭战，依法清查处理已有违法建设，源头杜绝新增违法建设。

（五）加快民生事业改善，共享高质量发展。深化基础教育综合改革，有效落实校长职级制、教师交流任用机制，激发教师队伍活力。加大教育设施建设力度，新建、改建中小学校20所，新建幼儿园10所，鼓励引导民办教育发展，有序化解大班额问题，缩小城乡、校际差距，创建全国义务教育优质均衡发展区。促进医疗、医保、医药“三医”联动，加快分级诊疗、现代医院管理、医保支付等制度改革，减轻群众看病负担。深入推进家庭医生签约服务，建设区域医疗联合体。整合卫生计生资源，加强优生优育指导，持续推进计划生育工作转型发展。深入开展爱国卫生运动，做好公共卫生和重大疾病防控工作，迎接好国家卫生城市复审工作。深入开展文化“六进”活动，引导各类文化资源向基层倾斜，实现文体设施社区全覆盖、村级综合文化服务中心行政村全覆盖、标准化综合文化站街道镇全覆盖，积极争创第三届山东省文化强省建设先进区，区图书馆创建国家一级馆。加强档案管理、地方志工作，提高规范化、科学化水平。实施全民健身计划，尽可能多的争取承办省级以上体育赛事。深入开展群众性文明创建活动。组织举办“百家县级广电媒体看泰山区”活动。推动妇女、儿童事业健康发展。

各位代表，民生实事是一块试金石，验证的是政府的为民情怀；民生实事是一块磨刀石，磨炼的是广大干部的为民作风。我们从解决好人民群众普遍关心的突出问题入手，广泛征求民意，优选出今年为民要办的10件实事，以感情为动力，以责任为压力，一件一件办好，一桩一桩办实，真正让老百姓看得见、摸得着、得实惠，进一步增强全区人民的获得感和幸福感。

（六）加快社会共建共治，助力高质量发展。坚持帮扶投入和政策不减、帮扶力度和要求不减，立足产业扶贫、项目扶贫，持续壮大贫困村集体经济，稳定增加贫困群众收入，巩固脱贫成果，打好脱贫攻坚战。加大创业补贴、创业贷款等政策扶持力度，培育区级创业孵化基地3处，力争申报市级创业示范平台2处。提高居家养老、机构养老服务水平，推动医养融合发展。严格落实80岁以上低保老人高龄津贴、困难老年人养老服务补贴、困难残疾人生活补贴等福利制度。继续抓好全国残疾预防试验区争取工作，组织开展残疾人精准康复工作。推进社区邻里中心建设，提升社区管理服务功能，顺利通过全国社区治理和服务创新实验区、全省社区治理暨养老服务创新实验区验收。完善公共法律服务体系，打造全省法治文化建设示范基地，开展全国民主法治社区创建工作。深入推进“平安泰山区”建设，全面推进雪亮工程和人民调解强基工程，完善立体化、信息化社会治安防控体系，严密防范和严厉打击暴力恐怖活动，加大禁毒工作力度，依法惩治违法犯罪行为。完善应急管理体系，健全突发事件预防预警和应急处置机制。牢固树立安全生产红线意识，深入开展企业安全生产主体责任落实全面提升年活动，坚决遏制较大安全生产事故发生。进一步落实粮食安全责任，完善食品药品安全监管体制机制，健全可追溯体系，让人民群众吃得安全、吃得放心。强化经济形势分析研判，做好第四次全国经济普查准备工作。深化少数民族帮扶，维护宗教稳定和民族团结。加强国防动员和后备力量建设，深化双拥共建和优抚安置工作，推动军民深度融合发展。

三、大力加强政府自身建设

迈进新时代，肩负新使命，开启新征程。2018年区政府将在区委的坚强领导下，一如既往加强政府自身建设，持之以恒转作风提效能，苦干实干加巧干，同心协力挑重担，努力推动泰山区经济社会发展再上新台阶、再创新业绩。

（一）坚持忠诚为政。始终把学习贯彻党的十九大精神作为首要政治任务，牢固树立“四个意识”，坚决维护以习近平同志为核心的党中央权威和集中统一领导。扎实开展“不忘初心、牢记使命”主题教育，讲政治、敢担当、善作为。始终坚持以人民为中心的发展思想，加强基层调研和一线走访，畅通政民互通渠道，倾听群众呼声，关心群众疾苦，竭尽全力为群众服务。

（二）坚持科学理政。认真贯彻新发展理念，用科学的判断、有效的措施、可靠的保障，推动经济社会稳中有进、行稳致远。扎实推进政府服务创新工程，不断完善权力清单、责任清单。加快推进“互联网+政务服务”，把与群众和企业密切相关的事项纳入政务服务大厅，开展“一个窗口”受理、“一站式”审批，让数据“多走路”，让群众“少跑腿”“零跑腿”。

（三）坚持依法行政。全面加强依法治区和法治政府建设，推进区政府党组学法制度化、规范化，健全完善专家论证、风险评估、合法性审查等机制，“三重一大”事项集体决定，提高依法决策水平。主动接受人大依法监督、政协民主监督和社会舆论监督，全力办好人大代表建议、政协委员提案，完善政府信息公开制度，确保权力在阳光下运行。

（四）坚持从严治政。扎实开展“谋发展、敢担当、有作为”作风建设年活动，把“人民对美好生活的向往”烙在心上、扛在肩上、抓在手上，力争各项工作在全市居前列、在全省有影响。政府工作报告是向全区人民所作的庄严承诺，我们将不驰于空想，不骛于虚声，将目标任务转化为具体方案，加大督查落实力度，用钉钉子精神，一步一个脚印、脚踏实地向前推进。

（五）坚持廉洁从政。认真履行“一岗双责”，严格落实政府系统党建工作主体责任，持之以恒抓好党风廉政建设和反腐败工作。时刻把纪律挺在前面，充分发挥审计监督作用，加强行政审批、政府采购、国有资产交易等重点领域和关键环节的监管，构建严密的权力运行制约和监督体系。不折不扣地落实中央八项规定和《实施细则》，驰而不息纠正“四风”，严格控制“三公”经费，厉行勤俭节约，把更多的财力用到惠民生、促发展上。

各位代表，使命重在担当，实干铸就辉煌。在习近平新时代中国特色社会主义思想的引领下，在上级党委、政府和区委的坚强领导下，让我们以新气象践行新理念，以新风貌开启新征程，以新作为谱写新篇章，沿着高质量发展之路奋力拼搏、开拓进取，为建设富强和美泰山区而不懈奋斗。

大 事 记

(2017 年)

1 月

5 日 中共泰安市泰山区第十二届委员会第十一次全体(扩大)会议在区委礼堂召开。全会决定，2017 年 1 月 16 日召开中共泰山区第十三次代表大会。全会讨论并原则通过了中共泰山区第十二届委员会向区第十三次党代会提交的报告和区纪委的报告，决定将这两个报告提交大会审议；研究提出了泰山区出席中共十九大、省第十一次党代会代表候选人初步人选建议推荐名单；酝酿讨论了中共泰山区第十三届委员会委员、候补委员和区纪委委员候选人预备人选的安排意见，投票确定了泰山区出席市第十一次党代会代表候选人预备人选。

4 日—6 日 区委副书记、代区长王爱新到泰前、上高、徐家楼街道现场调研，实地查看了部分项目现场，了解建设进展情况。

9 日 2016 年度泰山区街道镇、区直部门党（工）委书记抓基层党建工作述职评议会议召开。

同日 区委书记赵斌，区委副书记、代区长王爱新到泰安军分区和驻军八十八医院等驻泰安部队走访慰问。

10 日 区政协十二届二十四次常委会议召开。会议审议通过了关于召开区政协十三届一次会议的决定；审议通过了关于区政协十三届一次会议建议议程、日程等有关事项；审议通过了其他人事事项。

12 日 副省长王书坚到泰山区走访慰问贫困村、困难企业、困难职工、困难群众、残疾人家庭及生活困难党员，并到非公企业联系点岱银集团进行调研。

13 日 区十六届人大常委会第三十五次会议召开。会议审议并表决通过了《区选举委员会关于换届选举工作的报告》《区人大常委会代表资格审查委员会关于区十七届人大代表资格的审查报告》《区人大常委会代表资格审查委员会关于区十七届人大代表情况的报告》《泰山区人民代表大会及其常务委员会宪法宣誓仪式组织实施办法》《区政府关于十六届人大五次会议代表建议办理情况的报告》《关于召开区十七届人大一次会议的决定》。

16 日—18 日 中共泰安市泰山区第十三次代表大会在区委礼堂召开。区委书记赵斌代表中共泰山区第十二届委员会向大会作工作报告。中共泰山区纪律检查委员会向大会提交了书面报告，区委组织部向大会提交了全区党费收缴、使用和管理情况的书面报告，提请大会审议。会议选举产生了中共泰山区第十三届委员会委员、候补委员、常务委员会委员和书记、副书记；选举产生了中共泰山区纪律检查委员会委员、常务委员会委员和书记、副书记；选举产生了出席中共泰安市第十次代表大会的代表。大会选举结果：35 人当选为中共泰山区第十三届委员会委员，7人当选为中共泰山区第十三届委员会候补委员，赵斌、王爱新（女）、毕华年、安丽（女）、徐立勇、赵永斌、李培国、王冠祥、刘兴钰当选为中共泰山区第十三届委员会常务委员会委员，赵斌当选为中共泰山区委书记，王爱新（女）、毕华年当选为中共泰山区委副书记；27人当选为中共泰山区纪律检查委员会委员，李培国、曹斌、王绍义、华相进、周萍萍（女）、李俊贵、刘传勇当选为中共泰山区纪律检查委员会常务委员会委员，李培国当选为中共泰山区纪委书记，曹斌、王绍义当选为中共泰山区纪委副书记；30人当选为泰山区出席中共泰安市第十一次代表大会的代表。大会还表决通过了中共泰山区第十三次代表大会关于中共泰山区第十二届委员会报告的决议和关于中共泰山区纪律检查委员会工作报告的决议。

19日 市委书记、市人大常委会主任王云鹏出席指导泰山区委常委班子2016年度民主生活会。

同日 区纪委十三届二次全会第一次会议召开。

同日 省委常委、统战部部长吴翠云到泰山区走访慰问中华人民共和国成立前入党的老党员和生活困难党员。

同日 中组部组织二局五处处长李拥福一行到泰山区调研城市社区党建工作。

22日 区委常委扩大会议召开。会议传达市委书记、市人大常委会主任王云鹏在泰山区委常委民主生活会上的讲话精神，研究泰山区贯彻落实意见。

同日 市委书记、市人大常委会主任王云鹏到泰山区走访慰问了部分困难党员和困难群众。

20日—23日 泰山区政协十三届一次会议在区委礼堂举行。大会听取《政协第十二届泰山区委员会常务委员会工作报告》《区政协十二届五次会议以来提案工作情况报告》。大会审议通过了《区政协十三届一次会议决议》《区政协十三届一次会议提案审查情况的报告》《区政协十三届一次会议关于提案工作情况报告的决议》。大会通过选举：陈庆业当选为第十三届区政协主席，王德玉、李战德、张玲（女）、甄永莲（女）、孙圆景（女）当选为第十三届区政协副主席，庄传勇当选为第十三届区政协秘书长，还选举产生了31名第十三届区政协常委。

21日—24日 泰山区十七届人大一次会议在区委礼堂举行。区委书记赵斌主持会议，区委副书记、代区长王爱新代表区政府向大会作《政府工作报告》，会议还听取区人大常委会、区人民法院、区人民检察院工作报告。大会通过投票选举：李殿勤当选为泰山区第十七届人大常委会主任，王志亮、刘凤（女）、葛安华、史书超、李志科当选为泰山区人大常委会副主任；王爱新（女）当选为泰山区人民政府区长，徐立勇、杨启典、苏春明、黄涛、姚学理（女）当选为泰山区人民政府副区长；刘国峰当选为泰山区人民法院院长；王增爱当选为泰山区人民检察院检察长。大会还选举产生了27名区十七届人大常委会委员，选举产生了66名出席泰安市第十七届人民代表大会的代表。大会审议并表决通过了泰山区十七届人大一次会议《关于政府工作报告的决议》《关于泰山区2016年国民经济和社会发展计划执行情况与2017年国民经济和社会发展计划的决议》《关于泰山区2016年预算执行情况和2017年预算的决议》《关于泰山区人民代表大会常务委员会工作报告的决议》《关于泰山区人民法院工作报告的决议》《关于泰山区人民检察院工作报告的决议》。

24日 全区解决城镇中小学大班额问题工作推进会议召开。

25日 区委副书记、区长王爱新现场检查全区春节期间安全生产工作。

26日 区委书记赵斌，区委副书记、区长王爱新走访慰问了部分区级老领导和节日期间坚守工作岗位的干部职工。

2月

4日 全区经济工作会议在泰山文化大厦召开。会议传达贯彻中央和省、市经济工作会议精神，总结工作，表彰先进，分析形势，部署任务，动员全区上下解放思想、抢抓机遇，拼搏实干、创新争先，为决胜全面小康、建设富强和美泰山区而努力奋斗。

同日 全区平安建设工作会议在区委礼堂召开。

8日 全区“勇担当、提效能、促发展”作风建设年动员大会召开。

9日 区十七届人大常委会第一次会议召开。会议审议并表决通过了《区人大常委会2017年工作要点》《区人大常委会代表资格审查委员会组成人员名单》《区人大常委会各工作委员会组成人员名单》，投票表决通过了有关人事任免事项，并向表决通过的区人大常委会工作机构工作人员和区政府组成人员颁发了任命书。

10日 区政府全体成员扩大会议召开。会议贯彻落实区第十三次党代会、区人大十七届一次会议和全区经济工作会议精神，安排部署政府各项工作，并对政府系统廉洁建设提出要求。

同日 全区安全生产工作会议召开，会议总结2016年全区安全生产工作，分析当前形势，查找问题，安排部署今年安全生产工作任务。

12日 泰山国际花木城承办的2017山东泰安苗木大集正式开市。此次苗木大集持续三个月，共提供展位近万个，所有摊位均免费开放。

13日 副省长季缃绮到泰山区调研智慧社区建设和社区居家养老服务中心建设运营情况，实地查看了后七里社区居家养老中心、花园社区居家养老中心和“12349”泰山区居家养老服务信息中心现场。

16日 2017年全区农业重点项目建设推进会召开。

17日 区十七届人大常委会第二次会议召开。会议审议并表决通过《关于解决大班额问题工作情况的决议》《关于泰山碧霞湖文化项目和岱银地块项目有关情况的决议》。

18日 全区2017年春季重点建设项目集中开工仪式在泰前街道泰山亲和源项目现场举行。此次集中开工42个项目，总投资达167.51亿元，其中投资过亿元项目26个、过10亿元项目4个。

19日 2017全区招商引资项目集中签约仪式在泰山文化大厦举行。此次签约36个项目，其中，一产项目1个、二产项目11个、三产项目24个，投资总额达到269.8亿元。

20日 全区人口和计划生育目标管理责任奖惩兑现会议召开。

27日 区委常委扩大会议召开。传达学习市委书记王云鹏，市委副书记、市长李希信等领导在参加市人代会泰山区代表团讨论时的讲话精神。

28日 泰安同方电子商务产业园项目开工奠基仪式举行。泰安同方电子商务产业园项目投资11亿元，主要建设以电商总部中心、O2O网货博览城、电商SOHO中心、网商孵化中心、网商培训中心、科技互动体验中心、展览会议中心及其他配套设施组成的电子商务产业园。

同日 全区组织和统战工作会议召开。

3月

2日 市委常委、统战部部长李灿玉到泰山区调研民族宗教工作，实地查看了省庄镇东孙村、泰城清真寺和青年路基督教堂等现场。

3日 全区宣传文化工作会议召开。

5日 区委书记赵斌到财源街道、岱庙街道现场调研，先后实地考察了14个项目现场。

8日 全区纪念“3·8”国际妇女节107周年暨表彰大会召开。

9日 2017全区招商引资工作培训班在泰山文化大厦开班。

同日 全市苗木花卉产业

提升科技扶贫培训班暨行业交流会在泰山国际花木城举行。

10日 区委书记赵斌，区委副书记、区长王爱新等领导到邱家店镇逯家庄村东岳国际花木城开展义务植树活动。

14日 区委书记赵斌到省庄镇、邱家店镇现场调研，先后实地察看了12个项目现场。

15日 市委常委、纪委书记郝红带领调研组到泰山区调研党风廉政建设和全面从严治党主体责任落实情况。

16日 全区巡察工作动员会召开。

同日 区委副书记、区长王爱新调研全区“三强”企业经营运行情况，实地考察了宝来利来、鲁普科技、岱银集团、泰山云谷互联网产业园等现场。

21日 市委常委、统战部部长李灿玉，副市长袁久党到泰山区调研商务工作，实地考察了影响力电商产业园、现代物流产业园、泰开工业园、启程轮毂项目、岱银天梭工业园、云谷互联网产业园等现场。

23日 市委农村工作领导小组副组长陈湘安带领调研组到泰山区调研农业招商引资和重点项目建设情况。

同日 区政协十三届一次常委会议召开。会议审议通过了区政协2017年工作要点、十三届区政协各专门委员会组成人员名单和区政协新修订的11项规章制度。

24日 泰山区委党校春季开学暨十八届六中全会精神专题培训班开班典礼在泰山文化大厦举行。

25日 区委理论学习中心组“全域旅游与泰山区对策”专题辅导报告会在泰山文化大厦举行。泰山学院王雷亭教授作专题辅导。

同日 泰安六中博阳中学正式启用。

27日 全区扶贫开发暨农村工作会议召开。

29日 泰山区公共法律服务中心揭牌成立。

30日 省经信委副巡视员张忠军带领调研组到泰山区对工业经济运行情况进行调研。

4月

2日 副市长、市公安局局长鞠向群到泰山区检查清明节期间森林防火工作。

3日 区委副书记、区长王爱新现场调研全区部分重点项目推进情况。

6日 全区违法建设治理行动动员会在泰山文化大厦召开。

13日 2017中国工程机械维修与再制造技术对接交流会在泰山区召开。

14日 区委书记赵斌现场检查调度全区治理违法建设工作，先后查看了财源街道中七里社区、徐家楼街道夏家庄村、上高街道黄家庄村等违建拆除现场。

17日 全区全域旅游推进大会召开。

18日 省人大常委会财经委副主任委员林华勇带领执法检查组到泰山区检查产品质量法贯彻实施情况。

同日 副市长、市公安局局长鞠向群到泰山区督导派出所工作，实地查看了财源派出所、南关派出所等派出所新建、改建情况。

20日—22日 区委书记赵斌，区委副书记、区长王爱新带领泰山区党政考察团赴青州市、潍坊高新区学习考察文化产业发展、高新技术产业园区建设等方面的经验。

21日 泰山区举办全民健身机关干部职工登泰山比赛，区直机关65个部门，7个街道、镇近800名机关干部职工参加了比赛。

23日 泰山讲坛·绿色发展与产业升级讲座在泰山文化大厦举行。国家行政学院经济学部副主任、博士生导师、生态文明研究中心主任张孝德教授就“绿色发展与产业升级”有关问题进行专题辅导。

25日 国际老年大学协会主席佛朗索瓦·维拉斯带领老年教育国际学术研讨会与会专家到泰山区参观考察，实地察看了泰山区老年大学双龙社区分校。

26日 全区庆祝“5·1”国际劳动节暨第七届先模表彰大会在区委礼堂召开。

同日 在市、区两级指挥部的统一指挥调度下，各街道镇（园区）、区城管局、区公安分局、区食药局、区工商局、区环保局、区卫生局等多部门联合开展2017年第三次常态化联合执法专项行动，对城区主次干道两侧的占道经营、倚门经营、流动摊贩、违法建设、违规烧烤等违法行为开展专项整治，共出动执法人员300余人，取缔占道经营50余处，清理倚门经营20余处，证据保全各类违法店外摆放物品20车，拆除乱搭乱建1处，面积60平方米；整治违规烧烤9处，证据保全桌子10张；拆除楼体广告牌匾3块、落地广告牌匾70块，教育训诫50余人。

27日 区委副书记、区长王爱新现场调研全区部分重点旅游项目，实地察看了艾家庄民俗古镇和泰山宝泰隆旅游景区等现场。

同日 泰山区举行2017年“全民健身月”启动仪式暨健身项目展演在泰安宝泰隆广场举行。

28日 全区“重效率、勇担当、作表率”主题活动动员会暨作风建设推进会在泰山文化大厦召开。

同日 区十七届人大常委会第三次会议召开。会议通过《关于区人民法院执行工作情况的审议意见》《关于全区扶贫脱贫工作情况的审议意见》《区人民检察院关于首批员额检察官履行法律程序的备案报告》《区人民法院关于首批员额法官履行法律程序的备案报告》。

5月

2日 区委书记赵斌到中央商务区和历史文化轴项目现场调研。

同日 区委副书记、区长王爱新现场调度全区治理违法建设工作，实地查看了财源街道旧镇社区、徐家楼街道尚家寨、上高街道西张店村等违建拆除现场。

4日 全市脱贫攻坚工作推进会在邱家店镇召开。区委书记赵斌在会上汇报了泰山区推进脱贫攻坚工作情况。

同日 区委书记赵斌现场调研城市道路建设进展情况，实地察看了黄前西干渠路、双龙路、佛光路、万官大街等现场。

同日 泰山区教育系统“千名教师访万家”活动在泰前街道岱道庵小学启动。

4日—7日 “中国体育彩票杯”2017年泰安市中小学生体育联赛田径比赛在泰安六中新校区举行，来自全市中小学校、职教中专、职教学院的40支代表队2000多名青少年参加了比赛。泰山区分别取得初中组第三名、职教组第二名。

6日 区委副书记、区长王爱新检查督导全区2017年棚户区改造工作，现场研究解决项目推进中遇到的问题和困难。

8日 副市长成丽到泰山区调研文化旅游体育产业项目和项目规划建设情况，实地察看了艾家庄民俗古镇、碧霞湖文化项目、泰山生态旅游特色小镇等项目现场。

10日 岱银集团“山东省院士专家工作站”成立座谈会暨揭牌仪式举行。中国工程院院士姚穆，中国纺织工业联合会副会长孙淮滨，副市长、市公安局局长鞠向群，区委副书记、区长王爱新等专家和领导出席活动。

11日 副市长张红旗带领检查组到泰山区检查督导违法建设治理及棚户区改造工作，实地察看了岱庙街道灌庄社区棚改现场和上高街道西张店村拆违现场。

13日—14日 全区招商引资和项目建设检查考核会议召开。

16日 山东省暨泰安市第十四届社会科学普及周启动仪式在省庄镇南河西村举行。省社科联副主席孙淑娜、副市长成丽等省、市、区领导出席活动。此次活动主题为：树立崇德向善风尚，建设文明幸福家庭。

18日 全区“两学一做”（学党章党规、学系列讲话、做合格党员）学习教育常态化制度化工作座谈会在泰山文化大厦召开。

同日 全区治理违法建设工作现场调度会召开。

19日 工业和信息化部节能与综合利用司副司长王燕带领调研组到泰山区调研企业节能工作情况，实地查看了岱银集团和康平纳集团等现场。

21日 副省长王随莲到泰山区调研残疾人康复工作开展情况，实地考察了山东海天智能工程有限公司现场。

23日 全区“两学一做”政府购买社会组织服务暨“老年安养卡”发放仪式在岱庙街道花园社区举行。

同日 泰山区全面实行河长制工作动员部署会暨2017年防汛工作会议召开。

24日 全区创建全国文明城市工作推进会议在泰山文化大厦召开。

25日 市政协主席周桂萍带领视察组到泰山区视察非国有博物馆发展情况，实地考察了泰山文化博物馆和圣源博物馆等现场。

27日 全区学校建设集中开工仪式举行。市委常委、副市长展宝卫，区委书记赵斌，区委副书记、区长王爱新等领导出席开工仪式并为项目开工奠基。

同日 居然之家城市广场项目签约仪式举行。居然之家城市广场项目占地面积2万多平方米，总建筑面积6万平方米，预计总投资近2亿元，可安排就业4000人。

同日 民盟泰山区支部第六次盟员大会召开。听取了民盟泰山区支部第五届支部委员会工作报告；选举产生了民盟泰山区支部第六届委员会。

31日 市委副书记张涛到财源街道办事处中心幼儿园走访慰问。

6月

1日 省食药局副局长王建政带领调研组到泰山区调研省级食品安全城市创建工作，实地考察了岱庙街道花园社区、省庄镇食药所等现场。

3日 市委书记王云鹏，市委副书记、市长李希信带领全市招商引资和项目建设检查考核会议与会人员到泰山区检查现场。

6日 国务院副秘书长、国家信访局局长舒晓琴带领中央信访工作调研组到泰山区调研信访工作开展情况，实地考察了岱庙街道花园社区、区公安分局、财源街道等现场。

8日 最高人民法院党组成员、纪检组组长刘海泉带领督察组到泰山区督察司法体制改革工作，实地察看了区人民法院、区人民检察院现场。

同日 全市首届泰山茶优秀品牌评选暨第五届泰山茶炒茶技能大赛在省庄镇举行。市委副书记张涛，中国农科院茶叶研究所党委书记姜仁华，区委副书记、区长王爱新等领导出席活动。

同日 副市长、市安监局局长袁久党带领调研组到泰山区调研社区、村安全文化宣传站建设情况，实地考察了岱庙街道花园社区、邱家店镇刘家疃村现场。

9日 全区过硬党支部建设工作座谈会在泰山文化大厦召开。

10日 国际神经药理学专家交流座谈会在泰山区召开。来自美国、荷兰和国内多所高校相关领域的专家教授，以及泰山区海天智能、微医等企业界的代表参加了座谈交流。

14日 中国国土资源经济研究院副院长付英带领调研组到泰山区调研探明储量的矿产资源统一确权登记工作。

15日 省政协副主席王乃静到泰山区调研经济社会发展情况，实地考察了岱庙街道花园社区、宝来利来生物工程项目、泰开电力电子项目等现场。

同日 省民委巡视员马银平带领调研组到泰山区调研民族经济工作，实地考察了财源街道清真寺社区泰城清真寺、岱庙街道市场社区、省庄镇东孙村等现场。

17日 全区治理违法建设工作推进会在泰山文化大厦召开。

18日 区委常委扩大会议召开，传达省第十一次党代会精神，研究具体贯彻落实意见。

20日 博阳路拓宽改造工程动员会召开。会议安排部署博阳路改造征地拆迁工作，动员各单位统一思想，迅速行动，齐心协力，为推动东部新城区建设创造良好条件。

24日 泰山讲坛·招商工作策划与统筹专题讲座在泰山文化大厦举行。苏州工业园区招商局副局长张震苏作专题辅导。

同日 区机关事务管理局，对全区公车改革后保留的公务用车统一进行标识化喷涂。其中，非涉密的机要通信和应急保障用车共69辆，统一喷涂“公务”字样和监督电话；行政执法用车22辆，统一喷涂“行政执法”字样和监督电话。

25日 泰山区“机关党员V行动”活动启动仪式在南湖公园举行。

27日 泰山区“国家苗木花卉综合标准化示范区”建设启动仪式在泰山国际花木城举行。副市长袁久党，区委副书记、区长王爱新等领导出席活动。

同日 省民政厅副巡视员蒋德生带领督导组到泰山区督导社区治理暨养老服务创新实验工作。

28日 国家安监总局副局长徐绍川带领调研组到泰山区调研安全文化进社区工作，实地考察了岱庙街道花园社区消防体验室、安全文化广场、安全知识长廊等现场。

同日 区十七届人大常委会第四次会议召开。会议审议并表决通过了《关于2016年区级财政决算的决议》《关于2016年度区级预算执行和其他财政收支情况审计工作报告的决议》《关于全区棚户区改造工作情况的决定》。

29日 全区庆祝建党96周年暨命名泰山红旗党支部大会在泰山文化大厦召开。

同日 市政协副主席张庆明带领调研组到泰山区调研泰山茶产业发展情况。

30日 市委副书记、市长李希信到泰山区调研城市防汛工作和博阳路改造工程进展情况。

同日 泰山区“我爱我家 人人文明 处处风景”百万市民助力创建全国文明城市志愿服务主题实践活动启动仪式在南湖公园举行。此次活动旨在大力弘扬“奉献、友爱、互助、进步”的志愿服务精神，发动广大市民争当志愿者，助力创城，为争创全国文明城市注入新的生机和活力。

同日 全区脱贫攻坚问题整改工作推进会召开。

7月

1日 “牵手才智·助跑泰山”中国微循环学会神经保护与康复专业委员会成立大会暨2017泰山国际神经疾病高峰会议在泰山文化大厦举行，中国科学技术协会学会学术部副部长苏小军，中国科协科学技术传播中心主任王进展，工程院院士、南通大学原党委书记顾晓松，中国微循环学会创始人、原中国医学科学院副校长修瑞娟，泰安市委常委、副市长展宝卫，泰安市委常委、组织部部长高尚山等领导出席，来自全国25个省、市、自治区三甲医院领导或神经科主任，全国部分医学院专家教授与会，共计300余人。此次高峰会由山东海天智能工程有限公司承办。

1日—2日 区委书记赵斌，区委副书记、区长王爱新等领导走访慰问生活困难党员。

4日 省委宣传部副部长、文明办主任刘宝莅到泰山区检查指导全国文明城市创建工作，实地察看了花园社区、双龙社区、泰安六中新校区等现场。

5日 市委副书记张涛，市委常委、政法委书记郭德文到泰山区调研治理违法建设工作进展情况，实地察看了泰前街道白马石村248套别墅10万平方米违法建设的拆除现场、省庄镇付家庄村占地165亩违建5.6万平方米的拆违现场。

同日 副市长张红旗到泰山区现场调度城市防汛工作和博阳路改造工程拆迁工作进展情况。

6日 “精准服务手拉手，阳光助残进万家”全省志愿助残阳光行动主题日活动在泰山区举行。市委副书记张涛、省残联副理事长黄庆峰、团省委副书记刘少华、区委书记赵斌等领导出席活动。

同日 市委常委、秘书长宋洪银到泰山区调研“三强”企业发展情况，实地察看了康平纳科技产业园和鲁普耐特科技产业园现场。

7日 财源街道七东联合党委成立大会暨揭牌仪式举行。七东联合党委成员单位包括市人力资源与社会保障局机关党委、区劳动就业办公室党支部、泰山宝盛置业党支部、泰安淘你欢购物广场有限公司党支部、财源街道社会组织党建服务中心党总支、七里埠学校党支部、东七里社区党总支等七个基层党组织。联合单位的成立，旨在发挥好组织指导党建工作、综合协调重大事务和主导推动管理服务等作用构建起互联互动、融合共享、一体运作的商圈共建新格局。

8日 区委理论学习中心组电子商务发展现状与趋势专题辅导报告会在泰山文化大厦举行。国家商务部中国国际电子商务研究院陈广山博士专题辅导。陈博士从中国电子商务发展的主要特点、存在问题与发展趋势等方面，作了阐述和辅导。

9日 全区招商引资和重点项目建设工作推进暨上半年经济运行分析会召开。

10日 区委十三届委员会第二次全体（扩大）会议在区委礼堂召开。会议深入学习贯彻省第十一次党代会、市委十一届三次全体（扩大）会议精神，听取审议区委常委会报告，总结2017年以来的工作，安排部署下一步的任务。区委书记赵斌代表区委常委会向全委会作报告。全会审议通过了《中国共产党泰安市泰山区第十三届委员会第二次全体（扩大）会议决议（草案）》。

11日 区委书记赵斌到街道镇，现场调度全区违法建设治理工作。

12日 “蓝火计划”泰安签约暨“泰山杯”全国高校健康产业创新创业大赛启动仪式在泰山区举行。

同日 副市长张红旗检查调度博阳路改造工程征地拆迁工作进展情况。

同日 省科技厅验收专家组到泰山区考察省级农业高新技术产业示范区园区建设情况。

13日 省老龄办主任丁希滨到泰山区调研基层老龄工作开展情况，实地察看了财源街道后七里社区、泰安爱尔光明医院和上高街道岔河社区日间照料中心现场。

同日 省委老干部局副局长、山东老年大学校长杜英杰到泰山区调研老干部工作情况。

13日—14日 区人大常委会视察组视察泰山区2017年上半年国民经济和社会发展计划及财政预算执行情况。

17日 全区创建全国文明城市暨治理违法建设工作推进会在泰山文化大厦召开。

19日 区委书记赵斌现场调度城市道路建设进展情况，实地察看了万官大街、北上高大街、黄前西干渠路、双龙路、佛光路等现场。

同日 全市纪念爱国卫生运动65周年书法摄影作品展览在泰山文化大厦启动。

同日 区政协十三届二次常委会议召开。会议审议通过《关于全区科技创新能力建设情况的调研报告》《关于全区工业企业生产状况的调研报告》《关于在区政协委员中开展“重效率、勇担当、作表率”主题活动的实施意见》。

20日 泰山区生猪产品定点配送采购中心揭牌成立。

21日 山东社会科学院党委副书记、院长张述存到泰山区财源街道后七里社区、区社会治安综合治理信息中心、岱庙街道花园社区管理服务中心、区公安分局等调研。

25日 区委书记赵斌到省庄镇大河峪村、邱家店镇东燕庄村、西郭庄村，现场调度全区脱贫工作进展情况。

26日 副市长张红旗到泰山区调研山水林田湖生态保护修复工程项目建设推进情况。

27日 区委书记赵斌，区委副书记、区长王爱新等领导到驻泰安部队走访慰问。

28日 省农业厅厅长王金宝到泰山区检查国家现代农业产业园创建工作，实地察看了未来田园、三益集团、山东青青农业教育营地、亚奥特乳业、那一叶女儿茶园等项目现场。

29日 省残联理事长仉兴玉到泰山区调研残疾人工作，实地察看了岱庙街道花园社区现场。

31日 区委书记赵斌现场调研全区城市基层党建工作，实地查看了财源街道七东联合党委、徐家楼街道社会组织党建服务中心、区社会组织党建服务中心、岱庙街道迎暄社区和泰安启程车轮制造有限公司等现场。

8月

1日 全区党风廉政建设和反腐败工作情况通报会召开。

3日 全区环境保护突出问题整改攻坚暨中央环保督察保障工作会议在泰山文化大厦召开。

同日 市委常委、政法委书记郭德文到泰山区督查奇石市场整治情况。

4日 区委书记赵斌到区工业建设指挥部、区特色农业发展指挥部现场调研。

同日 区委副书记、区长王爱新现场调度全区部分重点项目建设进展情况。

5日 区委理论学习中心组就习近平总书记在省部级主要领导干部专题研讨班上的重要讲话精神，进行学习研讨。

6日 “2017年山东省暨泰安市‘全民健身日’主题活动启动仪式·山东省第三届大众健身项目挑战赛”开幕式在泰安六中新校操场举行。

7日 区委书记赵斌到区城建指挥部现场调研。

8日 区委书记赵斌现场调研全区全国文明城市创建工作，实地查看了财源街道监狱宿舍、泰前街道岱道庵社区、上高街道凤台村、省庄镇后省庄村等现场。

同日 区委书记赵斌到区服务业开发指挥部现场调研。

同日 中国共产主义青年团泰安市泰山区第十八次代表大会召开。

10日 全区迎接中央环境保护督察组督察工作动员会召开。

11日 市委书记王云鹏到泰山区督导环保突出问题整改工作，实地察看了东城热电公司、东苑庄水源地保护区整改现场。区委书记赵斌汇报了泰山区生态文明建设和环境保护有关工作情况。

13日 区委副书记、区长王爱新到博阳路改造工程指挥部现场调研。

16日 驻泰安省政协委员和部分市政协委员视察泰山区违法建设治理情况。

17日 市委常委、组织部部长高尚山到泰山区调研城市基层党建工作，实地查看了长城商务中心党建服务站、财源街道七东联合党委、居然之家业缘党支部、区社会组织党建服务中心等现场。

同日 省发改委服务业办主任陈清华带领调研组到泰山区调研服务业创新发展情况，实地考察了海天智能产业园和泰山云谷互联网产业园等现场。

20日 泰山区与北京跨区域产业协作中心在北京举行京鲁（泰山）新旧动能转换项目跨区域协作签约仪式。市委副书记、市长李希信，北京跨区域产业协作中心常务副主任房晓，市委常委、副市长展宝卫，区委书记赵斌，区委副书记、区长王爱新等领导及北京66家园区企业负责人出席活动。仪式上，泰山区与北京跨区域产业协作中心、中建环球投资控股集团、北京航天博汇科技发展有限公司等6家单位签约。

23日 泰山区与江苏教育集团在泰山区举行联合办学签约仪式。

同日 省人大常委会委员、教科文卫委员会主任委员骆宝臻带领调研组到泰山区，就《山东省全民健身条例（草案）》进行立法调研。

24日 市委常委、统战部部长李灿玉到上高街道西张庄村调研精准扶贫工作开展情况。

同日 省畜牧兽医局副局长赵玉良带领省食安办第四抽查组到泰山区检查食品安全工作，先后现场检查了亚奥特乳业、新时代商厦宝龙店。

25日 泰山区党外知识分子联谊会第二次代表大会召开。大会选举产生了新一届泰山区党外知识分子联谊会会长、常务副会长、副会长、秘书长、副秘书长。通过了《泰山区党外知识分子联谊会第二次代表大会决议》。

26日 区委书记赵斌，区委副书记、区长王爱新到博阳路改造工程指挥部调研征地拆迁工作。

同日 泰山区召开商（协）会会长座谈会，邀请泰安异地商会会长和部分行业商会会长共商经济社会发展大计。

29日 区十七届人大常委会第五次会议召开。会议审议并表决通过《关于2017年上半年泰山区国民经济和社会发展计划财政预算执行情况的审议意见》。

30日 泰山讲坛·制造流程智能化专题讲座在泰山文化大厦举行。中国工程院院士、博士生导师柴天佑就制造流程智能化问题作了阐述和辅导。

31日 “IEEE ICARM 2017国际先进机器人与机电系统会议泰山分论坛”暨“2017人工智能机器人泰山国际论坛”在泰山区举行。来自新加坡南洋理工大学、意大利技术研究院、多伦多大学、欧洲原子能机构、香港科技大学等国内外20多所（个）高校、研究机构的业内知名专家就人工智能前沿技术展开交流与沟通。此次论坛会由山东海天智能工程有限公司承办。

是月 泰山区体育局被国家体育总局评为“全国群众体育先进单位”。

9月

1日 全市城市基层党建工作经验交流座谈会在泰山区召开。

2日 水墨泰山——第十三届中国画名家作品展（泰安站）在泰山文化大厦举办。

4日 全区庆祝第三十三个教师节暨表彰大会在泰山文化大厦召开。

同日 市委常委、副市长展宝卫到省庄镇中心小学走访慰问。

5日 作为第三十一届泰山国际登山节系列活动之一的“泰山秋韵”民族音乐会在泰山文化大厦举办。

同日 第七届泰山石敢当文化节在泰山宝泰隆旅游景区举办。

4日—5日 区委书记赵斌，区委副书记、区长王爱新等区领导到中小学校走访慰问。

6日 2017中国泰山投资合作洽谈会重点项目签约仪式在泰山文化大厦举行。此次共有36个项目签约，总投资额172亿元。

7日 在2017中国泰安投资合作洽谈会上，泰山区共有9个项目签约，总投资额397亿元。

同日 中国教学仪器设备总公司党委书记、中国教育装备行业协会副会长兼秘书长夏国明带领考察团到泰山区参观考察。

7日—8日 省食品药品监管局副巡视员史国生带领督导组到泰山区专项督导食品安全整治工作。

11日 全区重点项目调度会召开。

12日 区委副书记、区长王爱新现场调度全区治理违法建设工作情况。

13日 市委书记王云鹏到泰山区调研农业产业项目建设

工作情况，实地察看了上高街道泰山人家上高庄园、省庄镇泰山原生态农业示范园等现场。

14日 市人大常委会主任唐福泉到泰山区调研经济社会发展情况，实地察看了上高街道岔河社区、康平纳纱线染色智能工厂、泰前街道艾家庄民俗古镇等现场。

同日 市政协副主席、民建市委主委张庆明带领调研组到泰山区调研老旧小区改造工作，实地察看了上高街道东岳社区现场。

15日 广西贺州市政协副主席贝小燕带领考察组到泰山区参观生态休闲农业、新农村建设等。

16日 全区脱贫攻坚推进会在泰山文化大厦召开。

同日 新疆维吾尔自治区民委副主任兰步锦带领调研组到泰山区调研少数民族发展资金管理使用工作情况。

19日 北京市旅游发展委员会副主任王粤到泰山区参观考察精品民宿发展情况，实地参观了艾家庄民俗古镇。

21日 区委书记赵斌到省庄镇调研少数民族经济社会发展暨少数民族帮扶工程开展情况。

22日 区委理论学习中心组“网络宣传与舆情应对”专题辅导报告会在泰山文化大厦举行。省网信办副主任董志强从网络舆情的传播特点、主要危害与应对策略等方面，作了阐述和辅导。

同日 全区2017年“慈善月”活动启动仪式在区委大院举行。

23日—24日 区直部门“亮点创新、比学赶超”推进会召开。

24日—25日 “中国体育彩票”山东省第七届全民健身运动会健身气功比赛在泰安六中新校体育馆举行。来自全省各地、市及省直机关、泰山区共19支代表队近200名运动员参加了比赛。

25日 国家社区糖尿病规范化管理培训班在泰山区举办。

28日 全市统一战线“庆国庆．喜迎党的十九大”联欢会在泰山文化大厦举行。市委常委、统战部部长李灿玉，市人大常委会副主任、工商联主席王淑玲，市政协副主席、民进泰安市委主委王昌元，市政协副主席、民盟泰安市委主委孙岱峰，区委副书记、区长王爱新等领导观看了演出。

29日 区委副书记、区长王爱新就国庆期间安全生产工作进行了检查调度。

30日 区委副书记、区长王爱新现场调研全区部分重点项目建设进展情况。

10月

2日 区委副书记、区长王爱新现场检查调度国庆期间全区旅游秩序和旅游安全工作。

10日 区委副书记、区长王爱新现场检查调度万官大街拓宽改造工程和新华片区棚改项目建设推进情况。

11日 省委常委、组织部部长杨东奇到财源街道七东商圈调研城市基层党建工作，到区社会组织党建服务中心、区社会组织双创示范基地和岱银集团实地调研非公有制经济组织和社会组织党建工作。

同日 省政府泰山山水林田湖生态保护修复试点工程调研组到泰山区调研，实地考察了芝田河水环境项目、明堂河水环境项目。

同日 上高街道岔河社区被司法部授予“全国模范人民调解委员会”称号。

12日 区委书记赵斌现场调度全区部分重点项目建设进展情况。

13日 市委书记王云鹏到泰山区走访慰问部分高龄老人。

14日 泰山讲坛·构建河长制管理新机制专题讲座在泰山文化大厦举行。河海大学博士生导师崔广柏教授，就构建河长制管理新机制作了阐述和辅导。

16日 第十三届泰山苗木花卉交易会在泰山国际花木城举办。该届苗交会的主题为“培育绿色发展新动能，打造南北苗木花卉中转中心”，来自全国的379家企业参加交易。

同日 市委常委、副市长展宝卫带领督导组到泰山区督导检查安全生产工作，实地查看了方特欢乐世界、新时代商厦宝龙店等现场。

同日 市委常委、宣传部部长王永征，副市长成丽到泰山区调研文旅体项目建设进展情况，实地考察了泰山艾家庄民俗古镇、泰山碧霞湖文化、泰山生态旅游特色小镇等项目。

17日 全区2017年秋季重点建设项目集中开工暨居然之家城市广场项目开工、泰城东南片区棚户区改造项目开工仪式举行。此次集中开工31个重点建设项目，总投资110亿元，其中，投资过10亿元项目5个、过亿元项目25个。

20日 甘肃省政协副主席德哇仓一行到泰山区考察现代农业发展情况，实地参观了泰山花样年华景区、泰山国际花木城现场。

23日 区政府与中国民生银行泰安分行战略合作签约仪式在泰山文化大厦举行。

同日 国务院食品安全办督查组到泰山区对食品、保健食品欺诈和虚假宣传整治工作情况进行专项督查，实地查看了漱玉平民大药房、宝龙新时代商厦等现场。

同日 省统计局社会经济调查中心主任李玉国一行来泰山区调研基层统计基础建设情况。

25日 市委副书记、市长李希信到财源街道清真寺社区调研社区工作并走访慰问老年人。

同日 市政协副主席马纯勇带领部分市政协委员到泰山区视察“放心消费”创建活动，实地考察了大润发商场、三联社区现场。

26日 全区领导干部会议召开，贯彻落实全省、全市领导干部会议精神，安排部署中共十九大精神的学习宣传贯彻工作。

同日 区委书记赵斌，区委副书记、区长王爱新等领导迎接参加党的十九次代表大会归来的东孙村党支部书记米培莲。米培莲是全省出席党的十九大的73名代表中唯一一名少数民族女性村支部书记代表。

27日 区委理论学习中心组开展学哲学用哲学专题学习。

同日 中国泰山教育装备产业园项目推介会在泰山区举行。中国教育装备行业协会副会长兼秘书长夏国明、山东教育装备行业协会会长刘文田、区委书记赵斌等出席活动。

28日 台湾调解联合总会基层调解员考察团一行20余人到泰山区参观考察人民调解工作。

29日 中共十九大精神专题辅导报告会在泰山文化大厦举行。中共十九大代表、省庄镇东孙村党支部书记米培莲，围绕参加中共十九大有关情况作了专题辅导报告。

30日 全区综合行政执法体制改革动员大会召开。

同日 区十七届人大常委会第六次会议召开。会议集中学习中共十九大会议精神，通过了《区人大常委会关于加快解决全区城镇普通中小学大班额问题情况的审议意见》《区人大常委会关于进一步推动区人民法院执行工作的意见》《区人大常委会关于进一步推动区人民检察院检察建议工作的意见》。

31日 区政协十三届三次常委会议召开。会议传达学习中共十九大精神，审议通过了《关于全区基层社区（村）公共体育设施工程实施情况的调研报告》。

同日 市政协副主席张庆明带领部分市政协委员视察泰山区创建省级食品安全城市工作。

是月 财源街道办事处三里学校学生周小涵，在韩国首尔举办的2017年“金云龙”杯世界跆拳道锦标赛中荣获女子儿童竞技比赛冠军，是此次比赛中国选手中唯一一块儿童竞技比赛金牌。

11月

1日 市委副书记、市长李希信现场检查调度博阳路改造工程进展情况。

2日 全区总河长工作会议在泰山文化大厦召开。

5日 区级领导干部互观互检互学互促工作推进会召开。会议现场观摩了区级领导干部包保的19个项目推进完成情况。

6日 区委书记赵斌现场检查调度全区部分重点项目建设进展情况。

7日 中共泰安市泰山区委十三届三次全体会议在区委礼堂召开。审议通过《中共泰山区委关于深入学习宣传贯彻党的十九大精神加快富强和美泰山区建设进程的意见》，动员全区统一思想、凝聚共识，拼搏实干、创新争先，加快建设富强和美泰山区。

同日 中共泰安市泰山区纪委十三届三次全体会议在区委礼堂召开。会议审议通过《中国共产党泰安市泰山区第十三届纪律检查委员会第三次全体会议公报（草案）》。

8日 全区统一战线学习中共十九大精神暨加快新旧动能转换协商座谈会召开。

同日 副市长、市公安局局长鞠向群带领市“放心消费在泰安”创建工作现场会与会人员到泰山区进行现场观摩，先后察看了大润发商场线下先行赔付、投诉登记处理、投诉信息跟踪介入、“放心消费”创建微平台运行等情况，观看了财源街道三联社区《创建放心消费社区专题片》。

9日 市委农村工作领导小组副组长陈湘安带领全市现代农业发展工作推进会议与会人员到泰山区参观现场，实地观摩了艾家庄民俗古镇、现代农业科技孵化器、泰山国际花木城和泰山人家上高庄园等项目现场。

11日—12日 全区招商引资和项目建设检查考核会议召开。

13日 省委常委、常务副省长李群到泰山区宣讲中共十九大精神。

同日 泰山讲坛·党的十九大精神解读专题讲座在泰山文化大厦举行。中国社会科学院经济研究所党委书记王立胜教授围绕如何正确理解和把握中共十九大精神，特别是十九大报告中提出的一些新思想、新观点、新论断作了阐述和辅导。

15日 泰安市冷链物流公共信息平台启动仪式在泰安速恒物流园举行。

同日 省政府深改办主任冯静带领督查组到泰山区督查“简政放权、放管结合、优化服务”改革工作情况。

16日 全区治理违法建设工作推进会召开。

17日 全市迎接创建省级食品安全城市验收冲刺阶段现场推进会在泰山区召开。

19日 区委书记赵斌现场调度部分重点项目建设进展情况，实地考察了万官大街建设和东南片区棚户区改造等项目现场。

22日 市委宣讲团中共十九大精神报告会在泰山文化大厦举行。市委宣讲团成员、市委党校副校长梅长冬做了题为《夺取新时代中国特色社会主义伟大胜利》的专题辅导。

24日 全区美丽乡村建设现场会召开。

26日 2017京鲁（泰山）跨区域产业协作项目对接推进会在北京举行。北京跨区域产业协作中心常务副主任房晓，市委常委、常务副市长展宝卫，区委书记赵斌，区委副书记、区长王爱新等领导及北京80多家企业负责人出席活动。推进会上，共有14个重点项目签约。

30日 全区环境保护工作推进会召开。

是月 上高街道岔河村被山东省老龄工作委员会办公室评为“山东省敬老文化教育示范点”。

是月 泰山区体育局被山东省体育局评为“山东省第七届全民健身运动会先进单位”。

12月

4日 市委书记王云鹏到泰山区调研招商引资和重点项目建设工作，实地察看了艾家庄民俗古镇和博阳路改造工程等项目现场。

5日 全区中小学校长职级制改革动员会召开，落实省、市推进校长职级制改革工作要求，安排部署全区中小学校长职级制改革工作。

6日 全区中共十九大精神专题学习班开班典礼在泰山文化大厦举行。

同日 省委统战部副部部长、省民委党组书记、副主任牟强带领调研组到泰山区调研少数民族特需商品定点生产企业生产经营情况。

7日 全区河长制工作考核部署会议暨河长制培训班举行。

12日 市委常委、组织部部长高尚山到财源街道宣讲中共十九大精神。

13日 泰山区旅游业"资源共享 协同发展"论坛暨泰山旅游职业教育集团成立大会在泰安市文化产业中专举行。泰山旅游职业教育集团是由旅游、教育、经信等政府部门牵头，以泰安市文化产业中专学校为载体，联合泰山区A级景区、旅游特色村、旅行社、酒店、科研机构及社会组织等40余家涉旅企业，共同参与组建的产学研联合体。

14日 区政府工作务虚会在泰山文化大厦召开。

15日 市委副书记、市长李希信到泰山区调研市人大代表所在企业经营发展情况。

同日 中国纺织物联网与智能制造大会到泰山区召开。

同日 副市长、市安监局局长袁久党到泰山区检查安全生产工作。

同日 市政协副主席徐恩虎带领社会法制和民族宗教委部分委员视察泰山区社区矫正工作。

16日 全区村和城市社区"两委"换届选举工作动员部署会议在泰山文化大厦召开。

同日 全区村社区"两委"换届选举工作领导小组第一次会议暨街道镇党（工）委书记情况汇报会召开。

17日 省委组织部副部长兼省委非公有制经济组织和社会组织工委书记刘炳国到泰山区调研城市基层党建工作。

20日 "全国中小学校责任督学挂牌督导创新区"核查工作组到泰山区进行检查验收，实地查看了财源街道王庄小学、泰安六中新校区。

21日 省残联验收组到泰山区检查验收省级残疾人文化体育建设示范区创建工作。

同日 全区人员密集场所安全经营大检查暨市容环境综合整治动员部署会召开。

22日 区委副书记、区长王爱新到区公安分局调研禁毒工作，实地察看了泰安六中禁毒预防教育展览馆和岱庙街道办事处吸毒人员网格化管理工作示范点等现场。

同日 全区棚户区改造政策解读会在泰山文化大厦召开。省住房和城乡建设厅住房保障处科长张征就棚户区改造政策为与会人员作了详细的解读。

同日 泰安市时时顺物流股份有限公司、山东视聆通信有限公司在齐鲁股交中心集中挂牌。

25日 市委常委、组织部部长高尚山到泰山区调研"两委"换届选举工作，先后到泰前街道上峪村、上高街道小井村、省庄镇兴隆庄村和安家庄村，与镇村党组织负责人座谈交流，了解"两委"换届选举工作进展情况。

同日 区十七届人大常委会第七次会议召开。会议审议并通过《区人大常委会调查组关于全区棚户区改造情况的调查报告》，审议并批准了《区政府关于2017年区级公共财政预算调整方案的报告》，审议并通过了《区政府关于区十七届人大一次会议代表建议办理情况的报告》《补选市十七届人大代表的报告》《区十七届人大代表的代表资格审查报告》《区十七届人大代表情况的报告》，审议并通过了人事任免事项报告，听取了区十七届人大二次会议筹备情况的报告等其他报告及说明。

26日 省人社厅副巡视员张志宏带领省政府安委会考核督导组到泰山区考核2017年度安全生产工作。

同日 全区冬春季社会治安综合治理铁拳行动动员部署

会召开。

同日 泰山区伊斯兰教协会换届选举暨第三次会员大会召开。会议选举产生了新一届泰山区伊协监事会、新一届泰山区伊协理事，审议通过了新修改的《泰山区伊斯兰教协会章程》、审议通过了《泰山区伊斯兰教第三次会员大会决议》。

30日 中共泰安市泰山区委十三届四次全体会议在区委礼堂召开。听取审议了区委常委会工作报告，总结2017年的工作，安排部署2018年的任务。会议指出，2018年全区工作重点是全面贯彻党的十九大精神，以习近平新时代中国特色社会主义思想为指导，持之以恒地落实“一二三四五”工作思路，以拼搏实干、创新争先为总要求，以供给侧结构性改革为主线，以招商引资和大项目建设为总抓手，紧扣经济发展新要求、社会主要矛盾新变化，着力抓好发展第一要务、稳定第一责任、安全第一要求、民生第一目标、党建第一关键，向改革要动力要活力，实施文化双轮驱动，建设绿水青山美丽家园，努力推动富强和美泰山区建设再创新佳绩。

同日 区委召开常委扩大会议，传达学习贯彻全省经济工作会议暨金融工作会议精神、市委十一届五次全会精神和全市经济工作暨金融工作会议精神，研究泰山区贯彻落实意见。

同日 全区村社区“两委”换届选举工作领导小组第二次会议暨换届工作调度会召开。（区档案局）

区情概览

地理环境

【位置　面积】 泰山区为泰安市辖区，位于泰安市中部，北依泰山。东西南三面与泰安市岱岳区搭界，北部与济南市历城区、长清区毗连。地理坐标为北纬36°05′~36°20′，东经117°03′~117°13′，南北长28公里，东西宽24公里，总面积336.86平方公里。是泰安市政治中心、经济中心、交通中心。区人民政府驻泰安城升平街39号。

【建置沿革】 春秋战国时期，齐国在境内设博邑。秦代博邑改为博阳县，汉初改为博县，泰山郡治博县。汉武帝元封六年（前110年），泰山郡治所迁至奉高（今岱岳区范镇故县村）。北魏时期，博县改为博平县，泰山郡治迁至博平。北齐时期，博平复改博县，泰山郡废，设东平郡。隋开皇元年（581年），东平郡废。隋开皇十六年（596年），博县改为汶阳县，后又改为博城县。唐乾封元年（666年）改为乾封县。唐总章元年（668年），复改博城县。唐神龙元年（705年），又改为乾封县。北宋开宝五年（972年），乾封县治迁岱岳镇（今泰城）。北宋大中祥符元年（1008年），乾封县改为奉符县。金天会十四年（1136年），于奉符地设泰安军，泰安得名始此。金大定二十二年（1182年），升军为州。清雍正十三年（1735年）升州为府，设泰安附郭县。民国2年（1913年），裁府留泰安县。新中国建立后，泰城为泰安专署及泰安县驻地。1958年6月，泰安城关镇及周围村庄划出建立泰山市。同年11月29日，泰山市与泰安县合并建立泰安市。1963年4月撤市复县。1982年3月，泰安县复改为泰安市。1985年3月，国务院批准撤销泰安地区，成立泰安市（地级），原泰安市（县级）分设泰山区、郊区。

【行政区划】 1985年建区时，辖岱庙、财源、泰前、粥店4个办事处和小辛庄、黄山头、大津口、徐家楼、上高、桑家疃6个乡及粥店镇。是年11月，撤销小辛庄乡、黄山头乡、粥店镇，桑家疃乡与上高乡合并。全区行政区划调整为岱庙、财源、泰前、粥店4个街道办事处和大津口、徐家楼、上高3个乡。1999年6月，省庄镇、邱家店镇由郊区划归泰山区，粥店街道办事处划归郊区。全区辖财源、岱庙、泰前3个街道，省庄、邱家店2个镇，上高、徐家楼、大津口3个乡。2002年6月，撤销上高乡、徐家楼乡，设立上高街道、徐家楼街道。2005年，大津口乡和泰前办事处的泰前居委会、迎胜居委会、艾洼村、上梨园村划归泰山风景文物管理委员会。2017年年初，省庄镇圣元、北许、南许村等3个村，邱家店镇前旧县、后旧县、东旧县、中旧县、桂林、北颜张、东颜张、西颜张村等8个村划入泰安高新区管理。2017年底，辖岱庙、财源、泰前、上高、徐家楼5个街道，省庄、邱家店2个镇，全区共有村、社区185个，其中村115个、社区70个。

【地质构造】 泰山区大地构造位置属中期准地台鲁西断块隆起区西北部泰（安）莱（芜）断陷盆地之西部。地层区划上属于华北地层区鲁西分区泰安小区。出露地层有太古界泰山岩群，下古生界寒武系、奥陶系，新生界下第三系、第四系。区内构造主要为断裂构造，其中两组断裂最为发育，即北东东向与北北西向。按地质力学划分，属于新华夏系的两组共轭扭裂面，即泰山式和大义山式。北东东向（泰山式）断裂由北向南依次为泰山断裂、结庄断裂（隐伏）；北北西向（大义山式）断裂由东向西顺序为岱道庵断裂、泮河断裂等。泰山断裂为本区构造格架断裂。①北东东向泰山断裂。泰山断裂（带）位于泰山南麓，由大致平行的多条断裂组成，大都为第四系坡洪积物所覆盖，仅零星裸露。陈家庄断裂走向 70°，倾向东南，倾角 70°；岱道庵断层面走向 45°，倾向东南，倾角 87°；大马庄断层面走向 47°，沿走向呈舒缓波状展布。断面平滑，内有泥、钙质胶结的构造角砾岩，显示了早期以张为主，晚期以压扭为主的多期活动特征。其主断裂北侧为泰山群变质岩构成的上升盘，南侧为新生界地层构成的下降盘。在断裂带内次一级断层之间，由于弧形断裂两盘的牵引作用，尚夹有古生界灰岩地块。②北北西向断裂。岱道庵断裂（带）在区内大都为第四系所覆盖，仅在南北两端有所显示。断裂带北起岱道庵，经上高镇向南至旧县。断裂带最宽达 870 米，断裂走向 330°~350°，倾向北东，倾角 70°。泮河断裂亦为次一级断裂，展布方向大致与岱道庵断裂类似。泮河主要是沿该断裂追踪发育而成。北端切割泰山断裂，向南经栗家庄延伸至汶河南岸岱岳区的桥沟村附近。

【地层】 泰山区地层在地层区划上属于华北地层区鲁西分区泰安小区，出露地层有太古界泰山岩群，下古生界寒武系、奥陶系，新生界下第三系、第四系。

（1）太古界泰山岩群。泰山区内仅残留少量泰山岩群雁翎关组地层，岩性为斜长角闪岩夹黑云角闪变粒岩，底部为阳起片岩。主要分布在徐家楼西南与岱岳区交界处。

（2）下古生界。①寒武系。零星出露于西部蒿里山，南部桂林官庄、居岭庄等处，大部分被第四系覆盖。泰山区内仅出露有 4 个组。馒头组：主要为紫灰色粉砂质页岩、泥质灰岩夹砂岩、鲕粒灰岩。张夏组：下部为灰色厚层鲕粒灰岩，上部为灰色厚层藻泥块灰岩。崮山组：为中薄层砾屑灰岩，条带状泥灰岩页岩。炒米店组：为砾屑灰岩、叠层石灰岩、云斑灰岩，虫迹发育。②奥陶系。仅在南部的居岭庄、埠阳庄等地零星地露，有马家沟组东黄山段和北庵庄段，大部分被第四系和下第三系掩盖。马家沟组东黄山段为薄板状泥灰质白云岩、角砾状白云岩。马家沟组北庵庄段为厚层灰岩、云斑灰岩、白云质灰岩。

（3）新生界。①第三系。分布于东南部埠阳庄一带且被第四系覆盖，仅在埠阳庄东有一露头。其岩性为杂色石灰质砾岩、夹砂岩、泥岩。②第四系。广泛分布于泰莱断陷盆地和山坡、山麓、沟谷地带，沉积厚度小于 30 米。根据成因类型划分为大站组、临沂组、沂河组。大站组：分布于财源办事处未被建筑物覆盖处，岩性为亚黏土、亚砂土夹砂砾层。临沂组：广泛分布于盆地平原地带，岩性为灰黄色砂质黏土、黏土质粉砂。沂河组：分布于泮河、汶河及其支流河床附近，岩性为河床冲击砂砾石。

【地形地貌】 泰山区地处泰（安）莱（芜）向斜盆地的西部边缘，北依泰山，南濒大汶河，地势北高南低。北部为泰山风景名胜区，山峦起伏，高山幽谷，海拔 200 米以上，最高海拔（泰山玉皇顶）1532.7 米，为山东省第一高峰。西南部地形起伏，为低山丘陵，海拔 170~200 米。东南部为大汶河冲积平原，地形较为平坦，海拔 130 米上下。中部为泰山山前冲洪积平原，海拔 200 米上下。

（1）山脉。①泰山，古称大山、太山，又称岱宗、东岳，生成于地质史上太古代，距今约三千万年前的新生代中期，泰山轮廓基本形成。泰山主体盘亘于泰安、济南之间。主峰区位于泰山区西北部。主峰天柱峰（玉皇顶），海拔 1532.7 米，在中国东部长江以北燕山以南的滨海地区为第一高度。其他的山峰主要有：尧观顶 1481 米、老平台 1217 米、鸡冠山 873 米、卖饭棚 1052 米、固顶山 904 米、黄石崖 1006 米、扇子面 828 米、黄尖子顶 955 米、凤凰岭 822.7 米、月观峰 1468 米、日观峰 1524 米、拦住山 1048

米、中溪山962米、龙泉峰939米、摩天岭793米、傲徕峰997米、龙泉峰939米、调军岭625.9米、凌汉峰483米、虎山231米、金山229米、黄山374米。山体主要由片麻岩、片岩和花岗岩构成，高大雄伟，峰高谷深。主要的沟谷有中溪、西溪、东溪、葛条沟、天津河等。气候由暖温带经温带过渡到寒温带。主峰南坡由麓到顶降水由700毫米递增到1000多毫米，植被由落阔叶带经针叶和落阔叶混交带，过渡到灌木草甸带。植被覆盖率90%，林木覆盖率80%。②蒿里山，位于泰安城区西南部，面积0.2平方公里，海拔193.2米。蒿里山虽位于泰山脚下，其组成岩石却迥然不同。山上出露岩石为距今5亿年左右寒武系石灰岩，岩中盛产三叶虫化石。山背面有山洞，山南有玉仙石，山下有帝王封禅时所建的山神祠，现仅存遗址。蒿里山位居城区，为城市天然公园，开发利用前景广阔。1999年10月，泰山区设立蒿里山地质地貌景观保护区。

（2）河流。泰山区境内河流为雨源型山溪性河流，属黄河流域大汶河水系。主要河流有牟汶河、芝田河、柴草河、渿河、泮河、三里庄河等。泰山主峰以北大津口一带是石汶河西支流至麻塔河的上源控制面积。①牟汶河，从邱家店镇渐汶河村东南由石汶河和嬴汶河汇入后进入泰山区境内，沿邱家店镇与岱岳区徂徕镇的交界线西南流，南纳陶河，北汇芝田河，至邱家店镇旧县村西南出境。境内河长21公里，流域面积315平方公里，河宽500米。水量大小随季节而变化。1918年，洪峰流量1.03万立方米每秒，是历史上有迹可查的最大流量。1964年临汶水文站实测洪峰流量为6780立方米每秒。一般旱年断流。每立方米水含沙量汛期一般为6~8千克，多时达24千克；枯水季节水不含沙。②芝田河，起源于泰山东侧大津口乡李家泉，沿山谷东南流，注入刘家庄水库。水库以下，顺谷而行，在海洼村东转向南流，渐入泰莱平原。过芝田村沿指挥庄村转向东南，河床由宽浅变为窄深，至邱家店镇纳入卸甲河，南流至居岭庄以东汇入牟汶河，长21公里，流域面积93平方公里。刘家庄水库以下，河宽80~100米，河床淤积沙砾。芝田村以下，河道渐深，河底淤沙，宽50~70米。河道上起刘家庄水库，下至二十里埠村已改河造地，河中心开挖子河，宽20~25米，两岸弃沙成堤，但不规整。邱家店镇以南河段称邱家店河，长6公里。③柴草河，《水经注》称之“石汶”，又名冯家庄河、十里河，是泰山东面的一条小河道。《泰安县志》记载：“石汶河，泰山之东峪也。出登仙台，下会青山诸涧水，东流经汉明堂故址，会明堂泉下流入北汶。”即指此河。起源于泰山顶之东峪，沿谷东下，出谷口东南流，至梨园村有西来的大直沟汇入，下注安家林水库。水库以下，转向南流，经东西谢过城村和汉明堂故址南下，至许家埠以南出境入岱岳区，在东夏村南汇入泮汶河。流域面积49平方公里，河长22公里，境内长19公里，河平均宽15米。④梳洗河，《山海经》称之：“环水”，又名“中溪”。源于泰山前面的中天门下山谷中，河水顺山势而下，经王母池出泰山（王母池临河处原有一梳洗楼，故名梳洗河），经泰城东关，至万家庄以东出境入岱岳区，在邢家寨以东汇入泮汶河。河长约13公里，河底宽15米左右。泰山民族中学以上流域面积13平方公里，分水岭至山东科技大学高差800米，至泰山民族中学高差824.4米，最大洪峰流量208立方米每秒。⑤渿河，又称“西溪”，是岱顶前的主要山洪河道。因源于南天门前，故上游又名“通天河”。河水顺谷而下，至中天门转向西峪，故有“西溪”之称。河水穿越黑龙潭水库，过大众桥后出山，经泰城南流，至南灌庄以西汇入泮汶河，全长12公里，流域面积34平方公里。分水岭至泰山大桥高差1258米，至十二连桥高差1268.4米。最大洪峰流量540立方米每秒。⑥泮河，《述征记》称之“北汶”，是史书上所称“五汶”之一。源于泰山西麓桃花峪，至郑家庄出山后，经大河水库，再东南流，至泰城南王庄入泰山区境，先后纳入三里庄河、奈河、梳洗河、柴草河等支流，在夏家庄以东出境入岱岳区，在东店子入牟汶河。河长 42 公里，流域面积 368 平方公里。

【气候】 泰山区地处暖温带，属大陆性半湿润季风气候。其特点是四季分明，春季干旱少雨，夏季炎热多雨，秋季凉爽干燥，冬季寒冷少雪。①气温。多年平均气温 13.3℃，1 月平均气温-1.7℃，极端最低气温-20.7℃（1981 年 1 月 27 日）；7 月平均气温 26.3℃，极端最高气温 42.1℃（2002 年 7 月 15 日）。平均气温年较差 28.0℃，最大日较差 24.0℃（1982 年 6 月 3 日）。无霜期年平均 192 天，最长达 219 天，最短为 169 天。年平均日照时数 2453.5 小时。0℃以上持续期 296 天（一般为 2 月 16 日至 12 月 8 日）。②降水。年平均降水量 685.6 毫米，年最大降水量 1472.5 毫米（1964 年），最小降水量 293.9 毫米（2002 年），日最大降水量 150.2 毫米（1996 年 7 月 30 日），年平均降雨日数 72.6 天，最多达 109 天（1964 年），最少 53 天（1955 年），降雨集中在每年 6 月—8 月，7 月最多。③日照。年平均日照 2581.9 小时，月平均日照 215.2 小时，5 月最多为 273.7 小时，平均每天 8.8 小时，6 月份次之，平均每天 8.7 小时，1997 年日照百分率高达 63%，1996 年最低，为 52%。④风。受泰山、徂徕山影响，主导风向为东北、西南风。1 月东北风出现频率为 14%，西南风为 9%，东南、西北风各为 1%。2 月-3 月东北风频率达 15%以上，11 月达 17%，3 月开始西南风增多，频率达 10%以上，5 月达 14%，8 月平均 8%以下。一日当中，下午西南风频率大于东北风，夜间至上午，东北风频率大于西南风，年平均风速为 2.4 米/秒。日最大风速 3.1 米/秒，出现在 3 月、4 月，最小风速 1.7 米/秒，出现在 8 月。⑤湿度和蒸发。境内年平均相对湿度为 67%，7 月—8 月相对湿度最大，为 80%~82%，2 月相对湿度最小，为 55%。年平均蒸发量为 1799.5 毫米，6 月蒸发量最大，平均为 296.4 毫米，12 月最小，平均为 48.3 毫米。⑥地温。历年平均地面温度 15.2℃，7 月平均地温最高，为 29.4℃，1 月平均最低，为-1.8℃。地面极端最高气温 66℃，极端最低为-25.1℃。⑦冻土。最大冻土深度为 46 厘米，平均冻土期从 11 月 21 日至次年 3 月 13 日。

【物候】 ①植物候。1 月，腊梅开花。2 月，柳树、杨树、柏类萌动开花。3 月，草发芽，麦拔节，榆钱成，迎春、山桃、白玉兰、连翘、榆叶梅、映山红萌动。4 月，柳树、苹果、加拿大杨、杏、桃、梨、海棠、樱桃、丁香、木瓜、泡桐、刺槐、芍药开花。枣树发芽，杨柳飘絮，地瓜插秧。5 月，金银花、月季、蔷薇、山楂、牡丹等开花，桑椹熟，小麦开花孕穗，山上连翘，柳树、刺槐开花。6 月，石榴、合欢、葡萄、枣树、黄花菜开花，杏成熟，山上山葡萄、海棠开花，小麦成熟。7 月，国槐、凌霄、迎夏、百日红、荷等开花，芦苇扬花。8 月，木槿开花，核桃熟，山上胡枝子开花，高粱、玉米、谷子熟，地瓜茎块膨大。9 月，石榴、枣、苹果、梨成熟，桂花开、棉吐絮。10 月，菊花开，板栗、山楂、柿子熟，枫树、柿树、黄连木叶红。11 月，阔叶树落叶，草枯。12 月，植物休眠。②动物候。1 月，冬候鸟、野鸭觅食。2 月，留鸟、石鸡、乌鸦、戴胜等开始大量出巢觅食。3 月，蛙初鸣，蛇蛰出，豆雁鸣。4 月，家燕南来，大雁北归，云雀、灰山椒出现。5 月，杜鹃（布谷）鸣叫，白鹭、楼燕、三宝鸟出现。6 月，蝉初鸣。7 月，夏候鸟环颈燕鸻出现。8 月，夏候鸟伯劳、黄鹂、杜鹃南迁，蟋蟀初鸣。9 月，夏候鸟金腰燕、红尾鸲南迁，蝉鸣绝。10 月，大雁北来，家燕南迁。11 月，蛇蛙冬眠，朱雀出现，豆雁南迁。12 月，冬候鸟野鸭出现。

【土壤】 泰山区境内土壤有棕壤土、褐土、砂姜黑土和山地草甸土四种类型，分别占 60.6%、26.1%、4.3%、9%。①棕壤土。当地人们称“黄土”“黄姜瓣”，主要分布在地势较高的泰山中下部，集中在泰前、上高北部山区、省庄北部山区，适宜松树、刺槐、柏树、麻栎等树种生长。②褐土。主要分布在平原和丘陵地带，集中在颜张岭一带，土层较厚，土质肥沃，适宜农作物生长。③砂姜黑土。主要分布在邱家店镇、省庄镇和上高乡的涝洼地带，羊楼、南河东以东，红庙以南至苑庄一带分布最广，主要有茅草等丛生。④山地草甸土。主要分布在海拔 1300 米以上的泰山上部，土层浅薄，生长有针叶树种和灌丛草甸植物群落。

【植被】 泰山区耕地和林地均为次生植被。地带性植被为阔叶落叶林和温性针叶林，代表树种为松类和栎类。针叶树种为油松、侧柏，阔叶树种多为麻栎、栓皮栎，其他树种有刺槐、毛白杨、泡桐及果树等。林木覆盖率为 47%，植被面积占土地总面积的 81%，自然植被面积占 41%，季节性植被占 44%。自然植被与人工植被比例为 41:59。海拔 1400 米以上的泰山顶部无林，白腊、椴树、鹅耳枥属树种普遍生长，还生长有胡枝子、连翘、苦梨等灌木和草甸。近年引种野海棠、落叶松等。海拔 1400 米以下地区针阔叶乔木、灌木、草木植物生长茂密。800~1400 米地带为针叶林带。主要树种有油松、赤松、落叶松、红松等。500~800 米地带是针叶林为主的林带，主要生长侧柏、华山松及刺槐、水曲柳、水杉等。500 米以下地带为针阔混交林带，主要生长黑松、马尾松、橡树、柞岚和苹果、核桃、板栗等果树及小片竹林。石灰岩山区主要生长毛白杨、侧柏、刺槐、花椒、酸枣、核桃、山葡萄等。沙石山上部多生长毛白杨、刺槐、松、柏、榆，中下部多生长黄梨、板栗、核桃、苹果、柿子、桃、杏、枣、山楂等。丘陵、平原、河滩、田旁、路旁主要生长杨、旱柳、槐、楸、泡桐和果树类以及木槿、黄杨、杞柳、葛条、紫穗槐、白腊、黄荆、火炬树、沙棘等灌木。草木植物以杂草为主，分布广泛。海拔 500 米以上地带主要生长羽毛草、鹅冠草、羊茅等，250~500 米地带干燥处生长狗尾草、狼尾草、黄背草、野菊、牡蒿、沙参等，250 米以下地带和田间、河边主要生长牛草、虎尾草、牛筋草、白茅草、蒲公英、苦蔄苣等。

森林植被 油松林大多分布在泰山的中上部，多系 20 世纪 50 年代的人工林，大都是纯林。天然油松林仅见于对松山、后石坞两处。赤松和黑松林零星分布在泰山中下部，多为混生林。华山松分布在海拔 300~1500 米处，为混生林。落叶松林分布在岱顶北坡等处，为混生林。侧柏林主要分布在红门至中天门盘道两侧，大部为纯林，少部为混生林。麻栎林主要分布在泮黄岭、佛爷寺、药乡等处，为次生林和人工林。栓皮栎林主要分布在三阳观、小罗汉崖和箭杆峪等地。刺槐林广泛分布在海拔 1000 米以下的河谷、山坡，以马蹄峪、拦住山、老牛寨、葛条沟及药乡等处面积最大，大部为纯林。元宝槭林主要分布在三阳观、登山中路盘道两侧及药乡等地。杨树林主要为毛白杨，分布在低山坡及沟谷边缘。枫杨（枰柳）林稀疏分布在泰山林区沟底。果林主要分布在山麓冲积扇台地及山前冲积平原上。主要有苹果、板栗、山楂、核桃、枣、杏、桃、梨、李、柿、葡萄等。竹林主要分布在大津口藕池、竹林寺、罗汉崖等地，均为小片生长。

灌丛植被 灌丛分布在海拔 1000 米以上的陡壁深谷，如沐龟沟、东天牢狱、卖饭棚、玉皇顶北坡等地有胡枝子、连翘、毛叶丁香、阿穆尔小蘗、山葡萄、南蛇藤、大花溲疏、吉氏木兰、土庄绣线菊、照山白杜鹃、金花忍冬、天目琼花等灌木，构成泰山上部灌丛。在海拔 1000 米下的山脊、山坡有酸枣、小叶鼠李、卵叶鼠李、荆条、扁担杆子、胡枝子等构成泰山中、下部灌丛。

灌草丛植被 灌草丛分布在泰山中下部较干瘠的山坡上，有小片的灌木和草本组成了灌草丛，常见的有荆条、吉氏木兰、殴李、酸枣、小叶鼠李、扁担杆子、达乌里、胡枝子等；草本植物有黄背草、白羊草、野谷草、荩草、霞草、委陵菜、白茅、丹参、中华卷柏等。

山顶灌丛草甸植被 山顶灌丛草甸主要分布于岱顶、望府山、舍身崖等地。由胡枝子、土庄绣线菊、阿穆尔小蘗、拳参、地榆、黄花菜、乌苏里凤毛菊、林阴千里光、远东芨芨草、披碱草、歪头菜、唐松草、宽叶缬草、低矮苔草等组成。草甸零星分布于岱顶、山沟及山坡潮湿地段。植

物种类有禾本科、菊科、豆科、莎草科等。在岱顶的草甸有乌苏里凤毛菊、地榆、低矮苔草、拳参、蓬子菜、角盘兰、返顾马先蒿、草本威灵仙、沼泽繁缕、青香等。

石质稀疏植被 主要分布在悬崖陡壁、沟谷及河滩巨石石隙上，多为耐干旱瘠薄植物，有壳状地衣、叶状地衣、藓类植物、蕨类植物、霞草、瓦松、土三七、中华草沙蚕、牡蒿、旱麦瓶草、石血、爬山虎等。

作物植被 为人工季节植被，主要分布在海拔400米以下至平原地区。主要有小麦、大麦、玉米、高粱、谷子、荞麦、黄豆、黑豆、红豆、豌豆、绿豆、小豆、饭豆、豇豆、地瓜、马铃薯、芋、棉花、红麻、大麻、花生、芝麻、蓖麻、烟草、向日葵、油菜、甜菜、白菜、苔菜、结球甘蓝、花椰菜、苤菜、芥菜、萝卜、黄瓜、甜瓜、苦瓜、北瓜、西瓜、冬瓜、南瓜、西葫芦、瓠瓜、丝瓜、芸豆、蔬菜豇豆、蔬菜豌豆、扁豆、山药、茄子、辣椒、番茄、大葱、大蒜、圆葱、韭菜、胡萝卜、芹菜、芫荽、茴香、菠菜、姜、莲藕、莴苣、菊芋、苋菜等。

【土地资源】 泰山区土地总面积为33697公顷。其中，耕地7826公顷，园地3385公顷，林地9706公顷，草地298公顷，城镇及工矿用地9332公顷，交通运输用地1198公顷，水域及水利设施用地1214公顷，其他土地738公顷。

【水资源】 泰山区水资源包括地表水和地下水两大部分，由于受地形、地质、气候条件限制，水资源分布不均，存在缺水现象。①水资源量。泰山区水资源主要来源于大气降水。多年平均降水量803.7毫米，多年平均地表水资源量为8000万立方米，丰水年为12130万立方米，平水年为6630万立方米，枯水年为3670万立方米，特枯水年为1280万立方米。全区多年平均地下水资源量为6957万立方米，平水年为6818万立方米，枯水年为5795万立方米，特枯水年4462万立方米。扣除地表和地下水相互转化的重复部分，全区多年平均水资源总量为12066万立方米，平水年为10819万立方米，枯水年为7650万立方米，特枯水年为4732万立方米。按2000年全区总人口59.17万人计算，人均占有水资源量为204立方米，占泰安市人均占有量的53%，占山东省人均占有量的50%，占全国人均占有量的8%，属比较严重的缺水区域。②可供利用水资源。全区可供利用水资源量，平水年为15666万立方米，枯水年为14972万立方米，特枯水年为14409万立方米。其中地表水可利用量，平水年为6832万立方米，枯水年6138万立方米，特枯水年为5575万立方米；多年平均地下水可利用量为7339万立方米，多年平均污水回用量1095万立方米，雨洪利用量400万立方米。③水质。泰山区水资源的天然水质状况良好。全区天然水属重碳酸盐类钙组水，符合工农业生产要求，生活用水一般符合要求。地表水矿化度一般小于400毫克/升，总硬度在2.3~4.7毫克当量/升，属软水——微硬水，在区域分布上由山区到平原呈渐增趋势。pH值一般在7.0~8.0之间，为中性偏弱碱性水，区域分布差异较小；地下水矿化度一般小于500毫克/升，总硬度一般为2.8~5.3毫克当量/升，属中硬水。pH值在7.0~7.8之间，为中性偏弱碱性水。水温18℃左右。变质岩山丘区地下水矿化度、硬度很低，钙离子含量很少，多种元素缺失。但随着城市和工业的迅速发展，加之人们对保护水环境的重要性缺乏足够认识，向河流、水库等水体排入大量含有毒有害物质的废水、废渣，致使部分河流、水库等地表水体受到严重污染，水环境趋于恶化。由于地表水体的污染，致使浅部砂砾石层地下水也遭到不同程度的污染，细菌指数很高，有的井点可达1619个/毫升。泰安城地下水降落漏斗形成，浅层砂砾石地下水反越流补给深层地下水，由于许多深井对浅层砂砾石水封闭很差，深层地下水也受到不同程度的污染，并且有进一步加重的趋势。

【矿产资源】 泰山区矿产资源较为丰富，已查明的矿种有11种，矿产资源总储量达200亿吨，主要矿产有：泰山花岗石、辉绿岩、蛭石、滑石、河砂、砖瓦粘土、石灰石、矿泉水、地热、油页岩、金等。①泰山花岗石。岩性为黑云母角闪斜长质条带混合岩，石质坚硬，色泽鲜明。探明储量2150万立方米，其中A+B+C级储量1542万立方米，D级储量608万立方米。石材颜色为灰至深灰色，灰白相间的矿物条带呈自然弯曲，沿一定方向锯切后，呈“海浪”波状花纹，故名“泰山海浪石”，装饰性能佳，可拼性好，透光性强，光泽度高，加工性能好，属Ⅱ级花岗石类饰面石材。矿床为混合岩化矿床，条带状混合岩，仅一个矿体，矿体呈似层状，长980米，宽650米，厚55~240米，倾角为20°~60°。②辉绿岩。矿体产于条带状混合岩中，与泰山海浪石共生，呈似层状展布，长450米，宽120~480米，厚3.5米，倾角12°~26°。石材色调墨黑，故名“泰山青”，致密均匀。物理性能：抗压强度173.6Mpa/c㎡抗折强度17.75Mpa/c㎡，吸水率为0.31%，适合大面积装饰用。探明储量34万立方米，其中C级16万立方米，D级18万立方米。③蛭石。外观形状近似云母。其成因是，泰山群含云母的岩石（如黑云母片麻岩、黑云母斜长片麻岩、黑云母花岗岩、云花岗岩等）经风化后，黑云母、金云母分离出母岩，由地表水搬运、分选、堆积，在一定温度、水分条件下，发生层裂形成。蛭石在800~1000℃焙烧0.5~1.0分钟，体积迅速膨胀，增大8~15倍，高者可达30倍。膨胀后的蛭石平均容量为100~130千克/立方米，经焙烧膨胀的蛭石，具有细小的空气间隔层，故有优良的保温性能。④滑石。赋矿岩石为滑石透闪片岩，滑石片岩等。成矿较好的地段，矿石呈块状，无色或浅绿色。成矿部位不好时，含绿泥石，颜色深绿色。滑石主要由富含镁的岩石经热液蚀变或接触变质形成，是一种含水的硅酸镁，质软、具滑感，对油类有强烈的吸附性，化学性质稳定，有较高的电绝缘和耐热性能等。主要用途是造纸和橡胶工业用作填充剂，纺织工业做漂白剂，陶瓷工业用作绝缘器、珐琅质器皿，冶金工业用做耐火材料。⑤河砂（建筑用砂）。主要分布于大汶河沿岸，河砂资源丰富，砂的来源主要是泰山群古老变质花岗岩类，经长期风化破碎后，再由流水搬运沉积而成。区内沉积的河砂分选性好，砂质硅含量高，硬度大，颗粒均匀，表面洁净，属优质建筑用砂。⑥砖瓦黏土。主要分布于省庄、邱家店及上高的西张庄、西张店、大沟头等地。含矿地层为第四系砂质黏土、粉砂质黏土，矿床规模以中小型为主，个别为大型。黏土矿层呈层状展布，矿物成分及物理性能均达到砖瓦黏土的工业要求。分为普通黏土、砂质黏土、铁质黏土、泥灰黏土和黄土等。⑦石灰石。主要分布于邱家店的桂林官庄、颜张及省庄的东羊楼村一带。⑧油页岩。主要分布于省庄红庙村一带。呈黑色或棕黑色。矿体品位低，储量少，无开采价值。⑨矿泉水。主要分布于泰前的岱道庵村、徐家楼的白峪店子等村。区内矿泉水资源丰富，富含锶、偏硅酸等矿物元素，属于优质饮用天然矿泉水。⑩地热。岱道庵地热田位于泰安市城区东北部。岱道庵村与凤台村之间，为一隐伏型地热田。构造上位于岱道庵断裂带与泰山断裂带的交汇部位。热储层为中、下寒武系灰岩，且以馒头组硅质结核灰岩为主要热储层位。地热田面积约1平方公里左右，热储层埋深为150~300米，厚度约50米。

【植物资源】 泰山区境内共有植物133科，550属，1037个种，68个变种，3个亚种，8个变型，20个栽培变种，其中野生种814个。按门类划分蕨类植物13个科，21属，49种；被子植物115科，434属，814种。植物中木本68科，167属，439种，其中乔木44科，83属，228种；灌木36科，72属，184种；藤木11科，16属，32种。近年新种植植物有泰山苋、泰山柳、泰山韭、泰山鳞毛蕨、泰山花楸等。常见的木本植物有赤松、油松、黑松、侧柏、桧、日本落叶松、华北落叶松、毛白杨、小叶杨、钻天杨、加拿大杨、旱柳、垂柳、国槐、刺槐、紫穗槐、法桐、泡桐、梧桐（青桐）、水杉、香椿、臭椿、楸、白榆、黑榆、楝、合欢、桑、软枣、橡树、白蜡、毛竹、炎竹、木瓜、银杏、漆树、苹果、核桃、板栗、山楂、柿、桃、杏、梨、石榴、樱桃、日本樱花、玉兰、柞岚、猕猴桃、葡萄、茶、黄荆、葛藤、酸枣、冬青、丁香、木槿、月季、梅、玫瑰、蔷薇、无花果、黄杨、金银花、紫藤、花椒、枸杞、胡枝子、麻栎、凌霄、爬山虎、栓皮栎、槲树、苦楝、紫薇、百日红、五角枫、三角枫、椴树等。泰山及周围地区有百年以上树龄的松、柏、银杏、国槐1.3万余株。常见的草本植物有茅草、香附、黄蒿、茼蒿、苦菜、蒲公英、车前子、野芹菜、牛鞭草、看麦娘、狗尾草、野麻、鸡眼草、野菊、蒺藜、荠菜、马齿苋、艾、紫草、蛇床、益母草、羊蹄草、灰菜、山葱、米口袋、粟米草、三棱草、灯笼草、牵牛花、百合、石竹子、蓬子菜、桔梗、金针菜、旋覆花、翻白草、鸡冠花、凤仙花、黄花菜、芍药、牡丹、牛耳草、田七、金鱼草、野葵、黄芩、一串红、麦冬、薄荷、藿香、紫苏、地黄、野韭、接骨草、莎草、稷等。常见的水生植物有芦苇、莲、水藻、浮萍等。栽培作物有小麦、大麦、玉米、高粱、谷子、荞麦、芝麻、油菜、黄豆、豇豆、黑豆、绿豆、红豆、豌豆、花生、地瓜、马铃薯、水萝卜、胡萝卜、芥菜（辣菜）、白菜、菠菜、芹菜、芫荽、茄子、莴苣、辣椒、藕、葱、姜、蒜、韭菜、小茴香、西红柿、圆葱、卷心菜、花菜、芸豆、眉豆、山药、西瓜、甜瓜、苦瓜、黄瓜、南瓜、冬瓜、北瓜、丝瓜、葫芦、西葫、栝楼、向日葵、油菜、草莓、蓖麻、棉花、红麻、烟草等。食用菌类有草菇、香菇、木耳、灵芝、鹿角菜等。泰山有野生花卉约200余种，其中具有较高观赏价值的有76种及变种。春季花主要有老鸦瓣、点地梅、诸葛菜、白头翁、马蔺、连翘、尖叶杜鹃、大花溲疏、湖北海棠、垂盆草、土元胡、细茎鸢尾等；夏季花主要有吉氏兰、金叶鸡儿肠、华北楼斗莱、毛茛、白屈菜、黄荆、太行铁线莲、阿尔泰狗哇花、射干、络石、有斑百合、石竹、莲子菜、棘豆、水杨梅、桔梗、黄花菜、珍珍梅、猫耳朵等；秋季花主要有歪头菜、缬草、中华秋海棠、霞草、旋覆花、马兰、狗哇花、紫菀、三脉叶马兰、林阴十里光、大叶铁线莲、兔儿伞、落新妇、长药八宝、红蓼、凤毛菊、甘菊、委陵菊、异叶败酱、瞿麦等。秋实类主要有天目琼花、南蛇藤、白檀、花楸树、山葡萄、扁担杆、雉隐天冬、紫珠等，红叶类主要有卫茅、白杠、黄栌、山楂、柿、云角枫、毛葡萄等。

【动物资源】 兽类有20余种。野生兽类常见的有刺猬、黄鼠狼、狐狸、獾、兔、褐鼠、狼、蝙蝠、山狸子、穿山甲等及家畜牛、马、驴、骡、猪、绵羊、山羊、兔、狗、猫、貂、狐、白鼠等。鸟类有140余种，留鸟占40%，夏候鸟占30%，冬候鸟占3%，旅鸟占27%。野生鸟类常见的有池鹭、斑鸠、麻雀、戴胜、家燕、黄雀、野鸽、寒鸦、乌鸦、杜鹃、猫头鹰、山鸡、捞鱼鹳、野鸭、花喜鹊、灰喜鹊、云雀、黄鹂、鸳鸯、翠鸟、三道眉鵐、白眉鵐、百灵、啄木鸟、伯劳、黄莺、山雀、大雁、鹦鹉及家禽鸡、鸭、鹅、鹌鹑、美国山鸡、鸵鸟等。爬行两栖类有蜥蜴、青蛙、壁虎、蟾蜍、鳖、龟、蛇等。昆虫类有1000余种，常见的有蜻蜓、螳螂、蚂蚁、蝗虫（蚂蚱）、蚊、苍蝇、蜜蜂、熊蜂、黄蜂、蚜虫、金龟子、天牛、粉虱、土元、蝼蛄、菜蝽、黄鞘梦步甲、中华爪步甲、蟋蟀、蝉、瓢虫、屎壳郎、叶甲、叩头虫、吉丁虫、象虫、草蛉、菜蛾、木蛾、麦蛾、大豆食心虫、螟蛾、玉米螟、刺蛾、斑蛾、蚕蛾、虎蛾、地老虎、夜蛾、瘤蛾、凤蝶、斑蝶、灰蝶、叶蜂、姬蜂、赤眼蜂、胡蜂、土蜂、蜾蠃、叶螨、荧火虫等。鱼类有50种，常见的有鲫鱼、鲢鱼、鲤鱼、青鱼、草鱼、黄鲴、鳜鱼、团头鲂、三角鳊、罗非鱼、棒花鱼、鲶鱼、泥鳅、白条、黄鳝、梭鱼、黑鱼等及泰山独有的珍贵鱼种泰山赤鳞鱼等。其他有河虾、河蟹、水蛭（蚂蟥）、蜗牛、蚯蚓、河蚌、田螺、蜘蛛、蝎子、蜈蚣等。

【药物资源】 ①动物药，常见的有牛黄、全蝎、地龙、土元、水蛭、家蚕、蜂房、鸡内金、刺猬皮、桑螵蛸（螳螂蛋）、蝉蜕、蟾蜍、鳖甲等。②物药物，110科、448种，常见的有大蓟、山楂、柴胡、女贞子、南天星、木瓜、王不留行、五味子、太子参、中华卷柏、牛蒡子、牛膝、丹参、玉竹、石花、北豆根、四叶参、仙鹤草、白头翁、白蒺藜、栝楼、半夏、地骨皮、地黄、百合、合欢、刘寄奴、防风、杜仲、苍术、苍耳子、连翘、辛荑、汶香附、灵芝、杏仁、苦参、侧柏、金银花、茜草、茵陈、威灵仙、穿山龙、络石藤、何首乌、桔梗、桃仁、野菊、透骨草、益母草、桑葚、黄芩、黄花、黄柏、黄精、银杏、旋覆花、葛根、槐花米、紫草、蒲公英、酸枣仁、柏子仁、薄荷、藿香、枸杞、无花果、芦荟等。③矿物药，有滑石、麦饭石、硫磺等。

人口　民族

【人口】　2017年年初总人口数63.04万人，年末总人口63.85万人。全年全区共出生8059人，其中男孩4180人，女孩3879人，出生人口性别比为107.8。出生率为12.7‰，自然增长率为9.8‰。

【民族】　全区有汉族、回族、蒙古族、藏族、维吾尔族、苗族、朝鲜族、满族、彝族、壮族、布依族、瑶族、土家族、哈尼族、哈萨克族、傣族、黎族、东乡族、佤族、畲族、柯尔克孜族、土族、达斡尔族、仫佬族、锡伯族、撒拉族、毛南族、仡佬族、俄罗斯族、鄂温克族30个民族。（刘玉朴）

政党·政权·政协

中国共产党泰山区委委员会

·综　述·

【概况】　全区牢固树立“发展是第一要务、稳定是第一责任、安全是第一要求、民生是第一目标、创新是第一动力、党建是第一关键”的理念，全力推动经济社会更好更快发展，各项工作实现新突破。2017年，实现生产总值543.8亿元，三次产业比例达到1.34:33.78:64.88；社会消费品零售总额达376.8亿元，同比增长9.9%；完成一般公共预算收入30.9亿元，同比增长5.3%，税收收入比重达到91.58%；城镇居民人均可支配收入达到37962元，增长7.8%；农村居民人均可支配收入达到16701元，增长8.7%。获得国家重点生态功能区、全国平安建设先进区、全国科普示范区、全国投资潜力百强区、全国法治宣传教育先进区、全省社会治安综合治理先进区、全省社会科学普及示范区、全省农村集体产权制度改革试点区等荣誉称号。

*抓中心，强担当，在政治任务上落地见效。*牢固树立“四个意识”，聚焦围绕、服从、捍卫中共十九大，年初布置实施信访积案攻坚、人民调解强基工程等举措，中共十九大胜利闭幕后，以常委会、宣讲会等多种方式抓好宣传贯彻，取得明显成效。坚持以习近平新时代中国特色社会主义思想武装头脑、指导实践，引领党员干部奋发进取、干事创业。违建治理拆除面积580万平方米，环保督察治理散乱污企业1500余家、关闭搬迁畜禽养殖场700余家，省定贫困村全部脱贫出列，博阳路、万官大街东中段、灵山大街美食楼等拆迁任务完成，确保了上级决策部署落地生根。

*抓项目，强动能，在经济发展上提质增效。*紧扣发展主题，始终抓实抓牢项目建设，增强创新动力，提高项目支撑力，提升产业竞争力，加快建设现代化经济体系。优化产业体系。“服务业强区”建设步伐加快，服务业占税收比重达到67.4%，特别是金融保险业税收占服务业总税收的比重达27.9%，旅游服务业接待游客1918万人次，实现消费124.8亿元，电子商务交易额、网络零售额分别增长30%和35%，服务业发展新引擎初步显现。“工业兴区”战略迅速发力，泰山经济开发区在省级开发区中前移12个位次，规模以上工业企业完成总产值增长7.6%，总量达到422.97亿元，高新技术产业产值占规模以上工业总产值的比重达到52.06%，5家市级“三强”企业主营业务收入、利润、上缴税金，分别增长9.4%、17.2%和29.9%。“农业特区”工作高效推进，成功举办第十三届泰山苗交会，意向额、交易额达12.85亿元，泰安农高区通过国家级、省级园区验收，市级以上农业龙头企业达到60家，农业向专精特优方向发展的步伐加快。增强项目支撑。狠抓策划招商、开工建设、竣工运营、股改上市“四个一批”项目建设。举办两次集中签约仪式、两次集中开工仪式、两次京鲁（泰山）跨区域协作活动，引进绿城太阳谷、浙大国家大学科创园等一批过10亿元项目，全年招商引资到位资金80.2亿元；泰安盘古电子商务产业园、居然之家城市广场、国商商品交易中心、阳光智慧谷等一批产业特色突出、拉动作用强的大项目、好项目开工建设、投入运营；时时顺物流、大通前沿电子科技等8家企业在齐鲁股权中心挂

牌，为加快发展积蓄后劲，在全市招商引资和项目建设检查考核中取得全年考核县市区第二名。提升发展动能。深化行政执法、放管服、村级产权等重点改革，发布“零跑腿”事项41项、“只跑一次”事项87项，个体工商户达到7.2万户，增长16.9%。加快科技创新，新增国家级高新技术企业6家，发明专利申请量、授权量居全市首位，康平纳智能染整装备项目入选全省新旧动能转换重大工程项目，国泰科技荣获日内瓦国际发明展金奖。坚持开放拉动，境外实际投资额达5500万美元，增长9倍，外经贸实现快速发展。

抓治理，强管理，在民生改善上取得实效。坚持财政支出优先向民生事业倾斜，民生支出达到18.9亿元，增长8%，占一般公共预算支出的比重达75.1%。着力解决就业、医疗等实际问题，受理便民服务单2.5万件、满意率91.7%，城镇登记失业率为2.08%；加快推进解决大班额学校建设，16所学校陆续开工，全部建成后将新增学位8000余个；成立医疗联合体7家，建成便民国医堂10处，在全市率先建成全民健康信息化平台，完成家庭医生服务签约24.9万人；智慧城管、智慧社区加快建设，通过全国社区治理和服务创新实验区中期评估、全国农村社区建设示范区验收；大力实施少数民族村帮扶工程，23个片区项目、6个棚改项目快速推进，佛光路、侯石路等一批城乡道路建成通车，组织大型城管联合执法6次，“两抢一盗”（抢劫、抢夺，盗窃）可防性刑事发案率降低25.8%，美丽乡村覆盖率达81.7%，美丽城区、宜居家园建设全面推开。

抓融合，强品牌，在文化建设上务实高效。以培育与经济社会发展相适应的文化优势为目标，推动文化繁荣发展。制作“泰山故事”微电影50余部，101个文明单位牵手社区共同推动创城，“和美泰山区”政务微信进入全省政务微信前50名，城乡环卫一体化位列全省51名，泰山民族乐团参演节目被评为全省优秀对外文化交流项目，文化建设凝聚力、影响力、竞争力不断提升。文化产业持续提档升级，签约引进岱银文化城等重点项目，春雨软件园、开创盛世等项目加快推进，泰山创业梦工厂和百集动漫剧《梦娃》被评为省重点文化产业园区（项目），全区已建成和在建过亿元文化项目55个，总投资额230亿元，文化产业实力不断增强。

抓责任，强作风，在管党治党上有力有效。坚持把抓好党建作为最大政绩，推进“两学一做”学习教育常态化制度化，开展“三强三诺”、“机关党员V行动”等活动，全面推进灯塔-党建在线平台应用，轮训基层党员干部2.6万人次。支持各民主党派、工商联、无党派人士和新的社会阶层人士开展活动，巩固发展多党合作。加强基层组织建设，高标准建设社会组织党建服务中心，“一体四孵”党建机制在全省推广，特别是精心组织村级换届，换届前调整不适应村社区班子18个、支部书记13名，倡树了抓基层强基础的鲜明导向。加快人才工作转型发展，新建省级以上人才平台5个，教育部“蓝火计划”试点正式签约，全国500余所高校科研成果将优先在泰山区试点转化。开展“勇担当、提效能、促发展”作风建设年活动，持续推进区级领导干部互观互检互学互促、区直部门“亮点创新、比学赶超”等活动，营造风清气正、干事创业的浓厚氛围。

【中共泰安市泰山区第十三次代表大会】 1月16日—18日，中共泰山区第十三次代表大会在区委礼堂召开。区委书记赵斌代表中共泰山区第十二届委员会向大会作工作报告。中共泰山区纪律检查委员会向大会提交了书面报告，区委组织部向大会提交了全区党费收缴、使用和管理情况的书面报告，提请大会审议。会议选举产生了中共泰山区第十三届委员会委员、候补委员；选举产生了中共泰山区纪律检查委员会委员；选举产生了出席中共泰安市第十次代表大会的代表。大会还表决通过了中共泰山区第十三次代表大会关于中共泰山区第十二届委员会报告的决议和关于中共泰山区纪律检查委员会工作报告的决议。

会议号召，全区各级党组织和广大党员干部要紧密团结在以习近平为核心的党中央周围，承载全区发展的历史担当，秉持改革创新的智慧勇气，肩负全区人民的期望重托，不忘初心、继续前进，拼搏实干、创新争先，为谱写率先全面建成小康社会的崭新篇章，为建设富强和美泰山区而努力奋斗。

【中共泰安市泰山区第十二届委员会第十一次全体（扩大）会议】 1月5日，中共泰安市泰山区第十二届委员会第十一次全体（扩大）会议在区委礼堂召开。全会决定，2017年1月16日召开中共泰山区第十三次代表大会。全会讨论并原则通过了中共泰山区第十二届委员会向区第十三次党代会提交的报告和区纪委的报告，决定将这两个报告提交大会审议；研究提出了泰山区出席中共十九大、省第十一次党代会代表候选人初步人选建议推荐名单；酝酿讨论了中共泰山区第十三届委员会委员、候补委员和区纪委委员候选人预备人选的安排意见，投票确定了泰山区出席市第十一次党代会代表候选人预备人选。

【中共泰安市泰山区十三届一次全委会议】 1月18日，中共泰山区十三届一次全委会议召开。会议选举了中共泰山区第十三届委员会常务委员会委员和书记、副书记；通过了中共泰山区纪律检查委员会常务委员会委员和书记、副书记名单。会上，区委书记赵斌代表新当选的十三届区委班子作工作报告。

会议号召，全区各级党组织和广大党员干部要更加紧密地团结在以习近平为核心的党中央周围，在中央和省委、市委的坚强领导下，紧紧依靠和带领全区广大党员干部群众，拼搏实干创新，决胜全面小康，为胜利实现泰山区第十三次党代会描绘的美好蓝图而努力奋斗。

【中共泰安市泰山区十三届二次全委会议】 7月10日，中共泰安市泰山区十三届二次全委会议召开。会议传达贯彻省第十一次党代会、市委十一届三次全体（扩大）会议精神，总结2017年以来的工作，安排部署下一步的工作任务。会上，区委书记赵斌代表十三届区委作工作报告。

会议号召，全区各级党组织和全体党员干部要紧密团结在以习近平为核心的党中央周围，在省委、市委的领导下，拼搏实干、创新争先，加快建设富强和美泰山区，为建设经济文化强省、建设富裕文明幸福新泰安做出新的更大贡献，以优异成绩迎接党的十九大胜利召开。

【中共泰安市泰山区十三届三次全委会议】 11月7日，中共泰安市泰山区十三届三次全委会议召开。会议深入学习贯彻党的十九大、十九届一中全会精神和省委十一届二次全会、市委十一届四次全会精神，总结回顾2017年以来的工作，安排部署下一步的工作任务；审议通过了《中共泰山区委关于深入学习宣传贯彻党的十九大精神加快富强和美泰山区建设进程的意见》。会上，区委书记赵斌代表十三届区委作工作报告。

会议号召，全区各级党组织和广大党员干部要紧密团结在以习近平为核心的党中央周围，在省委、市委的坚强领导下，以习近平新时代中国特色社会主义思想为指导，不忘初心，牢记使命，发扬拼搏精神，拿出实干劲头，激发创新活力，取得争先成果，奋力开创各项工作新局面，为加快建设富强和美泰山区做出新的更大贡献。

【中共泰安市泰山区十三届四次全委会议】 12月30日，中共泰安市泰山区十三届四次全委会议召开。会议深入学习贯彻中共十九大和省委、市委全会精神，以及中央、省、市经济工作会议精神，总结回顾2017年以来的工作，安排部署下一步的工作任务。会上，区委书记赵斌代表十三届区委作工作报告。

会议号召，全区上下要紧密团结在以习近平为核心的中共中央周围，以习近平新时代中国特色社会主义思想为指导，不忘初心、牢记使命，拼搏实干、创新争先，加快推动各项工作再创新佳绩，为建设富强和美泰山区做出新的更大贡献。

【调研工作】 围绕全区经济社会发展，开展方向性调研。协调组织各职能部门开展综合调研，主动研究和探讨一些带有思路性、全局性、战略性的课题，为推动全区经济社会发展当好参谋助手。围绕全区热点难点工作，开展专项性调研。围绕招商引资、项目建设、民生实事和生态环保等重点工作，深入基层一线和项目建设现场进行调研，有针对性地提出对策建议。调研中，注重紧贴实际、归纳经验，坚持把注意力集中在群众高度关心、社会高度关注的问题上。对于发现的问题，认真分析原因，研究制定解决方案，为区委科学决策、督促落实提供重要参考依据。围绕推进重点工作，开展经验性调研。围绕泰山区社区治理创新，撰写《改革创新 智慧引领 着力打造互联网+社区治理新模式》，对泰山区实施全国社区治理和服务创新试点的相关经验做法进行了总结提炼，为领导掌握情况提供了第一手资料。特别是注重围绕区委工作重点开展调研，撰写《加快推动从严治党向纵深发展》，结合实际分析问题、提出建议，增强服务重点工作的能力。

【督查工作】 重点督查。以项目建设为重点。把招商引资和重点项目建设摆在督查工作的重要位置，对区级重点推进项目、迎检项目、集中开工项目和集中签约项目等进行定期调度，并以《督查通报》形式在全区范围内通报，特别重要的以《督查专报》形式，及时向区委、区政府主要领导报告并提出工作建议。全年共形成招商引资和重点项目建设有关通报、专报24期。以民生工作为重点。把解决中小学大班额问题、棚户区改造、农村厕所改造等民生工程摆在督查工作的突出位置，跟踪学校建设、老旧小区改造、乡村文明等实事工作的推进情况，全年形成有关通报、专报10期，推动群众关心关注的热点难点问题得到解决。认真办理领导批示件，特别是对群众来信反映的问题，坚持“严格登记、立批立转、明确专人、按期督办、准时回复”，严格督促责任单位落实领导批示要求，合理、合法的必须依法为群众落实，超出政策规定的必须与来信群众面对面解释，共转交办市、区各类批示件72件，撰写批示精神落实汇报20期。以阶段性工作为重点。在迎接中央环保督察工作过程中，全员上阵、日盯夜靠，一天一调度一汇报，共向区领导呈阅50余期工作汇报，确保急难险重任务得到快速落实。

严格考核。严格工作亮点考核。以“立足全市、面向全省”为起点，以现场会、经验交流会为重点，梳理汇总138项亮点工作和争创任务，并按季度调度通报，年底集中考核争创任务完成情况；对区直部门“亮点创新、比学赶超”推进会评议结果进行汇总打分，考核结果纳入全区综合考核。严格项目建设考核。按照“公平公正、公开透明”的原则，对上下半年两次招商引资和项目建设检查考核会议排名评议结果进行汇总打分，将考核成绩客观通报并纳入对指挥部、街道镇、园区的年底考核。严格表扬奖励事项。以“严格审批、总量控制，合理设置、注重实效，依纪合规、勤俭节约”为原则，在做好调度汇总、拟定表彰方案、征求“一票否决”意见等一系列工作的基础上，完成了2016年度表彰奖励事项汇总行文下发工作和2017年年初全区经济工作会表彰颁奖工作。2016年度通报表扬事项共涉及12个会议、48项工作、144个事项，其中，以区委、区政府名义表扬的事项78项；以区政府名义表扬的事项66项。

强化落实。制定印发《落实全面从严治党主体责任责任书》，区级层面组织签订责任书近300份；组织区直有关部门迎接市对区落实全面从严治党主体责任检查考核工作，同时，对各街道镇、区直各部门主体责任进行考核。按时圆满完成了市委督查室交办的市委工作要点贯彻落实、中央八项规定贯彻落实情况，及困难群众生活保障、供暖情况保障等任务的调度督导工作。

【信访工作】 2017年，认真贯彻中央和省、市关于信访稳定工作的决策部署，严格落实信访法规，进一步创新工作机制，突出工作重点，强化主体责任，全力推动事要解决，全区信访总量、越级访量、进京非访量持续大幅下降，信访事项办理率和群众满意率大幅提升，信访秩序持续好转，在中共十九大、全国“两会”、“一带一路”高峰论坛等重大敏感时期未发生有影响的信访问题，被市委、市政府授予“党的十九大安保维稳先进县市区”荣誉称号。规范工作，全力抓好基层基础建设。实行对工作人员、信访人员的“双教育、双规范”，推动有序上访布局更加优化；坚持来访必登和首接负责制度；实行区、街道镇、村居三级排查和信息报送联动机制；制定印发《泰山区人民政府信访事项听证员工作规则》，组织区级听证会28次、复查案件7个。精心组织，深入开展信访积案攻坚活动。实施信访积案“清仓见底”行动，积极搭建集中整治工作平台。2017年3月至9月，利用两个百天的时间，在全区开展“信访积案双百日攻坚”活动，累计交办信访积案130件，有合理成分的80件共结服72件，结服率90%。狠抓关键，全力打好非访整治攻坚战。坚决依法处置进京非访行为，全年共处置违法信访20余起，依法训诫、行政处罚46人次。诉访分离，创新律师参与接访机制。探索实行律师参与信访事项处理工作机制，建立重点疑难信访事项律师化解办公室，研究出台《泰山区完善律师参与信访工作的实施意见》。律师参与接待群众来访110余次，牵头化解重点疑难信访案件24件，引导信访群众通过法律途径维权问题31件。律师参与信访工作、依法引导群众诉讼的成功做法，在市经验交流会上进行了典型发言。突出重点，强力推动网信工作标准化建设。对群众来信和各级领导批示件，通过网上交办、网上办理、网上回复等便捷方式，实现了网上办理工作的公开、便捷、规范。突出初信办理，落实“三见面”工作要求，形成了群众“以信代访”的良好趋势；打造“阳光信访”，提高信访群众满意率，确保规范办理、办出成效。共受理市以上群众来信、省长信箱和网上投诉735件，及时受理率、按期办理率分别为94%和91%。

【保密工作】 年内，把握关键，加强保密指导管理。有针对性地加强对党政机关、涉密单位的保密业务工作指导，规范要害部门部位、涉密载体的保密管理，加强重点行业和领域的保密管理。提升实效，筑牢保密科技支撑。根据上级部门安排，购置2套中孚保密技术检查装备，进一步推进保密技术装备科学配备，提高计算机及网络保密检查、计算机核查取证等技术能力。突出重点，扎实推进自查自评。召开全区保密工作会议，区委保密委对全区保密自查自评工作作出安排部署，促进全区保密自查自评工作常态化、制度化、规范化。精心组织，全面开展保密检查。组织开展全区保密专项检查，为迎接省、市保密专项督导检查做好充足准备；圆满完成迎接省、市对泰山区的保密专项督导检查，在专项督导检查中取得优异成绩，获得省、市领导一致好评。精密部署，服务保障关键节点。根据要求和职责，精心准备、精密部署，圆满完成中共十九大和省第十一次党代会，以及全区系列重大会议活动期间的保密服务和技术保障工作，确保关键时期、重要节点保密工作万无一失。 （区委办公室）

·组织工作·

【概况】 区委组织部设办公室、研究室、组织办公室、党政干部管理办公室、干部调配办公室、干部监督管理办公室、考核工作办公室、干部档案信息工作办公室、组织员办公室及下属3个事业单位区人才工作办公室、区党员干部远程教育管理中心、区新型经济社会组织党的建设工作办公室。2017年，全区共有基层组织1078个，党员23390名。

【领导班子建设】 发挥综合考核的“指挥棒”作用，突出财源建设、项目建设、招商引资、“三强”（区域拉动力强、行业竞争力强、财税贡献能力强）企业培植、亮点创新等重点工作，修订完善全区经济社会发展综合考核办法，优化指标体系，注重差异考核，强化追责问责，进一步激励引导各级干部担当作为。举办领导干部报告个人有关事项“两项法规”培训班，落实领导干部报告个人有关事项制度。制定出台《关于对领导干部进行提醒、函询和诫勉的实施办法》，明确对领导干部进行提醒的12种具体情形、函询的有关情形和诫勉的17种具体情形，切实把干部日常管理监督落到实、抓到位，经验做法在《中国组织人事报》头版、中国共产党新闻网等媒介宣传。

【干部队伍管理】 年内，研究制定《关于进一步推进干部有序流动，激发干部队伍活力的意见》，加大干部交流力度，推进干部能上能下，实现干部资源合理配置。注重在发展一线培养干部、锻炼干部、发现干部，印发《关于在重点一线和关键时刻考察识别干部的通知》，加大对指挥部、项目部和相关工作组抽调干部的日常管理和跟踪考察，推动人才向一线走、干部从一线出。开发建成干部监督管理系统，设干部管理、举报信访、经济责任审计、党纪政纪处分等9个功能模块，实行“一人一档、分类汇总”，实现对干部的动态监管。立足聚焦主责主业，起草制定《组织信访举报工作实施办法》，对组织信访的受理内容、办理程序及相关要求作出规范，推动组织信访工作有章可循、有序运行。起草印发《关于组织区管干部主动报告违法建设行为的通知》，组织全区73个单位、956名领导干部报告名下违法建设情况，《泰安日报》在头版位置对泰山区经验做法予以宣传报道。

【干部教育工作】 跟进班子换届调整后的新形势，发挥党校主阵地作用，突出服务业强区、工业兴区、农业特区、美丽城区主题，举办主体班次6期，培训干部500余人次。发挥“泰山讲坛”高端平台优势，围绕绿色发展与产业升级、招商工作策划等主题，邀请国家行政学院、中国工程院等专家教授，举办专题讲座5期，培训干部1900余人次。第一时间抓实中共十九大精神的全员轮训，邀请中国社会科学院教授举办专题报告会，分7期开设专题学习班，对1140名党员干部进行集中培训。

【推进“两学一做”学习教育常态化制度化】 年内，突出抓好村社区党组织书记集训和全体党员轮训，累计培训基层党员干部2.6万人次。拓展学做载体，开展“三强三诺”(强党性，公开承诺；强服务，积极践诺；强监督，严格评诺)“机关党员V行动”“服务创城、党员先行”等实践活动，以党员“微服务”，点亮群众“微心愿”。全面建设过硬支部，制定出台建设过硬党支部、加强基层党支部书记队伍建设、进一步完善主题党日制度等意见办法7个，“7·1”前夕，命名50个“泰山红旗党支部”，采取以奖代补的形式，全部给予1万元党建工作经费支持。推进“灯塔-党建在线”平台应用，精准录入党组织和党员信息，完善干部在线学习管理办法措施，增强在线学习实效，满足不同层次和个性化培训需求。建设集主体教育功能与现场互动交流于一体的泰山党性教育基地，同步打造花园社区、东孙村、安家庄村等一批教育实践示范点，用身边典型教育引导身边人，切实增强学习教育的感染力。

【基层组织建设】 2017年，全区共有基层党组织1078个，其中，党委35个，党总支90个，党支部953个，党员23390人，新轮换选派19名第一书记。顺应城市发展形势要求，强化“全域党建”“立体党建”理念，按照“纵向联动、横向融合、系统推进、全面覆盖”16字方针，全面推行“四融四化”工作模式，即组织融建，推进区域党建一体化；党员融管，推进作用发挥常态化；资源融合，推进为民服务精准化；机制融入，推进工作运行规范化，推动城市各领域党建互联互通、共建共享。

出台城市基层党建职责分工、联席会议、街道大工委和社区大党委实体化运行等4个意见办法，以片区、楼宇、商圈、市场为单位，打造长城商务、七东商圈、泰宝嘉和等党建示范点12个，初步构建起区委——街道党工委——社区党组织上下联动三级“核心轴”，纵向连接驻地机关事业单位、非公经济组织和社会组织三条线，区域统筹融合“一张网”，服务有阵地、工作有力量、经费有保障、待遇有增长“四个有”的“一轴三线一网四有”城市基层党建新格局。9月1日，全市城市基层党建经验交流座谈会在泰山区召开。理顺“两新”组织党建工作体制，成立区非公有制经

2017年9月1日,全市城市基层党建工作经验交流座谈会在泰山区召开

济组织和社会组织党工委，依托区工商联、区民政局成立区非公经济组织党委、区社会组织党委，对每家“两新”组织都明确一个党建工作联系指导部门。探索园区非公企业“1+4”党建模式，建设园区党群服务中心，成立4个片区党总支，每个片区建设一处党群服务站，推动企业党建整体提升，打造启程、岱银等中心企业党建示范点7处。确立社会组织二三四五党建工作思路，即加强社会组织党建服务中心和孵化中心两个阵地建设，完善行业主管部门、业务指导部门、街道社区兜底三种管理形式，提供党建指导、业务培训、资金扶持、项目支持四项服务，做到社会组织和党组织同步成立、同步活动、同步调整、同步年检、同步评估，在区、街道、社区三级建立社会组织党建孵化中心，吸纳各类社会组织入驻，提供活动场所、组织建设、项目众筹、资金扶持等服务，实现社会组织、党组织、支部书记、党员“一体四孵”，引领社会组织健康发展，在全省非公有制经济组织和社会组织党建工作推进会上作典型发言。落实主题党日、“三会一课”、组织生活会、民主评议党员等基本制度。深入学习贯彻中共十九大精神，采取区委常委带头学、带头讲，中共十九大代表米培莲作报告、巡回宣讲等形式，迅速掀起学习贯彻十九大热潮。开展“三强三诺”“机关党员V行动”等活动，在中共十九大安保维稳、创城、拆违等重点工作中充分发挥支部战斗堡垒和党员先锋模范作用。扎实推进过硬支部建设，制定“三年培树计划”，印发建设过硬党支部、加强基层党组织书记队伍建设等意见办法，落实帮带措施，带动各领域基层支部全面过硬。花园、丽景、区广场舞协会等10个基层党组织被市委命名为泰山先锋红旗党支部，英雄山社区、南河西村等50个基层党组织被区委命名为泰山红旗党支部。精心组织村社区“两委”换届，突出加强党的领导，完成全区187个村社区的换届选举。

【党员队伍建设】 抓好村社区党组织书记集中培训，区委书记开班讲党课，分期分批组织村社区党组织书记赴复旦大学、中国海洋大学进行异地培训。做好入党积极分子培训和发展对象建档管理工作，依托区委党校对248名入党积极分子进行培训，指导各党委对201名发展对象进行建档动态

表1　**2017年中共泰山区委党员及基层组织建设情况统计表**

党员(名)							党组织(个)			
总数	其中			文化程度						
	男	女	少数民族	大专以上	高中中专	初中以下	合计	党委	党总支	党支部
23390	16361	7029	544	10093	6695	6602	1078	35	60	953

管理。坚持发展党员公示、票决、组织员谈话、责任追究制度，加强在3年未发展党员的村社区中发展党员工作。全年共发展党员201名，其中，生产工作一线党员196名，本科以上学历党员78名，女党员88名。

【人才工作】 年内，实施领军人才“百人计划”，出台《实施意见》，五年内培养引进100名“高精尖缺”产业领军人才。2017年，4人入选齐鲁乡村之星、齐鲁首席技师、齐鲁金融之星，4人入选市产业领军人才，5人入选市专业技术拔尖人才。实施载体兴业“筑巢计划”，教育部“蓝火计划”试点7月正式签约，新建省级以上企业科研平台5个，丽泰泰山创业梦工厂被评为国家级众创空间，梦想谷电商产业园、泰山国际金融中心、云谷We+创客空间、泰山科技文化产业园等6个专业创业孵化平台建成运营。参与承办中国工程机械维修与再制造技术对接交流会、泰山国际神经疾病峰会等高端论坛5个。实施环境提升“港湾计划”，向216名区级以上高层次人才发放“泰山人才一卡通”，在户口迁移、子女上学、医疗保健等方面开辟绿色通道。提升泰山专家公寓服务质量，入住省级以上高端人才32人次。为2016年度新引进的81名高学历人才发放补贴67.52万元。人才工作相关做法在《大众日报》《人才山东》等媒体发稿27篇。

【干部调配管理】 年内，办理干部调动手续15件，合计32人次；为44名领导干部办理退休手续，其中，县级干部3名、科级干部39名、一般干部2名；接受安置选调生9名；全年共形成出国（境）审查批件13份，备案13份，合计17人次；落实《中华人民共和国公务员法》，年内，共为41名工作人员进行了国家公务员登记。

【干部档案管理】 年内，对上年已进行专项审核的1009余册干部档案进行复核，针对复核过程中发现的问题，及时将相关材料补充完善，补齐审核缺口。以服务干部工作为核心，以提供精准干部信息为目标，在任前档案审核中前移审核关口、扩展审核内容，完善任前审核程序，共审核干部档案120余册。对2013年以来新提拔、考录、调动的干部档案，按照新的档案整理标准进行整理，零散材料归档，重新打印电子目录，严格按照政策规定审核干部的“三龄”（年龄、工龄、党龄）“二历”(学历、工作经历)、“一身份”(干部身份)，共整理审核干部档案260余册。与山东旗帜软件公司对接，利用一周的时间完成全部扫描录入工作，实现了档案信息网上查阅。

【远程教育工作】 推进“互联网+”和信息化运用，注册认证“泰山V党建”微信公众号，推出“一线传真”“第一书记”“村社区换届”等版块8个，全年共发送党建信息169期、680条。以“讲述身边党员的小故事，汇聚核心价值的大能量”为主题，设置“永不退休的共产党员”“社区大忙人”等6个专题，拍摄50余部党建微视频，用身边典型教育身边人。推进“灯塔-党建在线”平台应用，精准录入党组织和党员信息，党组织、党员录入和注册率均位居全市前列。突出抓好学用工作，完成六期中共十九大知识竞赛答题工作和社区“两委”成员学历教育大专班教学工作。

【机关自身建设】 坚持从严治部，打造模范部门和过硬队伍。结合推进“两学一做”学习教育常态化制度化，定期举办“组工讲坛”，开好民主生活会和组织生活会，用组工文化陶冶情操、砥砺品格、凝聚力量，着力打造“对党忠诚、公道正派、创先争优、甘为人梯”的优良部风。推行组织系统创新课题制度，建立部机关课题4个、街道（镇）课题7个，分工部长、街道（镇）组织委员牵头抓总，明确目标任务，制定工作措施，排出形象进度和完成时限，进一步培养组工干部“安专迷”精神，提高组工干部专业化能力。组织全体组工干部分3批到8个重点指挥部挂职锻炼，以“换岗体验”促“换位思考”，补足短板，促进成长。开展“双述双评”活动，每月末科室（中心）负责人述学、述职，通过部长点评、干部测评的方式，层层压实责任、传导压力，评议结果作为年度评先树优的重要依据。实行“周调度、月讲评”制度，每周末调度课题进展情况，以书面形式通报工作进度和宣传推广情况，以“撸起袖子加油干”的劲头，推动组织工作重点任务落实。制定印发《部机关工作规范》，健全规范部机关办事流程、议事决策、评先树优等制度，提高工作效率和服务质量，被评为全省组织系统宣传工作先进集体。

（刘长江　宋海泉　李伟　刘健　徐松　张松　杨玲　张建）

·宣传工作·

【概况】　2017 年，全区宣传思想工作坚持正确的政治方向和宣传导向，紧紧围绕中央和省、市、区各项决策部署，唱响主旋律、打好主动仗，工作有创新、有亮点、有突破、有成效，一些工作走在了全市乃至全省前列。深入学习宣传中共十九大精神和习近平新时代中国特色社会主义思想，创新开展理论宣传和宣讲活动；坚持各类媒体互动、网上网下同步，大项目建设、招商引资、精准扶贫等重大宣传有声有色；培育和践行社会主义核心价值观，大力推进全国文明城市创建，打造全区道德品牌“泰山故事”，城市文明指数进一步提升；大力繁荣发展文化事业，深入开展文化繁星工程，为群众提供高品质的文化生活；坚持推进文化企业、项目和园区“三大载体”建设，2 家企业、1 个园区获评省重点文化产业项目和园区，文化产业占 GDP 比重连续七年位列全市第一，全区宣传思想文化凝聚力、引导力、竞争力、支撑力进一步得到提升，泰山区被评为全省城乡环卫一体化先进县（市、区）、全省第四批社会科学普及示范区、全省先进县级党委中心组。

【理论武装工作】　①加强理论中心组学习。制定出台《泰山区党委（党组）理论学习中心组学习实施细则》，推进中心组学习制度化、规范化。区委理论学习中心组深入学习《习近平谈治国理政》（第一、二卷）、《习近平总书记系列重要讲话读本》、中共十九大报告、党章（修订案）等，同时针对中央和省、市发布的重要指示精神及时进行学习、讨论和研究。2017 年区委理论学习中心组开展集中学习活动 21 次。每月开展“泰山讲坛”“区委理论学习中心组报告会”等形势、政策讲座，先后组织“全域旅游”“我国电子商务发展的现状与趋势”“积极开展网络舆情应对”等报告会 10 场。年内获得“全省先进县级党委中心组”荣誉称号。②推进理论大众化普及。开展基层宣讲活动、“千场宣讲进基层”“进机关、进社区、进农村、进学校、进企业、进网络”宣讲活动，面向基层群众开展习近平新时代中国特色社会主义思想、党的十九大精神等理论政策宣讲。利用“四有五讲”（有专人、有经费、有场所、有机制，讲理论、讲政策、讲道德、讲文化、讲法治）讲堂等阵地、山东宣讲网和“宣讲时间”APP 手机等网络平台资源，推进各类学习教育和网络宣讲，拓展受众范围。2017 年，全区开展各类宣讲 300 余场次。把习近平新时代中国特色社会主义思想、党的十九大精神等列入领导干部培训内容和教学计划，突出科级以上领导干部这个重点，分期分批做好领导干部的教育培训，年内对全区副科级以上干部和社区村支部书记集中轮训一遍，举办专题学习班 6 期，累计培训党员干部 3000 余人次，实现学习培训全覆盖。

【网络媒体的管理和应用】　发挥好政务微信、政务微博、手机报、掌上泰山区 APP 等网络媒体作用，持续做好习近平新时代中国特色社会主义思想和中共十九大精神网上宣传普及。开展“互联网+”公益行动 20 余次，策划拍摄国内首部以微电影形式来演绎唐诗宋词的网络文化系列剧——《诗词少年》。完善网络安全保障体系和网络综合治理体系，加强网络系统干部队伍建设，加强舆情监控分析工作，为全区经济社会发展营造良好舆论氛围。

【新闻舆论宣传】　年内，大力宣传区委、区政府的重大决策部署和建设“和美泰山区”

的新举措、新进展、新经验，新华社及《大众日报》《齐鲁晚报》等省级以上主流媒体均刊发反映泰山区各项工作的重点稿件，并组织多次全区重大宣传活动，全年在省级以上媒体发稿150余件，在《泰安日报》《泰山晚报》等市级媒体发稿5000余件。11月5日，《大众日报》在头版倒头条位置刊发重头稿件《植入科技“芯” 涌出新动能》，报道反映泰山区在新旧动能转换中的做法。新华社山东分社出版的内参刊物《要情动态》对泰山区在精准扶贫、依法拆违、绿色发展等工作中的亮点和特色分别给予大篇幅报道。在《泰安日报》头版头条位置，相继刊发《泰山区聚焦“富强和美”蓄势发力》《调优产业促转型 精准转调惠民生》《邱家店：构筑开放招商“强磁场”》等重点稿件，并利用各种宣传机会对全区经济社会和文化建设各项特色亮点工作进行大张旗鼓的宣传报道，组织对全区服务业、文化产业、工业、社区建设、农业产业化等重点工作进行系列报道，并及时跟进大项目迎检等大型活动的系列宣传，《拆违赢民心 发展拓空间》《大项目“领跑” 经济发展加速》等一批反映特色亮点工作的稿件在《泰安日报》重要版面刊发。全年组织刊发《泰安日报》泰山区整版32期。

【对外宣传工作】 年内，对外宣传工作重点突出、成效明显。借助两次全市项目建设和招商引资检查工作会议，制作拍摄制作专题片10部；泰山方特欢乐世界、宝泰隆度假区、泰山花样年华等景区、景点自行出资制作外宣品，宣传效果明显。依托中新网山东频道等外宣平台对全区重点工作、重要节庆活动进行广泛的对外新闻宣传。全年共发布民生、经济等重点工作和重要节庆活动稿件100余篇。其中，中国新闻社发稿量排名位列全省前列。建立由区委主要领导负总责、新闻发言人具体负责、新闻发布联络员组成的协调小组或工作团队。结合区直部门部分领导调整情况，再次明确区直部门、街道镇新闻发言人。每月确定一个主题，组织区政府（新闻办）新闻发布会，将需要公开发布的新闻信息，通过各级新闻媒体广泛宣传报道，完成主题新闻发布会12场。“和美泰山”政务微信、政务微博的吸引力和影响力进一步增强。政务微博每周发布5篇博文，关注粉丝持续增加。“和美泰山”政务微信，每天发布政务资讯、新闻3条，运用图片、文字、音视频等多种形式，讲好泰山区故事，传播泰山区声音。“和美泰山区”政务微信进行入山东省政务微信排行榜前50名。区直部门和街道（镇）开通政务微信50余个。

【文化品牌建设】 整合泰山区文化资源，大力开展“文化繁星”工程巩固年活动，组织“击鼓传花”式交流演出活动，举办民俗文化拜年、“喜迎十九大·明月泰山情”中秋晚会、金秋艺术节、送戏下乡、优秀广场文化节目展演、书画进基层、送戏赶集等系列具有广泛群众基础的文化品牌活动，开展以进基层演出和文艺培训为主要内容的文化扶贫活动，送戏下乡演出200余场，组织农村公益电影放映1400场、书画下基层活动160余次，开展基层文体活动带头人和文艺骨干培训班86余期，培训学员1800余人。报送《少林问道》《大海与天使》两部电视剧作品，参评第十二届山东省精神文明建设文艺精品工程和第十四届全国精神文明建设“五个一工程”奖项。泰山民族乐团以“一带一路”沿线地区音乐为素材，创作的管弦乐作品《大漠驼铃》，呈报文化部申请“丝路影视桥”项目。泰山民族乐团赴英国伦敦参演的“首届全英华人华侨新春团拜会”活动，于4月被评为“山东省优秀对外文化交流项目”。5月16日，在省庄镇南河西村文化广场组织开展以“树立崇德向善风尚，建设文明幸福家庭”为主题的山东省暨泰安市第十四届社科普及周开幕式及系列活动。举办泰山区社科讲堂，组织泰山区社科专家及区直、街道（镇）、协会、社区等社科工作爱好者100余人进机关、进企业、进社区、进乡村、进学校，以社会主义核心价值观、习近平系列讲话、社科普及条例等为题，全年举办各类讲堂200余场，四项课题入选泰安市社会科学课题并结项，两项成果获“山东省第三十一次社会科学优秀成果奖”，四项成果获“泰安市第三十一次社科优秀成果奖”，三篇论文入选“山东社科论坛——山东省农业供给侧结构性改革研讨会”研讨成果。5月，泰山区被省社科联命名为山东省第四批社会科学普及示范县（市、区），省庄镇南河西村被省社科联命名为山东省第四批社会科学普及示范村（社区）。发挥区文联和街道（镇）、社区文联作用，组织创办12个专业文艺协会、5个专业院团和20余个街道（镇）社区文艺联谊会，组织创办泰山区文艺志愿者公益联盟和泰山区文艺走基层活动协调委员会，根据各街道、社区的文艺队伍特色，协调选派专业协会骨干会员上门指导，分别组织起书画、摄影、戏曲、合唱、舞蹈、棋牌、剪纸、收藏等各门类的文艺队伍，扩大了活动阵地。以书画、曲艺、摄影、写作、音乐舞蹈等专业能力较强的会员组成小分队，公益无偿的“送欢乐、下基层”。组织开展春节民俗文化拜年活动40场次，举办广场文化、社区文化活动100余次，赶文化大集60余次、举办文艺会演70余场次，书画笔会50余次，欢乐了群众、锻炼了队伍、带动了创作、创立了品牌。开展“一览众山”系列采风活动。美术、书法、摄影等协会在泰山周边的风景名胜，麻塔、下港的山村集市，繁忙的建筑工地、部队训练的靶场，常年坚持开展写生和采风活动。一年来，组织外出参观以及写生采风等创作活动120余次。建立表彰品牌，设立泰山文艺志愿服务奖、泰山文艺贡献奖、泰山文艺发展奖、泰山文学奖等10个奖项，共表彰奖励70余人。注重抓精品创作，组织成立由16位山水画家组成的中华泰山创作组，形成常年坚持以泰山为题的专业创作团队，组织泰山周边写生50余次。在泰山文苑刊物设置泰山画派、泰山书派、写生前线等专题，深入研究泰山绘画创作，全年创作泰山主题国画、油画200余幅。自主编创的各类文艺作品300余件次参加市级以上艺术活动，其中50余件次在省级以上获奖并入选参加全国级活动。打造文化艺术会展品牌，举办“闻鸡起舞”泰山区书法、美术、摄影学术贺年展和“走进泰山”全国书画家邀请展等大型展览20余场。9月2日至9月7日，征集郭志光、张宏宾、吴泽浩等40位国内著名老、中、青艺术家的160余幅书画精品，举办第八届走进泰山中国画邀请展。

文化品牌建设带动了文化产业的发展。泰山区文化产业占GDP比重超过5%，是全市唯一超过5%的县区。连续三届争创成功山东省文化强省先进区。全区各类文化产业园区、企业、项目和产品品牌影响力不断扩大。省级以上文化产业园区（基地）达到十个以上，入库“四上”（规模以上工业企业、资质等级建筑业企业、限额以上批零住餐企业和规模以上服务业企业）文化企业达到35家，过亿元文化产业项目达到55个。泰山皮影在北京前门大街驻场演出、山东德佳文化传媒公司拍摄的《紫薇飘香》等影视作品公开上映。泰山玉、泰山石刻、泰山赤鳞鱼和泰山女儿茶等文化产品品牌的知名度、美誉度不断提高。

【全国文明城市创建活动】 按照市创城办部署要求，泰山区以“当主力军、做先锋队、争排头兵”为己任，全员覆盖，全面提升，全力以赴，开拓创新，积极做好全国文明城市创建各项工作。做实网格管理。将全区划分为29个大网格、121个小网格。29名县级领导率先沉入基层，“拔钉子，解难题”，现场调度、协调解决所包网格内存在的难点、重点问题。区直各部门从人力、物力上加大投入，靠在一线，与村社区共同参与创城工作。由创城办建立的网格微信群，每天数百条图文并茂的创城信息，为区直各部门比、学、赶、超的宣传沟通提供了平台。实行台账管理。对照2017年的创城测评体系，区直各部门、街道（镇）、村社区分别拉出各自的任务清单，逐一明确工作目标、整改措施、完成时限和责任人，实行台账管理，挂图作战。这一工作机制在全市范围内得到推广。抓实结对帮扶。发挥文明单位的创建经验和资源优势，推动与社区村结成帮扶对子。创城期间，101个文明单位在人、财、物上均给予社区村大力支持，对创城工作起到了积极的推动作用。规范档案资料。在档案资料环节，根据测评内容、测评标准将任务分解到相关部门及各街道镇，明确报送内容及标准。采取精准对标、逐项审核、双重把关、主动反馈四项措施，规范档案资料整理报送，形成全区性的说明报告46个，整理报送市创城办档案资料112盒，在省文明办的文明城市测评检查中，档案资料未失满分。

【未成年人思想道德建设】 运用重要时间节点，开展“我们的节日”主题教育实践活动，“童心向党”歌咏比赛，“小手拉大手，共筑碧水蓝天”等系列主题实践活动，引导未成年人崇尚美德、践行美德。举办泰山区新华书店杯2017年“泰山国学小名士”经典诵读电视大赛活动，在全区中小学生中形成浓厚的诵读经典热爱国学的氛围。宣传普及科学的家教方式，构建和谐的家庭环境。开展“我当一天家”“我为父母洗洗脚”“小手拉大手、文明路上走”等活动，引导未成年人以实际行动尊老爱幼、感恩父母、履行责任、回报社会。抓阵地建设、师资队伍、活动开展等，推进“乡村少年宫”建设，乡村学校少年宫建设更加规范有序。新增中央级乡村学校少年宫项目1个（省庄镇东苑庄小学）。全区所有中央和地方自建乡村学校少年宫项目均在全国乡村学校少年宫管理系统中完成档案资料审核，在全市组织开展的2017年度乡村学校少年宫成果展示中，泰山区获得书法比赛1个一等奖、2个二等奖。

【文明素质提升工程】 年内，开展道德模范评选和学习宣传。发动全区各级各单位开展好人评选推荐活动，每月通过电话调度、网络发动、媒体宣传，组织各级文明单位做好投票评选，在全区营造学好人、做好人的浓厚氛围。全年，全区共有5人被评为“山东好人”，2人被评为“山东好人候选人”，11人被评为“泰安好人”。讲好泰山故事，提升道德影响力。开展“泰山故事”微电影展播活动，动员社会各界参与道德人物故事的发掘和影视制作，创作出大批宣传道德模范人物题材的作品。2017年全区制作各类微电影50余部，打造了“岱庙故事”“最美财源人”“大美邱家店”等彰显地方特色的系列品牌。开展“好人线索”推荐活动。各级各单位和广大干部群众积极参与“好人线索”推荐活动，共向省市级文明办成功推荐各类好人线索1.1万余条，在全市名列前列。开展“我们的节日”主题活动。利用元宵节、清明节、端午节等节点，结合群众需求，在全区广泛开展“我们的节日”主题活动，丰富群众节日文化生活。元宵节开展猜灯谜，清明节开展网上祭英烈，端午节开展包粽子、绣荷包比赛等活动，使群众感受到“我们的节日”传统文化的魅力，进一步弘扬中华优秀传统文化。

【“菜单式”志愿服务】 年内，依托“志愿云”信息管理服务平台，优化服务管理，推动“信息化”管理，建设泰山区志愿服务管理系统，实现志愿者登记注册、志愿服务活动发布、志愿服务时间计时、服务记录转移接续以及考核等核心业务信息化管理。依托“12349”居家养老服务信息中心，拓展志愿服务内容，引入泰安市公益志愿者协会、泰山小荷公益等18家志愿服务组织，为居民提供家电维修、医疗保健、民政咨询等50多个方面的志愿服务项目。在健全完善原有志愿服务站点的基础上，在所有行业基层服务窗口、服务岗点设立志愿服务站，在学校、医院、公园、景区等公共场所建成开放式志愿服务基地。全区通过“志愿云”系统注册7个街道（镇）志愿服务总站、197个社区（村）志愿服务站、60支区直部门志愿服务队、69支学校志愿服务队、88支企业志愿服务队，实名注册志愿者到达到5.2万人。将志愿服务活动与城市创建工作相结合，6月30日在南湖公园举行“我爱我家，人人文明，处处风景”百万市民助力创建全国文明城市志愿服务主题实践活动启动仪式，发动全区百余支志愿服务队伍，2万名志愿者投入到创城中。志愿服务队走上街头、走进社区，开展丰富多彩的“助力创城”志愿服务活动，在全社会掀起人人参与创城的浓厚氛围。每月组织一场“菜单式”志愿服务广场活动，泰安小荷公益发展中心、泰安爱心人慈善协会、泰安公益慈善协会、瑞迪维修站、百合志愿服务队等志愿服务组织积极参与，受益群众达到4万余人。上高街道华新社区、财源街道三联社区，以及泰山老年公寓被确定为市级志愿服务基地。泰前街道张灿爱等五人被评为全市最美志愿者，上高街道华新社区五彩志愿服务项目等三个项目被评为全市最佳志愿服务项目，岱庙街道花园社区来胜书画院等三个组织被评为全市最佳志愿服务组织，财源街道三联社区等三个社区被评为全市最美志愿服务社区，邱家店镇吴家庄村等两个村被评为全市最美志愿服务村庄。

【乡村文明行动】 年内，树立创新、协调、绿色、开放、共享的发展理念，以美丽乡村建设为主题，以“三个美起来”（美好环境、美好品德、美好生活）为目标，实施人居环境、四德建设、新农村新生活、移风易俗、平安村庄、文化惠民“六大提升工程”，着力营造新环境、培育新农民、倡导新风尚。遵循“政事分开、管干分离”的原则，构建城乡环卫“全方位覆盖、无缝隙对接、市场化运作、一体化管理”的新格局。对上争取资金600余万元，建设6座“站厕一体”环卫站所。各社区、村均配备专职保洁员。2017年生活垃圾产生及处置27万吨，生活垃圾无害化处理率达到100%。全区所有村（居）红白理事会建成率和备案率均达到100%。规范殡葬服务，征地60亩，建设公益性公墓，建墓穴1000多座。对城乡困难群众基本殡葬提供五项免除基本殡葬费服务。开展争创“美丽村庄”“美丽庭院”活动。按照道路硬化、村庄绿化、墙面美化、环境净化、街道亮化，村风良好“五化一好”和庭院美、室内美、厨厕美，家庭成员素质高“三美一高”的目标要求，全面建设“美丽村庄”“美丽庭院”。在全省城乡环卫一体化和移风易俗工作群众满意度情况调查中，城乡环卫一体化在全省132个县市区的总排名中，泰山区列第32名，在全市列第二名，移风易俗工作泰山区列全省第88名，在全市列第五名。

【文明单位、村镇、社区创建活动】 深化开展文明单位、文明村镇、文明社区创建活动，推动各级各类文明单位在优化服务、造福民生、履行社会责任、参与公益事业方面，发挥示范带动作用。做好文明创建重点工作数据统计。根据省、市文明办要求，完成历届文明单位、文明村镇、文明社区、道德模范、各级好人等工作的数据报送。泰山区24个省级文明单位纳入全省精神文明建设管理系统平台。进一步加强对各级文明单位动态管理，量化考核。按照不低于20%的比例对省、市、区级文明单位、村镇和社区进行抽查，全区各级文明单位、村镇、社区的文明创建工作实现新突破。开展好文明单位认管路口交通志愿服务活动。组织42个文明单位与16个主要交通路口认领结对，组织干部职工到相应的交通路口开展文明劝导志愿服务活动，在全社会形成人人争当志愿者的浓厚氛围。在文明单位中开展切合实际的志愿服务活动，落实城乡文明牵手共建行动，推动文明单位在履行社会责任、参与公益事业、发挥示范作用等方面，提升层次，扩大影响。在创城工作中，文明单位发挥了典型示范作用。

（区委宣传部）

·统战工作·

【概况】 年内，区委统战部坚持大团结、大联合主题，深入学习贯彻习近平新时代中国特色社会主义思想和中共十九大精神，认真贯彻落实《中国共产党统一战线工作条例（试行）》及省委、市委相关文件精神，加强思想政治引领，凝聚思想共识，汇聚发展合力。聚焦新旧动能转换、文明城市创建、违法建设治理、扶贫攻坚、招商引资、项目建设等大事难事要事，开展“泰山同心·聚力攻坚”系列活动。加强党外代表人士队伍建设，加大培养力度，完成泰山区党外知识分子联谊会换届工作。探索新的社会阶层人士统战工作“三个一”工程，开创了新的社会阶层人士统战工作新局面。年度，在全市全面从严治党统一战线领域考核中，取得全市第一名。

【新的社会阶层人士统战工作】 实施新的社会阶层人士统战工作“三个一”工程，打造“泰山·同心”统战品牌。形成一个工作网络，织密统战工作线、党建工作线和代表人士工作线工作网络。建立一套工作机制，建立“鉴证业联盟、双创联盟、红媒体联盟、律师联盟、爱心联盟”等组织，形成317人的数据库，实现全领域覆盖。提升一批示范，提升“律师会客厅”品牌，开展“律师大讲堂”“聚律法律服务中心”进社区、进学校、进企业活动6次。支持“纳税人公益学校”开展培训5期，培训人员398名。创建统战大乡镇，建立“一帮四教一中心”省庄镇全域大统战格局。该典型做法在《中国统一战线》、《山东统一战线》作为基层亮点进行了宣传推广。

【开展“泰山同心·聚力攻坚”行动】 聚焦全区重点、难点工作，开展“泰山同心·聚力攻坚”行动。聚焦经济发展，开展“网络大V泰山行”，宣传推介投资创业政策和区位优势，达成合作意向项目6个；形成规划项目4个。聚焦全国文明城市创建，开展“创建文明城市我先行”活动，参与公共场所文明劝导、公益宣传、环境美化净化等志愿服务活动1500余人次，非公经济人士自觉拆除违章建筑3000余平方米。聚焦精准扶贫，开展产业、教育、健康、助老、捐赠扶贫活动8次，帮助贫困家庭100余户，捐赠款物9万余元。聚焦新旧动能转换，“四新”产业领域专家学者，提出建议报告3篇。帮助10家“四新”企业与高校、科研院所联姻。聚焦社会治理，开展“喜迎十九大，温暖助学子”“雨露计划”“泛海助学”等活动，为144名贫困大学生捐资助学；开展扶贫济困活动，慈善捐款、救助困难户、慰问孤寡老人、看望残障儿童捐助款物30余万元。 （吴开峰　冯钦峰）

·民族　宗教·

【概况】 泰山区有回、满、维吾尔、蒙古等29个少数民族成份，共计18802人，列全市第二位，其中回族17781人，占全区少数民族总人口的94.57%，少数民族主要集中在3个街道（镇）的9个民族村（社区）。全区少数民族人口1000人以上街道（镇）3个：分别为岱庙3587人，财源5268人，省庄7230人。民族村（社区）9个，财源街道清真寺社区3000人，岱庙街道市场社区1856人，北新社区800人，省庄镇东孙村1010人，岗上村1323人，岳庄村2323人，芝田村1155人，二十里埠村1050人，刘家庄村750人。

全区共有15个宗教活动场所，其中，清真寺10坊、基督教堂1座、天主堂1处、佛教寺院1处、道教宫观2处，共有信教群众2.2万余人（其中，佛教500余人、道教500余人、伊斯兰教近1.8万人、天主教700余人、基督教2300余人）。

【民族团结进步创建成效显著】 突出抓好民族团结进步教育基地、示范窗口建设，民族特色村寨、农家书屋等阵地建设，不断提高民族团结进步创建活动水平。以大力帮扶民族乡村为主，积极开展民族团结创建活动，丰富民族乡村群众的精神生活，巩固民族团结、维护民族关系稳定，不断巩固和扩大民族团结进步创建活动示范效应。先后组织实施“民族团结进步宣传月”“宗教政策法规宣传月”“民族政策专题培训班”“宗教政策法规讲座”“法律法规进基层”等30多个主题宣传教育活动，免费发放宣传教育资料1000余册，发放明白纸3000余张。依托各街道（镇）、民族村（社区）、学校等单位平台，利用广播电视、宣传栏、LED显示屏、悬挂横幅标语、座谈交流、专题讲座、走访入户等多种形式，围绕“中华民族一家亲，同心共筑中国梦”总目标，以宣传党和国家的民族宗教政策及法律法规、中央和省市委民族宗教工作会议精神为重点，广泛深入宣传党和国家民族宗教政策、有关法律法规及泰山区少数民族经济社会事业发展情况，引导各族群众不断增强“五个认同”（对伟大祖国的认同、对中华民族的认同、对中华文化的认同、对中国共产党的认同、对中国特色社会主义道路的认同），筑牢中华民族共同体意识，营造民族团结、宗教和谐的良好氛围。2017年，财源街道清真寺社区被命名为全省第四批民族团结进步创建示范单位。

【少数民族帮扶工程成绩突出】 2017年，全区实施少数民族帮扶项目6个，分别是省庄镇岗上村便民桥、街巷建设、东孙村村内街巷及生产路硬化、岳庄村生产路硬化、芝田村村内街巷硬化及排水沟建设、二十里埠村生产路硬化、刘家庄村便民桥建设。项目总投资260万元，争取市以上无偿资金102万元，区财政投入110万元。共硬化道路长2500米，硬化面积15000平方米，整修排水渠3000米，栽种绿化苗木1万余株，粉刷墙面5000余平方米。

【依法管理宗教事务】 9月20日，举办新修订的《宗教事务条例》专题培训班。全区各街道镇、村居50余人参加培训。通过系统地学习与培训，参训人员在宗教工作的管理与服务上更加具有指导性、针对性、操作性。建立涉及民族宗教事务突发性事件应急处置机制，制定详细工作预案，严格区分矛盾性质，坚持具体问题具体分析，是什么问题就按什么问题处理，不论涉及哪个民族、信仰何种宗教，都依法处理，不断提高处理突发性事件的快速反应和应急处理能力，确保把隐患消除在萌芽状态。加强对宗教活动场所的管理。先后5次对全区15个宗教活动场所进行拉网式安全检查，对露天造像进行专项检查，整治了泰安城财神庙、邱家店侯家庄村三官庙、李家庄村奶奶庙等非宗教人员假借宗教烧香敛财活动。加强对宗教活动的管理。区民宗局协同区公安部门制止非法传教活动4起，查处在泰城宾馆饭店、重点场所等处置以看相、攘病等假僧假道行骗活动12起，妥善处理涉及数百人的泰城拉面馆纠纷等突发事件。

【维护少数民族权益】 年内，为少数民族特许产品生产经营企业岱银集团、康平纳集团争取贴息贷款7.49亿元，完成贴息约1000万元。在为少数民族考生中考加分出具证明工作中，实行专人审核，严格审查程序，细致核查每位考生的身份信息。全年共办理少数民族考生300余人，没有出现一例违规办理问题，没有出现一起弄虚作假事件现象，认定审核手续“零失误”。年初为符合补贴政策的穆斯林农户2167户，城市穆斯林低保户161户，共计2328户，发放2016年度穆斯林群众牛羊肉补贴，拨付省、市补贴资金93.12万元。为30名低收入宗教教职人员发放生活补助32.4万元。

（马涛）

·台务工作·

【对台经贸】 坚持“走出去”与“请进来”相结合，利用“泰山国际登山节”“鲁台经贸洽谈会”等平台，组织开展各项对台经贸考察交流活动。年内共接待台湾同胞到泰山区进行经贸考察交流活动20余人次，区直部门和工商企业应邀赴台开展经贸考察交流活动10批24人次。9月1日，区领导带领区经信局、农业局、旅游局、泰山经济开发区、泰安农高区等区直有关部门负责人赴潍坊参加了“第二十三届鲁台经贸洽谈会”相关活动，三益集团等台资企业同期参加了“两岸交流30周年图片展暨台资企业成果展”。至2017年年底，全区台资企业4家，累计总投资额1.24亿美元，年实现产值或营业收入3.45亿元。

【对台交往交流】 年内，打造对台交流合作平台，加强两岸文化交流合作。9月5日，组织参与了“两岸石·同敢当·祈安康”——第七届泰山石敢当文化节活动，台湾“中华海峡两岸交流促进会”理事长李妮，与省市区领导共同为“泰山石敢当”石刻揭幕，为促进两岸文化交流合作、推动两岸关系和平发展发挥了积极作用。岱庙街道花园社区作为山东省首批海峡两岸交流示范点，自身建设不断加强，通过接待台湾同胞参访考察，平台载体作用日益凸显，成为全区对台交往交流的重要平台。

【涉台服务】 按照省、市台

2017年9月5日，台湾现代农业考察团一行20余人参观考察泰山花样年华景区未来田园

办的统一部署和要求，组织开展了以“进台企、话亲情、解难题、促发展”为主题的服务台商台企活动，区领导带领区直有关部门负责人深入台企一线进行走访调研，及时帮助台资企业解决生产生活中的实际困难和问题，有效地促进了台资企业的健康发展。（贾麦昭）

·编制工作·

【深化行政审批制度改革】 统筹推进“放管服”改革。以开展“五大行动”（削权减证、流程再造、精准监管、体制创新、规范用权）为抓手，集中推进行政审批、投资审批、商事制度、职业资格、收费清理、政务服务等领域改革，将年度“放管服”改革进程细化分解为47项具体任务，截至年底，共完成其中36项改革任务，其余11项待省、市做出进一步部署后，再行组织安排。精准协同放权。分两批调整行政权力事项242项，其中，削减34项、新增198项，变更要素10项。清理规范行政审批中介服务收费项目7项，其中，4项中介服务收费项目不再纳入“清单”管理，3项中介服务收费项目变更要素。加强事中事后监管。全面推进“双随机一公开”（随机抽取检查对象、随机选派执法检查人员，抽查情况及查处结果及时向社会公开）监管工作。区政府办公室印发《泰山区全面推行“双随机一公开”监管工作实施方案》，区推进政府职能转变领导小组办公室印发《关于规范建立“一单、两库、一细则”相关事项的通知》，将涉及27个区直部门（单位）共159项随机抽查事项向社会进行公布，实现行政执法事项随机抽查全覆盖。完善清单制度。5月底，编制完成《泰山区区镇两级公共服务事项目录》，包含区直部门（单位）公共服务事项407项（主动服务事项268项，依申请服务事项139项），街道公共服务事项120项，镇公共服务事项121项。同时，向社会公布街道（镇）权力清单。推进优化服务流程。持续推进行政许可标准化，精简审批过程中各类证明、盖章环节和申请材料，清理相关年检、政府指定培训。6月，编制社区（村）证明盖章类事项清单，经过摸底清理确定社区（村）需开具各类证明盖章类材料23项。9月中旬，发布区级第一批“零跑腿”和“只跑一次”事项清单，其中“零跑腿”事项41项，“只跑一次”事项87项。配合区政务服务中心管理办公室推进“互联网+政务服务”，加快全区政务服务网上平台建设，完成区镇两级公共服务事项网上公示及办理工作。

【深化重点领域改革】 深化综合行政执法体制改革，提高执法效率。印发《泰山区综合行政执法体制改革方案》等系列文件，将全区执法力量整合为8支执法队伍，实现“一个部门一支队伍管执法”。按照改革方案要求，召开联席会议，部署安排相关划转工作，并经组织、编办、人社、财政等部门审核，完成执法职责、机构编制调整和人员、资产及档案的划转工作，全区综合行政执法体制改革基本完成。深化事业单位改革，促进政事分开。清理“僵尸”事业单位。按照部门自查、摸底核实、确定范围、集中清理的步骤，对主要职责消失、工作任务不饱满或没有工作人员的“僵尸”事业单位进行清理，撤销泰山民族中学、泰山高科技文化创意产业园区管理办、泰山区房屋安全管理办公室3个事业单位。推进公立医院法人治理结构建设。推进中医二院、人民医院的法人治理结构建设，区编办与卫计局、组织、财政、人社等部门联合分别印发《泰山区公立医院法人治理结构建设实施方案》《泰山区实行法人治理结构事业单位外部理事（董事）管理办法（试行）》等文件。组织召开全区公立医院法人治理结构建设工作会议，指导督促两家公立医院于6月底前组建理事会和监事会并召开会议。年底对公立医院的理事会、监事会人员配备和履行职责情况、章程制定和执行情况、管理权责清单制定和落实情况、法人治理结构运行成效等进行检查评估。稳妥推进从事生产经营事业单位改革。对从事生产经营活动事业单位进行梳理，摸清机构编制、实有人员、运转情况和盈亏等情况，在征求意见、上报备案的基础上，成立生产经营类事业单位改革工作领导小组，明确区高层建筑开发公司实行转企改制，区城乡建设开发公司、区房屋建设综合开发公司2个事业单位实行扎口管理。按照部门职责，及时与转制单位对接联系，拟定人员分流安置初步建议，稳妥推进改革工作。

【优化机构编制资源配置】 做好机构编制调整工作。调整区民族与宗教事务局、泰山工业园区管理委员会、区委农村工作领导小组办公室等27个部门、单位机构事项；调整区人民政府驻韩国汉城办事处、区廉政教育中心、区工商局等38个部门、单位编制事项；核定区林业局、区档案局、区农机局等27个单位领导职数；调整综合行政执法体制改革涉及部门机构编制事项。加强机构编制总量控制和动态调整。公开招聘编制使用计划工作。汇总整理有关单位报送的用编申请，做好招聘计划的准备工作，严格控制机关事业单位用编进人计划数额，实行总量控制，优先考虑党委政府中心工作、保障和改善民生等重点领域、急需岗位需要，加强街道镇基层和一线人员力量，全年公务员招考计划6名、事业招考计划160名（其中教育140名、选调村官20名）。做好退役士兵安置和转业干部安置工作。全年，全区根据市政府安排和上级有关要求，积极谋划，认真准备机关事业单位岗位计划，安置退役士兵2名、转业干部2名。

【加强事业单位监管】 完成2016年度事业单位年度报告公示工作。2016年度事业单位法人年度报告公示工作按时保质完成，共有164个事业单位在山东省事业单位监督管理网进行年度报告公示，公示率100%。做好日常登记管理工作。依法办理事业单位法人设立、变更和注销登记等日常业务，并做好信息公开及备案工作。2017年度，共办理设立登记3个，变更登记44个，注销登记2个。督促单位依法做好信息公开和备案工作，同时将相关信息在编办网站上进行公告。加强事业单位监督管理工作。开展“双随机、一公开”监督检查。7月，采取摇号的方式，按3%的比例从164个事业单位中抽取5个，并抽取3名执法人员，对这些单位的年度报告公示信息进行抽查。对检查发现的问题，依法依规处理并督促事业单位及时整改。召开事业单位监督管理工作联席会议。8月，组织召开事业单位监督管理联席会议，印发《关于修订〈泰山区事业单位监督管理联席会议制度〉的通知》。同时，在泰山机构编制网上开发建设了事业单位监督管理联席会议平台，进一步完善沟通联系机制和信息共享机制。落实事业单位异常信息管理工作。根据《山东省事业单位法人异常信息管理办法》和《关于规范做好事业单位法人异常信息管理工作的通知》，对存在异常情形的事业单位按规定列入异常信息，建立异常信息管理台账，并将异常信息在事业单位监管工作平台进行发布通报。开展事业单位绩效考核。8月，印发《2017年度泰山区事业单位绩效考核工作实施方案》。11月中旬，分三批对142家事业单位实地考核，同时委托区统计局社情民意调查中心开展电话访问调查群众满意度。2018年

1月，区事业单位考核委员会印发《关于2017年度泰山区事业单位绩效考核结果的通报》，确定A级单位22个，B级单位120个。同时，对考核发现的问题向被考核单位及主管部门进行书面反馈。推进事业单位业务范围清单化管理工作。通过向法制、财政、物价等部门征求意见，印发《泰山区深入推进事业单位业务范围清单化管理工作实施方案》和《泰山区事业单位业务范围清单动态管理办法（试行）》两个文件。将事业单位业务范围清单化管理工作分为编制清单、集中审核、公布运行三个阶段，并结合机构改革、综合行政执法体制改革等工作实际，分批进行，稳妥、有序地推进。（苗冬）

·机关党建·

【政治教育】 搭建支部集中学习平台。坚持党委（党组）集中学习制度，年初制定学习计划，特别是在推进“两学一做”教育常态化工作中，根据党员、干部实际，细化“学党章党规、学系列讲话”的具体学习内容，及时跟进学习中共十九大报告、习近平总书记治国理政新理念、新思想、新战略，领会专家、学者的系统解读，增强了学习的及时性、准确性、有效性。搭建专家讲堂平台。根据形势和实际需要，从党校系统、理论研究机构聘请专家，为党员干部讲授党的理论知识，解读国家重大政策。2017年3月，对入党积极分子、预备党员进行“理想信念”集中培训，把好入门教育关。搭建“互联网+”平台。通过泰山区智慧党建平台、灯塔在线、党员在线APP等形式，创新学习形式，激发机关党员学习的积极性与主动性。年内完成区直机关135个党支部、2719名党员的党建灯塔在线注册工作。党员在党建平台实名注册，制定学分制实施细则，每季度对党组织、党员、入党积极分子进行一次打分排名。搭建互动交流平台。通过邀请优秀党支部书记做事迹报告、基层一线党员讲艰难的成长历程，以及演讲比赛、党建知识竞赛等方式，增强教育的吸引力和感染力。组织区直机关入党积极分子、预备党员到区反腐倡廉警示教育基地开展警示教育，进一步坚定了党员干部的理想信念。

【强化服务理念】 创新开展“机关党员V行动”活动。为推进城市区域化党建工作实现新突破，创新性地开展“机关党员V行动”活动，通过部门单位联系社区，开展帮扶共建，在职党员到社区报到，认领服务岗位并开展志愿服务，让机关党员在为群众服务中亮身份、树形象、作表率。活动开展以来，有91个部门单位与72个社区结对共建，有3800余名机关、事业单位在职党员到社区报到，开展志愿服务325次，服务人次1.2万余次，实现机关党建与社区党建工作互促共进、不断提升。深化机关党建品牌创建工作。突出机关“服务”这个核心，引入“品牌”理念，在区直机关着力打造了区工商局的“工商敢当”、区司法局的“律师会客厅”、区水务局的“水润泰山”等一批主题内涵深、工作措施硬、群众反响好的机关党建品牌，使创建机关党建品牌活动成为服务企业、服务基层、服务群众的“民心工程”。

【组织建设】 夯实党建工作基础。按照“有人员、有经费、有阵地、有载体、有活动”的“五有”标准要求，开展示范党支部创建和党建创新项目创新活动。督促指导机关党组织选好配强党支部班子，推行换届“公推直选”。年内，新成立3个机关党组织；任期届满换届21个基层党支部；调整19个机关党支部班子；指导换届后基层党组织开展专题民主生活会、基层党组织专题组织生活会和民主评议党员工作，并整改落实。优化党员队伍结构。严格落实《发展党员工作细则》要求，坚持“向经济发展一线倾斜、向重点工作倾斜、向青年妇女倾斜”的原则，做好各个阶段的审核、备案、审批工作，严格执行政审预审、“两推一公示”、谈话考核等制度，严把党员入口关，全年新发展25名预备党员。对2013年以来发展的112名党员档案进行重新审核。丰富党建主题活动。通过开展党员联系困难群众、选派“第一书记”、选派创城“网格员”“我承诺、我担当”以及部门争创服务明星、党员干部争创服务先锋的“双创”等活动，引导党员干部在为群众解决矛盾和问题中提升能力、增长才干。

【制度建设】 严格落实“三会一课”制度。要求机关各党（总）支部必须把“三会一课”活动纳入工作计划，根据单位特色，有针对性、有重点地组织开展好“三会一课”。对组织生活单位不正常的支部，机关工委派人以督察员的身份，参与其“三会一课”。严细落实党员联系群众制度。开展“牵手行动”“共驻联建”等活动，组织区直部门到社区开展文明城市创建、环境整治、业务咨询、法律援助、义务查体等服务。严明落实机关党建考核制度。印发《关于建设过硬党支部的实施意见》，制定红旗党支部三年培树计划，实行红旗党支部一帮五制度。明确党建目标任务，签订目标责任书。建立党建工作汇报制度，各支部定期汇报的党建工作进展情况。完善考核奖惩制度，在考核中，做到与亮点工作、招商引资、年终考评及民主评议和行风评议相结合，把考核结果直接与公务员考核、提拔干部、推荐典型挂钩，使机关党建工作充满了活力。

【“三型”机关创建】 全区连续11年开展“三型”（服务型、创新型、争先型）机关创建活动。2017年活动的主题是创新、担当、效能，结合全市开展的“重效率、勇担当、做表率”主题活动，全区开展的“勇担当、提效能、促发展”作风建设年活动，开展了5次衙门作风、“慵懒散”等工作纪律明察暗访等活动，对违反工作纪律的单位和个人进行约谈、通报，进一步推动了机关作风进一步好转。

【机关精神文明建设】 按照市委、区委“双创”要求，发挥机关文明创建工作的激励、辐射作用，开展以社会主义核心价值观为主题的“四德”宣传教育活动。会同体育局组织开展了全区乒乓球、登泰山、太极拳、健步走、书画展等系列比赛活动，进一步激发了全体机关干部团结协作、奋勇拼搏的工作热情。 （冯骞）

·党校工作·

【教学工作】 围绕干部培训这条主线，以提升党员干部党的理论水平和党性修养为目标，开齐办全培训班次，全年举办局级干部进修班2期、中青干部培训班1期、公务员培训班1期，入党积极分子培训班2期、党员发展对象培训班2期、全区财经法规政策教育业务培训班1期、中共十八届六中全会2期、中共十九大精神专题学习班6期、“两新”（新经济组织、新社会组织）组织党组织书记轮训班1期、泰山讲坛5期、村社区干部培训班2期，各类培训班次共举办26期，培训党员干部4300人次。年内，7名宣讲教师到区直部门、街道（镇）、村（社区）、学校、企业等讲授党课及中共十九大精神37场，受教育党员4289人次。

【科研工作】 年内，区委党校共立项20个省市校级课题，年底19个课题结题。围绕区委中心工作确定的3个重点课题，调研报告均在《泰山工作》上发表。在省市级报刊上共发表论文25篇。积极组织教师参加省、市委党校举办的理论研讨活动，获得省级优秀论文一等奖3篇，三等奖1篇，获“全市党校系统学习贯彻党的十九大精神理论研讨会”优秀论文奖10篇，并有1项成果获得“泰安市第三十一次社科优秀成果奖”三等奖，有3篇文章入选“山东社科论坛——山东省农业供给侧结构性改革研讨会”。

【学员管理】 深入推进全区学习型队伍建设，在主体班次培训中，切实提高干部学习培训质量，坚持“从严治校”，加强学风建设，创新培训形式，改进学员论坛，推进干部培训工作的新提升。严格落实中组部印发的《关于在干部教育培训中进一步加强学员管理的规定》、省委组织部“十不准”规定及党校《主体班次学员管理制度》相关制度，做到严要求、严管理、严考核，实现学员管理的科学化、规范化和制度化。

【师资队伍建设】 年内，选派教师参加省委党校、中国人民大学举办的中共十九大精神理论骨干培训班、全国党校教师综合素能提升师资班、全国党校教师教学方法与教学艺术专题师资班、全省党校系统学习习近平总书记在哲学社会科学工作座谈会上的讲话精神专题培训班等6个培训班，共参加培训35人次。安排任课教师到市委党校听课9次。安排10余名教师到井冈山、延安和临沂跟班学习，提升了理论层次和党性觉悟，另有1名教师正在读研。加强教研管理。健全完善教学研讨、集体备课、教学观摩、专题试讲等教学运行和量化考核激励制度，完善“教学质量测评办法”，制定《打造精品专题实施办法》，12位专兼职教师都明确了自己要重点打造的教学专题，并通过专题试讲。（区委党校）

·党史 地方志·

【党史工作实现新突破】 完成《山东改革开放实录》泰山区选题的修改、完善，报送稿件3万字。开展《泰安改革开放实录（泰山区卷）》的编写工作，2016年3月26日，区委办公室发出《关于印发〈改革开放实录（泰山区卷）〉征编工作方案的通知》，《实录》征编工作全面展开。11月完成15万字的征求意见稿。完成《社会主义建设时期县（市、区）委书记、县（市、区）口述史》的资料征集、整理报送工作，报送稿件2万余字，包括《泰安县委概述》及11位县委书记的简历、照片、署名文章。完成《红军将士在山东》稿件的征集、整理报送工作。报送9位泰山区籍在土地革命战争时期（1927年4月—1937年7月）参加革命工作的党员干部和革命群众的照片、简历、事迹材料。完成《山东画史（新民主主义革命时期）》图片的报送工作，报送历史图片9幅及文字说明。完成《红色齐鲁365》选题报送工作，报送选题5个，分别是：泰安县抗敌后援会成立、泰安县党组织的建立、泰安党组织领导铁路工人开展“索薪”斗争、泰安党组织领导创办进步刊物《蔷薇》《寒鸦》杂志、“五四”运动在泰安。与区党员远程教育中心联合于3月开通“泰山党建”微信公众号。积极参与申报泰安市“党史教育基地”工作。协助泰山区党员远程教育中心“党性教育基地”申报泰安市第二批党史教育基地。

【史志工作取得新进展】 区委党史办被泰安市地方史志编纂委员会评为2017年度全市地方史志工作先进单位。完成《泰山区年鉴》编纂出版工作。按照省、市史志办关于“县级综合年鉴要实现一年一鉴”的要求，区委办公室、区政府办公室于年5月23日印发《关于做好〈泰山区年鉴（2017)〉编纂出版工作的通知》。6月底，供稿工作基本完成，7月，完成初稿，并报送区有关部门、单位及有关领导进行审稿。反馈意见后对稿件进行全面仔细修改，9月，送交出版社，11月，由光明日报出版社出版。《泰山区年鉴》共设22个栏目，依次为：特载、大事记、区情概览、政党·政务、政法·武装、人民团体、经济综合管理、工业信息化产业、农业·农村经济、商业服务业、财政·税务、金融·保险、运输交通、城乡建设与环境保护、泰山、科技、教育·体育、文化、医疗卫生、社会生活、街道镇、人物等栏目，精装印刷，全书47万字，被泰安市地方史志编纂委员会评为优秀史志成果（年鉴类）。统筹利用区武装部八楼场所，采取“一体化设计布局，分区域设置功能”的方式，改造为融党性教育基地、党史馆、方志馆为一体的综合场馆。场馆面积1000平方米。完成《山东抗日根据地志》《山东解放区志》的资料搜集、文稿编辑及上报工作，报送稿件40000字。完成《山东省援藏志》《山东省援疆志》《山东省人物志》资料搜集、编辑整理、报送工作，报送稿件15000字。完成《山东年鉴》（2017卷）《山东史志年鉴》（2017卷）《泰安年鉴（2017)》及其袖珍本（2017卷）泰山区稿件的组稿、编辑、报送，报送稿件8000字。组织人员参加市史志办公室组织的全市第二轮修志工作研讨会，报送稿件1篇。

（刘玉朴）

·老干部工作·

【加强老干部党性教育】 推进离退休干部党组织建设。协调指导全区83个离退休干部党支部配齐配强基层支部班子，完善各项制度。83个支部全部在网上实名落户，并通过网络开展活动。指导公益社会组织和老干部社团建立党组织，至年底，双龙社区书画协会、嘉德社区舞蹈协会等12个社团成立党支部。围绕创建“五好”（支部班子好、党员管理好、组织生活好、制度落实好、作用发挥好）离退休干部党组织，推进过硬支部建设，“7·1”前夕，区离退休干部双龙丹青国画党支部等2个离退休干部党支部被区委命名为泰山红旗党支部。推进基层关心下一代工作委员会（简称“关工委”）组织建设。重点推进基层“关工委”组织建设和“五老”（老干部、老战士、老专家、老教师、老模范）队伍建设，在街道、镇，部分社区村、企业建立“关工委”组织，探索建立“党建带关建”工作机制。至年底，7个街道（镇）、41个社区（村）、17所中小学校成立“关工委”，753名“五老”人员参与“关工委”活动。加强党性观念和理想信念教育。5月23日，举办离退休干部党员学习中共十八届六中全会精神培训班。中共十九大召开前，组织全区老干部开展“畅谈十八大以来变化、展望十九大胜利召开”“建言十九大”等系列活动。中共十九大召开后，12月7日举办离退休党支部书记学习中共十九大精神培训班，邀请区委党校李仁山以“学习贯彻习近平新时代中国特色社会主义思想”为题，对中共十九大报告进行全面的解读。同时，依托“泰山区委老干部局”微信公众号，及时推送党史国史、党纪法规、模范事迹等学习内容，引导离退休干部增强党性观念，做合格的党员。

【推动文化养老】 加强老年教育阵地建设。发挥《泰山红叶》校刊、老年大学博客、微信群、QQ群，老干部局微信公众号等平台作用，发展网络教育，推进老年大学进社区，拓展文化养老阵地。先后成立区老年大学双龙、嘉德、华新、都市森林等4所分校。4月25日，国际老年大学协会主席弗朗索瓦·维拉斯带领老年教育国际学术研讨会与会专家参观视察双龙分校，给予高度评价。12月14日，泰山区承办全市社区老年教育调度推进现场会，为现场会提供花园社区等4个观摩现场并做典型发言。加强文体团队建设。鼓励引导组建多种形式的老干部文体社团。至年底，全区共有老干部摄影协会、老年体育协会等区级老干部社团组织8个，街道社区社团组织51个，吸纳成员6177人。搭建展示平台。利用“5·1”“7·1”及建党95周年、中共十九大胜利召开等重大时间节点，组织离退休干部以书画摄影、才艺大赛、文艺汇演、诗文创作等形式开展展示展演活动。全年，先后组织举办各类文体比赛、文艺演出14场次，参加人员1000余人次。

【加强对老干部关怀】 落实好政治待遇。坚持定期阅读文件、参观考察重点项目、区级领导结对联系、重大事项征求意见等制度，使广大离退休干部能够及时了解党的重大决策部署和全区重点工作进展情况。春节前，按照“归口管理、分级负责”原则，对全区离退休干部进行走访慰问，了解生活健康状况，听取意见诉求，协调帮助解决实际困难。7月20日，召开半年情况通报会，向全区担任过县级职务的离退休干部通报经济社会发展情况，征求老干部意见建议。落实好生活待遇。全区离休费全部纳入区级统筹，实行社会化发放。及时调整离休干部护理费、安葬费、抚恤金标准，并按时足额发放到位。协调有关部门，为59名企业离休干部落实物业补贴，2015年、2016年两年的补贴2017年春节前全部发放到位，2017年度的补贴于12月初全部发放完毕，自2018年起，按季度发放企业离休干部物业补贴。2017年2月，调整军休干部基本津贴补贴、军休干部遗属生活补助费标准，人均月增1700余元。落实好日常关怀。落实“五必访”（重大节日必访、生病住院必访、生活有困难必访、空巢独居的必访、去世的必访）工作机制。全年，为31

名90岁以上的离休干部送生日蛋糕，登门慰问离休干部家属17次，帮助协调转诊就医21人次。对易地安置离休干部，每月电话联系，春节寄送新年贺卡，及时了解情况，帮助解决实际困难。落实好贴心服务。推广“常叩门”工作机制，动员老干部工作者、社区网格员、志愿者关爱空巢独居老干部，每天上门为他们读报、帮做家务、排遣寂寞。依托“12349”居家养老信息平台，与驻军八十八医院合作，开设便民养老绿色通道，为离休干部提供良好就诊环境。推进缴费项目“一卡支付”进社区活动，在离退休干部居住较为集中的20个社区安装缴费终端，老干部不出社区就能自助缴纳水、电、气、通信等生活费用。

【发挥老干部“余热”】 开展“为建设富强和美泰山区增添正能量”主题活动。围绕建设新泰安、建设富强和美泰山区，精心组织“我为转型发展献良策”活动、“传承好家风，传递正能量”好家风评选活动，引导老干部发挥自身优势，为党和人民事业增添正能量。5月始，利用“泰山区委老干部局”微信平台，陆续推出“增色夕阳红，传播正能量”系列微视频，宣传离退休干部典型事迹，全年合计编发4期，推出先进典型9个。开展志愿服务活动。以“传播正能量，最美夕阳红”为主题，开展“老年人才服务社会”志愿服务行动，依托泰山老年人才服务中心，建立老年人才信息、人才需求及在岗管理数据库，合计录入人才信息337条。组织离退休干部开展“创建文明城市老干部在行动”志愿服务活动，200多名老干部义务维护环境卫生、倡导文明行为、调解邻里纠纷，帮扶留守儿童、贫困学生。定期组织离退休志愿社团到泰山慈恩老年颐养中心老干部志愿者活动基地，为托养老人提供精神慰藉、文艺演出、健康咨询等服务。依托老年大学、文艺团队，组织文化志愿服务队，开展送戏下乡、专场演出活动。全年先后组织“暖春行”文艺演出系列活动4场。开展关爱青少年成长活动。充分发挥“五老”（老干部、老战士、老专家、老教师、老模范）作用，助力青少年成长成才。全年举办党史宣讲报告会、第六届“英俊年华”书画学习交流展示笔会5场次。开展“牵手关爱行动”，组织“五老”开展“讲好中国故事、喜迎十九大召开”进社区进校园宣讲活动6场次。（区委老干部局）

·老龄工作·

【概况】 2017年，全区各级始终坚持“党政主导、社会参与、全民关怀”的老龄工作方针，围绕全国老龄和养老服务体系建设“四梁八柱”（即“多支柱、全覆盖、更加公平、更可持续的社会保障体系更加完善；居家为基础、社区为依托、机构为补充、医养相结合的养老服务体系更加健全；有利于政府和市场作用充分发挥的制度体系更加完备；支持老龄事业发展和养老体系建设的社会环境更加友好”等四项发展目标，以及“健全完善社会保障体系、健全养老服务体系、健全健康支持体系、繁荣老年消费市场、推进老年宜居环境建设、丰富老年人精神文化生活、扩大老年人社会参与、保障老年人合法权益”等八大重点任务）的“十三五”规划目标，服务大局，突出重点，努力创新，不断加大工作力度，狠抓工作落实，全区老龄事业实现了新的发展。泰山区被市老龄办评为2017年度全市实施“银龄安康工程”先进单位、获二等奖。

2017年年末统计，全区常驻人口74.35万人，全区自管60岁以上老年人60048人，其中农村老年人口35796人；90至99岁老年人1048万人，百岁老人24人。失能老人2259人，失智老人336人，失独老人152人，空巢老人1489人，困难老人2623人，无退休金老人38390人。

【实施“银龄幸福和谐工程”】 落实高龄津贴发放制度。高龄补贴资金采取“一人一折”以货币形式发放，每季度发放一次。2017年共为1822名高龄老人发放补贴金105.9万元。其中百岁老人长寿补贴6.18万。实施“银龄安康工程”。2月9日召开2016年全区银龄安康工程表彰会暨2017年部署会，实施加大宣传力度，典型引导等措施，推进“银龄安康工程”健康快速发展，全年老年人意外伤害保险参保人数1.15万人，收缴保费48.8万元，占应参保人数的24%。泰山区被市老龄办评为2017年度全市实施银龄安康工程先进单位、获二等奖，纪婧茹等5人获先进个人。开展老年人出行关爱工程。5月23日，泰山区启动“老年人出行关爱工程”，开展老年人意外伤害保险工作，全年共收取保费14.6万元，参保人数4600人。区老龄办被表彰为2017年度全市实施老年人出行关爱工程先进单位，吴宝军等4人获先进个人荣誉称号。救助困难老人。2017年，“泰山区特困老年人救助基金”救助金额由每人200元增加到每人300元。春节、老年节共对229名特困老年人走访慰问、实施救助，共计慰问金额85000元。

【扶持养老服务机构】 进一步健全“以居家养老为基础、社区服务为依托、机构养老为补充、医养相结合”的养老服务体系建设。至年底，全区共有各类床位3240张，达到每千名老人拥有50张床位的养老标准。年内为黄家庄老年公寓、岔河社区日间照料中心、前燕村老年公寓申报争取了省市扶持资金，其中黄家庄老年公寓争取省扶持资金18万元。

【老年维权和优待工作】 认真开展老年法规政策宣传教育。利用法制宣传日、重阳节等时间节点，集中开展法制维权活动，印发老年人防诈骗手册及宣传材料2万余份，举办讲座42班次。全年区老龄办办理便民服务电话受理单7起。开展省级老年人公益维权服务示范站创建活动。坚持创新树亮点，明确标准条件，把握职责范围，创建岔河社区

表2　　**2017年泰山区百岁老人一览表**

姓名	性别	出生时间(年.月)	年龄(岁)	民族	住址
陈淑芳	女	1916.3	102	汉	财西社区
高秀风	女	1917.7	101	汉	东更道社区
高宗英	女	1917.8	101	汉	王庄社区
刘长兴	男	1910.6	108	汉	后七里社区
孟传秀	女	1915.6	103	汉	后七里社区
程桂英	女	1913.08	105	汉	教场社区
卢美	女	1916.12	102	汉	后营街4号楼
徐庆云	女	1907.12	101	汉	温泉东区24号楼
张汉卿	女	1913.11	105	汉	云海小区6号楼
李任氏	女	1913.2	105	汉	东岳大街农行宿舍
梁传英	女	1917.9	101	汉	岱道庵社区
冯俊美	女	1910.8	108	汉	岱道庵社区
迟玉芳	女	1914.10	104	汉	文化路24号
曹通三	男	1916.2	102	汉	干休一所
李绍春	男	1913.12	105	汉	白峪店子村
赵凤芝	女	1916.8	102	汉	万家庄村
高俊珍	女	1916.2	102	汉	羊南村
宋孟芝	女	1916.1	102	汉	柳杭村
黄美苓	女	1916.6	102	汉	埠阳庄村
李玉芬	女	1913.1	105	汉	南王庄村
韩富贞	女	1915.8	103	汉	邱家店村
李仲兰	女	1914.4	104	汉	温辛庄村
刘呈兰	女	1916.11	102	汉	吴家庄村

"山东省老年人公益维权服务示范站"，至年底，全区建起三家省级"老年人公益维权服务示范站"。强化监督，落实老年人优待规定。全年办理老年优待证7000余个，方特欢乐大世界、花样年华、泰山宝泰隆景区实施70岁以上免费、60至69岁半价优惠，老县衙、上高庄园、区图书馆免费为老年人开放。

【惠老助老和志愿者活动】 健全以社区为平台、以社会组织为载体、以社会工作专业人才为支撑、以社区志愿者为补充的"四社联动"工作机制，大力开展惠老助老活动。联合开展健康义诊活动。全年联合社会医疗机构开展健康义诊活动20余次，联合市健康公益事业发展协会、泰安同仁眼科医院开展"情暖泰山·关爱夕阳红"眼健康活动，联合市市妇幼保健院开展免费义诊查体活动，联合同仁堂举办心脑血管疾病防治讲座活动。组织开展健康扶贫行动。各街道(镇)、社区组织医务志愿者进村入户，对辖区内的贫困老人进行全面走访调查摸底并开展免费查体活动。9月8日在泰山区岱庙街道丽景社区开展由泰安市老龄办主办、北京和乐寿康集团元清堂生物科技有限公司承办的中国梦——元清堂天下无痛中国行（泰安站）启动仪式，推出首款远红外线"痛快贴"产品，缓解、解除中老年人的疼痛困扰，传播爱心文化、孝道文化。积极引导老年人扩大社会参与，发挥正能量。全区在册老年志愿者5600人，青年志愿者2583人，分别在不同岗位上参加活动、对口帮扶。"老园丁爱心接力志愿者协会"奉行服务他人、奉献社会、体现价值的理念，适时开展"分享知识、传播美丽，共建绿色泰城"活动；退休老党员志愿者成立"四点半学校"，经常到社区、到学校举办"听爷爷奶奶讲那过去的故事"活动，人称活雷锋的张际振奉献自家储藏室建立"际振便民维修室"，为他人提供义修服务。老年人志愿者开展助力创城行动。各社区积极组织老年人志愿者在人员密集的场所开展文明劝导志愿服务活动，清理卫生、发放《创建文明城市倡议书》、环保购物袋等，推创文明城市。

【加强老龄工作宣传】 做好老龄宣传报道。利用各级各类新闻媒体，对涉老重大活动、重要节点、重大节日集中宣传报道。全年，全区各级老龄部门共在市级以上媒体刊播老龄宣传信息稿件378篇，其中18篇分别被《山东老年》《善者》《老朋友》《老年生活报》《泰安日报》《泰安晚报》等报刊采用；360篇被全国老龄网、齐鲁壹点网以及省、市老龄办重要网络媒体采用。在省级杂志《善者》第8期发表的"好书记刘欣：老人的亲闺女，社区的大管家"、第10期发表的"泰山区老年大学三结合：为老氛围接地气，为老谋利合民意"以及《泰山工作》第8期发表的《关于全区人口老龄化问题的思考研究》在社会上引起较大反响。开展老龄工作品牌创建活动。坚持以"孝行齐鲁"特色老龄文化建设为抓手，打造了"敬老文明号""老年公益维权服务示范站""银龄风采""老年书法美术"等一批老龄工作特色品牌。岱庙街道花园社区党总支书记刘欣被评为国家级爱老助老模范人物和省级十大孝星，财源街道铁路新村、泰前街道嘉德社区获评"山东省银龄之家"，岱庙街道丽景社区"老年艺术团"获评"山东省优秀老年艺术团体"，上高街道岔河社区获评"山东省敬老文化教育示范点"、第三批"山东省老年人公益维权服务示范站"。调研报告《自然生态环境在山东省长寿之乡形成中的作用研究》征文提报参选省级老年健康与长寿理论研讨会论文赛。组织参展老博会。6月，泰山区组织参加了第九届中国（山东）国际老龄产业博览会，对泰山区的泰山老年公寓、投资10亿元的泰山亲和源项目、占地300亩的安家苑生态养老养生项目，以及泰山女儿茶、亚奥特等产品进行了推介。11月中旬，泰山区组织辖区内17家养老机构、涉老企业参加"2017泰山老年健康产业博览会"，展示泰山区养老机构、老年保健食品、老年医疗器械、老年生活辅助用品，搭建起一个养老产业的商贸平台。

【老人节暨敬老月活动】 10月1日—31日，开展以"关爱老年人，欢庆十九大"为主题的“敬老月”活动，组织动员有关部门、社会组织、企事业单位、家庭和个人，为老年人办实事、做好事、解难事，增强老年人的获得感和幸福感。市、区党政主要领导对全区高龄、困难老人进行慰问走访。“敬老月”期间，全区召开座谈会、茶话会、联欢会182场次，文艺演出53场次，市级以上新闻媒体刊播108篇，免费健康查体1.96万人，送慰问金97万元，发放给老人各类政策性补贴512余万元。

（陈红霞）

·档案工作·

【概况】 区档案局（馆）为国家二级综合档案馆，建筑面积1400平方米，内设办公室、业务指导科、档案管理科、编研科4个职能科室。馆藏135个全宗，纸质档案165882卷（件）、实物档案352件、照片档案2465张、录音录像磁带283盘，馆藏图书资料12681册。截止年底，建立馆藏档案82万条目录数据库、210万页全文数据库、1714张照片数据库，馆藏档案数字化率70%。2017年，区档案局（馆）被表彰为全省档案宣传工作先进集体、全市档案工作先进集体，并通过泰安市市级文明单位复查验收。

【档案接收及开发利用】 年内，接收文书档案296件、会计档案179盒。全年接待查阅利用档案2017人次，提供档案465件、1622卷，其中：婚姻档案1300卷（件）、土地房产档案60余卷、破产企业档案260卷件、工作查考300余卷件，其他利用档案80件、85卷。年内，编写完成了2017年度《泰山区大事记》，3.1万字；编制完成2016年度《泰山区档案年鉴》，并为《泰山区年鉴》提供档案部分稿件；还开展了馆藏抗日战争档案整理、研发、编纂工作。

【机关企事业档案工作】 贯彻执行国家档案局新修订的《归档文件整理规则》，对区直机关事业单位专（兼）职档案员100余人进行档案业务培训，规范和统一全区文档在线管理系统编辑工作，提高机关档案规范化、现代化管理水平。年内，对20个区直单位档案工作规范化管理进行指导。区国土资源分局被评测为山东省档案工作科学化管理示范单位，岱庙、泰前、财源、上高4个街道，省庄、邱家店2个镇，及区人民检察院被评测为山东省档案工作科学化管理先进单位。开展精准扶贫档案指导工作，联合区脱贫攻坚办公室对全区精准扶贫档案的收集整理归档进行现场指导。联合区农业局对全区农村土地确权档案进行业务指导。

【档案信息化建设】 截至年底，建立完成馆藏135个全宗的82万条案卷目录和文件级目录数据库、210万页全文数据库、1714张照片数据库，还建立了全区领导干部任职的人名数据库，馆藏档案数字化率70%。投资10余万元，购置服务器，开发泰山区数字档案在线归档管理系统，并在泰安市政务内网平台启用，泰山区数字档案馆建立，达到“三网四库”（局域网、政务网、互联网，全文数据库、目录数据库、照片数据库、多媒体数据库）的建设标准，实现了档案信息资源的电子传输网络化、信息管理自动化、服务利用现代化的跨越式发展。文档在线管理系统注册60个单位。

【新档案馆建设】 区委、区政府把建设新档案馆列入全区“十三五规划”，成立泰山区新档案馆建设指挥部，并确定在泰山经济开发区春雨软件园内建设占地8余亩约1万平方米的区综合档案馆，整合全区档案资料进行集中管理。区档案局高起点谋划，多次组织有关专家，对初步拟定的档案新馆设计方案，从整体规划、内部功能布局等方面进行讨论评审。到年底，建设项目取得选址意见书、用地规划许可证、建设项目环境影响评审登记，完成环评、地勘、初步设计、备案等工作，具备新馆开工建设的基本条件。

【档案宣传工作】 年内，投资制作档案宣传各种版面20余幅，进一步完善爱国主义教育基地建设。对局（馆）每项重点工作任务完成、重要会议召开、重要活动前后，及时撰写信息，审核后上报或登在本局互联网站上发布，宣传泰山区档案工作中的新举措、新典型、新模式。定期为《泰山工作》中的《泰山区大事记》栏目编写供稿，提高档案工作知名度。组织各级档案部门及村社区订阅《中国档案报》《中国档案》《山东档案》等报纸杂志，使档案宣传面向基层拓展。（区档案局）

·扶贫工作·

【概况】 2017年，区扶贫开发领导小组办公室（简称区扶贫办）下设综合组、指导组、督导组3个组。一年来，全面实施“精准扶贫+”行动，向困难群众倾斜，向难点问题发力，继续实行“区级领导包村、区直部门包户”包保责任制，调整充实46名驻村“第一书记”，充实6个驻村工作队，行业部门和街道（镇）开展系列“挂、帮、包”结对帮扶，326名帮扶干部、625名帮扶责任人对全区所有贫困户实现包保全覆盖，帮扶精准度和贫困群众满意度不断提高。年内脱贫退出1058户、2019人。截至年底，全区贫困人口基本脱贫，6个省定贫困村全部脱贫出列。

【健全扶贫脱贫工作机制】 严把扶贫对象动态调整、脱贫对象精准退出“两个关口”，健全完善工作机制，做到“扶真贫、真扶贫”。精准拓底。严格建档立卡识别程序，建立贫困人口管理台账，对全区农村人口定期开展清查，摸清有无新增贫困对象，以及目前脱贫人口数量、工作进展情况，先后组织开展了“大排查、大走访”活动、低保核查与扶贫衔接调查活动、脱贫攻坚“回头看”活动，拓清新底子、掌握新动态。精准退出。强化对贫困对象的跟踪了解，对实现稳定脱贫、达到“两不愁（不愁吃、不愁穿）、三保障（子女上学有保障、看病有保障、住房有保障）”的脱贫人口，以“个人认可、群众认可、社会认可”为目标，严格按照程序做好退出工作，同步做好档案资料的归档整理。精准管理。对于已脱贫的贫困人口，“脱贫不脱政策”，继续给予帮扶、跟踪管理；对于因大病大灾等原因造成支出型贫困或者突发型贫困的，及时协调予以帮助；对于收入下降、再次返贫的，及时挂号、重新帮扶，做到信息准确、不错不漏、能进能出。坚持实事求是，以脱贫成效为依据，以脱贫质量为核心，以群众认可为标准，完成8次数据核查清洗，顺利完成2017年度动态调整和信息采集录入工作。截至年底，全国扶贫开发信息系统显示泰山区有贫困人口2990户、5670人，其中包括2015年清退人口886户、1751人；2016年3月精准识别建档立卡贫困户2176户、4163人；死亡和不享受政策共72户、244人。

【扶贫资金保障】 2017年，泰山区争取各级财政专项扶贫资金共计441万元，其中，省级资金121万元，市级资金60万元，区级资金260万元。省级资金121万元，安排100万元的省级旅游扶贫资金专项用于省庄镇大河峪村生态旅游观光项目，省庄镇大河峪村作为全市20个旅游扶贫重点村之一，发展旅游特色产业，带动建档立卡贫困户脱贫；安排21万元，重点用于省庄镇亓家滩村艾条加工项目，发展产业脱贫。市级资金60万元，主要用于省庄镇大河峪村猕猴桃种植项目、省庄镇贝家庄蔬菜种植大棚、邱家店镇宋官村万家乐果蔬采摘项目、邱家店镇东燕庄钢结构厂房项目、邱家店镇西郭庄有机蔬菜种植大棚项目。区级资金260万元，主要用于6个省定贫困村的产业扶贫项目及徐家楼街道大官庄村特色农业种植园项目、上高街道魏家庄村阳光板温室大棚项目、上高街道西张庄村蔬菜大棚项目。各级资金均按省市要求时间拨付到项目实施单位，专款专用，公开、公正、公平的用于泰山区产业扶贫开发项目，确保财政扶贫资金在阳光下运行。争取公益事业扶贫基金560万元，实施敬老院消防改造、为民服务站、残疾人无障碍设施改造等项目。2017年，整合涉农资金642.1万元，投入脱贫攻坚慈善资金106.44万元，募集扶贫基金127.7万元，用于支持扶贫事业发展。

【医疗救助扶贫】 加快因病致贫问题解决。继续实施扶贫开发临时医疗救助“三次报销”制度，对符合条件的209人，发放救助金21万元，贫困群众自负比例仅占9%。发挥商业保险的保障作用，理赔意外健康险65人次，赔付14.9万元，10月底实现续保；争取财政资金66.5万元，为全部贫困人口购买“扶贫特惠保”。

【实施信息化扶贫】 建设健康扶贫管理平台，为贫困群众配备一键呼救设备“关护通”，通过手机APP、云呼叫平台等渠道满足贫困群众一键呼叫、就诊转诊、医患沟通等需求。

【推进“插花型”扶贫】 在3个插花村开展扶贫产业项目试点，把项目收益分配给插花贫困户，取得初步成效。“两节”（春节、老人节）期间，在全区开展“扶贫送温暖”活动，重点关注插花村以及残疾人贫困户、60岁以上老人贫困户等群体，发放慰问品、慰问金折合163万元。

【推进行业社会扶贫】 开展“春风行动”“就业援助月”等专项服务活动7次，帮助363名贫困人员实现转移就业；开展农村青年电商培训、万名妇女技术技能培训、乡村旅游培训，有300余人通过培训实现就业创业。加快基础设施建设，贫困村全部达到“五通十有”（通路、通电、通水、通广播电视、通信息，有旱涝保收田、有致富项目、有办公用房、有卫生室服务、有农村垃圾处理和危房改造、有教育扶贫、有文化活动室、有健身场所、有良好生态环境、有就业保障和社会保障）标准。

【推进扶贫惠民政策落实】 完善最低生活保障制度，提高农村低保标准和贫困对象低保补助水平，新增加农村五保对象护理补贴，发放补贴921.8万元；精准实施危房改造，对特困扶贫对象住房救助实施政策叠加，改造危房1795平方米；强化教育扶贫，共发放各类资助金40余万元，资助300余人；完善健康扶贫，落实“两免两减半”政策，减免医疗费用4.85万元，开展“扶贫走基层”公益活动8次。

（区扶贫办）

中共泰山区纪律检查委员会

·纪律检查·

【概况】 2017年，区纪委机关内设机构9个（办公室、组织部、党风政风监督室、信访室、案件监督管理室、第一纪检监察室、第二纪检监察室、第三纪检监察室、案件审理室），派驻纪工委（监察局）4个，事业单位1个（廉政教育中心），区委巡察机构4个（含3个巡察组）。区委巡察工作领导小组办公室，为区委巡察工作领导小组日常办事机构，列泰山区党委工作部门序列。共有机关干部67人，其中行政编制43人，事业编制17人，工勤编制7人。

【中共泰山区第十三届纪律检查委员会第一次全体会议】 于1月18日召开。新当选的27名区纪委委员出席会议。会议采取无记名投票的方式，选举产生新一届区纪委常委、书记、副书记。李培国当选为中共泰山区第十三届纪律检查委员会书记，曹斌、王绍义当选为副书记。新当选的区委常委、纪委书记李培国在会上讲话。

【中共泰山区第十三届纪律检查委员会第二次全体会议】 于1月19日召开。出席会议的区纪委委员27人，列席87人。区委书记赵斌出席并讲话。区委常委，区人大常委会、区政府、区政协及区人民法院、区人民检察院领导出席会议。区纪律检查委员会常务委员会主持会议。全会传达学习中共泰安市纪委十届八次全体会议精神，总结2016年全区党风廉政建设和反腐败工作，部署2017年任务。审议通过李培国代表区纪委常委会所作的《提高政治站位，忠诚履行职责，推动党风廉政建设和反腐败工作向纵深发展》工作报告。

【中共泰山区第十三届纪律检查委员会第三次全体会议】 于11月7日召开。出席会议的区纪委委员27人，区纪委机关部室、派驻纪工委、区廉政教育中心和区委巡察机构全体人员列席会议。区纪律检查委员会常务委员会主持会议。区纪委常务副书记曹斌传达市委、市纪委和区委相关会议精神，区委常委、纪委书记李培国主持并讲话，就全区纪检监察工作作出部署。

【执纪审查】 畅通协同办案、线索移送、案件通报、涉案款物追缴等反腐败协调机制，严查党员领导干部失职渎职、贪污贿赂、违反中央八项规定精神等案件。配合市委、区委巡察组做好相关问题线索的纪律审查工作。2017年，全区纪检监察机关受理信访举报226件，处置问题线索196件次，查处案件70起，给予党政纪处分77人，其中，严重违纪涉嫌违法移送司法机关处理3人。运用监督执纪"四种形态"处理208人次，其中，第一种形态131人次，占62.98%；第二种形态45人次，占21.63%；第三种形态种形态6人次，占3.13%；第四种形态26人次，占12.5%。

【派驻监督工作】 区纪委派驻纪工委发挥驻的优势、派的权威，强化主体责任的监督检查，推动派驻监督工作深入开展。组织开展廉政谈话、约谈党政主要领导干部72人，谈话函询7人次，了结或澄清问题线索13个。强化中秋、春节等敏感节点的监督检查，察访单位63个。对70个驻在单位开展党风廉政建设综合督查，发现整改问题66项。积极推进廉政教育活动，派驻纪工委书记上清风党课19次，开展部门主要负责人电视访谈活动，17名领导干部走进区电视台接受工作访谈。

【监督和廉政教育】 开展"清风好故事微视频"征集活动，挖掘廉洁勤政、家风家教等方面的先进典型，拍摄微视频7部，并代表市纪委报送省纪委参加"我的家风传承"征集活动。利用新媒体和现代科技传播手段，改版更新区纪委网站，组稿发布信息260余篇。探索"互联网+"宣传模式，开通"泰山纪检监察"微信公众号，及时向党员干部推送党规党纪知识。在《泰安日报》开设"强作风、作表率-泰山区在行动"专栏，刊发21期28个单位的经验做法。在区电视台开设"作风建设在行动"访谈栏目，24个部门单位主要负责人谈认识、讲打算。开展"清风党课"基层巡讲，区纪委常委讲党课、作辅导30余场次。组织集中观看《永不停歇的征程》警示教育专题片，教育引导党员干部明底线、知敬畏、存戒惧，营造了浓厚的舆论氛围。 （吴晓辉）

2017年1月18日，中共泰山区第十三届纪律检查委员会第一次全体会议召开

·巡察工作·

【概况】 2016年12月30日，泰山区成立区委巡察工作领导小组办公室（简称巡察办）和三个巡察组。巡察办为泰山区巡察工作领导小组办事机构，列入泰山区党委工作部门序列，设在泰山区纪委。机构规格为正科级、核定行政编制3名，配备主任1名、副主任1名，内设综合科。主要职责是向巡察工作领导小组汇报工作情况，传达贯彻巡察工作领导小组的决策和部署；统筹、协调、指导巡察组开展工作；承担政策研究、制度建设等工作；对区委以及区委巡察工作

表 3　　2017 年度区纪委重要文件选目

文件编号	文件名称	发文时间(年.月.日)
泰山纪办发〔2017〕1 号	诬告陷害他人行为信访举报预防和查处办法(试行)	2017.1.3
泰山纪办发〔2017〕4 号	泰山区街道镇纪(工)委实施纪检监察信访双向承诺工作办法	2017.2.15
泰山纪办发〔2017〕6 号	关于印发《区纪委对各街道镇和区直各部门开展"两个责任"工作约谈的实施方案》	2017.2.20

领导小组决定的事项进行督办；配合有关部门对巡察工作人员进行培训、考核、监督和管理；办理巡察工作领导小组交办的其他事项。每个巡察组核定行政编制 3 名，配备组长 1 名（正科级领导职务）、副组长 1 名（副科级领导职务），内设综合科。主要职责是对巡察对象执行《中国共产党章程》和其他党内法规，遵守党的纪律，落实党风廉政建设主体责任和监督责任等情况进行监督。

【巡察内容】　对巡察对象执行《中国共产党章程》和其他党内法规，遵守党的纪律，落实全面从严治党主体责任和监督责任等情况进行监督，着力发现党的领导弱化、党的建设缺失、全面从严治党不力，党的观念淡漠、组织涣散、纪律松弛，管党治党宽松软问题。违反政治纪律和政治规矩，存在违背党的路线方针政策的言行，有令不行、有禁不止，阳奉阴违、结党营私、团团伙伙、拉帮结派，以及落实意识形态工作责任制不到位等问题。违反廉洁纪律，以权谋私、贪污贿赂、腐化堕落等问题。违反组织纪律，违规用人、任人唯亲、跑官要官、买官卖官、拉票贿选，以及独断专行、软弱涣散、严重不团结等问题。违反群众纪律、工作纪律、生活纪律，落实中央八项规定精神不力，搞形式主义、官僚主义、享乐主义和奢靡之风等问题。区委及区委巡察工作领导小组要求了解的其他问题。

【工作成果】　巡察工作体制初步完善。区委和区委巡察领导小组通过批准巡察工作方案、听取巡察报告及综合汇报、巡察反馈意见，对重要问题作出指导和批示等方式，加强对巡察工作的组织领导。通过组织外出学习、举办培训班，不断提高巡察队伍业务素质。印发《泰山区巡察工作五年规划实施方案》，规划本届区委任期内巡察全覆盖。建立泰山区巡察工作流程（试行）、多部门协作配合机制、巡察考核办法及责任追究办法等制度，为巡察工作开展提供了操作规范、激励和约束机制。7 月，设立 3 名专职组长，12 名专职巡察人员全部配备到位。同时，建立 13 名正科级领导干部的巡察组长库和 35 名人员的人才库，形成专兼结合的巡察队伍。8 月成立区委巡察办党支部，各巡察组建立党小组，加强了党对巡察工作的领导。巡察工作快速推进。3 月 21 日，率先在全市启动县级巡察，全年共完成四轮对 34 个单位的巡察，共发放民主测评票、调查问卷各 881 份，开展座谈 841 人次，受理信访举报 20 人次，查阅相关资料 3010 余册。向区委提交巡察综合性报告 7 份，分报告 18 份，专项报告 3 份，向被巡察单位政府分管副区长提交廉情专报 2 份，在全市县级巡察中推进速度最快、巡察范围最广、发现问题最多，整体工作走在全市前列。巡察利剑作用有效发挥。全年，共发现一般性问题 857 个，移交问题线索 58 个，向财政、教育、人社等职能部门转交落实中央八项规定精神、财经纪律、人事管理方面存在的共性问题 21 个。立案 5 起，党政纪处分 4 人，诫勉提醒 4 人，批评教育 7 人，谈话提醒 1 人，通报问责 2 人。被巡察单位就加强党的建设、作风纪律、财务制度等方面，建立长效机制 29 个。区财政局针对全区面上存在的财务问题，进一步完善会计电算化、公务卡结算等制度，加大对全区各部门财务运行的监督力度。　　(巡察办)

泰山区人民代表大会常务委员会

【概况】 2017年，泰山区人大常委会先后召开主任会议12次，常委会会议8次（其中区十六届人大常委会举行会议1次、十七届人大常委会举行会议7次），听取审议“一府两院”专项工作报告16项，开展执法检查、视察、调查16次，做出决议、决定15项，提出审议意见6项，任免国家机关工作人员64人次。

【依法决定重大事项】 把握正确政治方向。围绕区委的中心任务确定人大工作方向，在工作中自觉坚持党的领导，凡是开展的重要工作、组织的重要活动、召开的重要会议、作出的重要决定，都事先向区委请示、事后向区委报告，实现党的领导、人民当家做主和依法治国的有机统一。依法决定重大事项。立足区委的工作重心和人民群众的根本利益，对全区重大改革举措、重大民生工程、重大建设项目依法行使重大事项决定权。针对全区解决中小学大班额问题、碧霞湖文化项目、脱贫攻坚工作、棚户区改造等涉及全区的重要工作，区人大常委会就政策支持、土地利用、筹资融资等行使重大事项决定权，并形成相应的决议。项目推进过程中，适时组织代表视察、检查，听取工作汇报，督促政府及相关部门加大工作力度，抓好工作落实，使党委的决策部署转化为人民群众的共同意愿。依法组织人事任免。始终坚持党管干部和人大依法任免相统一的原则，严格按照《中华人民共和国地方各级人民代表大会和地方各级人民政府组织法》有关规定，规范人事任免程序，使党委意图经过人大常委会法定程序变成人民意志。通过颁发任命书、组织宪法宣誓等形式，增强干部的使命感、责任感，增强宪法意识，弘扬宪法精神，自觉做到依法行政、依宪行政。加强干部任期监督。通过视察调研、听取专项报告、开展工作评议等形式，动态掌握干部履行职责情况。换届以来，共任免国家机关工作人员64人次，为经济社会发展提供了坚强的组织保障和干部支撑。

【依法发挥监督职能】 加强对经济工作的监督。把握人大工作与经济工作中心的结合点和切入点，高度关注经济运行质量。认真审议全区上半年国民经济发展计划和财政预算执行情况，审查财政预算执行和其他财政收支情况的审计报告，批准上一年度区级财政决算，根据经济社会发展情况提出稳定经济增长、优化发展环境、加快新旧动能转换、深化财税改革、规范财经秩序和提高财政资金使用效益等审议意见。为加强对区本级部门预算的审查监督，规范部门收支行为，强化预算约束，制定了关于加强区本级部门预算审查监督的若干规定》，不断完善预算审查监督，提高监督实效。加强对民生事业的监督。紧紧抓住全区经济社会发展中的全局性、关键性问题开展监督，坚持人民利益至上，关注社会民生，倾力推动共享发展。对全区学校建设、医疗卫生、环境治理、道路交通等“为民办实事”项目，组织代表委员开展专项视察，根据项目进展提出合理化的意见建议，督促承办单位尽快落实到位。组织开展全区省级食品安全城市创建工作视察调研，食品安全的监管能力和保障能力不断增强。针对当前群众关注的大气污染治理问题，对全区大气污染防治工作专题调研。常委会先后听取审议区政府关于精准脱贫、省级全域旅游示范区争创、平安建设一体化联动作战平台建设、智慧社区建设、农业龙头企业培植等工作报告，组织视察调研、座谈讨论，区政府及其职能部门加大对社会热点问题的解决力度，维护和发展了群众的切身利益，促进了全区民生事业的健康发展。加强对法律实施的监督。对全区贯彻实施《中华人民共和国安全生产法》和《山东省安全生产条例》情况进行了执法检查。听取并审议区人民法院关于执行工作情况的汇报，提出着力提升司法人员的综合素质，努力维护公民、法人和其它组织的合法权利，实现司法公正的意见。研究出台《关于进一步推动区人民法院执行工作的意见》和《关于进一步推动区人民检察院检察建议工作的意见》，对加强区人民法院执行工作和区人民检察院检察建议工作提出明确要求，并给予全力支持。全力推动司法体制改革，依照法定程序对员额法官和员额检察官进行任命和备案。

【推进代表工作】 加强代表履职培训。把增强代表履职意识、提升代表履职能力作为重点，采取多种形式开展代表履职培训。换届后，组织全区200余名代表参加泰山区人大代表履职学习班，邀请省人大常委会的专家进行专题辅导。完善代表联系制度。换届后，完善《关于常委会委员联系代表、代表走访选民的意见》，加强与代表的经常性联系，时刻关心代表生产生活情况，听取代表的意见建议。适时邀请代表参加执法检查、视察调查。建立代表列席常委会会议制度，每次根据议题邀请5名相关的基层代表列席，代表在审议报告中提出许多高质量的意见建议，代表参与常委会活动制度化、常态化。强化代表阵地建设。加强对街道、乡镇人大工作的联系和指导，协调解决工作中遇到的困难和问题。改善街道、乡镇人大的办公条件，全区8个处乡镇均设置工作机构，配齐工作人员，设立人大代表活动室。按“便于组织、有利于活动”的原则，将区人大代表和乡镇人大代表划分为20个代表小组，建立代表活动室，健全完善代表学习培训、视察调研、联系选民、向选民述职等规章制度，普遍建立代表履职档案，代表小组规范化建设迈上新的台阶。抓好代表建议督办工作。区十七届人大一次会议共收到代表议案2件，建议和意见48件。会后，及时召开交办会，注重沟通协调，加强跟踪督查，确保代表议案建议办理取得实效。针对一些涉及全区的重点工作，组织代表开展视察，当面听取代表的意见建议，接受社会监督，全区代表建议办理工作的面复率、解决率、满意率均保持较高水平。

【主动延伸监督工作】 主动参与市区重点工作。把创建文明城市作为头等大事和最大的民生工程来抓。常委会领导成员按照包保分工不等不靠、亲力亲为，全身心靠在街道镇和相关部门，主动地指导各单位提高工作标准，制订工作方案，帮助协调项目资金，努力营造“全民参与、人人有责”的创城氛围，保证了全区创城工作的顺利推进。全区治理违法建设工作开展以来，常委会积极发挥监督职能，对全区治理违法建设情况进行专项视察，提出意见和建议，推动了治理违法建设工作的扎实开展。扎实开展经济建设项目视察评议。落实区委“抓项目就是抓发展”的要求，对全区确定的开工建设、竣工运营、策划招商、股改上市“四个一批”项目实施季度视察评议活动。先后组织各级人大代表100余人次，对全区确定的150余个涉及工业、农业、服务业、城市建设、高科技等项目进行三次视察评议。为达到通过视察评议推进工作的效果，明确视察评议的目的和要求，制定视察评议的工作办法和评分标准。每次视察评议前，对各街道、乡镇、经济开发区、各指挥部提报的项目进行认真梳理，通过查看项目现场、听取工作汇报、查阅相关资料，全面掌握各类项目的质量和推进形象进度，现场给每个项目进行综合评议打分，按得分高低给每个单位排出名次并在全区通报。通过视察评议，将人大的法定监督与支持重点项目建设相结合，有力地推动了“四个一批”重点项目建设的快速推进，使监督推进重点项目建设成为人大工作的常态。2017年，全区在全市招商引资和项目建设现场检查考核中，取得县（市、区）第二名的成绩。新增8家企业在齐鲁股权交易中心挂牌，开创泰山区企业股改上市工作新局面。全面落实“五个一”包保工作制度。“五个一”包保工作制，是区委推进富强和美泰山区建设，加快全区科学发展、稳定发展、安全发展和健康发展的重要举措。常委会以落实“五个一”包保工作责任制为切入点，每位主任认领一个招商引资项目、一个经济建设项目、一个平安建设项目、一个骨干企业、一个村（社区），深入所包单位了解情况，分析问题，靠上予以帮助指导，协调解决实际问题，较好地实现了在参与中支持，在参与中尽责，形成了推动区委重大决策有效落实的强大合力。

【区第十七届人民代表大会第一次会议】 1月21日—24日在泰安城召开。审议通过区人民政府代区长王爱新作的《泰安市泰山区人民政府工作报告》、区人民政府《关于泰安市泰山区2016年国民经济和社会发展计划执行情况与2017年计划草案的报告》、《关于泰安市泰山区2016年预算执行情况和2017年预算草案的报告》，区人大常委会主任李殿勤作的《泰山区人民代表大会常务委员会工作报告》，区人民法院院长刘国锋作的《泰山区人民法院工作报告》，区人民检察院检察长王增爱作的《泰山区人民检察院工作报告》，表决通过各项有关决议。会议批准了泰山区2016年国民经济和社会发展计划执行情况和2017年区级预算。会议选举李殿勤为泰第十七届人大常委会主任，选举王志亮、刘凤、葛安华、史书超、李志科等5人为泰山区人大常委会副主任，选举马琳、王玉贞、王兴涌、王秀昆、任秀林、杨启范、李自昌、李明奇、沈志强、沈坤远、宋衍国、张兴彪、张言亭、张荣田、武传彬、金玉涛、周长斌、赵士梅、赵卫华、赵丽、赵勇、赵焕曦、徐云、曹云庆、曹斌、鹿俊富、裴孝来27人为泰山区人大常委会委员；选举王爱新为泰安市泰山区人民政府区长，选举徐立勇、杨启典、苏春明、黄涛、姚学理5人为泰山区人民政府副区长；选举刘国锋为泰山区人民法院院长；选举王增爱为泰山区人民检察院检察长；选举于永祥等66人为泰山区出席第十七届人民代表大会代表；会议通过了关于设立泰山区人民代表大会专门委员会的决定，通过了泰山区人民代表大会专门委员会组成人员。会后，新选举产生的国家机关工作人员进行了宪法宣誓。

会议共收到代表提出的议案、建议和意见51件。收到代表10人以上联名提出的议案16件，其中，经济建设方面的3件，社会管理方面的2件，城建交运方面的4件，教育科学文化卫生方面的7件。议案内容主要涉及经济发展、企业创新、产业结构调整、环境与资源保护、基础设施建设等经济社会方面的重大问题，以及教育、医疗卫生保健、文化发展、住房交通、青少年保护等事关民生的热点问题。

根据《中华人民共和国地方各级人民代表大会和地方各级人民政府组织法》等相关规定，大会秘书处将收到的16件议案提交议案审查委员会进行了分析研究，认为代表提出的议案中，财源代表团黄永平等10名代表提出的《关于加快实施我区老旧社区和棚户区改造的议案》、岱庙代表团李明奇等10名代表提出的《关于切实解决全区城镇普通中小学大班额问题的议案》符合议案条件，拟作为代表议案处理。对其他14件代表议案，作为建议、批评和意见处理。本次会议共提出代表议案2件，建议和意见49件。

【区十六届人大常委会第三十五次会议】 1月13日召开。会议听取审议了泰山区选举委员会主任李志科关于换届选举工作的报告，区人大常委会人事代表工作室主任王秀昆关于区十七届人大代表资格的审查报告和关于区十七届人大代表情况的报告；听取了区人大常委会办公室副主任赵泽宁关于区人大常委会工作报告起草情况的说明，区人大常委会办公室主任张荣田关于区十七届人大一次会议筹备情况的报告，区人大常委会办公室主任张荣田关于提请区十七届人大一次会议决定设立专门委员会的议案的说明，区人大常委会人事代表工作室主任王秀昆关于泰安市泰山区人民代表大会及其常务委员会宪法宣誓仪式组织实施办法（草案），区人民政府办公室主任李力代表区政府作关于十六届人大五次会议代表建议办理情况的报告，区财政局局长范玉文代区政府作关于2016年区级公共财政预算调整方案（草案）的报告；审议了关于召开区十七届人大一次会议的决定（草案），区十七届人大一次会议建议议程（草案），区十七届人大一次会议主席团、秘书长建议名单（草案），计划预算审查委员会建议名单（草案），议案审查委员会建议名单（草案），关于区十七届人大一次会议列席人员范围（草案），关于提请区十七届人大一次会议决定设立专门委员会的议案（草案）；书面印发区人大常委会工作报告（讨论稿），关于许可泰安市公安局泰山区分局对区第十六届人大代表刘德顺采取强制措施的决定，关于同意有关人员辞去泰山区选举委员会职务的决定。会议通过了泰山区选举委员会关于换届选举工作报告，区人大常委会代表资格审查委员会关于区十七届人大代表资格的审查报告，区人大常委会代表资格审查委员会关于区十七届人大代表情况的报告，关于泰山区人民代表大会及其常务委员会宪法宣誓仪式组织实施办法，关于批准2016年区级公共财政预算调整报告的决议（草案），区政府关于区十六届人大五次会议代表建议办理情况的报告，提交泰山区第十七届人大一次会议的有关材料。

【区十七届人大常委会第一次会议】 2月9日召开。会议听取了区人大常委会办公室主任张荣田关于泰山区人大常委会2017年工作要点（审议稿），泰山区人大常委会副主任李志科关于泰山区人大常委会代表资格审查委员会组成人员名单（草案）和泰山区人大常委会各工作委员会组成人员名单（草案），泰山区人大常委会副主任李志科关于提请任免区人大常委会工作机构工作人员职务的报告，泰山区人民政府副区长苏春明代王爱新区长作关于提请任免区人民政府组成人员职务的报告；会议还听取了区政府组成部门李力、杨卫兵、房宝玉、杨昌菊、徐振峰、张允峰、杨正伟7位拟任职人员的发言。会后，新任命的国家机关工作人员进行了宪法宣誓。

【区十七届人大常委会第二次会议】 2月17日召开。会议听取审议了区教育局局长房宝玉代区政府作关于全区解决大班额问题工作情况的报告，并形成决议；会议听取审议了区文产办主任宋利民代区政府作关于泰山碧霞湖文化项目和岱银地块项目有关情况的报告，并形成决议。

【区十七届人大常委会第三次会议】 4月28日召开。会议听取审议了区人民法院院长刘国锋关于区人民法院执行工作情况的报告，区人大常委会法工委主任赵卫华关于区人民法院执行工作情况的调查报告，区扶贫办主任李汉杰关于全区扶贫脱贫工作情况的报告，区人大农业与农村委员会主任张言亭关于全区扶贫脱贫工作情况的调查报告；会议通过了关于区人民法院执行工作的审议意见和关于全区扶贫脱贫工作情况的审议意见；会议还通过了区人民法院、区人民检察院分别向区人大常委会提请的关于首批员额法官、检察官履行法律程序的备案报告。

【区十七届人大常委会第四次会议】 6月28日召开。会议听取和审议了区财政局局长范玉文代区政府作关于2016年区级财政决算（草案）的报告，区审计局局长翟代伟代区政府作关于2016年区级财政预算执行和其他财政收支情况的审计工作报告，区住建局局长徐振峰代区政府作关于全区棚户区改造工作情况的报告；会议通过了关于批准泰山区2016年区级财政决算的决议，关于批准泰山区2016年区级财政预算执行和其他财政收支情况审计工作报告的决议、关于全区全棚户区改造工作有关问题的决议。

【区十七届人大常委会第五次会议】 8月29日召开。会议听取和审议了区发改局局长王景银代区政府作《关于2017年上半年国民经济和社会发展计划执行情况的报告》，区财政局局长范玉文代区政府作关于《2017年上半年财政预算执行情况的报告》，区人大常委会财经工委主任武传彬《关于全区2017年上半年计划及财政预算执行情况的调查报告》，会议通过了关于2017年上半年计划、预算执行情况的审议意见。会议还听取了区人大常委会副主任李志科关于提请任免区人大常委会工作机构工作人员职务的报告和区人民政府副区长徐立勇代王爱新区长关于提请任免区政府组成人员职务的报告；会议表决通过了人事任免事项。会后，新任命的国家机关工作人员进行了宪法宣誓。

【区十七届人大常委会第六次会议】 10月30日召开。会议首先由区人大常委会副主任王志亮带领与会人员学习了中共十九大精神；会议听取和审议区教育局局长房宝玉代区政府作关于加快解决全区城镇普通中小学大班额问题情况的报告，区人大常委会教科文卫工委金玉涛主任关于加快解决全区城镇普通中小学大班额问题情况的调查报告。会议通过了区人大常委会关于解决大班额问题的审议意见（草案），通过了区政府2017年为民办实事工作情况的视察报告；会议还审议通过了《关于进一步推动区人民检察院检察建议工作的意见》和《关于进一步推动区人民法院执行工作的意见》。

【区十七届人大常委会第七次会议】 12月25日召开。会议听取和审议了区住建局局长徐振峰代区政府作关于全区棚户区改造情况的报告，区人大常委会城建环资委员会主任徐云委员关于全区棚户区改造情况的调查报告，区财政局冯立代区政府作关于2017年区级公共财政预算调整方案（草案）的报告，区政府办公室主任李力代表区政府作关于区十七届人大一次会议代表建议办理情况的报告，区人民检察院检察长王增爱关于提请任免区人民检察院检察人员职务的报告，区政府副区长苏春明代王爱新区长作关于提请任免区政府组成人员职务的报告，区人大常委会副主任李志科关于补选市十七届人大代表的报告，区人大常委会副主任李志科关于区十七届人大代表资格的审查报告，区人大常委会人事代表工作室主任王秀昆关于区十七届人大代表情况的报告，区人大常委会办公室主任张荣田关于区十七届人大二次会议筹备情况的报告，区人大常委会办公室副主任赵泽宁关于区人大常委会工作报告起草情况的报告。会议书面印发了关于召开区十七届人大二次会议的决定（草案）、关于区十七届人大二次会议建议议程（草案）、关于区十七届人大二次会议主席团秘书长建议名单（草案）、关于区十七届人大二次会议计划预算审查委员会建议名单（草案）、关于区十七届人大二次会议议案审查委员会建议名单（草案）、关于区十七届人大二次会议列席人员范围（草案）。会议通过了区人大常委会关于全区棚户区改造情况的审议意见，关于批准2017年区级公共财政预算调整报告的决议，关于区十七届人大二次会议有关材料，以及人事任免事项。

【人事任免】 年内，常委会依法行使人事任免权，任免国家机关工作人员64人次。

2月9日，区十七届人大常委会第一次会议，任命武传彬为区人大常委会财经工委主任、金玉涛为区人大常委会教科文卫工委主任、沈志强为区人大常委会预算工委副主任、张国栋为区人大常委会财源街道人大工作室副主任、丁式强为区人大常委会岱庙街道人大工作室主任、徐瑞平为区人大常委会泰前街道人大工作室主任、李峰为区人大常委会上高街道人大工作室主任、于继锋为区人大常委会徐家楼街道人大工作室主任、李力为区人民政府办公室主任、王景银为区发展和改革局局长、杨昌菊为区经济和信息化局局长、房宝玉为区教育局局长、谭培生为区科学技术局局长、王绍义为区监察局局长、杨卫兵为区民政局局长、王坤华为区司法局局长、范玉文为区财政局局长、邹斌为区人力资源和社会保障局局长、徐振峰为区住房和城乡建设局局长、陈学刚为区交通运输局局长、王淑章为区水务局局长、张允峰为区农业局局长、杨正伟为区商务局局长、展新维为区文化广电新闻出版局局长、赵健为区卫生局局长、霍蕾为区人口和计划生育局局长、翟代伟为区审计局局长、庞英元为区环境保护局局长、朱杰为区统计局局长、耿树勇为区安全生产监督管理局局长、金永明为区食品药品监督管理局局长、赵乐刚为区工商行政管理局局长、孙本荣为区质量技术监督局局长；免去郑志斌区人大常委会财经工委主任职务，裴孝来区人大常委会教科文卫工委主任职务，沈志强区人大常委会法制工委副主任职务，刘广博区人大常委会财源街道人大工作室主任职务，金玉涛区人大常委会财源街道人大工作室副主任职务，黄涛区人大常委会岱庙街道人大工作室主任职务，吴杰区人大常委会泰前街道人大工作室主任职务，李文区人大常委会上高街道人大工作室主任职务，马宪章的区人大常委会上高街道人大工作室副主任职务，玄冬梅区人大常委会徐家楼街道人大工作室主任职务，田芳区人大常委会徐家楼街道人大工作室副主任职务，李光学区人力资源和社会保障局局长职务，邹斌区教育局局长职务，王淑章区安全生产监督管理局局长职务，王玉贞区住房和城乡建设局局长职务，徐云区交通运输局局长职务，鹿俊富区水务局局长职务。

8月29日，区十七届人大常委会第五次会议，任命沈志强为区人大常委会预算工委主任，李晓玲为区人大常委会预算工委副主任，赵玉乾为区人大常委会人事代表工作室副主任，霍蕾为区经济和信息化局局长，赵健为区卫生和计划生育局（区中医药管理局）局长；免去李晓玲区人大常委会财政经济工委副主任职务，杨昌菊区经济和信息化局局长职务。

12月25日，区十七届人大常委会第七次会议，任命赵宁为区人民政府科技副区长、冯立为区财政局局长、赵乐刚为区市场监督管理局局长；免去范玉文区财政局局长职务，王梦霞区人民检察院副检察长、检委会委员、检察员职务，张莹区人民检察院检察员职务，刘义志区人民检察院检察员职务。

(区人大常委会办公室)

泰山区人民政府

【区政府常务会议】 1月3日，召开政府常务会，主要议题：①研究安全生产工作。②讨论《2017年区政府工作报告（讨论稿）》。③讨论《2017年国民经济和社会发展计划执行情况与2017年国民经济和社会发展计划草案（讨论稿）》。④讨论《2017年预算执行情况和2017年财政预算草案（讨论稿）》。⑤研究为民办实事工作。

2月10日，召开政府常务会，主要议题：①讨论《泰山区政府投资项目管理办法（讨论稿）》。②研究解决全区中小学大班额问题。③研究泰山碧霞湖文化项目和岱银地块项目建设问题。④研究泰安农高区农业科技孵化器项目问题。

3月31日，召开政府常务会，主要议题：①研究产业准入负面清单编制问题。②讨论《泰山区创建“全国社区治理和服务创新实验区”实验方案（2015年—2018年）（讨论稿）》。③讨论《泰山区村级集体经济组织产权制度改革实施方案（讨论稿）》。④研究环境保护工作。⑤研究创建省级食品安全城市问题。⑥研究棚户区改造项目采用政府购买服务方式建设问题。⑦研究全区农村改厕问题。⑧研究万官大街中段拆迁征地及建设问题。⑨讨论《关于进一步加强人民调解工作的意见（讨论稿）》。⑩研究给予董刚行政处分问题。

5月17日，召开政府常务会，主要议题：①研究安全生产工作。②研究全区退役士兵安置和权益保障问题。③研究棚户区改造工作。④研究泰安市泰山区东岳财富股权投资基金设立问题。⑤研究给予潘虎、王乃芳、王庆明行政处分问题。

6月21日，召开政府常务会，主要议题：①讨论《泰安市泰山区综合行政执法体制改革方案（讨论稿）》。②讨论《关于大力培植“三强”工业企业的实施意见（讨论稿）》。③讨论《泰山区全面实行河长制工作方案（讨论稿）》。

7月31日，召开政府常务会，主要议题：①讨论《泰山区禁养区内畜禽养殖场（户）关闭搬迁实施方案（讨论稿）》。②研究危化品企业安全转型升级问题。③讨论《泰山区村级集体经济组织产权制度改革有关问题的指导意见（讨论稿）》。④讨论《泰山区农业水价综合改革实施方案（讨论稿）》。

9月28日，召开政府常务会，主要议题：①讨论《泰山区消防队站建设工作实施方案（讨论稿）》。②讨论河长制九项工作制度。③研究“十一”假日旅游工作。④讨论《关于进一步加快科技创新的实施意见（讨论稿）》。⑤研究学校建设工作。⑥研究泰安市泰山区财源投资有限公司转型发展问题。⑦讨论《关于突破园区转型发展实现新旧动能转换的实施意见（讨论稿）》。

12月20日，召开政府常务会，主要议题：①研究省级食品安全城市创建工作。②讨论《关于加快推进全区街道（镇）、社区（村）体育社会组

织建设工作的实施意见（讨论稿）》。③研究扶持“三强”企业发展问题。④研究2017年财政预算调整问题。（韦磊）

【调研工作】 围绕区委、区政府中心工作以及经济发展中的热点难点问题，有针对性地开展综合调研或专题调研，以解决问题、出台政策作为检验调研成果的标准，及时为政府领导科学决策提供可靠翔实的依据。结合进村入户、走访企业深入基层和项目一线，广泛开展各类调研活动，组织开展“三强”企业培植发展、推进新旧动能转换重大工程、经济开发区转型升级、生态文明建设、乡村振兴战略、深化改革创新等调研活动，起草调研报告12篇，上报市政府优秀调研成果评选6篇，《关于探索建立税收社会化征收管理的调查报告》获省政府系统优秀调研成果。起草《泰山区政府投资项目管理办法》《关于落实省市区支持企业上市融资政策的意见》等一批政策性文件，确保调研成果来源于群众，服务于发展。注重把握领导的新思路、新观点，及时跟进领导思考关注的新情况、新问题，精心做好文稿起草工作，努力提高文稿质量。全年共完成《政府工作报告》和全区经济工作会议、区政府全体成员（扩大）会议等重要会议、专业会议、重要公务活动的领导讲话、汇报、署名文章、媒体约稿等各类文字材料160余份，有效文字量100余万字。

【政务信息】 2017年，共编辑上报市级以上政府各类政务信息1300余条，被国务院、省、市综合采用781条，采用量比上年增长27%，90余篇信息被国办专报、省专报、省要情快报等综合采用；共编发《泰山区政务信息》47期，泰山区位列全市2017年度政务信息考核综合排名第二名。完善政务信息组织架构。各街道（镇）、园区及区直各部门分别明确1名分工政务信息领导、1~2名信息员，构建起全区政务信息工作网，印发政务信息采用标准和考核办法，以政府办文件形式每两月通报一次政务信息采用情况，并对政务信息报送情况个别点评。主动报送典型经验类信息。充分发挥政务信息主渠道的作用，主动挖掘泰山区特色典型经验，《泰山区快递业出现的新情况新问题及建议》《泰山区针对残疾人开展精准扶贫的典型做法》《泰山区确保困难群众温暖过冬的主要做法》等被省专报、国办专报采用。深入挖潜调研类信息。针对国办、省政府办、市政府办调研类“约稿”时间紧、要求高的特点，科学安排时间，及时调度督促各单位，按时保质保量的完成上报任务。编写的《泰山区调查反映当前商标注册便利化改革亟需提速增效》《泰山区反映实施新一轮农村电网改造提升工程进展情况、存在的问题及建议》等多篇信息被国办、省政府办综合采用。优化政务信息工作方式。随着省市信息采用侧重面大幅度向重要约稿倾斜，及时调整工作思路、转变工作方式，利用政府办公系统内网以政办函形式第一时间发出约稿通知，提高工作效率。定期印发国办、省办采用的典型范文，供各单位学习参考。及时督促调度信息的上报，确保信息报送及时、内容全面、数据准确、案例清晰。全年报送问题类、调研类、经验类信息占到上报信息的86%以上，采用率达到93%。

【督查工作】 提高定位，精准施策，实现督查运作科学化。泰山区提高督查定位，精准把握问题关键，做到三个“着力”，实现督查工作的科学化运作。①着力做好与工作机制的无缝链接。坚持工作任务的精准分解，严格按照区政府常务会、区长办公会议定的工作重点，编制项目台账，实行项目立项督查。坚持把“项目化、责任化、指标化”管理同督查工作紧密结合起来，拉出项目单子、确定责任主体、明确指标任务，使督查工作跟着项目走，项目在哪里，任务就分解到哪里，督查工作就到落实到哪里。在工作中采取挂号督办、限时办结、对账销号等有效方式，做到一周一汇总、一月一通报，做到无缝隙链接、针对性督办，确保每一项督查任务的高标准完成。②着力做好与督查调研的快速衔接。督查工作中，注重各部门协调，做好快速衔接工作，及时发现工作中存在问题，针对问题开展有效的调查研究，找准解决问题的好思路、好办法、好措施，以督查促工作，解难题，与督查对象共同抓好落实。2017 年，省提出“大学习、大调研、大改进”活动后，泰山区立即开展了“进百企、送服务、促发展”为主题的调研活动，区政府主要领导主动深入企业，督查工作及时跟进，前后共收集主要问题 31 个，全部由区督查部门进行了跟踪问效，起到了良好效果。③着力做好与具体指示的主动对接。对市政府督查室督办件和区政府主要领导的批示件，按照“严格登记、立批立转、按期督办、准时回复”的要求，采用灵活多样的工作方法，主动跟进对接，从转办督办到形成专报，坚持明确专人、限定时限、及时调度、迅速汇报，确保批示件事事有着落、件件有回音。2017 年全年共转交办上级督办件和领导批示件 128 件，形成对上汇报 75 篇，印发督查专报 199 期。多措并举，服务中心，实现督查作用最大化。①围绕中心工作督重点。重点围绕经济工作会议分解任务、区级重点推进项目、全区“亮点示范工程”、集中开工项目、中央环保督查、道路建设等区委、区政府重大决策部署和领导关心关注的重点工作进行定期督查调度。2017 年全年开展专项督查 31 次，确保了全区重点任务的有效落实。②围绕民生实事督热点。对政府承诺的为民办实事、“12345”民生服务热线进行专项督办，确保民生工作的稳步推进。2017 年，全区共承办便民服务工单 7756 件，综合满意率、回复率、办结率分别为 93.81%、98.50%、97.24%。③围绕建议提案督焦点。加强人大代表建议和政协委员提案办理工作，严格实行部门交办、内审把关、回访回复、跟踪督办程序。2017 年，政府系统共承办区“两会”期间人大代表建议 48 件、政协提案 82 件，所有建议提案均在规定期限内全部回复完毕，办复率达到 100%，办结率达 100%，代表、委员满意率为 100%。④围绕决策落实督难点。对于区委、区政府重大决策，明确落实要求，务求使之得到有效解决。2017 年，泰山区对区直部门“亮点创新、比学赶超”推进会、两次全区招商引资和重点项目检查考核会议评议成绩进行汇总打分，并于年底对全区亮点工作和指挥部、街道（镇）、园区项目建设工作进行考核。通过督查考核，加快了全区难点问题的解决，助推了全区重点工作的平稳推进。注重实效，完善制度，实现督查机制长效化。①完善督查台账制度。建立政务督查工作总台账，各责任单位针对所承办督查事项建立承办台账，明确事项内容、办理要求、办结时限、具体标准、最终效果、责任单位、督办主体。对督查事项实行每季度汇总，汇总内容包括每季度督查事项总数量、总体进展情况及每个督查事项进展落实情况，每季度末形成工作通报。同时，坚持督查事项台账动态管理、闭环运行、持续督办，直至工作落实、台账销号。②完善责任落实制度。区政府主要领导、区直部门主要负责人，对决策落实负总责，既带头抓落实，又协调领导班子抓好工作落实。在分解工作责任目标、印发督办任务书时均明确项目第一责任人，并要求承办单位在反馈办理情况时，必须“一把手”签字知情并加盖单位公章。③完善责任考核制度。建立督查工作积分制度，以各街道（镇）、园区、部门全年督查工作情况作为考核依据，对督查落实工作积分靠前的单位以督查专报形式进行通报表扬；对积分后三名的单位及分工负责人、工作人员进行通报批评。对在督查工作落实中发现存在失职渎职、不作为等情形的，移交监察委员会调查追责。

【政府依法行政】 一是提升政府依法行政能力。区委办、政府办联合印发《关于贯彻〈泰安市法治政府建设实施纲要〉的实施意见》，将法治政府建设任务融入政府决策部署中，明确党政主要负责人履行推进法治建设第一责任人职责，进一步落实责任，明确分工。将法治政府建设工作列为科学发展综合考核评价项目。开展重大行政决策合法性审查 40 余项，其中，重大建设项目方面，针对碧霞湖文化项目合同、博阳路征地补偿方案、名嘉项目后续合作、京鲁跨区新旧动能转换项目合作协议等，及时提供可行的法律意见；行政管理重大活动方面，为违法建设拆违行动及强制执行、高新区代管交接部分村、岱银集团搬迁等事宜，提供可遵循的法律依据和预案；在政府投资方面，对《政府投资项目管理办法》《服务业发展引导资金管理办法》进行合法性审查，并进行网上登记备案；在教育方面，为解决中小学大班额问题，参与万官路学校建设项目的决策；在人事方面，为区监察局对事业人员处分提供法律参考意见。开展规范性文件集中清理工作，共计清理16件(政府8件、部门8件)；其中，废止4件（政府3件、部门1件)；继续有效12件（政府5件、部门7件)。2017年区政府续聘法律顾问单位6个、个人13名；健全由高校教授、资深律师等114名专家组成的“泰山区法律专家库”，实现“百名法律专家服务泰山区”。二是加强行政执法监督。把区公安、民政、人社、国土等20个主要行政执法部门列入年度案卷评查范围，共抽查案卷60余份，督促各行政执法部门改进行政执法质量。开展全区1123名行政执法人员专项清理工作，对从事行政执法工作的劳动合同制、劳务派遣、临时借调、工勤编制、退休离职等人员，收回执法证件22个，并在省政府执法证件平台进行注销。组织110名行政执法人员参加持证考试。印发《关于全面推行行政执法公示制度、执法全过程记录制度、重大执法决定法制审核制度实施方案的通知》，实施行政执法公示、执法全过程记录、重大执法决定法制审核制度。行政执法公示专栏市行政执法公示专栏实现同步互联互通。12月29日，区政府法制办公室加挂行政监督局牌子。三是规范行政复议应诉工作。发挥行政机关内部层级监督作用，深化集中行政复议职权工作，坚持“便民、高效”原则，维护群众的切身利益。2017年办理行政复议案件29件，其中，简易程序超前化解处理8件，一般程序处理行政复议案件19件（不予受理12件、补正1件、维持2件、驳回3件、撤回1件)，区政府作为被申请人行政复议案件2件，其中驳回1件，撤销1件。加强行政应诉能力建设，优化应诉办理程序，规范签收、转送、答辩等流程，实现无缝对接。明确原具体行政行为和共同被告的答辩、举证责任。区政府法制办代理政府应诉案件共11件(一审9件、二审2件)，涉及房产、土地、政府信息公开、违法建设等领域。发挥仲裁解决民商纠纷、化解矛盾的独特优势和作用，把仲裁作为政府解决民商案件的重要途径。2017年11月，组建泰山区仲裁发展促进会，增设2个仲裁庭，20多个理事单位、30多个会员单位加入。（张振）

【电子政务】 完成泰山区人民政府网站改版工作。新版网站页面设计整合优化，增加了网站首页的信息量，减少纵深结构层次，实现网站结构扁平化，提高了网站信息的易得性；互动交流便捷高效，完善区长信箱、网上咨询、意见征集等板块；结合新技术的应用和新业务发展模式，拓展网上互动新渠道，达到收集舆情民意、改进工作改善形象的效果。①做好区政府视频会议系统改造工作。按照《泰安市人民政府办公室关于做好视频会议系统改造工作的通知》精神，为解决不能接收网络高清视频信号的问题，投资17.9万元，对视频会议设备进行改造。更换高清会议终端、高清混合矩阵、中央控制器、中控平板控制器、专业调音台、监视器、机柜各一台，其他相关线缆辅材一宗，高清电视两台。②开展政务信息资源目录编制暨政务信息资源普查工作。结果显示，全区政务资源数量为2818，可共享资源数2761，可开放资源数916。③加强计算机和网络维护工作，确保网络和信息安全。在信息化与电子政务建设中更加注重网络安全工作，对内外网的硬件防火墙、网络版杀毒软件、网络架构进行全面升级改造，形成较为完善的网络和信息安全防护体系。发现问题及时处理，保证网络安全、稳定、有序的运行，全年无网络安全事故发生。

【人大代表议案建议办理】 在区十七届人大一次会议上，人大代表共提出议案2件、建议48件，其中，经济建设方面占30%，民生和基础设施建设方面占48%，社会建设方面占22%。区政府按照“分级负责、归口办理”的原则，分别落实到21个部门单位办理，并全部办理完毕。①加强组织领导，明确办理责任。建立由区长负总责，常务副区长统筹协调，分管副区长具体抓的办理工作机制。区政府办公室印发《关于认真做好人大代表议案建议办理工作的通知》，明确任务、责任和办结时限，安排专人具体负责组织协调交办和督办工作。区人大常委会人事代表室和区政府办公室经常与各承办单位联系，协调理顺办理渠道，对重点建议进行督办检查，确保办理工作顺利完成。②注重沟通调研，提高办理质量。一是改变方式，增强透明度。承办单位在办理前、办理中和办理后三个环节上，采取走出去、请进来，主动登门拜访代表等形式，与代表进行面对面征求意见，及时向代表通报办理工作进展情况；通过邀请代表视察、召开座谈会等形式，加强与代表的沟通和联系，广泛听取代表的意见和建议，经过集思广益，共同协商，使建议得到较好落实。二是拓宽思路，提高满意度。各承办单位在办理过程中，创造性地开展工作，并深入现场调查研究，想方设法解决问题，确保办理工作取得实效。三是做好结合，提高办结率。各承办单位接到议案建议后，做到提前安排，统筹考虑，把议案建议办理工作与本单位全年工作计划同安排、同部署，保证办理工作落到实处；对承办过程中遇到的困难和问题，及时向区政府领导汇报，积极与有关部门进行协调解决，以扎扎实实的工作成效提升代表的满意度。③强化协调督办，注重办理实效。区政府办采取电话督办、网上督办、上门督办等方式，对承办单位办理情况进行了督查，及时掌握各承办单位办理工作进展情况，并对工作进度慢的单位进行催办。对议案和部分重点建议办理情况进行现场督查督办，要求承办单位加快工作进度，扎实做好办理工作，督促各承办单位对代表建议办理效果进行“回头看”。

【政协委员提案办理】 区政协十三届一次会议以来，区政府共收到区政协提案 82 件，其中区政协常委会重点督办提案 10 件，全部办理答复，办复率 100%。①加强领导，落实责任。区政府主要领导对所有提案亲自审阅并作出批示，分管副区长专题研究提案办理工作，区政府办公室专门制订工作方案，印发《关于认真做好政协委员提案办理工作的通知》，安排专人具体负责组织协调交办和督办工作，形成了提案办理的责任链条。区政府办公室和区政协提案委经常与各承办单位联系，协调理顺办理渠道，进行督办检查。各承办单位实行“一把手”负总责、分管领导具体抓、有关业务科直接办理的工作机制，使办理工作做到了层层有人抓，确保每件提案办理都有人办、办得好。②严格要求，规范办理。一是及时交办。区政府办公室与区政协提案委认真梳理每件提案，根据部门职责分工，提出具体办理意见，确定36个单位牵头负责落实。二是讲求实效。各牵头单位积极主动，协办单位支持配合，研究制定办理方案，认真提出解决问题的办法，明确时间、任务，责任到人，共同解决提案办理中的难题。三是严格把关。坚持“先办理、后答复”，办理工作有结果后再研究答复意见。对答复文稿实行“三审”制度，由承办单位分管负责人初审、主要负责人审签、区政府办公室审核后，再回复委员，保证办理质量。③创新方式，强化沟通。一是实行见面对话制度。每个承办单位要与政协委员进行见面对话，面对面听取委员意见，掌握委员所提提案的主导思想，共同探讨解决问题的办法和措施，办理过程中及时向委员通报办理工作情况。二是注重解决实际问题。着力从提案个案中研究普遍性、规律性的问题，努力把提案办理与促进工作有机结合起来。对涉及面广、群众反映强烈的重点提案，积极研究落实措施，予以重点解决。三是加大督办力度。根据各部门的具体办理情况，区政府办公室采取电话和书面催查、跟踪督查等方式，有针对性地进行督查，达不到标准要求的退回重新办理，确保提案办理效果。④联系实际，狠抓落实。提案中涉及经济建设类的 22 件，科教文卫类的 26 件，城乡建设类的 24 件，民生类的 10 件。各承办单位认真把握提案办理的主客观条件，因地因时因事制宜，具备条件的立即办，尚不完全具备条件的创造条件办，条件确实不具备的，在做好解释说明工作的基础上，留待以后办。

【加强政务服务平台建设】 2017年，政务服务中心共办理各类审批服务事项26万余件，按时办结率为100%，群众满意率保持在99%以上；受理便民服务单23820件，综合满意率91.76%、回复率98.26%、办结率95.55%。该中心获得山东省青年文明号、省工人先锋号等荣誉称号。①强化政务服务平台建设“精准化”。梳理区级行政许可166项（含子项），调整四级标准31项、三级标准102项、二级标准25项、一级标准8项；梳理44个区直部门（单位）、7个街道（镇）的1246项公共服务事项及其要素，并录入省行政权力事项动态管理系统。②突出审批服务事项流程“简约化”。督促进驻政务服务中心的部门对许可、服务事项进行流程优化、条件简化和时限压缩，对仅需书面审查的，即时办结；一般事项实行“一审一核”；重大事项实行“特事特办”；对涉企审批事项的前置条件和环节进行系统清理，对没有法律法规明确要求的，一律取消；对前置条件可有可无的，一律取消。③开展专项整治活动“标准化”。开展“服务提质”和“为民服务问题专项整治”活动，采取自我剖析、开门纳谏、征求意见等方式，查摆在思想境界、工作作风、素质能力、体制机制等方面存在的问题，建立问题台账，将查摆问题、整改问题贯穿活动整个过程，边查边改、立查立改。④加强民生服务“公开化”。建立联席会议制度，对群众反映的热点、难点问题召开联席会议，认真研究解决。2017年共召开联席会议17次。开办“在线12345”栏目，以电视的手段和视角通过现场采访、跟踪报道市民关注的热点焦点问题，全面展示泰山区“12345”服务热线转办、督办各类问题的工作过程，架起党委政府与普通百姓之间的沟通桥梁。2017年对30个部门为群众解决的热点难点进行了报道。⑤打造新大厅功能“最优化”。按照建设服务型政府的要求，将服务大厅建立成服务窗口、办公室、档案室“三位”一体的“前厅后室”式综合办公模式，设置自助服务区、经济事务服务区、社会事务服务区、建设事务服务区和民生服务区五个功能服务区，实现“一站式”办理、“一条龙”服务的政务服务格局。

（张业坤）

【应急管理】 组织体系不断加强。推进全区应急管理领导机构、指挥机构和办事机构的建立健全，加强领导，规范设置，建立体系。在不断完善区级应急保障体系基础上，全面规范加强各街道（镇）和区直有关单位应急领导机构和办事机构设置；要求各村（居）委、学校和企事业等单位，明确落实具体人员负责应急工作，促进各级应急组织机构的建立健全，构建完善全区“横向到边、纵向到底”的应急管理工作组织网络。预案体系全面完善。按照“分类管理、分级负责、条块结合、属地管理”的原则，建立健全应急处置联动机制，构建高效运转、快速反应、分工明确、各司其职的突发事件处置机制。为切实发挥好各类预案的针对性、实用性和可操作性，应急办定期会同各相关部门深入各个基层单位检查指导，督促各有关单位开展突发事件应急预案演练。吸取泰山区近几年突发事件应对的实践经验，对全区各级各类应急预案进行全面修订和完善，提高了预案的科学性和操作性。编制年度应急演练计划，组织预案演练，2017年先后开展校园防灾减灾疏散、森林防火、消防、安全生产、公共卫生等应急演练53次，增强了群众防灾救灾的能力和意识，检验了应急队伍综合能力，提升了应急队伍综合素质。应急值守有条不紊。严格落实关于应急值守的各项规章制度，定期制作、印发值班安排表，明确值班人员、值班时间，值班室内悬挂应急处理流程图并定期组织值班人员培训，确保每名值班人员熟练掌握突发事件处理流程，遇有情况正确处理，应急事件及时处理。进一步完善信息报送机制，严格执行突发事件信息报送标准，规范报送时间、报送内容和报送对象，杜绝信息迟报、漏报、谎报、瞒报现象。全年上报“3·27”小井保温材料厂火灾、“5·12”外国语幼儿园部分儿童呕吐事件、“5·

24”裕龙家具厂火灾、“6·14”宝盛广场民工板房着火、“8·11”泰山天池酒店疑似食物中毒事件、“8·22”赖扁担重庆小面疑似一氧化碳中毒、“12·2”泰山护理职业学院老校区学生疑似肺结核、“12·15”高新宝服毒致死等信息，均在第一时间按时上报。应急保障措施有力。不断加大财政投入，加快应急队伍和基础项目建设，加强装备与物资的储备和管理，全区应急处置和抢险救援的保障能力大大提高。打牢平安基础，由区平安建设指挥部牵头实施“天网工程”，在城区主要街道、重点部位安装各类监控探头近2万个，区、街道（镇）、社区（村）三级平台实现联网联通，辖区重点路口、治安卡口、城区出入口，人员密集区、商业繁华区、案件高发区实现监控视频“全覆盖”。新安装高清探头4960余个，通过“天网工程”协助破获各类案件280余起，为群众提供服务200余次。

（韦磊）

表4　　区政府重要文件选目

类别	文件名称	文号
泰山政发类	印发泰安市泰山区政府投资项目管理办法的通知	泰山政发〔2017〕5号
	关于印发泰山区落实水污染防治行动计划工作方案的通知	泰山政发〔2017〕6号
	关于加强税收社会化管理工作的意见	泰山政发〔2017〕7号
	关于大力培植“三强”工业企业的实施意见	泰山政发〔2017〕8号
	关于公布全区最低工资标准的通知	泰山政发〔2017〕9号
	关于印发泰山区实施综合行政执法相对集中行政处罚权工作方案的通知	泰山政发〔2017〕11号
	关于落实省市区支持企业上市融资政策的意见	泰山政发〔2017〕12号
泰山政办发类	关于建立完善困难群众基本生活保障工作协调机制的通知	泰山政办发〔2017〕4号
	关于印发泰安市泰山区省级服务业综合改革试点实施方案的通知	泰山政办发〔2017〕6号
	印发泰山区安全生产举报管理办法的通知	泰山政办发〔2017〕7号
	印发创建"国家苗木花卉综合标准化示范区"实施方案的通知	泰山政办发〔2017〕11号
	关于印发<泰安市泰山区人民政府常务会议工作规范>的通知	泰山政办发〔2017〕12号
	关于印发泰安市泰山区地方史志事业发展规划(2016–2020年的通知)	泰山政办发〔2017〕13号
	印发泰山区易肇事肇祸等严重精神障碍患者服务管理办法的通知	泰山政办发〔2017〕15号
	关于成立泰山区综合行政执法体制改革工作领导小组和建立泰山区综合行政执法工作部门联席会议制度的通知	泰山政办发〔2017〕16号
	关于“先照后证”改革后加强事中事后监管的通知	泰山政办发〔2017〕17号
	关于印发泰山区统筹整合使用财政涉农资金支持脱贫攻坚实施方案的通知	泰山政办发〔2017〕18号
	关于印发泰山区农业水价综合改革实施方案的通知	泰山政办发〔2017〕19号
	关于实行重点环保工作专项督导领导包保制度的通知	泰山政办发〔2017〕20号
	印发泰山区苑庄集中式饮用水水源地规范化建设实施方案的通知	泰山政办发〔2017〕21号
	印发泰山区京津冀及周边地区2017年大气污染防治工作方案实施细则的通知	泰山政办发〔2017〕22号
	关于扶持发展新增“四上”企业实施的意见	泰山政办发〔2017〕25号
	关于印发泰山区综合行政执法体制改革实施方案的通知	泰山政办发〔2017〕28号
	关于印发全面推行行政执法公示制度执法全过程记录制度重大执法决定法制审核制度实施方案的通知	泰山政办发〔2017〕29号
	印发泰山区基层卫生计生机构和服务管理卫计资源整合实施方案的通知	泰山政办发〔2017〕32号
泰山政字类	关于公布第七批区级非物质文化遗产代表性项目名录的通知	泰山政字〔2017〕1号
	关于进一步开展排查整治制售"地条钢"和违法违规新增钢铁产能等行为的情况报告	泰山政字〔2017〕3号
	关于补充第七批区级非物质文化遗产代表性项目名录的通知	泰山政字〔2017〕9号
	关于公布2017年第一批调整区级行政权力事项的通知	泰山政字〔2017〕10号
	关于泰山区政府性债务风险应急处置预案的批复	泰山政字〔2017〕11号
	关于发布2017年企业工资指导线的通知	泰山政字〔2017〕13号
	关于2017年第二批调整区级行政权力事项和规范行政审批中介服务收费项目的通知	泰山政字〔2017〕14号
	印发泰山区土壤污染防治工作方案的通知	泰山政字〔2017〕18号

政协泰安市泰山区委员会

【区政协十二届二十四次常委会议】 2017年1月10日，区政协十二届二十四次常委会议召开，主席王成金主持会议。会议内容是：（一）听取区委统战部负责人《关于十三届区政协委员人选安排》的说明；（二）审议关于召开区政协十三届一次会议的有关事项：1. 审议十二届区政协《常委会工作报告》和《提案工作报告》；2. 审议通过十三届区政协界别组成、委员名额及人选建议名单；3. 审议通过区政协十三届一次会议主席团、常务主席候选人建议名单；4. 审议通过区政协十三届一次会议大会秘书长、副秘书长，提案审查委员会组成人员建议名单；5. 审议通过关于召开区政协十三届一次会议的决定；6. 审议通过区政协十三届一次会议建议议程、日程；7. 审议通过区政协十三届一次会议委员讨论分组名单、界别召集人名单、讨论组召集人名单、列席人员范围；8. 审议通过区政协十三届一次会议《常委会工作报告》和《提案工作报告》报告人推定建议名单；（三）审议通过有关人事事项；（四）主席王成金讲话。

【政协第十三届泰安市泰山区委员会第一次会议】 政协第十三届泰安市泰山区委员会第一次会议于2017年1月19日至23日在泰安城召开。会议听取并讨论了区委书记赵斌的讲话；听取并讨论了副主席王德玉代表十二届区政协常委会向大会所作的常委会工作报告；听取并讨论了副主席钱涛代表十二届区政协常委会向大会所做的关于十二届一次会议以来提案工作情况的报告；列席了区十七届人大一次会议，听取并协商讨论了《区政府工作报告》及其他报告；选举了十三届区政协主席、副主席、秘书长、常务委员，陈庆业当选为主席，王德玉、李战德（不驻会）、张玲（女）、甄永莲（女）、孙圆景（女，不驻会）当选为副主席，庄传勇当选为秘书长，选举了王绍义等31名常务委员；审议通过了提案审查委员会关于十三届一次会议提案审查情况的报告；审议通过了区政协十三届一次会议各项决议。

【区政协十三届一次常委会议】 2017年3月23日，区政协十三届一次常委会议召开，主席陈庆业主持会议。会议内容是：（一）审议通过区政协十三届一次常委会议议程；（二）传达学习全国、省、市“两会”精神；（三）审议区政协《2017年工作要点》；（四）审议《十三届区政协各专门委员会组成人员建议名单》；（五）主席陈庆业讲话。

【区政协十三届二次常委会议】 2017年7月19日，区政协十三届二次常委会议召开，主席陈庆业主持会议。会议内容是：（一）审议通过区政协十三届二次常委会议议程；（二）传达中共山东省第十一次党代会精神；（三）听取区政府《关于2017年上半年经济运行和社会发展情况的通报》；（四）审议《关于全区科技创新能力建设情况的调研报告》《关于全区工业企业生产状况的调研报告》、《关于在区政协委员中开展“重效率、勇担当、作表率”主题活动的实施意见》；（五）主席陈庆业讲话。

【区政协十三届三次常委会议】 2017年10月31日，区政协十三届三次常委会议召开，主席陈庆业主持会议。会议内容是：（一）审议通过区政协十三届三次常委会议议程；（二）学习贯彻中共十九大会议精神；（三）听取区政府关于区政协十三届一次会议以来提案办理情况的通报；（四）审议《关于全区基层社区（村）公共体育设施工程实施情况的调研报告》（五）审议通过有关人事事项。

【协商民主】 积极搭建平台，完善机制，构建了专题协商、对口协商、界别协商、提案办理协商和评议协商“五位一体”的协商议政格局。围绕应对老龄化问题、化解中小学大班额开展了专题协商；围绕残疾儿童康复工程开展了对口协商；围绕全区法律服务体系建设、公共图书馆建设开展了界别协商；围绕做大做强旅游产业、加强物业管理开展了提案办理协商；围绕违法建设治理、“四个一批”工程推进开展了评议协商。协商中提出的“建立全域旅游工作推进机构和考核验收机制、大力实施‘旅游+’战略；提高养老机构利用率、加快养老服务项目建设；将残疾儿童康复救助年龄段调整为‘0—11岁’、增加残疾儿童的救助金额；规划先行，分类实施，合理配置教师资源，促进大班额问题尽快解决”等30余条建议，得到区委主要领导的肯定和签批，为全区经济社会发展提供了政协智慧和政协方案。

【调研工作】 围绕全区科技创新能力、工业企业生产和公共体育工程实施情况开展了3次专题调研，提出意见建议20条，为党委政府科学决策、民主决策提供了重要参考。针对“三强”企业培植、“蓝天工程”实施、城乡环境综合治理、天网工程和青年之家阵地建设等开展6次专项视察，提出了许多建设性的意见和建议；组织市区两级委员对泰山区经济社会发展情况进行年终视察，为委员了解区情区况，更好建言献策提供帮助。特别是实行社会事业季评议制度，对全区60多个社会建设类重点项目，进行了4次视察评议，推动了项目建设落实；对违法建设拆除实行月评议制度，组织150余人次进行了5次专项视察评议打分，促进了拆违工作开展。

【提案工作】 2017年，政协委员和政协参加单位，共提出提案103件，经审查，立案82件，确定重点提案10件。其中，经济建设方面22件，民生事业发展方面11件，科教文卫建设方面26件，城市建设方面23件。截至11月底，立案提案全部回复委员，办复率100%，委员对提案办结满意和基本满意率达100%。一是主动作为，提案工作环境有了新优化。提案委充分发挥桥梁和纽带作用，主动加强与区政府办公室及承办单位的联系，形成齐抓共管的工作格局。主动做好委员的各种服务，全区政协委员、各参加单位履职尽责的政治热情和责任感、荣誉感空前高涨，积极参政议政，建言献策。区政协对重点提案实行了领导班子成员牵头督办制度，区委、区政府高度重视提案工作，主要领导对重点提案亲自审阅并作出重要批示。二是夯实基础，提案质量有了新提高。全委会前一个月印发《关于征集区政协第十三届委员会第一次会议提案的通知》，层层举办培训班，组织委员参加有关会议和调研视察活动，严格执行立案标准，规范审查工作程序，全面提高提案质量。广大政协委员撰写出一批情况真实、问题精准、建议可行的精品提案。三是狠抓落实，提案办理有了新成效。通过见面对话、开门办案、带案协商调研、开展提案办理督办月、走访承办单位、办结回访等形式促进办理进度，提高办理实效。年内共带领政协委员、提案人进行了2次面对面协商12次督查调研活动，提合理化建议66条。四是创新机制，提案工作有了新模式。公开征集政协提案线索、公开提案内容，实现了网上提交提案、网上回复、网上办理，网上交流、网上宣传，提案工作程序化、制度化、规范化、信息化。五是广泛宣传，提案社会影响力有了新提升。通过政协网站、报纸、电视、微信等传媒及时宣传提案协商、督办、视察等重大活动，与区有线电视台联合开办了《政协提案成果展播》栏目，评选表彰了15件优秀提案和15个先进提案承办单位。

【平台建设】 按照属地管理、系统对口原则，建立了7个街道（镇）联络组。在泰山经济开发区建立了委员企业家活动小组，在大唐宅配、盛源粉体等企业，建立委员企业家活动联系点，定期开展交流活动；各民主党派的政协委员，建立了大唐民建会员之家、泰山民俗博物馆九三学社社员之家、魏家庄民盟实践基地等。

【委员培训和活动】 举办新一届委员专题学习培训班，邀请省政协研究室和提案委有关专家领导，对全体委员进行了培训辅导；以活动代培训，开展各类视察、调研、协商、评议等活动36次，参与委员500余人次。各联络组结合自身实际，开展“委员集中活动月”活动，组织属地委员，参加视察调研、协商建言、专家讲坛、慈善捐助等系列活动，委员主体作用得到有效发挥。各民主党派的政协委员，依托自有活动基地，开展联谊交流、学习座谈、支教进村、科技文化进社区等丰富多彩的活动，进一步畅通了服务渠道。通过手拉手公益事业发展中心、道宏慈善协会、非公有制经济组织、政协委员医疗服务团等，广泛开展捐资助学、走访慰问、扶危济困、送医进基层等公益活动。组织企业家委员开展“政协委员助力扶贫活动”，帮助理清脱贫思路，对接帮扶项目，为贫困户、困难学生捐助20余万元，彰显了委员履职担当、服务社会的良好精神风貌。工商联界别组织引导委员，针对工业企业创新发展问题开展调查研究，形成了《关于工业企业生产经营现状的调查报告》，为促进工业兴区献计献策。民族宗教界别在清真寺小区设立联系点，在创城治违、救助帮扶、政策宣传、化解矛盾纠纷等方面发挥了积极作用，为促进民族团结、推动社会进步增添合力。共青团界别、教育界别发挥自身优势，依托中小学校，组织委员开展未成年人关爱、优秀书籍进校园、青少年心理辅导等活动，深受广大师生欢迎。

【文史宣传】 2017年，先后在省市政协媒体和融媒泰安、微信群等新媒体推送、发表稿件56篇；为《泰安文史》提供《历经沧桑的古老厅房》等稿件5篇，宣传了泰山区古建筑文化；在省委宣传部、省政协办公厅等五部门联合组织的“全民阅读·委员立行”活动中，泰山区政协荣获优秀组织奖，提升了政协工作的社会影响力。

【参与重点项目建设】 ①市历史文化轴建设工程泰山区指挥部，副主席王德玉任指挥部指挥。工程共征收各类房屋379户，面积10.68万平方米，涉及国有企事业单位山东农业大学、天东宾馆、罗马假日酒店，集体北关社区及个体商户，其中泰山区担负105户（住宅23户，非住宅82户），面积1.1万平方米。2017年泰山区指挥部在2016年拆迁工作的基础上，又签订房屋征收协议8户，征收面积2353.41平方米（其中商业2113.13平方米，住宅240.28平方米），截至12月底还剩余2户。②鲁商国际社区项目建设指挥部。2017年5月成立，副主席王德玉任指挥。项目需腾空土地966.1亩，需拆迁村民住房342户（其中平房院落242户，需拆迁面积8万平方米）。6月1日指挥部开始工作，到7月底，完成220户平房院落丈量，签订协议并交钥匙160户。自8月开始，指挥部工作转入博阳路土地腾空上来，到9月底全面完成博阳路涉及的三个村庄80余户拆迁、174亩土地腾空的任务。到2017年12月底，指挥部完成鲁商项目800余亩土地腾空任务。③科技文化产业园项目部。2017年3成立，副主席王德玉任项目主任。项目涉及宝来利来、海天智能机器人两个项目，总占地260亩（其中宝来利来110亩，海天90亩，其他公建占地60亩），涉及东城、西城、北上高3个村共185户，到12月底，完成户数176户，腾空土地245亩。④博阳路建设指挥部。博阳路拓宽改造是市委、市政府确定的市政基础建设头号工程。涉及泰山区的路段是：北起环山路，南至泰新高速，长约10.45公里，规划道路红线70米至90米。整个路段需拆除各类房屋总户数828户，其中70–90米主路面房屋347户、立交桥及展宽房屋161户、土地及附属物320户，房屋总面积18.9388万平方米；需新征收土地1037亩，其中国有土地158亩，集体土地879亩（含苗木地604亩）。2017年7月，泰山区成立指挥部，区政协党组副书记钱涛任指挥部常务副指挥。通过摸底、宣传、动员、盯靠、拆迁等工作，到12月底，拆迁和苗木清理工作基本完成。

（刘传明　程继金　张树义）

民主党派·群众团体

民主党派

【概况】 年内，区统战部支持各民主党派实施“五化五好”工程，制定《关于实施民主党派工作品牌建设的意见》等系列规章制度，按照组织建设规范化党派形象好、履职尽责常态化作用发挥好、阵地建设特色化成员引导好、班子建设标准化核心示范好、实践活动精准化社会评价好“五化五好”标准，加强各民主党派组织思想建设。组织各民主党派召开组织建设推进会，完善组织建设制度，提高组织建设质量，协助民建支部成员纳新2人，完成民盟泰山区支部换届工作，选举尹晓宇、杨士杰、妙艳艳、赵雷为新一届支部班子成员。年底，对各支部（社）开展班子建设工作民主评议。2017年拨付15万元经费，帮助民建、农工党、民盟支部和九三支社建成活动中心，实现了活动有场所、有标牌、有设施、有制度。各民主党派累计参与“创城”义务劳动260多人次，慰问环卫、执法等一线工作人员200余人次；参与经济社会重大工作政党协商11次，提出意见建议30余条；向区人大、政协提出了提案和议案46件。围绕全区“同心扶贫攻坚行动”，开展精准帮扶活动，支持144名贫困学生完成学业，关注鳏寡孤独老人生活，捐赠款物5万余元。民建支部先后承担了泰安市委会、民建山东省委会两次现场会，并在民建山东省委九届三次常委会议上作大会发言。农工党泰山区支部被农工党山东省委授予“基层组织先进集体”。

2017年年底，泰山区有民主党派成员155人，民主党派基层组织7个，分别是：

中国国民党革命委员会（简称民革）泰山区支部，支部主委张霖，成员22人。中国民主同盟（简称民盟）泰山区支部，支部主委尹晓宇，成员36人。中国民主建国会（简称民建）泰山区支部，支部主委孙超，成员10人。中国民主促进会（简称民进）泰山区支部，支部主委杨淑芳，成员22人。中国农工民主党（简称农工党）泰山区支部，支部主委王继山，成员20人。中国致公党（简称致公党）泰山区支部，支部主委赵卫华，成员23人。九三学社泰山区支社，支社主委李晓，成员22人。

【民革泰山区支部】 2017年，组织党员参加中共十九大理论学习班、社情民意信息培训班和新党员培训。围绕全区医疗、教育、交通等，召开了参政议政专题会议，引导党员积极提交政协提案和撰写社情民意，《关于营运车辆在出厂环节安装环保装置的建议》被民革省委采纳。扎实开展社会服务活动。4月，为泰山学院、泰山职业技术学院开展女生生理保健知识讲座，培训学生1260余名。7月，组织党员参加区统一战线“泰山同心·聚力攻坚”活动，捐款捐物价值5000元。8月，组织党员和爱心人士为邱家店镇贫困学生捐款2000元。

【民盟泰山区支部】 2017年，以思想建设为核心，扎实开展学习教育活动。通过集中学习、分组座谈等形式增强盟员的思想政治觉悟。圆满完成支部换届工作，选举产生了新一届支部领导班子。建成“民盟之家”并投入使用，承接民盟泰安市委2017年参政议政会议。开展“城市垃圾围城及分类问题”调查研究，调研报告经民盟泰安市委提交市政府，为政府决策提供参考。积极参加“统一战线新旧动能转换座谈”等建言献策活动，提交政协提案5篇，2项提案得到重点答复。积极开展服务民生活动。7月，携手爱心企业到省庄镇敬老院开展“关爱孤寡老人，奉献一片爱心”志愿服务活动，送去了海参、茶叶、西洋参等名贵滋补品。积极参与创城活动，组织盟员30余人次参加社区义务劳动，捐款2500元。

【民建泰山区支部】 2017年，积极创建“五型”基层民建组织。组织会员认真学习中共十九大精神。9月，举办了“7·26”讲话专题学习，11月，邀请中共十九大代表米培莲做专题辅导报告。按照党派建设“五化五好”要求，探索建立《星级积分奖励制度》。4月，投资近6万元建成会员活动中心，市政协副主席、主委张庆明，市委统战部副部长薛其福和区委常委、统战部部长王冠祥为会员活动中心揭牌。民建省委副主委于永晖、王建森等领导先后到会员活动中心进行考察，对泰山区支部的工作给予了充分肯定。先后为全市民建支部建设、民建新会员培训和全区民主党派阵地建设等现场会提供了现场。在市区两会上共提交提案10件，其中1件被列为重点提案，提交社情民意信息4件。积极打造“民建律师大讲堂”品牌，开展法律进学校、进社区、进企业活动，开展讲座10余次，捐赠“民建法律书屋”1处，价值5万余元。开展贫困家庭走访活动，送去大米、面粉、食用油等生活必需品。

【民进泰山区支部】 2017年，强化思想建设，推进组织建设，凝聚共识。年初制订月活动计划，坚持每月召开一次支委会，组织会员认真学习中共十九大会议精神和习近平重要讲话精神，提高会员的理论素养和政治水平，提交提案、议案6件。开展服务企业、服务民生活动。组织会员参观区国土资源局“科学发展，国土先行”创建，提高会员干事创业的思想境界。邀请民进企业家联合会会员为支部会员企业发展把脉。春节前，组织会员到省庄镇养老院为老人们捐赠围巾等。3月，到华新社区开展爱心义诊活动，为社区居民提供化验、B超、血压测量等服务。

【农工党泰山区支部】 2017年，把加强支部自身建设放在首位，认真组织学习中共十八大、十九大和习近平总书记系列重要讲话精神，努力提高党员的政治素质和思想水平。8月，组织召开农工泰山区支部组织建设推进会，建立农工泰山区支部微信群，为支部成员加强思想、工作和信息交流提供方便。积极开展服务民生活动，组织党员参加“泰安市统一战线助力创建全国文明城市”活动，多次到乐园小区开展志愿者活动，为环卫工人捐资，开展视察区治理违建情况。

【致公党泰山区支部】 2017年，组织党员认真学习中共十九大会议精神和习近平重要讲话精神，支部党员的宗旨观念进一步增强。认真履行民主监督、参政议政职责，完成《关于加强智慧社区工作》和《关于加大法院信息化建设水平》课题调研，为人大、政协提出2项建议4件提案，上报社情民意报告6篇，履行特约人员职责，参加活动11次。开展服务经济、服务社会活动。帮助区委统战部引进2个服务业项目，实现投资3000万元。关心支部党员企业发展，帮助凡舍客栈争取省旅发委扶持资金4.8万元。引导党员积极参加文明城市创建活动，参加义务劳动30余人次，捐款5000元。开展爱心服务、关爱老年人健康活动，多次为社区老人提供健康保健项目。11月，开展爱心助学活动，为邱家店镇王林坡小学捐赠书包、书籍、益智玩具、体育活动用品等。

【九三学社泰山区支社】 2017年，坚持把思想建设作为工作的总抓手，不断提高全体社员的政治把握能力。组织社员开展了重温徂徕山战役红色记忆坚定理想信念教育活动。建成“九三社员之家”活动中心，积极开展各项活动。将各项制度和工作职责汇编成册，发放到社员手中。利用微信、专题会等方式，及时向社员传达中共十九大精神以及九三学社各级会议精神。围绕全区中心工作开展建言献策，成立参政议政专委会。建立考核责任制，紧紧围绕社会热点、难点问题开展建言献策活动。开展服务民生活动，组织全体社员助力全国文明城市创建，为社区捐款，帮助社区加强建设。邀请市中心医院专家到社区举办“九九”老人节中老年常见疾病健康知识讲座。开展向环卫工人献爱心、送温暖活动，为他们送去“泰山石敢当”挂历。 (吴开峰　冯钦峰)

群众团体

·泰山区总工会·

【概况】 泰山区总工会辖财源、岱庙、泰前、上高、徐家楼街道，省庄、邱家店镇、泰山经济开发区、农高区9个乡镇级总工会，区直43个工会(委)；区总工会机关内设办公室、综合部。直属泰山区职工活动中心、泰山区职工帮扶中心2个二级事业单位。定行政编6人，事业编11人，实有在编工作人员13人。

【基层工会组织】 2017年年底，全区共有基层工会组织652家，涵盖法人单位2614个，会员8.3万余人。专兼职工会干部1562人。年内，部署开展“百日集中建会”活动和“农民工集中建会”行动。建立泰安省级农高区总工会1家，新落地企业蓝海大酒店等相继建立工会会。全年新建工会52家，发展会员6417人。在抓工会组建的同时提出“抓建会、重管理，在建会中求发展，在发展中促建会”的工作方针，指导基层建立完善各项规章制度，要求规范新建工会组织，街道镇（园区)、社区(村)、企业工会逐步迈上规范化轨道，工会组织的凝聚力明显增强。

【职工之家建设】 开展争创模范职工之家、争做职工贴心“娘家人”活动，不断深化“职工之家”建设。开展了“基层工会建设深化年”活动，加强基层工会特别是企业工会规范化建设。使工会职工之家建设有章可循、有据可依，便于操作。年内，评选表彰20个模范职工之家、20名优秀工会工作者。启程车轮制造有限公司获省模范职工之家、2家企业工会获市级模范职工之家，2人被评为市级优秀工会干部。《山东工人报》等新闻媒体多次对泰山区的工会规范化建设做法作深度采访。

【劳动竞赛，技术比武】 实施经济技术创新工程和开展职工优秀技术创新成果评选活动，召开职工技术创新现场推进会，培育重点示范企业8家。建立完善劳模培养对象储备制度，推荐评选表彰1名富民兴鲁劳动奖章、1家省级“工人先锋号”、7名“振兴泰安劳动奖章”、评选出泰山区第七届劳动模范20名。联合区委组织部、区人社局等部门举办近50个工种3000余人参加的全区职工职业技能大赛；与卫生、教育等行业联合开展7批次的行业职业技能竞赛。开展“查身边隐患、保职工安全、促企业发展”活动。全区职工提合理化建议万余条，完成小发明、小革新2000项。组织“名师带高徒”“班组结对共建”、选拨“泰山工匠”等活动。新命名区级劳模创新工作室6个，开展劳动竞赛的企业达到280余家，参赛职工5万多人。

【文体活动】 以“创建学习型组织，争做知识型职工”活动为载体，加强职工书屋建设，成立工会志愿者服务队、志愿者交通服务岗、泰山区劳动模范服务队，组织开展各类志愿服务活动12次。在泰山电视台“泰山工会”专栏，对先模人物、最美一线职工和泰山工匠进行重点宣传。推进企业文化职工文化建设，培养6家典型单位。与卫生局联合举办卫生技能竞赛和健骨操大赛。

【企业职工权益维护】 推行工资集体协商工作，保障职工权益。制定印发《关于深化劳动关系和谐企业创建工作的意见》《关于开展工资集体协商要约行动的通知》等文件，87%以上的企业健全完善职代会和厂务公开等民主管理制度；89%以上的建会企业在平等协商的基础上签订集体合同、工资协议及女职工特殊权益保护专项集体协议。尊重职工讲民主，助力企业求发展，紧紧围绕“维护职工权益、促进企业发展”这一主题，抓住“职工民主权利、企业社会责任”这条主线，在全社会营造浓厚的企业民主、职工民主氛围。全国、全省厂务公开民主管理检查组多次到泰山区调研先进做法。厚丰汽车散热器、启程车轮有限公司分别被泰安市总工会命名为“推行协商民主、强化社会责任”示范单位和先进单位。

【帮扶救助】 扎实开展“四季品牌”品牌慰问救助、送岗位活动。“冬送温暖”活动，救助困难职工235人、困难企业3家，发放救助资金42.8万元；“春送岗位”活动，在“工会就业援助月”中70余个用工单位参与招聘，共提供1000多个工作岗位，参与招聘的人员达到0.75万人，达成意向性用工协议960余份。夏“送清凉”活动，慰问了环卫、创城岗位的一线职工、农民工，送去绿豆、凉茶、毛巾等防暑降温慰问物资，价值7.8万元。“金秋助学”活动，共救助困难职工子女入学10名，发放救助金3万元。实施“女职工心灵关爱工程”，做好“缘结泰山”单身职工联谊活动，36个企事业单位建立心灵关爱室、42个建立妈咪小屋。

（区总工会）

·共青团泰山区委员会·

【概况】 2017年，共青团泰山区委员会内设机构2个（办公室和经济统战部）。全区共有共青团组织418个，共青团员2834名。年内，共青团泰山区委员会被中国少年儿童发展服务中心表彰为第十三届“科学实验嘉年华”优秀组织单位，被省国土资源厅授予“第六届地科杯珍惜资源爱我国土征文优秀组织奖”等荣誉称号。

【共青团泰山区第十八次代表大会召开】 8月8日—9日，共青团泰安市泰山区第十八次代表大会在区委礼堂召开。出席团代会的正式代表150名，其中，女代表85人，占代表总数的57%；少数民族5名，占代表总数的3%；党员代表72名，占总数的48%；具有大专以上学历的代表139名，占总数的92.7%；具有高中、中专以上文化程度的代表11名，占总数的7.3%；代表平均年龄27岁。大会选举产生共青团泰安市泰山区第十八届委员会委员21名，候补委员9名，通过了《关于共青团泰山区第十七届委员会工作报告的决议》，选举出出席共青团泰安市第十五次代表大会的代表25名。

【志愿服务】 年内，推动志愿服务专业化。7月18日，举行“青春在基层闪光”大学生暑期社会实践活动启动仪式，成立山东农业大学大学生志愿者泰山区工作站和泰山大学生志愿服务联盟，发挥高校大学生知识、视野、实干等方面优势，组织开展系列青年志愿服务活动。打造志愿服务品牌化。着眼于基层群众需求，坚持“培育特色、塑造精品”的理念，践行志愿服务精神，建设过硬志愿者队伍，精心打造志愿服务品牌和亮点，重点培育了“四点半课堂”“小手拉大手——扇动精彩”助力创城及“快乐同行，励志远足”“青春泰山书友会”等特色志愿服务，在全社会形成较强示范性、导向性和影响力。力促志愿服务常态化。依托岱庙街道花园社区、丽景社区，上高街道双龙社区、魏家庄村，徐家楼街道新峪社区等5家青年志愿服务站，围绕志愿服务新特点、新要求，拓展延伸服务内容，开展主题实践活动，全年开展“学雷锋在行动”“青春遇见创城”等志愿服务560次，服务2800余人。

【服务社会】 以关注农村留守儿童心理健康、解决农村留守儿童情感缺失问题为发力点，组织志愿者开展亲情陪伴、心理疏导服务、学业辅导、城乡少年手拉手、“心愿直通车”等志愿服务活动。11月11日，联合区教育局，组织70余名少年儿童精心开展“牵手关爱·感受城市”主题实践活动，青年志愿者带领少年儿童游览岱庙博物馆，观看了世界非物质文化遗产泰山皮影，帮助贫困孩子拥有更加阳光心态，快乐健康成长。开展“金晖助老”——青春扶贫志愿者行动，按照“结对+接力”的项目实施模式，组织开展以“拉一次家常、整理一次家务、清理一次个人卫生、维修一次家电、送一件过冬用品”为主要内容的“五个一”助老志愿服务。3月6日，团区委在上高街道岔河社区举行“金晖助老”——青春扶贫志愿者行动启动仪式。组织青年企业家、驻地团代表和其他团属资源，开展圆梦助学、温暖一座城等活动，为30余名留守儿童兑现微心愿，为2名学生申请2017希望工程圆梦行动大型公益助学活动助学金，全年发放助学金和物资折合10余万元。

【服务青年创业就业】 为帮助青年降低创业成本，缓解创业资金瓶颈问题。深化与农行、农商行等金融机构合作力度，为泰安市众望教育咨询有限公司等6家企业申请鲁青基准贷514万元，创业贴息9.69万元。致力于服务青年企业家创新创业。围绕青年企业家的个人成长、企业发展和价值体现，引领青年企业家学习贯彻党和政府的重大决策部署，增强参与扶贫攻坚、投身爱心公益的社会责任感，先后举办融合之旅、青年企业家论坛等特色活动，打造资源共享、抱团发展、助推成长、服务社会的青年企业家交流发展平台。实施农村电商青年培训项目，将电子商务与精准扶贫深度融合，培养打造高素质青年电商创业人才队伍。2017年10月31日，团区委在小津口会议室举办第一期农村青年电商培训班，邀请影响力创投平台讲师对农村青年进行电商培训，全年培训400余人。

【组织队伍建设】 一是采取线上线下相结合方式，开展富有青年特色、形式多样的学习教育活动，先后举办“不忘初心跟党走”网络主题团日、十九大专题培训班等学习活动36次。二是坚持党建带团建，以街道镇青工委建设为抓手，抢抓村“两委”换届机遇，团区委联合区委组织部印发《关于在全区村和城市社区“两委”换届选举工作中加强基层团组织建设的通知》，号召团组织严格按照换届标准程序认真推荐“两委”班子人选，鼓励优秀青年团员参加“两委”班子选举。“两委”班子换届后，全区共有75名村社区团组织书记进入“两委”班子。三是坚持从严发展和管理团员，抓好团员发展业务培训，严格按照有关规定和程序，从源头上确保发展团员质量。下半年新发展团员1285名。2月23日，在省庄一中举办泰山区2016-2017学年团员发展专题培训。四是加快智慧团建系统建设。建立一天一通报、一周一调度工作机制，加快建设智慧团建系统。全区共有团组织418个（其中团委30个、团工委5个、团总支9个、团支部374个）全面准确录入了有关信息，录入率100%。 （王震）

·妇　联·

【概况】 区妇联核定内设机构2个（办公室、综合科），综合科加挂泰山区妇女儿童工作委员会牌子。行政编制4人，机关工勤编制1人，实有5人。2017年，区妇联被泰安市委、市政府表彰为泰安市妇女儿童工作先进集体，被泰安市文明委评为市级文明单位。

【维护妇女儿童合法权益】 发挥区妇联省级“12338”热线和基层维权站作用，做好来信来访工作。接听热线26件，接待来访15件，化解矛盾纠纷25件。3月6日，在上高街道双龙社区启动齐鲁巾帼维权志愿者“进家庭、进社区、到身边”百场巡讲活动。邀请法律巾帼志愿者为社区妇女讲解“婚姻家庭纠纷及妇女权益保护”。6月22日，巾帼维权志愿者“进家庭、进社区、到身边”百场巡讲活动走进财源街道更新社区，为社区的妇女讲解心理方面的有关知识。为解决日趋增长的婚姻、家庭矛盾，更好地维护平等、和睦、文明的婚姻家庭关系，提高全民道德情操和法治观念，区妇联与司法局联合成立泰山区婚姻家庭调解委员会。

【爱心献“春蕾”活动】 开展暖冬公益活动，山东省艺术培训行业协会为邱家店镇50

名贫困儿童送去价值1.9万元的暖冬“大礼包”，其中“春雷”女童25名。

【巾帼建功活动】 加强技能培训，提升自我发展能力。一方面，针对贫困及下岗失业妇女的现实需求，坚持实际实用实效的原则，开展种植养殖、乡村旅游、家政服务、手工编织、农村电商等适合妇女特点的培训项目，增强妇女脱贫致富本领和自我发展能力。另一方面，提高贫困妇女参训比例，对贫困妇女实施精准化培训，根据贫困妇女建档立卡基本情况进行有针对性的培训，培训下岗及失业贫困妇女8000余名。搭建服务平台，帮助妇女找准脱贫致富路子。一是继续开展巾帼创业“村村通工程”暨女性安康“千百万工程”项目，截至年底，有10多名妇女当上保险服务专员。年底联合区人寿保险公司免费为100名贫困妇女办理女性安康险。二是依托泰山区巾帼创业基地泰山大姐家政服务职业培训学校，免费培训有意向的贫困妇女成为专业育婴师、养老护理员、家政服务员、保健按摩师、催乳师、月嫂等，全年有140名下岗失业妇女接受培训，走上家政服务岗位。三是挖掘特色种植旅游项目，引导妇女发展农家特色种植体验项目。上高街道魏家庄上高人家创业示范园，内设采摘园、花卉奇石园、土地认领园，餐饮、农家乐等特色项目。园内设有创业宣传室、创业诊断室、创业实训室等，为创业者提供政策扶持、项目论证、创业培训、创业实训等“一站式”服务，定期举办创业沙龙，实现村内剩余妇女劳动力部分在企业就业，部分从事配套服务业，部分自主创业的良性循环。四是不断加大妇女小额担保贷款政策落实力度，年底，为36名妇女发放担保贷款金额360万元。借力“春风行动”，巧搭妇女就业桥梁。为做好城镇失业妇女、进城务工妇女有序流动和转移就业工作，与区人力资源和社会保障局联合开展“春风行动”招聘会，为进城务工女农民、城市下岗女工、失地妇女提供就业服务。“春风行动”期间，共举办6场女性专场招聘会，免费发放宣传资料4688份；为1390名求职妇女提供就业指导和职业素质测评；组织50家招聘单位进场，累计提供岗位89个，介绍211名女性就业。按照企业要求，对868名妇女进行相关的职业技能培训。深化巾帼建功竞赛活动。一是6月9日组织街道（镇）妇联主席、区直机关党委妇委会主任共计30余人到部分优秀女企业家创办的企业观摩学习。二是加强对各级“巾帼文明岗”和“巾帼科技示范基地”的检查指导和规范管理。从5月始，对全区各级“巾帼文明岗”“巾帼科技示范基地”进行实地走访、检查，对查出问题和考核标准有差距的“巾帼文明岗”和“巾帼科技示范基地”提出整改意见，督促其限期整改，对创建活动成效好的给予肯定与表扬。通过检查，摸清全区“巾帼文明岗”及“巾帼科技示范基地”的底数，进一步推进“巾帼建功行动”深入开展。

【家庭文明建设】 为深入贯彻习近平总书记关于“注重家庭、注重家教、注重家风”的重要指示，区妇联于年初出台《泰山区关于指导推进家庭教育的五年（2016—2020年）规划》。5月25日，泰安市妇联暨泰山区妇联在花园社区“社区家长学校”联合开展“家庭教育进社区”活动启动仪式。继续开展寻找“最美家庭”活动，动员广大群众积极参与，挖掘、宣传群众身边的“最美家庭”及感人故事，传递正能量。全年有342户家庭参加寻找活动，表彰区级“最美家庭”42户。6个家庭荣获泰安市“最美家庭”荣誉称号，3个家庭被评为泰安市“最美家庭”。财源街道贾凤美家庭、财源街道张青家庭获山东省“最美家庭”荣誉称号。

【妇女儿童救助】 发挥妇联公益平台作用，动员社会力量捐助资金，年初对全区40名贫困母亲进行救助，发放救助资金2万元。“3·8”期间，市妇联、周菊家政服务培训学校在上高街道岔河村委为100名贫困母亲每人发放一床棉被；上高街道办事处妇联特邀请岱岳区妇幼保健院保健部庞小娟主任到上高街道进行“健康伴您行知识讲座”；省庄镇妇联免费为1500名妇女进行健康查体。重阳节期间区妇联联合周菊家政服务培训学校在岱庙街道五马社区为老人们送去100床棉被。为落实深化医药卫生体制改革重点工作任务，提高农村妇女宫颈癌、乳腺癌（以下简称“两癌”）早诊早治率，降低死亡率，逐步形成维护妇女健康的长效机制，区卫计委、财政局、妇联继续实施农村妇女“两癌”免费检查，组织4240名妇女在街道（镇）卫生院进行“两癌”筛查。

【妇女宣传教育工作】 3月8日，区妇联在区委礼堂召开庆祝“3·8”妇女节107周年暨表彰大会，区委、区政府联合表彰了妇女儿童工作先进单位和个人。区妇联表彰了“3·8”红旗集体、“3·8”红旗手、巾帼文明岗、巾帼建功标兵、维护妇女权益先进集体、先进个人等系列优秀妇女典型。会上，区委书记赵斌做讲话，区妇联主要负责人在会上向全区妇女发出倡议。区妇联在区广播电视台展播全区各行各业的优秀妇女代表事迹，激励妇女学先进，比先进。积极向市妇联推荐第二届泰安市“十大女杰”和“十大女企业家”，岱庙街道花园社区书记刘欣被评选为“泰安市十大女杰”，张海燕、周菊、法文静被评选为第二届“泰安十大女杰”提名奖。张海燕被评为第二届“泰安十大女企业家”，焦向红被评选为第二届“泰安十大女企业家”提名奖。10月30日，区妇联组织街道（镇）妇联主席、村（社区）妇联主席、区直各党委妇委会主任共计200余人参加在泉盛大酒店举办的基层妇女干部暨新农村新生活骨干培训班。10月31日，妇联邀请中共十九大代表、省庄镇东孙村党支部书记米培莲，围绕中共十九大有关情况在泉盛大酒店为全区基层妇联干部作专题辅导报告。街道（镇）妇联主席、村（社区）妇联主席、区直各党委妇委会主任、区妇联全体在职人员共计200余人参加报告会。

【妇联改革】 根据省委办公厅印发的《山东省群团改革方案》及《山东省妇联改革实施方案》的要求，出台《泰山区妇联改革实施方案》。按照省、市妇联的要求，开展村（社区）妇代会改建妇联工作，成立领导小组，及时跟踪指导街道。2017年3月，全区187个村（社区）全部改建完毕，配备兼职副主席187人、执委1386人。

【妇联特色工作】 高标准完成全区提报的亮点工作，加强妇女阵地建设，推动“妇女儿童家园”增点扩面、规范管理，提升服务水平和质量。2017年在岱庙街道金星社区和岱庙街道灌庄社区高标准建设完成第七批省级妇女儿童家园。强化妇女之家、妇女儿童家园服务功能，围绕妇女群众需求有针对性地设计特色服务项目，开展特色妇女之家（妇女儿童家园）创建活动，形成“一家一特色、一家一品牌”，使妇女之家成为基层民主协商、公共服务、社会治理的重要平台。

【儿童少年工作】 “6·1”儿童节期间，联合区教育局在全区范围内组织开展“泰山好家长”“泰山好儿童”评选活动，经过各级层层评选，评选出“泰山好家长”28名、“泰山好儿童”28名。财源街道妇联向街道内的特困家庭儿童、单亲家庭儿童送去学习用品。中南集团向泰前街道王家庄小学赠送1500多册图书。

（宁文婷）

·工商联·

【泰山区工商业联合会（总商会）第九次会员代表大会】 泰山区工商业联合会（总商会）第九次会员代表大会于2017年1月20日在泰山文化大厦召开。市工商联党组成员、副主席亓金海，区委副书记毕华年，区委常委、组织部部长、统战部部长王冠祥，区政府党组成员苏春明，区政协副主席、工商联主席张玲，市工商联副主席亓金海、泰安华伟集团董事长王传武，区总工会党组书记、主席周长斌，区委统战部常务副部长白拥军出席会议。应邀参加会议的还有区纪委、区委组织部、团区委、区妇联的负责人，各街道（镇）、泰山工业园区的分工领导和商会秘书长。以及每个街道（镇）及区直企业各10名会员代表，共计120余人参加会议。

会上，区委副书记毕华年

代表区委作讲话，市工商联副主席亓金海作讲话，区委常委、组织部部长、统战部部长王冠祥作讲话。会议听取主席张玲做的工作报告，选举产生了第九届工商业联合会执委会委员主席、副主席、秘书长、常委。张玲当选为工商联主席，裴卫国、周传峰、刘建国、张克玉、张慧、郭刚当选为工商联为副主席。选举产生了泰山区总商会会长、副会长，张玲当选为会长，王传武、曲惠菊、刘建国、宋西哲、张贤涛、张国震、周传峰、赵焕臣、曹洪涛、裴卫国当选为副会长。

【理想信念教育实践活动】 组织执常委参加市工商联学习贯彻中共十九大精神培训班、全市工商联系统执常委培训班，收听收看全国年青一代民营企业家理想信念报告会等，共培训人员120多人次；组织部分非公经济人士参加全区贯彻落实中共十九大精神暨推进新旧动能转换座谈会、全区统一战线大讲堂等活动；组织企业家参加“听党话、跟党走、接好班、创好业”征文活动，有8名年轻企业家提交了征文；指导岱银集团等2家企业参加省工商联“实力百强、创新百家、公益百星”三项评选活动。通过开展扎实有效的系列教育实践活动，进一步树立了泰山区广大非公有制经济人士“矢志不渝听党话、毫不动摇跟党走”的坚定信念。

【开展“百企帮百村”扶贫行动】 引导民营企业通过项目扶贫、就业扶贫、公益扶贫等方式，投身于扶贫攻坚行动。初步统计，全区工商联系统参与帮扶企业18家、商会5家，投入资金94.8万元；共帮扶省级贫困村8个，受帮扶贫困人数达415人。其中岱银集团、鲁普耐特公司、家电商会、九州商会等为贫困村、贫困户捐赠钱物折合30多万元。全区非公有制经济人士积极承担社会责任，踊跃参与“同心工程”、光彩事业和社会公益活动，共建立个人冠名基金21个（数额175万元）、企业冠名基金16个（数额3475万元），共捐款155万元。6月，省人大常委会委员、省工商联巡视员刘冠凤，省工商联原副主席赵延彤先后到泰山区调研民营企业精准扶贫工作，给予高度评价。鲁普耐特集团有限公司被评为2017年全市精准扶贫工作先进集体，区工商联被区委、区政府表彰为扶贫开发工作先进单位。

【搭建平台，服务非公企业】 搭建招商引资平台。召开了全区商协会会长座谈会，邀请驻泰安异地商协会会长参与泰山区招商引资和项目建设，为泰山区发展建言献策。区政府区长王爱新参加会议并讲话，并为14位商会会长颁发区政府招商顾问聘书。先后邀请江苏商会、义乌山东商会等十多个商会和企业到泰山区考察投资，达成多个合作意向。引导会员企业“走出去”，参与“一带一路”建设，岱银集团投资建设的岱银纺织马来西亚公司总生产规模达到50万纱锭，年销售收入达到4亿美元，成为马来西亚最大的纺纱工厂。开展交流联络活动。先后组织商会和企业参加浙江商会联谊会、第三届军民融合发展高技术装备成果展览会、第一届泰安市企业家大讲堂、第四届“泰山论道”新外贸峰会等各类交流活动12次，参与企业60多家。协助泰安大地强夯重工科技有限公司承办了2017中国工程机械维修与再制造技术对接交流会。开展融资服务。与邮政储蓄银行、齐鲁银行、泰安商业银行等合作，为九洲商会等会员企业提供融资服务，达成贷款意向1000多万元。全区会员企业共引进新项目30余项，引进资金1.2亿元。开展人才招聘活动。组织山东厚丰散热器公司、新时代百货等单位参加“2017山东民营企业人才招聘会”等校园招聘会5次，签订用人合同120余份，引进中高端人才100余人。推进法律服务。与岱青律师事务所联合开展“法律进企业”活动，共走访会员企业40多家，为企业提供法律咨询和法律援助50多件。

【组织建设】 一是完成工商联换届任务。新一届执常委队伍素质优良、结构合理。其中有19人担任省、市工商联执委，有30人被选为区及以上人大代表、政协委员。出台《关于街道镇商会换届工作的实施意见》，指导各街道（镇）商会于上半年全部完成了换届。二是“五好”（领导班子好、会员发展好、商会建设好、作用发挥好、工作保障好））商会创建活动扎实推进。制定印发《泰山区工商联“五好”商会建设实施意见》，召开动员部署会议，积极推进楼宇、园区、市场、商圈等商会的组建，扩大商会覆盖面。加强指导，建立领导班子保包联系商会制度，实行重点包保，分工负责，确保各项创建工作落实到位。建章立制，指导商会建立完善《商会轮值办会制度》《商会会议制度》《商会会长职责》等15项规章制度，提升商会办会的质量。坚持商会组建与商会党建“两手抓”“两促进”，凡是具备条件的商会都按要求建立党组织。新成立宝龙广场商会、天龙大厦商会、九州商会、速恒物流园4家商会，行业和区域商会总数达到14家。积极探索市以上商会属地化管理之路，协调理顺了江苏商会党组织的隶属关系，为商会党建工作积累经验。三是积极发展新会员。围绕新技术、新产业、新业态、新模式中发展会员，吸纳国泰科技、康平纳等高科技企业入会，全年共发展会员90人，会员总数达到1290人。

【参政议政】 一是专题调研亮点突出。4月，组织工商联界别组的政协委员就全区工业企业转型升级开展专题调研协商活动，活动结束后形成《关于全区工业企业生产状况的专题调研报告》，区委书记赵斌作出重要批示，要求相关部门尽快落实。6月，围绕落实省市区党代会精神，开展非公企业新旧动能转换专题调研活动，走访调研了国泰科技等10余家企业。10月，围绕进一步营造良好的营商环境，开展以“进商会解难题、进企业摸实情，促企业健康发展、促营商环境创新”为主题的“双进双促”走访活动。共走访会员110多家，商会15家，发放调查问卷120多份，征求意见和建议200余条，形成《关于进一步优化我区营商环境的调研报告》，报区委、区政府决策参考。二是提案办理质量进一步提高。对区政协重点提案《关于进一步加强商会自身建设，承接政府职能，发挥商会独特作用》高度重视，明确专人负责落实办理，取得很好效果，区电视台进行了跟踪报道，区工商联被区政协授予“提案办理工作先进单位”。三是按时完成了市委统战部、市工商联安排的“关于构建‘亲’‘清’政商关系的探索与思考”重点理论课题，以及贯彻落实《省委、省政府关于支持非公有制经济健康发展的十条意见》情况的专题报告。

【非公党建工作】 协助区委组织部门充实完善了天龙商务区、宝龙商圈、速恒物流园等区域性党建阵地，为扩大非公党建工作覆盖面提供了有效的载体。其中，速恒物流园区联合党委在全市城市基层党建工作经验交流会上作了介绍。进一步巩固完善了岱银集团、大通前沿等12家非公企业党建示范点。大通前沿党支部等3家党组织被区委授予“红旗党支部”。（区工商联）

·残　联·

【概况】 2017年，围绕残疾人“托底”和“扶贫开发”两大任务，发挥残联的职能作用，抓重点、亮点，突出特色，规范化操作、精细化推进，取得显著的成绩，泰山区获得全省残疾人基层组织建设示范区、全省残疾人文化体育示范区荣誉称号，并被中残联确定为全国残疾预防综合试验区试点单位。

【基层组织建设】 以全国基层残疾人组织建设标准为抓手，细化规范各级残联和专门协会的工作制度，打造了5个残疾人工作“特色社区村”、20个“示范社区村”，突出服务特点，以点带面带动整体工作开展，形成“社区村有特色，街道（镇）有亮点”的工作格局。对《全国残疾人干部信息库》中的245名残疾人进行详细的摸底，对学习、工作经历等基本信息进行完善。推荐残疾人企业家张清华为区政协委员、李心军为人大代表，提高了残疾人的参政议政能力。开展“菜单式”助残志愿服务，根据助残志愿者的工作特点、专业特长、服务时间等信息登记造册，建立康复、家政服务、心理咨询、法律援助等多项志愿服务“需求菜单”，使残疾人足不出户享受志愿服务。7月6日，全省志愿助残阳光行动主题日活动在泰山区举办，来自全省各地市残联、共青团系统的负责人观摩了志愿服务现场，泰山区做典型发言，向全省推介泰山区志愿助残经验。

【残疾人康复服务】 以区级各医院、社区卫生服务中心、镇卫生院和儿童康复机构为主体，作为全区精准康复服务定点单位，针对残疾人的类别、需求不同分别开展康复服务。对200例白内障患者实施免费手术，为20名老年听力残疾人免费佩戴助听器，安装人工耳蜗5例，安装假肢30例，为800名精神病患者实施免费住院及服药。197个社区村都配备康复协调员，为有需求的残疾人签约“家庭医生”。2017年率先在全市将残疾儿童免费康复救助年龄段由0~9岁提高到11岁，纳入平安建设为民所办实事项目。年初通过筛查，确定126名患儿进入机构康复训练。筹措资金40余万元，为4个儿童康复机构配备蜡疗机、肌肉治疗仪、智能沟通系统等设备12台。开展社区康复巩固与提升工作，重点打造了花园社区、后七社区、大白峪社区等10个康复示范点。残疾人康复项目实施，开展盲人定向行走训练40人，培训康复协调员120余人。完善“区——街道（镇）——社区（村）”三级辅具服务网络，开展康复专家团入户活动2期。开展“辅助器具下乡”活动，免费发放辅助器具2000余件。开展残疾预防工作，泰山区是全省4个县（市、区）创建全国残疾预防综合试验区试点单位之一，此项目也被区委、区政府列入重点改革项目之一。区残联整合全区卫生医疗资源，在中医二院和复退军人精神病院建立残疾鉴定机构，每鉴定一例残疾人补贴80元。在区人民医院建立残疾儿童筛查和高危孕产妇检查机构，每鉴定一例残疾儿童补贴400元，对到此检查的高危孕产妇每例补助500元，从源头上杜绝残疾患儿的产生。

【残疾人教育就业培训】 ①开展“扶残助学”工程，落实残疾儿童少年“三免一补”（免除学杂费、教科书费、住宿费和为家庭生活困难住宿生补助生活费）政策。全区适龄残疾学生203人在特教学校就读，45人在普通学校就读，残疾儿童少年入学率达95%以上。年内，为10名残疾学生提供“送教上门”服务。对考入大中专院校的5名残疾大学生给予每人6000元左右的学费补贴。②加大残疾人就业扶持力度，采取分散按比例就业、企业集中安置、扶持自主创业和购买公益性岗位等形式，新安置300余名残疾人就业。扶持建立扶贫就业基地4处，辐射带动100余户残疾人家庭实现就业脱贫。③加大残疾人培训力度，借力人社、农业、畜牧等部门搭建多层次的技术培训平台，对创业艰难的残疾人，上门提供技术、资金支持，逐步形成残疾人免费培训、扶持创业、稳定就业的服务格局。全年，共举办各类培训15期，培训残疾人450人次。

【扶贫解困政策落实】 加大对残疾人的社会保障力度。区委、区政府相继出台关于残疾人生活、养老、医疗、康复等方面的优惠扶持政策22件。区残联联合区委组织部、区直机关工委开展基层党组织助残扶贫活动，结成“一对一”帮扶对子85个，各级党组织为结对残疾人提供资金支持、技术培训等服务。对享受低保的1736名残疾人每月给予82元的生活补贴，为3904名重度残疾人发放每月80元的护理补贴。为952名重度残疾人由政府缴纳基础养老金及城镇居民一档医疗保险金，为220名重度残疾人办理了提前5年领取城乡居民养老金手续，为2321名重度残疾人购买保额10万元的意外伤害保险。对贫困残疾人家庭实行“三次报销”制度，大病医疗费用自付比例降低到3.6%左右。推行重度精神病人管护人员保险，保费每年100元，赔偿金额30万元。对考取驾驶证的8名残疾人，给予1500元学费补贴。对在机构做康复训练的残疾儿童，每人每年给予600元的生活补贴。对持证残疾人，享受免费乘坐公交、进入景点和有线电视费减免等方面的优惠。全区各级走访慰问贫困残疾人500余户，发放慰问金及物品折合30余万元。

【残疾人文化体育】 2017年，全区开展助残活动20余次。在区图书馆和部分社区村建立盲人阅览室，配备听书机，方便盲人读书学习。在各影院开展残疾人（特别是盲人）“看”电影活动，全年开展3次，参与残疾人130人。2月，山东综艺频道“我是大明星——走进泰山助残义演公益活动”在泰山花样年华景区举行，泰安市君思饮茶叶有限公司等10多家爱心企业对此次活动现场捐赠，捐赠款物折合6万余元。推荐两名残疾人参加全省第九届残疾人艺术会演。助残日期间，在《泰安日报》以及“和美泰山”微信公众平台等媒体刊登《全国助残日爱心倡议书》，呼吁社会各界关心、关注、关爱残疾人。在18个社区村建立残疾人政策宣传一条街，编发残疾人政策便民服务手册发放给居民。编印发放《泰山区残疾人励志故事汇编》《泰山区扶残助残典型事迹汇编》，展示残疾人自强不息、奋力拼博的精神和社会各界扶残助残的优秀传统美德。推出“全国好人”朱新荣、“全市好人”林云香，小天使康复中心负责人李红，并在《泰安日报》和省政协《联合日报》专版宣传。发展残疾人文化产业，组建全省第一家县级残疾人文化产业孵化中心，建立6个文化产业孵化基地，主要开展加工生产、制作产品和培训。泰山区源岱缘木雕牌匾工艺品厂和泰安市君思饮茶叶有限公司先后被省残联命名为“山东省残疾人文化从业创业示范基地”。

【改善残疾人生活质量】 ①在全区范围内进行残疾人无障碍家庭改造。针对不同类别的残疾人家庭，采取个性化改造模式，制定“量体裁衣”式的改造方案，给残疾人最大的方便和实惠。2017年，全区共投入资金30余万元，为80户残疾人家庭实施改造服务。②与山东建筑大学无障碍研究中心签署《无障碍战略合作协议书》，在全国率先提出建设“残疾人无障碍特色小镇”规划，制定详细的改造方案。③加强对《中华人民共和国残疾人保障法》和发展残疾人事业有关政策、法规的宣传。助残日期间，区人大分工领导在区广播电视台就《中华人民共和国残疾人保障法》的贯彻实施发表电视讲话，呼吁社会扶残助残。④开展维权服务活动，建立残疾人法律援助和维权服务机构8处，为5名残疾人提供法律援助。各儿童康复机构、就业扶贫基地、托养中心等建立“心理咨询室”，定期对残疾人及其家属做心理辅导，消除心理障碍。全年共接待来信来访11人次，受理“12345”市长热线问题28个，全部在第一时间解决，及时化解残疾人遇到的困难和问题。

（区残联）

法 治

政法委及综治

【综述】 2017年，全区社会治安形势持续向好。5月，泰山区中共山东省委、山东省政府表彰为被评为全省社会治安综合治理先进区，9月，被中央政法委评为全国平安建设先进区。

（1）落实责任，全力推进工作落实。①落实领导责任制。进一步明确各级领导干部特别是“一把手”的责任，按照“谁主管、谁负责”的原则，严格落实领导责任制、责任查究制和一票否决等制度。在年初召开的全区平安建设大会上，区领导与各街道（镇）、区综治委成员部门签订《综合治理暨平安建设责任书》，把各项任务目标细化分解，层层落实到部门、单位。②创新工作机制。一是项目包保机制。对重点工作采取“项目化管理”的推进方式，每个项目实行“3+N”的包保模式，“3”即：一名班子成员、一名科室负责人、一名工作人员，“N”即：所涉及的街道（镇），部门分管负责人和相关负责人，分解任务，责任到人，一抓到底。二是定期调度机制。重点项目两周一调度，一月一通报，项目负责人汇报阶段工作情况，班子成员进行点评。三是双向互评机制。制定2017年工作考核办法，7月3日—4日，召开全区平安建设重点工作“项目化”推进调度会，政法委（综治办）干部为街道（镇）打分，街道（镇）为重点项目包保组打分，实行双向评议，考核排名。

（2）源头预防，筑牢社会稳定防线。①建立“双周”社会矛盾化解联席会议。把化解社会矛盾纠纷，处置群众切身利益问题作为维护社会稳定的重中之重，坚持以上率下，强基、促改、建机制，改进服务基层方式，建立完善了社会矛盾化解“双周”联席会议制度，两周召开一次联席会议，重点研究五个方面问题：一是集中化解涉法涉诉信访积案，主动回应群众诉求，最大限度地减少涉法涉诉存量，控制增量；二是积极协助研判分析影响社会稳定的重大风险和疑难问题；三是分析研判个别长期损害公共利益，影响社会公平正义的遗留问题。四是帮助解决街道镇提出难点问题；五是对影响社会稳定的苗头性问题进行预测预警预防，切实从源头上消除不稳定因素。年内，联席会议召开18次，分析研究40余个问题，处结3起历史遗留问题。②完善多元化解机制。发挥公众参与社会治理的基础性作用，推动人民调解强基工程，建立各类矛盾纠纷调解组织269个，专兼职调解员866人，调解信息员995人，实现调解组织网络全覆盖。组织开展“金牌、银牌人民调解员”评先活动，提高队伍素质；在法院服务大厅设立诉调对接中心，7个街道（镇）、部分社区村建立诉调对接服务站；动员社会力量新建婚姻家庭、留守妇女儿童等调解组织，完善多元化解社会矛盾工作体系。共排查各类矛盾纠纷336件，调解成功330件，成功率达到98%，化解疑难复杂纠纷7起，成功率达到100%。③妥善处置非访问题。按照“先处理违法行为，再解决合理诉求”的工作思路，加大依法处置力度。全年依法处置13起非正常上访案件，拘留4人、训诫9人。

（3）把握关键，解决重点难点问题。①强化重点人员管理。对重性精神障碍患者，在全市率先推行易肇事肇祸精神障碍患者流程化管理机制，排查出精神障碍患者1516人，对117名易肇事肇祸精神障碍患者落实重点管控措施，对43名重症患者及时送入医院治疗，为患者申请低保和临时救助23人。对涉军重点人员，落实网格化管理，将泰山区负责的2682名退役人员和市直交办的624名涉军人员全部纳入实际居住地管理，落实网格联系制度，由网格管理人员包保联系。对流动人口，开展出租房屋和流动人口清理清查行动，共排查出租房屋16570户、流动人口30986人。②强化重点领域管理。在金融领域，共立经济犯罪案件40起，审结民商事案件2364件，起诉非法吸收公众存款、金融诈骗案件12件48人，先后破获"微信商城的消费返利"、宫某等人合同诈骗等案件25起，避免经济损失3000余万元。特别是侦破金粮贸易有限公司虚开增值税专用发票一案，维护了经济发展秩序。在食品安全领域，深入开展省级食品安全城市创建活动，对辖区内98家食品生产企业实施分类分级监管，检查76处中小学周边食品经营单位、7处农贸市场、18处摊点群、52家药店。在执行领域，206名拒不执行的"老赖"履行生效法律文书规定的义务，营造"生效裁判必须履行"的社会氛围。③强化重点行业管理。加强寄递物流企业管理，开展集中检查行动3次，检查企业经营单位69家，发现和解决问题24个，查处违规企业14家。加强安全生产管理。检查企事业单位1450家，排查整治隐患6800余条。加大消防安全检查，排查社会单位1784个，发现并督促整改问题4013处。加强公共交通工具管理，查获"黑出租"51辆，检查重点车辆670余辆，清理各类乱停乱放车辆1700辆。加强铁路护路安全管理，深化常态化护路巡查，先后排查整改问题15处，保障了铁路安全行驶。

（4）严打整治，优化社会治安环境。①持续推进严打行动。相继开展"冬春季攻势""整治治安突出问题""优化经济发展环境专项行动""打击扰乱重点项目秩序违法犯罪专项行动"等系列专项行动，保持对各类违法犯罪的严打高压态势。全年，共破获刑事案件552起，抓获犯罪嫌疑人551人，刑拘458人，刑事警情每天保持在7起左右的低位区间。②集中整治治安突出问题。深入排查各类安全隐患，针对排查出的问题和群众反映强烈的突出问题，按照"什么问题突出就重点解决什么问题，哪个环节薄弱就重点加强哪个环节"的原则，加大对企业、学校、铁路周边、城乡结合部和娱乐场所等重点部位的专项整治力度，清理治安乱源，"两抢一盗"等多发性侵财案件发案率持续降低。

（5）强基固本、提升综合防范水平。选派106名民警进社区担任支部副书记，牵头组织治安防范、流动人口管理等工作。完善立体化社会治安防控体系建设，构建起以"天网工程"为依托，以治安"巡防工程"为支撑，打防管控综合施策的治安防控体系。①深化"天网工程"建设应用。不断推动"天网工程"向"雪亮工程"延伸。全年，全区共投入建设资金1650余万元，新增监控高清探头2100余个，引进（接入）有关单位安装的监控高清探头4350个，在车站、商场、医院等重点部位、场所安装人像识别探头19路，重点路口、治安卡口、城区出入口、人员密集区、商业繁华区、案件高发区实现视频全覆盖。加强视频巡查队伍建设，配足值守人员，实现监控巡查与人员巡逻联动。建立完善视频监控系统运行维护、设备更新、技术升级和后续投入机制，确保效力发挥。②深化"巡防工程"建设。推动治安巡防向社区、村居和机关、企事业单位延伸，开展多种形式的群防群治活动，人防力量不断壮大。截至年底，组建社区（村）巡逻队326支2523人，打造财源"驻所联勤"、岱庙"社会化巡防"、泰前"红袖章"等巡防品牌。针对商场、车站等案件高发区域治安防控难度较大的实际，加大街面巡防工作力度，公安机关每天出动警力、警车围绕繁华商业区、金融网点、旅游景点、汽车站、火车站等重点部位开展24小时不间断巡逻防控。③深化综治中心规范化建设。按照"组织健全、人员配齐、场所专用、设施配套、制度完备、经费保障"总体要求，启动综治中心标准化、规范化、实体化建设。截至年底，建成财源街道、泰前街道、上高街道、徐家楼街道、省庄镇、邱家店镇6个街道（镇）综治中心，社区、村综治中心建成98个，覆盖率52.4%。④推进城乡网格化管理。按照省委、省政府将退役人员全部纳入实际居住地网格管理的最新要求，组织各社区（村）结合自身情况，重新划网定人，全区共重新划分网格1067个，配备网格管理人员2895人。健全完善工作制度，明确网格管理员、网格协管员、网格信息员的职责任务，为居民提供社会治安、社会救助、环境卫生、权益保障、重点人员帮教等服务管理等工作，组织辖区内志愿者、驻地单位、物业公司、社会组织等社会力量实行组团式服务，为网格内群众提供服务。

【注重源头治理】 加强源头排查和治理。做好涉法涉诉信访案件风险评估预警工作，坚持定期排查，对排查出的隐患和问题，进行梳理和归类，逐件登记造册，建立台账，对于存在的风险进行评估预警。对排查出的存在风险有可能引发重大信访的案件，明确包案领导和包案责任人，主要领导带头包案，形成“一个问题、一名领导、一套班子、一个方案、一抓到底”的“五个一”工作机制。对于排查出疑难复杂信访案件和缠访闹访问题，实行特事特办，定人包保，把人员稳控在工作视线内，并及时召开联席会议专题研究落实综合治理措施。开展专项化解活动。3月和8月，分两批次集中组织开展涉法涉诉信访积案排查和化解活动，重点对终结未息诉、程序未结闹访、极端方式表达个人诉求和容易引发媒体炒作的信访案件进行排查。通过排查，对夏某某等32起案件，严格落实领导包案制度，按照“定领导、定方案、定时限”要求，强化责任落实。区委政法委主要领导、各政法部门主要领导至少包案化解1起信访积案，其他班子成员每人至少包案化解2起信访积案。排查出的32件案件化解26件，化解率为81.2%。

【强化积案化解】 实行政法机关社会矛盾双周联席会议制度。发挥党委政法委统筹协调作用和政法部门的主体承办作用，在涉法涉诉重大社会矛盾化解上给基层以强大支持。创新“1+N+1”（即：1指双周联席会议制度，N指公、检、法、司、信访局等个相关部门的力量，1个责任主体（街道、镇）的力量）工作模式，帮助街道（镇）定期分析研判涉法重大社会矛盾及存在涉法涉诉信访苗头的案件，研究思路、制定措施，将当事人吸附在街道（镇），问题解决在社区（村）；组织街道（镇）、部门开展社会矛盾排查预警、调解处置活动，筑牢社会稳定第一道防线。按照提交、研判、商讨、交办、跟踪、处结的程序每两周召开一次联席会议，通过一年的运作，建立起主管部门和属地的联动机制，建立起社会矛盾定期分析研判和解决机制，推动重点问题妥善解决。经过多方努力，化解夏某某、林某某等一批多年信访积案，实现“1+N+1=0”的目标。强化矛盾纠纷多元调处工作。贯彻落实《山东省多元化解纠纷促进条例》和泰安市委办公室、市政府办公室《关于完善矛盾纠纷多元化解机制的实施意见》精神，区委政法委将“人民调解强基工程”列入年度重点工作进行“项目化”推进，围绕建立党政统一领导，人民调解、行政调解、司法调解、社会调解“四位一体”的大调解格局，探索“归口调解、委托调解、刑事和解、巡回调解和法律工作者参与调解”的五种调解方式，加强诉调对接，在区法院设立“诉调对接中心”，派驻专职调解员，区财政列支专项资金予以保障。同时，在全区7个街道镇设立“诉调对接服务站”，在全区20多个社区村建立“诉调对接服务室”，建立起诉调对接的三级网络，全年共通过委托调解案件550件，调解成功210件。为突出加强行业性、专业性调解组织建设，在全区12个职能部门先行建立相应的专业性、行业性调解组织，覆盖医疗卫生、环境保护、物业管理、农村土地纠纷等多个行业和领域，明确人员机构、工作职责、工作程序和运转机制，形成上下互动，全区联动的大调解格局。区、街道（镇）都建立“人民调解基金”制度，实行“以案定补”。全区共建立各类人民调解委员会269个，配备专兼职调解员866人，调解信息员995人，全区各级调解组织共调处各类矛盾纠纷336件，成功率达到98%，其中，化解疑难纠纷7起，成功率达到100%，岔河调委会2017年被评为全国模范调解委员会。建立健全案件定期分析机制。对每起涉法涉诉案件都进行再分析、再梳理，从解决问题入手，对症下药。对结案而不息诉罢访的，采取综合治理措施，做好思想工作，把道理说透、说细，防止简单生硬，推诿扯皮；对缠访案件，实行面对面谈心、公开听证、及时训诫等多种方式，取信于当事人；对初信初访案件，坚持“优先受理、优先接谈、优先办理”的原则，把信访问题解决在初始阶段；对重信重访等疑难复杂案件，在做好信访人稳控工作的同时，强化案件“三力”：一是强化信访工作领导“力”。在政法各部门逐渐形成“主要领导负总责、分管领导具体抓、首办部门主动抓、主管部门协助做”的涉法涉诉信访案件处理模式。二是强化信访工作执行“力”。要求各部门必须建立案件风险评估机制，随时注意所办案件是否会带来信访问题；分析该案的涉法涉诉风险系数，尽可能在案件办理中，一边依法按程序办理，一边把涉法涉诉的风险降低到最小程度。三是强化信访案件终结“力”。做到坚持原则不动摇，不为解决问题而踩“红线”，又做到“人性化”办案。通过三种强“力”措施，真正把涉法涉诉信访问题解决到位。一年来，区委政法委接待人民群众来访32次47人。

【强化疏导稳控】 ①实行涉法涉诉信访案件政法部门和街道（镇）“双交办”。对于集中排查出的32件涉法涉诉信访案件，实行街道（镇）、政法部门“双交办”制度，交由信访人住所地党委政府负责涉法涉诉信访案件的维控工作，政法机关原则上不承担维控责任，但在法定职责范围内，积极协助配合党委政府的维控工作。②做好党的“十九大”安保维稳工作。区委政法委和政法各部门严密组织，强化措施，狠抓落实，依托网格化管理，做到“两结合”突出“一重点”：一是条块结合。按照“属地管理”和“谁主管、谁负责”的原则，细化分解任务，严格落实部门和街道镇责任。二是点线结合。加强高铁站、火车站和老汽车站的值守，采取人脸识别、安检查控等一系列措施，先后劝返重点人员30余人次，稳控60余人。三是重点防范。各街道（镇）对重点村、重点户、重点人，严格落实责任制，明确包保对象、流程、措施、事项，对非访老户、特殊群体人员、涉法涉诉重点人员，逐人落实到2895个网格之中，做到有人管、不遗漏，重点盯守。在党的十九大召开前夕和期间，泰山区均未发生涉法涉诉信访人员赴省进京上访事件。

【强化息诉罢访】 发挥国家司法救助在化解信访积案方面的积极作用。泰山区严格落实“以人为本、执法为民”工作理念，进一步健全完善法律援助、涉法涉诉救助和执行救助相衔接的涉法涉诉救助体系。更加关注弱势困难当事人，重点对刑事被害人、刑事附带民事案件赔偿不到位的被害人、因丧失破案条件和执行条件造成特殊困难的上访群众，给予司法救助。对仍有实际困难确需继续帮扶的协调有关部门纳入政府救助、社会救助范围，保障其基本生活，促进当事人息诉罢访。对需要救助的信访积案，按照国家司法救助资金使用管理规定，严格审核把关，精准救助、开通救助绿色通道，使国家司法救助资金在集中化解积案活动中发挥最大效能。还通过法律援助、以购买法律服务的方式，对涉法涉诉信访事项导入司法诉讼程序。信访人宋某某因工程借款问题与他人发生纠纷，在借款人催债过程中，其妻陈某某服毒自杀死亡。宋某某一直将妻子尸体冷冻不火化，对公安机关出具的不立案决定书不服，到各级各部门上访，甚至到北京上访。区委政法委和相关政法部门认为其诉求具有一定合理性，但通过法律途径难以解决，决定通过购买法律服务的方式进行司法救助，为其聘请律师处理相关事宜，宋某某表示感谢并至此息诉罢访。2017年泰山区从省、市委政法委申请司法救助资金50余万元，区财政单独列支30万元，重点救助了30余人次。荣某与邻居因房屋纠纷问题发生矛盾多年，2014年11月21日下午16时左右，荣某的妻子程某某携带准备好的农药到邻居家中讨要说法，并喝农药死亡。荣某自2015年以来，拒不火化其妻子尸体，天天到泰山区公安分局信访办上访，讨要说法，本人生活非常困难，区委政法委了解情况后，及时启动司法救助程序，对其进行司法救助，至此荣某妻子冷冻两年多的尸体得以火化。

【强化依法处置】 ①推进“七五”普法。泰山区深入推进“七五”普法和“六五”依法治区规划落实，完善“谁执法、谁普法”，“谁服务、谁普法”的普法责任制，推动行政部门深入开展普法宣传活动，完成“七五”普法中期验收，集中打造全省法治文化建设示范基地，推动全国民主法治社区（示范村）创建工作。探索建立法官、检察官、执法人员等以案释法制度，促进案件依法公开处理成为全民法治教育课，通过形式多样的普法活动，提高广大群众知法、尊法、守法意识。②依法教育处理。按照《信访条例》关于“属地管理、分级负责，谁主管、谁负责，依法、及时、就地解决问题与疏导教育相结合”的原则，引导教育信访人通过法律途径解决诉求，由“信访”变为“信法”。针对违法上访人员，及时固定证据，采取果断措施，依法处理到位，切实维护涉法涉诉信访秩序和社会稳定大局。对缠访、闹访、尤其是问题已解决，仍不息诉罢访的群体依法采取“一训二带三拘留”措施，对到北京非正常接待单位的非访群体采取“第一次进京警告、第二次进京拘留”措施，相关单位、处镇及时跟进进行思想教育的方式方法，引导上访人依法维权。同时加大宣传教育力度，对社会反响强、震慑效果好的典型案件进行公开宣传，收到“处理一案，教育一片”的社会效应。2017 年，泰山区共处置进京非正常上访 37 起，行政拘留 10 人，训诫 15 人次。

【出租房屋和流动人口管理】 2017 年，强化出租房屋和流动人口“两实”（实有房屋、实有人口）管理工作。经录入出租房屋和流动人口“两实”管理系统的人口数为 45.82 万人，占实有人口的 61%，录入房屋 16.14 万户，占实有房屋的 65%。①泰山区以推进平安创建、构建和谐社会为目标，着眼于解决流动人口管理中的突出问题，各街道（镇）党委政府高度重视出租房屋和流动人口管理工作，均成立专门的出租房屋和流动人口管理领导小组，全面负责出租房屋和流动人口管理、组织、协调工作。同时设置了专门的办公室，明确专人，负责此项工作的全面落实。同时，各街道（镇）和社区（村）相应成立工作机构，依托现有网格信息员，组织专人对“两实”信息进行采集和录入，确保信息采集准确、录入及时。以服务为基础，以引导合理有序流动、维护社会稳定为主线，不断强化对出租房屋和流动人口的管理与服务。制定以“政府领导、综治牵头、公安为主、各方参与、综合治理”的工作方针，把其纳入各级党委、政府目标管理责任制，坚持热情服务与依法管理相结合，善待弱势群体与保护公众合法权益相结合，使全区的出租房屋和流动人口管理工作进一步法治化、社会化、规范化。②以抓“服务”为宗旨，加强基层管理工作。为抓好服务管理工作，各级党委、政府及各职能部门坚持按照“共聚一地、共建家园、共保平安、共创繁荣”的指导思想，将出租房屋和流动人口管理服务工作放到重要位置来抓，对外来人员的子女入学等，与本区居民实行同等待遇。对外来人员坚持平等化、亲情化和人性化管理。社区民警以入户调查、安全检查、发放宣传手册等为手段，开展治安防范宣传教育，提高流动人口的自我保护意识和能力，防止受到不法侵害。在基层村、社区坚持以党支部为核心，由综治委（办）牵头，以基层公安派出所为主力，发挥治保、调解、治安联防、社区网格员等基层组织的作用，加强各村、社区对出租房屋和流动人口的管理。③以增强归属感为主旨，营造和谐氛围。为改善流动人口就业环境，大力推行亲情化管理与服务，增强流动人口对流入地的认同感、归属感，营造共居一地、共保安宁、共创繁荣的和谐氛围。为确保“两实”信息的质量，各街道、镇均统一印制信息登记表，对需要采集录入的事项内容进行详细的分类和规定。岱庙街道还统一印发了“网格管理员工作日记”，随时掌握房屋和人口的详细情况。在信息采集过程中，做到“核查全覆盖、信息全采集、底数全摸清”。各街道、镇严把标准关、严把采集关、严把录入关、严把维护关，确保信息数据的完整、准确、及时。落实其子女接受义务教育的政策，在入学条件等各方面与当地学生同等对待。切实强化计划生育服务，对外来妇女实行与本区妇女“同管理、同服务、同享受”的计划生育服务措施，保障实行计划生育的育龄夫妇享受国家规定的免费计生服务。开展流动人口劳动保障权益保护检查活动和外来务工人员工资支付执法检查，使全区流动人口的归属感进一步增强。④完善管理措施，严格依法管理。为加强对流动人口管理，全区各部门发挥职能作用，建章立制，协调配合，使全区对流动人口的管理进一步规范化、法治化。一是严格落实流动人口登记、办证制度。区公安机关对流动人口实行登记分类管理、建档；二是强化出租房管理。流动人口落脚点管控，是流动人口管理工作的切入点和突破口。上高街道以村（社区）为单位，依托村（社区）网络，以网格管理队伍、治安信息员队伍、社区民警、工商片管员和村（社区）干部为主体，全面采集房屋、人口、单位、计划生育、社会保障、纳税状况等基本信息，做到入户、见人、查证，掌握“两实”数量、结构、分布、现实状况等基本情况。狠抓对出租房屋的管理，建立登记、安全检查等管理措施，做到对出租房屋底数清、情况明，完善和规范出租房屋的档案，并与房主签订治安责任书和保证书。充分发挥群防群治组织作用，杜绝房屋无证非法出租的现象。（王蒙）

【法制政府建设】 2017年，相继印发《《关于全面推行行政执法公示制度、重大执法决定法制审核制度实施方案的通知》《关于成立泰山区综合行政执法体制改革工作领导小组和建立泰山区综合行政执法工作部门联席会议制度的通知》《关于印发全区安全生产宣传教育强化年活动实施方案的通知》《关于印发全区百日攻坚治理和执法大检查活动方案的通知》《关于开展法律顾问进社会组织工作品牌创建活动的通知》。春节期间，区食药局组织开展冷库专项检查工作。重点检查经营资格、经营行为、食品质量等。区安监局开展涉氨制冷企业专项检查。4月11日，省安监局异地执法第九组到泰山区开展执法检查，重点检查企业风险管控、隐患排查、手续证件、教育培训、机构人员、应急救援、职业健康、特殊作业、工艺设备、重大危险源、重大风险点等。4月，对辖区内各街道（镇）泰山经济开发区开展建筑施工安全生产专项执法督查。5月26日，区安监局聘请泰安市博奥安全评价公司与区司法局组成联合检查组，对木制品加工企业聚集区宁家结庄家具园，开展拉网式执法检查。引导企业“查出隐患、整改隐患、消除隐患”。

公安

【概况】 2017年，泰安市公安局泰山区分局将中共十九大重大安保维稳任务作为贯穿全年的工作主线，坚持“一切围绕十九大、一切服从十九大、一切捍卫十九大”，坚持最高标准、最严要求，强力推动工作措施落实，实现“零非访”“零集访”“零特殊群体访”“零事件”的效果。①坚持最高政治站位抓牢组织推进。各级党委政府主要领导亲自挂帅，亲自安排部署、检查推动。成立十九大安保维稳指挥部，制定《泰山区分局十九大安保维稳工作实施方案》，组成情况控制、安全监管、应急处突等13个工作组，明确目标，细化措施，严格责任，确保各项安保维稳工作措施落实到位。与区委、区政府设立的全区十九大战时安保维稳指挥部密切协作，做到统一指挥、密切协同、整体联动，以实战化运行确保十九大安保维稳工作扎实推进。②坚持超乎寻常的攻坚力度确保万无一失。一是实行最强组织领导。成立安保工作专班，全方位进行组织推进。9月30日启动战时指挥部，分局领导24小时轮班驻岗，情报中心连轴运转，治安、网安、纪委等相关单位抽调精干力量集中办公，全天值守、实体运作、可视指挥，做到安保维稳的灵敏应对、快速反应、高效处置。二是搭建最优预警机制。从9月21日起启动最高等级指挥情报机制，累计核查处置预警性线索663条，推送行动性线索192条，提前预警稳控重点人员221人次，以情报线索的“零隐患”保障安保工作的“零差错”。三是采取最严管控措施。全面筑牢情报预警、源头管控、重要通道、驻京值班四条防线，划定打击处置红线，949名重点人员全部实时在控，88名重中之重人员逐人实行三级包保，73名警力全程布防10个车站，累计出动警力3300余人次，核录旅客52万余人次，查控重点人员528人、危险物品559件，打击处理20名非访人员，实现无一人进京上访登记的预定目标。四是实行最高防控等级。在9月20日实行一级勤务的基础上，从10月10日起，提升至一级加强勤务，严密防控网络。同时，抽调治安大队40名警力、刑侦大队10名警力，组成50人的整建制机动队伍，及时应对各类突发事件。9月份以来，全区刑事警情同比下降34.8%，每日刑事警情保持至5起左右的低位区间。深入开展消防安全综合治理，扎实开展危险物品、寄递物流集中攻坚，滚动整治重点场所突出问题，累计检查各类场所12600余家次，督促整改安全隐患3100余处，处罚旅馆、网吧等场所558家次（停业整顿21家，依法取缔8家），严查寄递物流违规企业35家，实现安全事故“零发生”的目标。③坚持严之又严的战时纪律保障全警攻坚。强化战时标准、严格战时纪律，强力推动各项措施高效落实。所有人员9月1日起一律禁酒，9月22日起停止休假、取消放假、严控请假，以最佳状态、最强作风全力投入安保。分局党委成员随警作战，科室大队和派出所捆绑作战。坚持边发现问题、边解决问题、边巩固机制，“红蓝对抗”“回头看”等战时督导机制全面跟进、不断完善，工作短板迅速补齐，责任措施全面砸实。加强战时表彰，实行即时奖励、送奖到岗。安保维稳任务期间，分局有2名民警荣记三等功，10名民警被市局通报表彰，11名民警被泰山分局嘉奖。自10月17日开始，组织开展“健康随警行”查体诊疗活动，邀请驻军八十八医院、慈铭体检中心、中心医院等医院的医疗专家，到各单位现场查体诊疗，激发广大民警的战斗力和凝聚力。

【反恐维稳】 ①情报研判精准支撑。深化人力情报建设，全面拓展公安情报信息搜集渠道，布建信息员459人，紧紧围绕“中共十九大”、各级“两会”等节点，增强情报搜集研判力度，全年，共搜集情报预警线索1300余条，在重大问题、敏感节点、重要活动中预警率达到100%。②网络巡查无缝覆盖。将网络安全作为公共安全的重要组成部分，24小时无缝网上巡查，着重对微博、论坛、贴吧等平台进行搜索，对各类涉稳舆情线索“第一时间发现、第一时间上报、第一时间处置”。全年共形成《互联网信息》36期、舆情快报17期，精准预警并妥善处置了出租车钓鱼滴滴快车、易讯惠民传销事件、名嘉串联上访等一批涉警、涉稳舆情。对涉及中央、省、市重点领域敏感舆情、热点事件进行舆情导控，最大限度地防止了不法分子利用互联网造谣生事、煽动蛊惑、引发事端。③应急处突灵敏快速。做大做强应急处突队伍，积极推进维稳阵地前移，“山鹰突击队”常态执行战备执勤，对党政首脑机关、人员密集场所等重点领域实行重点值守，2017年，圆满完成各级“两会”、“十九大”等系列安保任务98次，稳妥处置到市政府、区委等党政机关非访警情30起，处置群体性事件18起，支援各单位132次，参加常态化联合执法行动6次，到违法建设拆除现场安保备勤5次。④纠纷化解成效明显。全面梳理摸排信访积案、信访老户，并对存量信访案件进行集中化解，同时依托信访应用平台，加强对信访案件的流程化、动态化处理，并对可能赴省进京上访的重点信访人员，逐一制定稳控措施，加强稳控力量，落实稳控责任，以信访矛盾的源头化解切实将重点信访人员吸附在当地。截至2017年11月，分局信访总量701起，其中初访264起，重访437起，其中总量同比上升7.2%，初访同比下降5%，重访同比下降6%，信访案件结服率达91%。

【平安建设】 2017年以来，深化合成作战、单元作战、精准追逃工作机制，持续保持对各类违法犯罪的严打高压态势，取得明显成效。①铲除黑恶暴力犯罪。始终坚持“切爪子、挖根子、端窝子”的打击思路，对农村宗族势力、黑恶霸痞、“黄赌毒”等重点领域犯罪线索精准研判、定向打击。先后开展“冬春季攻势”“整治治安突出问题、优化经济发展环境专项行动”“打击扰乱重点项目秩序违法犯罪专项行动”以及“利剑行动”等专项清查活动，先后破获张某泰等人寻衅滋事案、高某等人强迫交易案、李某明等人非法拘禁案等涉黑恶案件43起，抓获涉恶犯罪嫌疑人92人，打掉涉恶团伙10个，黄赌毒案件175起，进一步压缩违法犯罪藏身空间。不断深化“局长盯案+所（队）长办案”的工作模式，严格落实局长盯办制度，先后成功侦破“1·24”东湖公园寻衅滋事案、米某佳抢劫强奸案、石某猛抢劫杀人案、李某民抢劫案、吕某磊抢夺案等一批重大暴力犯罪案件案件，最大限度铲除黑恶暴力犯罪土壤。②维护人民财产安全。全面研判掌控“两抢一盗”等多发性侵财案件规律特点，深入推进侵财性案件的打防工作，先后破获赵某刚技术开锁入室盗窃案、彝族人员系列爬楼入室盗窃案徐某强盗窃车内物品案、成某营系列盗窃车内物品案等“盗抢骗”案件326起，打掉团伙12个，抓获犯罪成员220人。以“天网工程”为龙头，深入推进背街小巷等薄弱部位补点布建工作，严格落实等级巡防机制，全区立体防控体系日趋严密，“两抢一盗”可防性刑事发案同比下降27.7%。③净化食品药品环境。积极适应食药环犯罪的新形势、新变化，着力在信息研判、打击破案、协作联动上攻坚发力，先后破获了“6·20”生产、销售有毒、有害保健品专案、“全省首例非法添加瘦肉精案”等8起大要案件，抓获犯罪嫌疑人24人，刑事拘留12人，取保候审7人，监视居住5人，提请逮捕3人，移送起诉18人，有力保障了人民群众生命健康安全。④打击网络新型犯罪。以“抓防范、控资金、强打击”为基本理念，纵深推进打击治理电信网络新型违法犯罪工作，先后侦破省厅督办“1·14”诈骗案、“4·24”尼日利亚籍电信诈骗案、“6·9”电信诈骗专案等47起新型网络电信诈骗案件，共抓获犯罪嫌疑人48人，端掉窝点5个，查扣伪基站设备2套，黑广播设备2套，挽回被害人损失120余万元，收缴非法所得15余万元。同时注重及时止付挽损，录入止付率88.81%，止付、冻结涉案资金400余万元。⑤维护经济发展环境。围绕全区经济社会发展大局，深挖犯罪线索，严打破坏金融秩序、税收征管秩序及侵权假冒等犯罪，年内共立经济犯罪案件77起，破案40起，抓获违法犯罪嫌疑人41人。破获“10·18”虚开增值税发票案等系列重大案件，保障了人民群众的财产安全。⑥强化重点部位巡控。按照“点面结合，以面保点”工作原则，严格落实“24小时勤务”，强化多警种、多力量衔接配合，形成从严从紧态势。9月份以来，按照逐步趋紧的原则，先后启动一级巡防、一级加强勤务，100人的“山鹰突击队”全天候战备执勤，44个机关大队及派出所巡逻组192名巡防警力，全部走上街面，实现对党政首脑机关驻地等4个核心区域、火车站等5个重点区域、10条重点路段的全时布警，最大限度挤压犯罪分子活动空间。

【基层基础建设】 ①组织保障不断深化。先后提请区委、区政府印发《关于全面加强和改进新形势下公安基层基础工作的意见》《关于推行“1+2+N”城区社区警务和“一村一警务助理”农村社区警务工作的实施意见》，将基层基础攻坚上升为党政工程并列为区政府督查督办事项强力推进。成立由市局党委委员、泰山区副区长、分局局长杨启典任组长的领导小组，出台实施意见，先后召开13次专题会议对攻坚工作进行密集调度推进。5月3日，经区委常委会审议，投入8553万元用于分局业务技术楼、徐家楼、上高、财源派出所及以及社区辅警、警务助理、特警队员的经费保障，为基层基础攻坚提供政策、资金支撑。②社区警务全面铺开。准落实“1+2+N”城区社区警务及“一村一警务助理”农村社区警务模式，创新实施社区民警“APP工作牵引”、警辅人员智能考核等一批创意工作法，社区警务效能不断提升。全区72个社区、115个村居共配备106名社区民警、111名专职辅警和116名警务助理、421名网格员。在全面落实派出所所长进街道（镇）党政班子的基础上，各街道镇党工委先后印发任职文件，106名社区民警全部任社区（村）党组织副书记。打造社区警务智慧生态系统，通过搭建1个社区基础数据平台，3个手机客户端、16个功能模块，利用信息化手段和小区智慧道闸、智慧门禁、智慧二维码门牌等科技设备，实现对治安基础要素的自动化信息采集、数据流转，形成集人口管理、场所管控、群众服务、队伍考核为一体的社区警务智慧生态圈，省厅《公安简报》刊发分局的经验作法。③警力下沉和辅警管理取得明显进展。将充实基层警力工作固化为制度机制，落实《泰安市公安局泰山区分局机关大队民警充实派出所工作实施意见》，20名警力下沉派出所一线，占比4.1%，分局派出所警力279人，占总警力的57.3%，超标完成省厅规定的3%、45%的目标。政府专职消防员招录工作有序推进，邱家店镇、省庄镇消防部队营房建设选址已提请区委常委会审议通过。泰山区政府办公室《关于进一步规范公安机关警务辅助人员管理工作的通知》出台，为规范警务辅助人员管理打下坚实基础。④实战指挥体系不断完善。出台了《泰安市公安局泰山区分局建立完善指挥（值班）长工作机制的实施意见（试行）》《泰安市泰山区人民政府办公室关于整合社会联动服务资源推动非警务求助事项分流工作的意见》，制度化运行指挥长制度、情指一体机制以及警情分流分级处置机制，同步建立完善微信110新型警务模式，累计发展微信用户25.6万余人，接收举报线索932条，据此抓获各类违法对犯罪嫌疑人员350余人，发放奖金50万余元。⑤信息技术支撑不断强化。刑事科学技术室通过全国资质认证，现场勘查取证装备配备率已达50%；网安电子数据实验室通过国家实验室CNAS能力验证，提前两年完成建设任务；天网工程不断得到深化，提前完成350兆数字集群系统建设任务，建成3个技防示范村，一类视频监控点覆盖率、高清率等达到100%。⑥基层派出所建设稳步推进。将派出所建设摆在攻坚战关键位置抓紧抓实，邱家店派出所改扩建任务于5月完成；南关派出所改扩建任务于8月全部完工；财源派出所5月份新址主体完工；徐家楼派出所9月中旬完成地上附属物定价；上高派出所与分局业务技术用房前期已完成区委常委会议研究审议、项目立项等9项重点工作。

【社会治理】 ①狠抓危爆物品监管。坚持从严治爆、铁腕治爆，民爆物品封闭式管理模式不断完善，涉枪涉爆重点人员、部位、单位清查整治工作深入推进，2017年，共收缴各类枪支17支，各类子弹4055发，弹夹2个，战争遗留物2枚，雷管53枚，火药2.5千克，索类爆炸物品1023米，炸药3.8千克、仿真枪11支，管制刀具52把，易制爆化学品16.8千克。对全区42家加油站、2家加气站、20家危爆物品从业使用单位进行拉网式安全检查，跟踪整改隐患1490家（次），实现安全事故的“零发生”目标。②狠抓消防安全监管。组织开展“三合一”（生产、生活、仓储一体作坊）场所、自动消防设施等专项整治，累计检查社会单位5748家，送达责令限期改正通知书5003份，发现火灾隐患15140处，督促整改火灾隐患14736处，临时查封34个单位，送达行政处罚决定书63份，罚款244.75万元，责令停产27家，行政拘留12人。③狠抓寄递物流监管。强化源头管理、坚持打防并举，落实开箱验视、实名比对和X光机安检三个“100%”要求，并依托手机APP信息管理系统强化物流管理信息化运行。共摸排物流寄递企业123家，物流公司284家，寄递物流治安管理信息系统共录入收寄信息12243条，投递信息6281条，企业网点63个，从业人员724人。

【队伍管理】 ①坚持政治建警。扎实推进“三严三实”

"两学一做"常态化、制度化建设，先后组织开展学习纪念"泰山勇士"荣誉称号授称六周年座谈会精神、"缅怀烈士"、五四青年主题演讲比赛、公安铁军事迹报告会、"重效率、勇担当、作表率、强执行、铸铁军"演讲比赛、"抓党建带队建、抓队建铸铁军"系列活动，以及中共十九大精神专题辅导报告会等专题活动，凝聚警心、鼓舞斗志，教育效果不断提升。推进公安铁军建设，深入开展民主评议党员，开展民主生活会、组织生活会40余场次。②坚持素质强警。围绕队伍思想政治、公安铁军建设、民警教育训练、强化执行力、民警心理健康、绩效考核、优化警力配置、辅警管理等方面加强工作，摸清问题和薄弱环节，找准突破口和着力点，研究制订2017年度民警训练工作规划，深化"泰山民警讲坛"、警务实战培训班等训练工作，全年，开展"泰山民警讲坛"6期、警务实战培训班6期。③坚持文化育警。推进"警营文化室"建设，推进公安宣传工作，围绕中心工作和重点工作，立足高层次、出精品，联合各级驻泰媒体加强宣传力度，为工作开展营造良好氛围。全年，共在各类媒体共发表新闻报道1297篇，其中报刊类200篇、广播电视类71篇、网络类1026篇，国家级媒体8篇、省级媒体572篇、市级媒体717篇。开辟"掌上泰山区"等新媒体阵地，创新开展"网络直播互动"活动，展示分局警犬技术，共有26万多名网民在线观看或收看视频回放。④坚持规范治警。以"清障行动"开展为契机，加强执法动态监督，依托执法闭环管理系统，强化网上巡查和问题曝光机制，实时发现问题并通报整改，增强执法监督的灵活性、精准性。2017年，共巡查警情19194起，案件5102起，查出并整改问题600余个。5月11日，全市公安机关构建"规范警务"品牌现场推进会上，泰山分局就网上巡查的成功经验作典型发言。专门召开"学习十九大、铁军作表率""挑毛病、找问题、严整改、强执行"百日整治提升活动暨"关口前移严执纪、规范警务铸铁军"主题活动动员大会，采取实地排查、视频检查、网上巡查、重点工作现场督查等方式，开展执法执纪回头查活动，不断夯实问题整改。通过以"红蓝对抗""回头看"等督导机制的全面跟进、不断完善，共发现并整改执法问题隐患86次。⑤坚持从优待警。倡导"快乐工作、幸福生活"的工作态度，推进民警年休假、定期体检、大病救治等工作落实，增强队伍的向心力、凝聚力、战斗力。树立典型引领，及时表彰，依托铁军警队和铁军卫士评选活动，开展典型选树，及时通报表扬，特别是在十九大安保工作进入决战决胜的关键时期，开展十九大安保战时授奖活动，2名民警被市公安局记三等功，11民警受到泰山分局嘉奖。

（泰安市公安局泰山区分局）

检察

【概况】 区检察院始建于1985年5月。前身系原泰安县、泰安市（县级市）检察院，1985年5月因撤地划区而设立，现院址虎山路37号。2017年12月，内设业务部门有反贪污贿赂局、反渎职侵权局、侦查监督科、公诉科、刑事执行检察科、民事行政检察科、控告申诉检察科（与举报中心合署）、检察技术科、法律政策研究室、案件管理中心。综合保障部门有办公室、政治处、纪检监察室、警务科（法警大队）。派出机构有派驻邱家店检察室（辖上高）、省庄检察室（辖泰前）、财源检察室（辖徐家楼、岱庙），三个派驻检察室均为副局级单位。

区检察院拥有面积4800余平方米的办公和办案技术楼，办公楼设有业务部门、综合部门办公室、会议室、远程视频会议室、接访室、电子阅览室、律师阅卷室、党员活动室、多功能活动室等设施。办案楼内设有侦查监控指挥室、询问室、讯问室、心理测试室，配备有数字化办公、办案、通信技术设备。

2017年，检察队伍人员分类管理前，在职干警84人，检察长1人、副检察长3人，党组成员8人。有检委会委员10人，检察员49人，书记员8人。4月，检察队伍人员分类管理后，设有员额官29人，检察辅助人员40人（含司法警察5人），司法行政人员12人。

2017年，区检察院先后被评为省级五好基层检察院、省级文明单位、人民满意政法单位、公正执法先进单位等称号。年度内，区检察院2个部门10名干警分别受到省市区表彰。

【反贪污贿赂】 2017年反贪污贿赂工作坚持有腐必反，有贪必肃，营造全区良好政治生态。①查办有影响有震动大案要案12件12人，其中，县处级干部3人、科级干部9人。②查处民生领域职务犯罪案件，立查以招生之名贪污国家助学补助款系列窝案4件4人。③做好职务犯罪预防工作。结合办案形成惩治与预防职务犯罪年度报告，梳理低保、计生等领域职务犯罪风险点26个。在国税、工商、供电、食药监局8个单位开展警示教育宣讲，受理行贿犯罪档案查询6047起。④做好清理已存线索工作，网上受理的22件线索上报市检察院，控申部门移送及办案自行发现的纸质线索符合移送条件的交泰山区纪律检查委员会，无立查价值线索暂留存。⑤侦查终结追缴到位的涉案款物，按规定上缴财政。扣押的款物全部依法退还。

【反渎职侵权】 ①查办动植物检疫领域职务犯罪案件2件2人。②按照省人民检察院《开展查办渎职侵权犯罪专项工作通知》要求，查办发生在群众身边，损害群众利益的司法新领域的涉嫌执行判决裁定滥用职权罪案1件1人。③查处职业培训领域骗取国家专项资金的滥用职权受贿案件1件1人，查处3起职业培训学校单位行贿罪案。④开展阶段性地专项行动。查处上级纪检监察机关交办和移送的案件线索及涉及危房改造领域、供销系统、职业培训领域的罪案线索。

【侦查监督】 2017年侦查监督工作按照审查逮捕诉讼化、专项监督精准化、监督事项案件化的侦查监督工作要求履行检察监督职能。①严厉打击严重刑事犯罪，服务经济社会稳定大局。年内共办理审查逮捕案件198件265人，批准逮捕115件149人。对涉嫌爆炸、故意杀人、强奸、抢劫、绑架等暴力犯罪案件的嫌疑人从快批准逮捕。批捕谢某某放火案，批捕的涉毒犯罪嫌疑人30人中郑某某涉嫌贩卖毒品案被依法判处死刑。②严厉打击经济领域犯罪，维护市场经济秩序。专项打击，走私、金融领域等严重破坏市场经济秩序犯罪，年内批准逮捕此项犯罪嫌疑人26人，从快批捕尹某等人非法吸收公众存款案、批捕赵某某等人销售有毒有害食品案；打击利用网络实施诈骗犯罪，维护社会生活秩序，从快批捕电信诈骗嫌疑人张某某等3人。③对重大敏感案件快速反应、提前介入侦查、引导取证、快速受理。依法批捕了最高人民检察院挂牌督办的社会影响恶劣的非法经营疫苗案嫌疑人、批捕了引发社会广泛关注的泰城东湖小区撞人案嫌疑人。④提升两项监督品质。把握住监督立案、撤案以及纠正违法的标准，把破坏环境资源犯罪和危害食品药品安全犯罪案件，作为监督工作的重中之重，与公安机关、环境资源监管部门、食品药品安全监管等部门沟通协作，形成合力；对公安派出所刑事立案、强制措施适用、侦查取证行为等监督作为重点，了解掌握违法信息线索并监督处理。

【公诉工作】 2017年公诉工作适应以审判为中心的诉讼制度改革，以办案质量为中心，把规范司法、惩治犯罪、保障人权、服务民生贯穿到公诉工作的各个环节，为经济社会发展提供有力司法保障。年内受理各类刑事件654件947人。①引导侦查的诉前主导作用，提高侦查取证质量。提前介入侦查，联合侦监科、未检科与泰山区公安分局会签《关于检察机关介入刑事案件侦查工作的规定》；建立直诉案件预审制度，与案管中心配合对公安机关直诉案件采取预审查措施，节约司法资源。②发挥审查起诉的过滤把关作用，防止有问题的案件进入审判环节。非法证据排除机制进一步完善，提升了证据审查能力；以客观证据为中心的案件审查方法进一步成熟，改革审查报告文书，引导侦查机关将取证重心从突破口供转变到全面收集固定证据。③规范与律师的交流沟通机制，构建良性互动的新型诉辩关系，对辩护人提出的意见及时核实查证，问题解决在审查起诉阶段。④依法严厉打击严重刑事犯罪，从快从严起诉故意杀人、故意伤害、强奸等侵犯人身权利犯罪案件61件72人。

【控告申诉检察】 2017年接待群众来信来访400人次。工作中化解矛盾，消除纠纷，对执法办案中的风险进行评判预警，集中化解涉法信访积案，做好中共十九大召开期间的安全维稳工作。①排查涉法信访积案。对涉检的三起信访积案，包案化解，做到息诉罢访，连续13年实现赴省进京“零上访”。②规范开展民事、行政诉讼监督案件受理工作。从受理的30件申诉申请中审查符合法定条件的2件移送至民事行政检察科，作为其他做了息诉罢访处理，节约司法资源。③把握刑事申诉案件的受理条件，年内办结2起刑事申诉案件。对17件申请立案监督的案件，审查出14件移送侦查监督部门。④推进律师参与化解和代理涉法涉诉信访案件工作，年内律师参与接访13次，化解信访矛盾10件。⑤做好“全省检察机关文明接待室”评审准备工作。按评比标准和评比办法整理归纳材料1000份。

【举报工作】 2017年受理群众举报线索31件，其中11件转反贪污贿赂和反渎职侵权部门，17件转公安和纪检监察机关，3件按初核程序控申部门进行初核。办理对院自侦部门立案不服的监督申请案件2件。对举报线索进行清理、审查和流转，做好反贪污贿赂局和反渎职侵权局职能划转和人员转隶前线索转留的前期准备工作。

【刑事执行检察】 ①落实最高人民检察院《关于全面加强和规范刑事执行检察工作的决定》加强刑罚执行、刑事强制措施执行和强制医疗执行监督。对辖区内的市看守所开展安全隐患清查活动4次，向泰安市人民检察院报送看守所监管活动违法线索10件，配合看守所加强对在押人员的教育。②与法院、公安分局、司法局联合会签《关于建立刑事裁判涉财产刑的执行及检察协作机制的意见》，并就财产刑的执行开展专项检查监督活动。③推进社区矫正监督工作落实“两高两部”《关于进一步加强社区矫正工作衔接配合管理的意见》，对调查评估、交付接收、监管教育、收监执行等环节履职情况进行监督，对辖区内在矫的394名人员逐个建立矫正检察档案，其中发现的违法情形发出纠正违法通知书均得以纠正。④在维护稳定职能工作中，办结5件刑罚被执行人又犯罪案件，其中逮捕3件4人、起诉2件6人。⑤开展羁押必要性审查工作，落实《人民检察院办理羁押必要性审查案件规定》和《实施细则》对于法院可能判处缓刑的，力争在公诉环节变更，年内办理羁押必要性审查17件，其中未成年人黄某某羁押必要性审查一案被省院评为2017年10个精品案件之一，在全省起了示范作用。

【民事行政检察】 2017年，民事行政检察工作在开展“基层民行工作推进年”活动中对环保、食品药品安全等行政执法进行检察监督，年内共办理民事行政检察监督案件43件。办理涉及司法活动中的诉讼违法监督10件、执行监督案件14件，终结审查1件，提出检察建议23件，均被采纳。纠正行政机关行政执法的监督案件16件，提出检察建议16件，均采纳。化解矛盾纠纷，服判息诉30件，不支持民事行政案件当事人的监督申请案件3件。办理判决裁定执行监督案件14起，促进法院依法执行。办理行政执法监督案件8起，有效推进拆除违章建筑活动的开展。办理环境污染案件诉前程序1起，对公益诉讼案件进行有效尝试。到泰山区食药局、工商局等单位开展法制教育4场次。

【检察技术】 ①对各业务部门办理涉及技术性证据的案件加大审查力度。年内共办理各检察技术类案件152件，其中，法医文证审查38件、电子证据6件、搜查照相录像15件、同步录音录像93件。②

参与电子数据省域中心和市检察院云平台区域分中心建设，建立电子证据远程检验制度，试行网上远程快速检验，成功出具泰安市第一份电子证据检验报告。③落实省人民检察院同步录音录像工作管理规定，对18名嫌疑人、75名证人进行同步录音录像，录制时长397小时。同时委托省人民检察院进行文件检验鉴定1件，给自侦案件提供了关键证据。④完成省检察院侦查信息网点分布和终端配备，实现同录资料、网上流转和在线应用。

【法律政策研究】 ①年内在信息、调研工作中，撰写各类信息32篇，撰写调研文章11篇，完成检察工作报告、预防职务犯罪年度工作报告等综合材料。其中，上级院转发信息21篇，公开发表理论文章5篇，撰写《“六型”基层院建设调研报告》，在全省服务保障“六型”基层检察院建设，优秀调研报告评选活动中获奖。②围绕预防职务犯罪工作，撰写的惩治与预防职务犯罪年度报告层报区委主要领导获批示，持续开展检察官联系大项目工作，及时跟进文化路小学、云谷信息产业园等9个建设项目，保障政府投资安全。到区国税局、工商局、供电公司、食品药品监督管理局等8个单位开展警示教育宣讲，受教育干部、职工达两千余人。③组织召开检察委员会会议19次，作出检委会决定23次。④召开人民监督员会议2次，监督拟撤销案件1件，拟不诉案件1件。

【派驻检察室工作】 2017年派驻检察室基础建设全部达到检察服务区、工作业务区、后勤保障区、警示教育室的“三区一室”区域功能要求。①派驻邱家店检察室开展关注民生活动，监督惠民政策落实，摸排辖区内贪占惠农资金民生补贴的线索；利用信息超市宣传惠农资金政策法规，拓展群众参与度，提高监督效能；设立便民服务中心定期定点开展便民法律服务。开展犯罪预防参与跟进滨河新区大项目建设；联合镇纪委对镇机关工作人员及村两委成员进行专项预防宣讲；联合派出所、司法所、综治办进行普法宣传，拓展化解矛盾服务范围，保障地方平安建设。②派驻省庄检察室实行联席会议制度，联合检察院侦监部门、公安机关的法制部门、驻地派出所制定对驻地派出所刑事执法活动监督的工作方案；借助协办起诉轻微刑事案件契机发现和纠正派出所刑事执法中的违法行为；建立派出所刑事执法活动检察档案，建起数据交换信息通报、诉讼流程监督工作台账。③派驻财源检察室围绕辖区内大项目建设，对强揽工程危害改革发展的轻微刑事案件直接办理；实现对信息超市的动态化管理，对村、社区、学校、企业、惠农资金、低保信息等及时搜集录入，充实信息超市内容；年内接待群众来访5件5人，开展法制宣传2次、走访巡访10次；开展社区矫正监督工作18次，对76名新入矫正人员逐一建立监督档案和台账，并实行动态监督。对在矫人员，提出纠正意见6条，协助司法所对监外执行矫正人员教育训诫3次。 （彭丹丹）

法院

【概况】 2017年，区人民法院围绕“司法为民、公正司法”工作主线，忠诚履职、务实担当，各项工作取得新的发展和进步。共受理各类案件10655件，审执结10165件，同比分别增长49.1%和32.5%，年度收结案件数首次突破一万件，为辖区经济社会发展提供了有力的司法保障。连续12年保持省级文明单位称号，岱庙法庭庭长万峰被评选为“泰安市十大法治人物”。

【严惩各类犯罪】 依法惩处各类犯罪，审结刑事案件471件，判处罪犯530人，其中判处3年以上有期徒刑38人。注重被害人权益保障，通过附带民事判决和调解，被害人获得赔偿款720余万元。妥善处理民生案件，审结就业、医疗、交通事故、损害赔偿等涉民生领域民事案件1878件。推进家事审判方式改革，探索试行了财产申报、家事调查、婚姻冷静期、诉前调解等制度。依法调节经济关系，审结商事案件4334件，标的额26.23亿元。支持促进依法行政，共审结公安、资源、劳动和社会保障等行政案件172件，审查非诉行政执行案件136件。加强与行政机关良性互动，通过建立联席会议制度、邀请行政机关观摩庭审、开展司法建议等方式，有效助推了法治政府建设。加大司法救助力度，发放司法救助金32万元，缓减免诉讼费30余万元，保障困难当事人打得起官司。

【规范审判权力运行】 在完成员额法官遴选的基础上，按照“员额法官+法官助理+书记员”模式组建独任制审判团队39个，促进人员配置最优化、办案效能最大化。加强对审判权监督管理，制定院庭长、法官和司法辅助人员权力清单，完善审判委员会、专业法官会议议事规则和案件质询定责制度，做到放权不放任、用权受监督。全面落实院庭长办案，设定院庭长办案指标，院庭长办理案件4011件，占全院审结案件数的39.5%。推行刑事案件轻刑快审，适用刑事速裁程序进行审结轻微刑事案件247起。推进简易民商事案件速裁工作，速裁庭四名主审法官共结案1359件。集约审判辅助事务办理，将诉讼保全、文书送达、材料收转、委托鉴定等十余项辅助事务交由相关职能部门或诉讼服务窗口集中办理，保障了法官集中精力办案。

【推动纠纷多元解决】 加强诉讼引导、法律释明、风险告知等工作，引导群众自愿选择非诉讼渠道解决纠纷。积极构建覆盖全区的诉调对接网络，在区人民法院设立诉调对接中心，商司法行政部门选派司法调解人员入驻，在各街道镇及部分社区（村）设立诉调对接服务站（室），指导、支持人民调解组织开展诉前、诉中调解工作，依法确认调解协议效力，促进案结事了。加强与各类专业调解委员会的协调和衔接，在全市设立首家道交保险纠纷一体化调处中心，由保险专业人员全程参与调解，实现了案件快结、费用快赔，被省法院确定为道路交通事故损害赔偿纠纷“网上数据一体化处理”改革试点法院。

【实施执行攻坚】 围绕“用两到三年时间基本解决执行难”目标，不断强化责任担当，出实招、挥重拳，坚决打赢执行攻坚战。2017年共新收执行案件3245件，结案3020件，同比分别增长66.5%、50.3%，结案标的额达16.98亿元，执行到位金额7.97亿元，实际执结率达69.1%。积极争取区委、人大、政府、政协及社会各界的领导支持配合，构建起综合治理执行难工作格局；深化执行指挥中心建设，开展专项执行行动，完善信用联合惩戒机制，用足失信曝光惩戒措施，特别是与泰安电视台合作开办“‘老赖’曝光台”栏目、连通区综治办综合治理信息平台查询被执行人居住信息、建立交警部门协助法院查找被执行人机动车辆工作制度、协调驻军八十八医院为被拘留人员开通查体绿色通道等创新性做法，均取得明显效果。

【推进智慧法院建设】 建成审判业务云平台，随时汇集全院司法数据信息，全面反映审判态势、案件质效，实现质效管理多维立体、可视化延伸。加快建设“智审”、语音识别等智能辅助办案系统，为法官提供类案推送、文书纠错、数据分析等智能服务。借助信息技术手段，深化审判流程、庭审直播、执行信息、裁判文书“四大公开平台”建设，共公布生效裁判文书5140份。完善网站、微博、微信等多元公开体系，人民群众了解、参与、监督司法活动更加简便快捷。

【加强队伍建设】 坚持全面从严治党，落实管党治党主体责任，全面加强思想政治、履职能力、纪律作风、司法廉洁建设。深入推进“两学一做”学习教育常态化制度化，扎实开展“重效率、勇担当、作表率”专题教育和党的十九大精神学习，组织领导干部讲党课、演讲比赛、主题党日、向先进典型学习等活动，坚定理想信念，强化责任担当。扎实开展庭审观摩、案例研讨、优秀裁判文书评比等岗位练兵活动，组织全员参加的综合素质提升培训，锤炼和提升干警司法能力。继续狠抓审务督察工作，进一步规范司法行为，法院队伍呈现新面貌，全院法官年人均结案达到260多件，比全市法官人均结案数高49.9%。

司法行政

【概况】 2016年，区司法局加挂区社区矫正管理局牌子。2017年，区司法局内设办公室、财务科、法制宣传科、公正与律师管理科、基层工作科、社区矫正监管科、社区矫正执法科和安置帮教科8个职能科室。机关行政编制18名，工勤人员编制1名，实有人员18人。下设7个司法所，核定司法行政专项编制25名。其中财源、岱庙、上高、徐家楼司法所司法行政专项编制4名，泰前、省庄、邱家店司法所司法行政专项编制3名。实有人员21人。设一个一级全额事业单位调解中心办公室和一个二级差额事业单位泰山公证处。区调解中心办公室为正科级全额拨款事业单位，加挂区法律援助中心牌子，核定事业编制6名，实有人员10人。泰山公证处为副科级差额事业单位，核定编制5名，实有人员3人。

年内，泰山区被中共中央宣传部、司法部评为全国法治宣传教育先进县（市、区）。区司法局被全国人民调解员协会表彰为人民调解工作先进集体，被省司法厅表彰为全省司法行政系统重点工作完成先进集体。岔河社区、三联社区分别荣获全国模范人民调解委员会、全省模范人民调解委员会的称号，上高街道岔河社区被司法部表彰为全国模范调委会，岱庙街道岱东社区为全国民主法治社区，财源街道三联社区为全省法治文化建设示范基地。

【法治宣传教育】 3月6日，为纪念“3·8”国际劳动妇女节，上高司法所在利民社区举办以“保护妇女儿童合法权益”为主题的法治宣传活动。3月10日，省庄镇司法所在羊娄小学开展以“法治进校园，迈好青春第一步”为主题的法治宣传活动。3月13日，上高司法所利用上高大集，走向集市，走进群众，进行普法宣传活动。3月30日，上高司法所邀请区法院少年审判庭马秀莲庭长为上高中学师生举办法制教育报告会。4月14日，区司法局在区委院外开展“国家安全日”普法宣传活动，发放法律明白纸200余份。4月14日，邱家店司法所在浙汶河小学开展“法制进校园”宣传活动，宣传《中华人民共和国义务教育法》《中华人民共和国未成年人保护法》《中华人民共和国预防未成年人犯罪法》等法律法规。4月17日，徐家楼司法所邀请泰安市中级人民法院少审庭副庭长范红艳，为泮河中学师生举办法治教育报告会。4月27日，区普法办组织协调公安分局、法院、检察院、人社局、教育局、司法局、民政局、工商、税务等24个司法、执法单位，开展集中上街普法宣传活动。5月2日，岱庙司法所联合法律服务所在南关小学为校师生宣讲法律知识。5月11日，财源司法所联合法律服务所在英雄山社区开展“弘扬法治精神，构建和谐社会”为主题的法治宣传进社区活动。5月25日，财源司法所联合法律服务所为三里小学学生送去“法律大餐”。司法所主任王奎就交通安全、宪法基本常识等内容进行重点解读。5月27日，岱庙司法所在迎暄社区开展“法律服务进社区”活动。6月2日，泰前司法所邀请区交警支队为岱道庵小学学生上交通法制课。6月7日，区环保局组织区内部分企业在东岳大街开展世界环境日普法宣传。6月15日，区安监局组织开展第16个全国安全生产月街头专题宣传活动。6月26日，区直有关部门在南湖公园开展“党员V行动”普法宣传活动。7日—8月，区司法局与有关部门组织法律专家在三联、圣华、丽景、嘉德、科大社区、徐家庄村开展“情暖万家”法律知识讲座活动。8月25日是全国首个“残疾预防日”，区残联联合区相关部门开展“残疾预防日”普法宣传活动。10月20日，区司法局在省庄镇后省庄村开展以助力精准扶贫为主题的法治宣传活动。12月4日—22日，开展2017年全区党政机关公务员网上宪法知识考试，3763名机关工作人员参加考试，平均96.43分。年内，推选岱庙街道岱东社区为全国民主法治示范社区，财源街道三联社区为全省法治文化建设示范基地。打造升级社区普法超市，在岱东社区新建“居民学法驿站”，在岱西公园新建“岱西文化广场”。

【人民调解】 2017年，区司法局被全国人民调解员协会表彰为人民调解工作先进集体，上高街道岔河社区人民调解委员会被表彰为全国模范调解委员会，财源街道三联社区人民调解委员会被表彰为全省模范人民调解委员会。张继刚、彭凤君被评为全省模范调解员。①强化调解网络建设，实行“网格化”管理。按照“四落实”（组织、工作、制度、报酬）、“五统一”（标牌、印章、徽标、调解员证和文书格式）要求，建立健区、街道（镇）、村（社区）、村民小组四级调解组织网络。在区级层面，调整充实人民调解指导委员会，在街道（镇）层面，设立不少于40平方米的人民调解庭，并实行基层法律服务工作者参与调解工作的包保责任制，7个街道（镇）以文件形式明确包保责任人。在社区（村）层面，设立不少于20平米的人民调解室，明确调委会主任由社区（村）主要负责人兼任，并至少配备一名专职调解员。在抓好调解网络建设的同时，实行“网格化”管理模式，每个网格设1~2名调解员、多名调解信息员。②强化调解机制建设。开展形式多样、内容丰富多彩的法制宣传教育活动。在21个社区（村）设立规范的“司法行政工作室”，让群众在家门口享受法律“一站式”服务，从源头上预防矛盾纠纷的产生。一是建立健全调处机制。在矛盾纠纷排查调处工作中，实行“排查、挂账、处理、销号”工作程序，坚持社区（村）周排查、街道（镇）半月排查、区级月排查制度。特别是在中共十九大期间，认真做好矛盾纠纷排查调处工作分类台账和重大矛盾纠纷台账，随时掌握纠纷信息动态。一旦发现纠纷苗头，及时报告，确保了中共十九大期间的安全稳定。二是建立健全保障机制。区、街道（镇）建立“人民调解基金”，列入财政预算，区财政列支15万元，各街道（镇）均列支10万元作为“人民调解基金”实行“以案定补”，区司法局印发《泰山区人民调解“以案定补”资金管理使用办法》，上半年对符合“以案定补”发放标准的80件案件进行兑现，共发放“以案定补”资金34200元。③强化调解方式转变。2017年特别加强了诉调对接工作，在人民法院设立人民调解工作室，并向法院派驻4名专职调解员，具体负责全区诉调对接日常管理工作。在街道镇设立诉调对接服务站，在有条件的社区（村）设立诉调对接服务室，加大立案后、开庭前的调解工作。同时，按照《山东省多元化解纠纷促进条例》要求，在全区国土、工商等12个职能部门先行成立相应的专业性、行业性调解组织，并明确人员机构、工作职责、工作程序和运转机制。④强化调解组织领导，确保各项工作落到实处。严格落实领导责任制，实行“一岗双责”制度，明确责任单位、责任人和解决时限。加大督导检查和考核力度，把人民调解强基工程纳入社会治安综合治理重要考核内容，增加考核分值，对重大矛盾纠纷排查调处措施落实不到位的实行约谈制度，加大奖惩力度，制定印发《泰山区“金、银牌调委会”、“金、银牌调解员”评选标准》，在全区开展“金、银牌调委会”、“金、银牌调解员”评选活动。年底，区委、区政府对10个人民调解先进单位、10名金牌调解员和10名银牌调解员进行了表彰。全年，全区各级人民调解组织共排查调处各类矛盾纠纷444件，成功率98%，其中，化解疑难复杂纠纷7起，成功率100%。

【安置帮教】 本着“依法规范、积极稳妥、循序渐近”的原则，充分发挥司法行政工作职能作用，创新工作措施，强化政策落实，突出抓好刑满释放人员的衔接管理、安置帮教、就业服务和救治保障等工作，最大限度地预防和减少重新违法犯罪，全面提升刑满释放人员的管理服务水平。全区共有安置帮教人员1125名（男性1019人，女性106人），其中刑满释放人员190人，解除社区矫正转入935人，刑满释放的人员，安置率和帮教率均达到100%，无一人重新违法犯罪。

【律师工作】 ①以案卷评查为主线，抓律师事务所规范化建设。一是按照省司法厅《全省律师行业案卷质量评查实施方案》要求，深入各律师事务所，重点对收案登记、案卷材料、档案管理和财务收支情况进行工作督查，归档率达到85%以上。7个律师事务所和全体执业律师完成了2016年度律师事务所、律师年检注册工作。二是加强律师事务所文化建设，统一律师出庭函，统一制作包括案卷封皮等，各律师事务所统一订购律师服，统一印制律师事务所简介，设计制作律所的标识并在门牌、名片和稿纸等各方面予以体现。②抓律师队伍建设。一是进一步加强执业监管力度，做好日常监管，杜绝实习律师单独办案，执业律师私自收案、收费现象，严格贯彻执行重大、疑难案件集体讨论制度和大案上报制度。二是加大律师人才引进，扩大律师整体规模。经省司法厅和市司法局批准，2017年新成立山东融冠（泰安）律师事务所和山东润吉律师事务所，全区律师事务所达到8家，正式执业律师40多名。山东润吉律师事务所经省司法厅核准成立，正筹备开业。2017年，山东东岳泰山律师事务所被泰安市委组织部确定为泰安市"基层党建工作示范点"，两名律师被泰安市司法局、泰安市律师协会表彰为泰安市"十佳专业律师"。张继广律师被泰安市司法局、泰安市律师协会确定为2017年度"齐鲁最美律师"候选人。③抓法律服务职能，服务优化、效能提升。一是强化对"律师会客厅"的管理，在执行目标责任、扩大服务范围、提升数量和服务质量上作文章，增建2家"律师会客厅"，续建完善4家"律师会客厅"，"律师会客厅"达到46家。充实"律师会客厅"服务内容，调整值班律师，重新制作律师简介版面。按照"律师会客厅"工作制度对"律师会客厅"进行调度检查。二是拓展"律师会客厅"服务渠道，创建"聚律——律师数字网络服务平台"。"聚律——律师数字网络服务平台"是山东岱青律师事务所与专业的网络公司共同开发的律师网上服务平台。平台专门设立"律师会客厅"服务板块，印制并向居民发放"律师会客厅"网络服务卡。全区各律师事务所30多名律师同时在线，通过线上线下多种形式，全方位为群众、中小企业提供法律服务。居民通过免费注册后登陆平台，足不出户就能免费享受律师高端的法律服务，使"律师会客厅"的服务更加方便、快捷，覆盖面积更广，服务范围更大。全年，"律师会客厅"累计接待居民咨询1800余人次，成功调解民间纠纷120余起，发放各类宣传资料、读本3000余份，立案办理各类法律援助案件100余件。④积极推进涉法涉诉信访案件律师代理申诉工作。在区人民法院、区人民检察院和区公安分局设立律师代理申诉值班室。律师值班室实行律师轮流值班制度，由区司法局在全区律师事务所内选派政治素质高、专业能力强、工作经验丰富的专职律师，每周定期在律师值班室进行全方位的法律咨询、诉讼代理、信访调解等"坐诊服务"。

【公证工作】　泰山公证处系区直事业单位，前身为泰山区公证处，成立于1985年5月，2007年8月1日更名为泰山公证处。泰山公证处在编人员4人，聘用公证员2名，高级职称公证员1名，中级职称公证员1名，初级职称公证员2名。2017年，泰山公证处被泰安市泰山区司法局评为"20167年度全区司法行政系统先进集体"。①服务经济社会发展。在全区重大项目拆迁工作中发挥公证职能优势，为回迁居民办理分房现场监督公证。②强化队伍建设。派员参加5月6日至7日市公证协会与德州公证协会举办的培训班，3月27日至29日在济南举办的山东、陕西两省涉外公证业务培训班，5月26日至28日在淄博、泰安、聊城、东营四市联合举办的业务培训班，9月3日省司法厅组织的视频会议，10月21日至22日由临沂、菏泽、聊城、济宁、潍坊、德州、泰安、莱芜八地市举办的业务培训班。③加强公证质量监管。开展公证质量专项检查，加大公证质量监管力度，开展公证质量自查、互查、集中查"三检"活动，修订公证处质量检查标准。④加强信息化平台建设，不断提升信息平台管理、服务功能。加大对"互联网+公证"的探索研究，进一步推动公证与互联网的深度融合，4月14日网上注册认证“泰山公证处”并认证“泰山公证”微信公众号，为提供公证相关信息的分享和传播，为实现公证服务网上预约、网上受理、网上支付等，有序推进公证大数据建设，逐步实现公证档案电子化，为公证大数据建设做好准备。⑤积极拓展新业务。经上级主管部门审核同意，在办理传统国内民事、经济公证业务的基础上，自2017年1月1日起开通办理涉外公证业务，事项主要包括出生公证、亲属关系公证、户口本公证、婚姻状况公证、学历公证、委托公证、国籍公证、职称公证、资格公证等。

【基层法律服务】 2017年，全区13个法律服务所共接到来访法律咨询人7512人次，调处纠纷452起，办理法律援助案件242件，担任法律顾问357家，代理诉讼案件2024件，非诉讼案件498件。①认真做好基层法律服务年检注册工作。按照市司法局《关于开展基层法律服务年检注册的通知》要求，区司法局对基层法律服务所及基层法律服务工作者逐一进行全面细致的年检工作，全年共通过年检138人，注销4人，补证3人，换证40人。通过年检机构13个。②开展一村“社区”一法律顾问工作。多次召开专题会议研究工作开展情况，印发《关于开展“一村（社区）一法律顾问”工作的实施意见》，要求在有条件的村（社区）要专门腾出不少于20平米的办公场所建立“法律顾问”会客厅，为法律顾问开展工作提供必要的场所。2017年，全区187个村（社区）都明确了一名法律顾问，并签订顾问合同，法律顾问实现全覆盖。③大力开展法律工作者参与人民调解工作。各街道（镇）实行基层法律工作者包保社区（村）调解工作责任制，签订《基层法律工作者参与人民调解包保责任书》。④对基层法律的相关文书进行规范并统一印制。全年共印发规范的法律文书5000份。⑤加强法律服务工作者培训。举办全区基层法律服务工作者培训班，培训班上邀请省人民调解员协会副会长以及区人民法院的业务专家对基层法律工作实务进行授课。⑥积极参加公益活动。11月25日，组织50余名法律工作者参加“热血多米诺·爱心大接力”无偿献血活动，当日共献血10000毫升。

【社区矫正工作】 截至2017年年底，全区累计接收社区服刑人员2383名，解除社区服刑人员1987人，在册社区服刑人员396名，被宣告缓刑的364名，假释25名，暂予监外执行7名，无一人脱管漏管。①开展社区矫正、安置帮教安全隐患专项整治。司法所进行全方位、拉网式的排查走访，区司法局定期对各司法所排查整治情况进行督导检查，全面摸清影响社区矫正、安置帮教安全稳定的隐患，建立完善相关表格和台账。全区共排查出社区矫正安全稳定隐患8条，对排查出的问题和隐患，制定整治措施，限时整改。②对矫正对象开展宣告、谈话、签订协议、提出要求，把好“接收关”。采取严管、普管、宽管的方法进行分类分级管理，及时掌握矫正对象的情况，适时调整矫正方案。对矫正对象进行经常性法制、政策、道德、前途以及遵纪守法教育，把好“管理关”。采取心理矫治和行为矫治相结合的方法，对症下药，定期组织矫正对象参加教育学习，定期到司法所进行汇报思想、活动情况，把好“矫治关”。利用信息监控指挥中心，对97名重点社区服刑人员进行实时监控，实行影像化跟踪管理。③按照社区矫正报到、外出审批、居住地变更等规定，凡交付衔接的一律“无缝对接”，凡是外出的一律在权限范围内审批，凡是居住地变更的一律经过核实，凡奖励、减刑的一律经过公示。特别是在中共十九大期间，对重点社区服刑人员严格控制外出请假，非因家庭发生重大变故或因病外地就医确需外出的，一律不予请假。④在中共十九大期间，实行社区矫正工作安全稳定日报告制度。要求各司法所每日上报社区矫正安全稳定情况。严格落实各项监管措施，对重点社区服刑人员实行24小时手机定位，每周不定期电话联系对其轨迹情况进行核实。对重点社区服刑人员开展集中教育，严格要求重点社区服刑人员务必遵纪守法。

【基层司法行政】 开展“司法所规范化建设”争创活动。各司法所建立起所长室、社区矫正室、安置帮教室、调解庭、社区矫正宣告训诫室（服刑人员培训室）、法律服务室(法律服务所)、档案室等“六室一庭”，用房面积达110平米以上。年底，全区建立起集法制宣传教育、人民调解、社区矫正、安置帮教、法律服务及法律援助为一体的司法行政工作室21个。全区司法行政系统形成“以区司法局为龙头、以处镇司法所为主体、以村社区司法行政工作站为补充”的三级司法行政服务网络。5个司法所获得“省级规范化司法所”荣誉称号。

【“148”法律服务专线】 2017年，“148”法律服务热线共解答咨询电话735个，接待当事人652多人次，受理各类法律服务事项162件，公证处办理各类公证事项24件，解决各类矛盾纠纷60多件。

【法律援助】 ①建立法律援助大厅。3月，法律援助大厅建成并投入使用，实现法律援助窗口“临街落地”。2017年，法律援助大厅共办理法律援助案件324件，受援人数419余人，其中，刑事案件45起，大多数为未成年及残疾人案件；农民工索要劳动报酬230件，受援人都是农民工；结案271件，受理法律咨询700余人次，受援人多为经济困难年老体弱的老年人。②扩大法律援助范围。坚持以法律服务推进法援宣传，以法律援助促进法律宣传，先后举办“双龙社区法制讲座”“齐鲁巾帼志愿者百场巡讲”“法制宣传月”“‘3·8’节妇女维权周”“志愿助残”，以及法律援助深度参与精准扶贫等活动，为群众解答法律难题，同时发放各类宣传材料千余份。在新闻媒体发表法律援助信息稿件23篇。③创新法律援助新渠道。上半年法律援助中心与泰山区劳动仲裁委员会协商合作，在劳动仲裁庭设立法律援助联络站，为没钱打官司的农民工提供免费的法律援助服务，为农民工追讨工资等劳动待遇提供专业的支持和帮助。年内，联络站受理劳动仲裁案件56起。④律师参与涉法涉诉和代理申诉案件。全年，律师代理涉法涉诉案件57件，参与化解信访案件140余件。⑤法律援助律师值班室建设。在区公安分局、区检察院、区人民法院建立法律援助工作站，实现公检法法律援助律师值班室全覆盖。全年，法律援助值班律师共为犯罪嫌疑人、被告人解答咨询500余人次，转交法律援助申请75件。 （区司法局）

经济综合管理

发展和改革

【概况】 2017年，全区实现生产总值543.85亿元，比上年增长（下同）7.01%。其中：第一产业增加值7.31亿元，下降23.13%；第二产业增加值183.7亿元，增长6.02%；第三产业增加值352.84亿元，增长8.42%。三次产业结构比例调整为1.34:33.78:64.88。服务业增加值占生产总值比重比上年提高0.11个百分点。全区实际完成一般公共预算收入30.9亿元，同口径增长5.3%。全社会固定资产投资348.4亿元，增长3%。城镇居民人均可支配收入37962元，增长7.8%。农村居民人均可支配收入16071元，增长8.7%。实现社会消费品零售总额376.8亿元，增长9.9%。实现进出口总额536787万美元，增长18.7%。金融机构各项存款余额285.1亿元，较年初增长5.6%，其中居民储蓄206.2亿元，较年初增长0.7%；各项贷款余额181.73亿元，较年初增长7.2%。

【重点项目建设】 制定重点项目建设攻坚战实施方案，重点实施项目“四个一批”工程，即筛选区重点建设项目40个（策划招商一批项目10个，开工建设一批项目12个，竣工运营一批项目8个，股改上市一批企业10个），集中力量重点攻坚，强力快速推进项目。为确保项目顺利进行，实行区级分工领导包保责任制。通过召开项目协调会、现场办公会议，研究制定加快项目建设进度的办法和措施，推进项目建设。共筛选确定重点推进项目31个，由区级领导包保，每月中旬定期调度项目进展情况，领导包保调研情况报区委组织部。区发改局每月定期调度、深入项目现场，及时掌握和了解项目建设进度、存在问题等情况。全年，区级重点推进建设项目31个，总投资457.98亿元，年度计划投资76.38亿元，全年共完成投资42.47亿元，占年度计划的55.6%；11个（半年调整添加1个）策划招商项目3个项目开工建设，4个项目签约，其余4个项目洽谈招商，完成投资26.8亿元，占年度计划的81.9%。12个开工建设项目2项目竣工运营，4个开工建设，占项目总数的50%；完成投资32.44亿元，占年度计划的77.98%。8个竣工运营项目全部开工建设，7个项目竣工运营，完成投资10.43亿元，占年度计划的98.39%。按照“能快则快、越快越好”的原则，排定形象进度计划，明确责任人员，全力加快全区重点项目建设步伐。年内泰山三里屯文商旅综合体、泰安同方电子商务产业园、盛源粉体研发中心等41个项目开工建设，米亚高文化传媒、隆德汽车城二期项目、淘你欢金桥店等16个项目竣工运营。实施“巨人成长”工程，鼓励康平纳、岱银、宝来利来等有条件的企业加大技术创新和管理创新，向全市、全省、全国布局产业链，加快企业上市步伐，不断增强发展后劲。云谷We+创客空间项目列入省级重点建设项目名单，同方电子商务产业园、春雨软件园等15个项目列入市级重点项目名单。全年，项目全部开工建设，完成投资95.8亿元。年产2万吨纱线染色智能工厂、新能源汽车用水冷机壳、阳光智慧谷教育产业基地3个项目建成竣工。玉兰城市广场、新城·吾悦广场等16个项目列入市级前期推进重点项目名单。

【服务业发展】 全区实现服务业增加值352.84亿元，同比增长8.42%，占GDP的比重64.88%，比上年同期提高0.44个百分点；实现服务业固定资产投资226.5亿元，同比增长3.6%；规模以上服务业企业单位数增速为15.8%，营业收入增速为3.54%；服务业实现税收19.07亿元，同比增长11.03%，占全部税收收入的比重为67.5%。通过规划引领、项目带动，金融、电商、物流、旅游、科技文化等产业蓬勃发展，全区加快服务业转型升级步伐。辖区内建有兴业、民生、齐鲁银行等200余个银行网点、保险机构达到53个、金融中介机构达到300余个。2家企业在“新三板”挂牌，12家企业在齐鲁股权交易中心挂牌。速恒物流推广的“平台+基地+超市”发展模式，有效地解决了物流业“最后一公里”的配送问题。2017年，全区接待游客1918万人次，同比增长14.9%；旅游消费总额124.8亿元，同比增长15.6%。全区以电商运营为主业的经营主体达2000余家，有效拉动了泰山特色产品的推广销售。泰山创业工场、泰山科技文化产业园成功争创省重点文化产业园区，山东德佳文化传媒项目列入省重点文化产业项目库。进一步提升服务业的品牌效应和质量效益。2017年，省、市发改委分别组织开展省、市级载体重新认定工作，加大对上争取力度，泰山区城区、1个园区、2个企业、4个项目被列入省级载体。4个省级服务业载体项目总投资24.3亿元，完成投资7.7亿元，完成计划投资的103%。泰山云谷互联网产业园等3个服务业园区、万达集团等2家重点企业、泰安同方电商产业园等7个重点项目列入市级“1123”工程建设。2017年，泰山区被列入全省“十三五”服务业综合改革试点区，出台《泰山区省级服务业综合改革试点方案》，细化分解任务，确保工作顺利开展，促进全区服务业协调健康发展。7月26日，泰山区在全省服务业创新发展会上做题为《立足动能转换 突出提质增效 努力实现服务业创新示范发展》典型发言，典型经验在全省得到推广。

【公务用车改革】 一是明确司勤人员范围。司勤人员范围限于在车改中直接涉及到的一般公务用车司机、在维修岗位上工作，且与用人单位建立人事劳动关系的司勤人员。二是在册正式司勤人员进行内部转岗安置。三是非在册司勤人员解除、终止劳动关系。①与单位直接建立劳动关系的非在册司勤人员解除、终止劳动关系。用人单位与非在册司勤人员解除劳动关系的，按照劳动合同法的规定支付经济补偿，经济补偿按司勤人员在本单位工作的年限，每满1年支付1个月工资的标准向司勤人员支付；6个月以上不满1年的，按1年计算；不满6个月的，向司勤人员支付半个月工资的经济补偿。经济补偿的月工资是指：解除或终止劳动关系前12个月的月平均工资，月工资按照劳动者应得工资计算，包括计时工资或者计件工资以及奖金、津贴和补贴等货币性收入。司勤人员在劳动关系解除或者终止前12个月的平均工资低于当地最低工资标准的，按照当地最低工资标准计算。②以劳务派遣形式使用的非在册司勤人员退回派遣单位。以劳务派遣形式使用的非在册司勤人员，退回派遣单位，用工单位与派遣单位进行协商，按照有关法律规章的规定和双方劳务派遣协议的约定，各自承担相应的义务。

(区发展和改革局)

经济合作与招商引资

【概况】 2017年，区经济合作局设办公室、秘书科、投资服务科、招商部、综合科、会展部、法律事务部等7个科室，工作人员18名。坚持择商选资理念，瞄准国内外500强、行业百强和知名企业积极开展招商活动，签约世界500强企业3家，国内500强企业3家，上市公司4家，行业百强9家；全区实施项目281个，其中新开工项目206个、续建项目75个，到位资金80.2亿元，占年计划的100.25%。

【产业项目规划】 围绕国家产业政策、“十三五”发展规划，瞄准国内外500强企业和行业龙头企业，深入了解企业的发展战略布局和年度投资计划，结合泰山区产业发展规划，重点发展金融证券保险、高端商务商贸、现代物流、文化旅游、养老养生等一些生产性服务业；着力引进高端装备制造、节能环保、生物制药、新能源、新材料等战略性新兴工业项目；引进农业旅游休闲、农业高新技术成果转化、科技型涉农、农产品深加工等高效特色农业项目；引进国家、省、市级科研院所、重点实验室、工程技术中心、中试平台、科技中介服务项目和知识产权交易、原创艺术、动漫网游、文艺演出、创意设计、广播影视等文化创意项目。

【定向定点招商】 把招商引资作为“一号工程”，坚持“走出去”与“请进来”相结合，突出京津冀、长三角、珠三角等重点区域，实施精准招商。创新以商招商、网络招商、定点定向招商等方式，瞄准国内外500强、央企国企、知名民企重点攻关。年内，“走出去、请进来”共计370余次，先后赴北京、上海、深圳、天津、重庆、广东、浙江、安徽、四川、河北、山西等地开展招商活动，走访上海月星集团、新城控股集团、荣盛集团、微医集团、北斗航天能源科技等企业，邀请中建集团、月星集团、荣盛集团、山东威高集团、山东出版集团、宝盛控股集团、中国电子系统技术有限公司、安徽北斗航天能源科技有限公司、北京盛世光明软件股份有限公司、光大银行、华安证券等企业到山区对接洽谈、交流合作。

【重点项目建设】 开展项目建设、土地腾空、手续办理等攻坚活动，破解制约因素，推动项目早开工、早建成、早见效。对重点推进的项目实行区级领导包保，召开协调会，现场调研，及时调度项目进展情况，专题研究解决重大项目推进过程中的问题，加快项目落地开工和建设过程。成功举办了春季、秋季重点项目集中开工活动，72个重点项目集中开工，总投资272.4亿元。云谷诺莱医学健康产业园、康平纳纱线智能工厂等项目实现当年开工、当年运营投产。

【集中签约项目36个】 2月19日，举行全区招商引资项目集中签约仪式，共集中签约项目36个，合同引资额269.8亿元，其中过10亿元项目7个。引进投资50亿元的碧霞湖文化项目、投资32亿元的龙湖公园里综合体项目、投资15亿元的金冠特油项目、投资10亿元的泰山三里屯文商旅综合体项目、投资10亿元的颐和院子项目等。通过举办集中签约活动，邀请到一批客商来泰投资考察，策划项目得到宣传推介，泰山区的知名度和影响力得到进一步提升。

【京鲁跨区域产业协作】 抢抓北京非首都功能疏解的机遇，走在全市新旧动能转换项目招商引资工作的前列。8月20日，举行京鲁新旧动能转换项目签约仪式，11月26日，在北京举办2017京鲁（泰山）跨区域产业协作项目对接推进会。两次活动共计邀请参会企业140余家，涵盖金融、教育、文化旅游、新材料、新能源、新媒体、大健康、大数据、电子商务、科技文化、现代农业等领域，邀请参会客商400余人次，签约合作项目21个，达成一批新的合作意向，引进智慧教育产业园、国网信息通信、中科国医中医药产业基地等一批高端产业项目。

【登山节投洽会】 第三十一届泰山国际登山节期间，泰山区举办了“2017中国泰山投资合作洽谈会”，共签约项目45个，总投资569亿元，其中过亿元项目38个，过10亿元项目15个。在“2017中国泰安投资合作洽谈会”上，泰山区共签约世界500强企业2家、国内500强4家、上市公司6家、行业百强8家、国企1家、央企1家。其中：①人工智能·智能制造产业园区项目，由中建环球投资控股集团有限公司投资100亿元建设，通过准确的产业定位、产业导入，高标准规划建设人工智能·智能制造产业园区，加快发展以大数据和云计算为支撑的人工智能相关产业，推进人工智能在智能制造、软硬件终端和服务业等领域的应用，加速实现园区人工智能产业的规模化发展。②绿城·太阳谷项目，由杭州绿城集团投资150亿元建设，主要围绕旅游度假、养老养生、青少年体验等文化旅游主题，建设商业服务中心、度假酒店集群、高端会议中心、养生保健、农业休闲、文化体验、山地运动等系列项目，打造环泰山国际旅游度假中心。③万豪城市广场项目，由香港万豪控股有限公司投资28亿元建设，打造包括AAAAA级商务大厦、商务酒店等业态，进一步提升泰城商务会展业发展的档次和水平。④交通工程检测及新材料研发项目，由山东省金舆达交通工程检测咨询有限公司投资5亿元打造，主要建设材料检测楼、科技成果展示及技术服务楼、大学生实践基地、足尺加载检测车间、新材料中试车间及配套设施。⑤智能机器人项目，由极创机器人科技有限公司投资1亿元建设，主要从事机器人全套的移动解决方案，生产各种型号机器人底盘产品。⑥泰安国际电子商务产业园项目，由澳大利亚农业联盟投资国际有限责任公司、杭州颐高集团投资15亿元打造，规划建设澳泰冷储超市园区、果品城园区、物流园区、配套商业园区、会展商务园区和配套公寓区六大板块。

【参加全市经济社会发展成果展】 9月6日—13日，全市经济社会发展成果展期间，泰山区从机械制造、纺织服装、旅游产业、非物质文化遗产及民间艺术等诸多行业中，筛选出17家科技含量高、带动能力强、制造技术先进的企业参展，突出科技创新、文化旅游、智能制造、养老养生等特点，充分展示近年来泰山区招商引资和经济社会各领域发展取得的新成就。

（区经济合作局）

国土资源管理

【概况】 2017年，区国土分局围绕服务区域经济社会发展，主动作为，积极服务，依法行政，严格监管，努力提高国土资源管理能力和水平，有效推动了各项工作顺利开展，被评为全省永久基本农田划定工作表现突出的单位、全省地质资料管理工作先进单位和“省级档案工作科学化管理示范单位”。

【土地资源】 截至2017年年底，泰山区土地总面积336.97平方公里，其中：耕地7544.68公顷，占总面积的22.39%；园地3345.61公顷，占总面积的9.93%；林地9525.45公顷，占总面积的28.27%；草地289.41公顷，占总面积的0.86%；城镇村及工矿用地9774.99公顷，占总面积的29.01%；交通运输用地1274.27公顷，占总面积的3.78%；水域及水利设施用地1197.04公顷，占总面积的3.55%；其他土地745.92公顷，占总面积的2.21%。

【土地规划】 2017年，《泰山区土地利用总体规划（2006—2020年）》调整完善工作全面完成，方案通过省国土资源厅验收。《泰山区土地利用总体规划（2006—2020年）》确定，泰山区耕地保有量7394公顷，基本农田保护面积4753公顷，建设用地总规模12296公顷，2006—2020年新增建设用地规模2808.53公顷。

【耕地保护】 完成市政府下达的2017年泰山区耕地保有量7394公顷的保护责任目标。按照保护耕地和保障发展统筹兼顾的原则，划定永久基本农田面积4753公顷。

【建设用地与土地市场管理】 ①用地构成、数量。2017年，区国土分局办理供地手续64宗，面积88.04公顷，其中新增建设用地20宗，面积50.17公顷；存量用地44宗，面积37.87公顷。其中商服用地26宗，面积10.49公顷；公共建筑与公共设施用地8宗，面积22.63公顷；住宅用地28宗，面积49.58公顷；工业用地2宗，面积5.34公顷。②坚持“规范程序、细化责任、全程管控”的原则，收储土地28.3公顷。发挥土地资产管理委员会的作用，严格执行土地收储及出让集体会审、决策制度，出让工业用地2宗，面积7.8公顷；出让经营性用地4宗，面积5.2公顷；城中村改造开发用地成交5宗，面积116.40公顷，出让价款26289.81万元。③建立闲置低效土地数据库，加大批后监管力度，共监管项目用地158宗，监管面积

546.3公顷。根据省国土资源厅统一部署开展闲置土地专项清理活动，对疑似闲置土地进行清查处置。

【地籍管理】 2017年，全区农村集体建设用地调查确权工作进入收尾完善阶段，符合要求的103个村全部完成现状测量，对符合要求的村进行权属调查，并建成数据库，等待验收。土地变更调查成果进一步完善，在2016年土地变更调查基础之上，根据自然资源部《2017年度全国土地变更调查与遥感监测实施方案》，对土地变更调查成果及时进行更新，建立2017年土地变更调查数据库。

【国土执法监察】 ①落实执法监管长效机制。进一步明确各街道（镇）及各部门的目标任务和工作责任，各级政府牵头，强化调度，狠抓落实，各责任部门各司其职，齐抓共管，国土资源管理秩序明显好转。②持续加大违法占地查处力度。进一步完善执法监察程序，严格公正执法，加大巡查密度和广度，巡查330余次，对制止无效的及时向区政府和市国土资源局支队报告，及时函告相关部门，共同制止违法行为。2017年，共立案47件，收缴罚款473万元。③认真做好年度土地矿产卫星照片执法监察工作，确保违法占用耕地面积占当年新增建设用地占用耕地面积的比例始终控制在10%以下，实现“零约谈”“零问责”，土地卫星照片执法检查工作通过验收。

【矿产资源管理】 2017年，全区管理矿山企业3家，统计年报、储量年报、信息公示工作全部完成。泰安岩芯库2014年9月移交分局负责日常管理工作，截至年底已入库“山东省泰安市岱岳区大官庄地区金矿普查”等30个项目，共计入库岩心3万余米，金矿石标本1块。岩芯库管理工作受到省厅领导高度关注，先后3次到库指导工作，给予充分肯定，并推荐临沂市局等单位到泰山区考察学习，获得2017年度全省地质资料管理先进工作单位称号。

【地质灾害防治】 ①深入开展地灾隐患排查工作。对全区范围内21处地质灾害隐患点进行拉网式排查，涉及14个村庄和单位，群众700余户，2800余人。加强对地灾易发区域的管控力度，增强针对突发情况的反应能力，设置群测群防联络员，对21处隐患点逐点落实村级责任人、监测人、街道（镇）分管负责人及联系电话，并备案登记。②加大地灾防治宣传力度。利用“4·22”地球日、“5·12”防灾减灾日、“6·25”土地日及“安全生产月”等节点，开展地质灾害防治宣传活动，发放各种防灾减灾宣传材料。③落实汛期值班制度和灾情速报制度，实行汛期24小时领导带班制度。加强预警监测力度。一方面利用“国土资源预警监测系统”进行地面监控，另一方面利用地矿五院安装的地下水自动化远程监测仪实时远程动态监测地下水位变化，为预测预报岩溶地面塌陷提供技术数据。同时，与气象部门建立联动机制，每日及时掌握气象信息，加强对极端天气的地灾监测力度，并由气象局直接用短信或区国土分局利用短信云平台发送到各有关处镇、村组负责人及各隐患点监测人，以便及时做好相关应对工作。

（泰安市国土资源局泰山区分局）

物价管理

【概况】 2017年，泰安市物价局泰山区分局内设办公室、业务科、成本调查监审办公室、价格监测预警中心、价格调节基金征收管理办公室、价格认定所、价格监督检查分局7个职能机构。在编18人，其中行政编16人，事业编2人。一年来，围绕区委、区政府的中心工作和群众关心、社会关注的热点问题，大力加强价格监管，全力整顿和规范价费秩序，提升价格公共服务能力，有效化解社会价格矛盾，努力保持了价格总水平的基本稳定，各项工作实现新突破，为建设富强和美泰山区做出了积极的贡献。2017年度被评为全国价格监测先进单位、全省优秀认定单位，山东省价格认定案卷评比中获省优秀案卷二等奖，顺利通过“市级文明机关”的验收。

【增强价格调控能力】 ①认真执行价格监测报告制度。一是认真执行国家、省、市价格监测报告制度，严把监测数据采集、整理、审核、上报质量关，确保价格监测数据的真实性和有效性。在法定节假日、中共十九大期间做好价格应急监测；在夏收秋收期间，及时调研、分析泰山区重要粮食产物小麦、玉米的产销和价格变动情况。全年，共完成上报价格监测报表870份，月价格动态分析和季度价格分析13篇，物价分析材料56篇，被各类报刊采用频次达100余次，共发布211期《物价天天看》，41期《一周成交价》。二是完善价格监测体系。在原有价格监测点的基础上增加了泰安市水果批发市场、春天医药、泰山区人民医院三个价格监测点，监测数据上传泰安价格通平台，更准确、更及时、更全面地发布各类价格信息。三是严把价格监测质量关。加大对监测点的检查指导力度，严格数据上报程序，定期对监测点采报价人员进行培训，规范价格监测点采报价行为，从源头上提高价格监测数据质量，及时掌握市场商品变化的第一手资料。同时，加强价格监测工作质量考核，严格执行市局监测质量考核通报制度，与各个监测点的采价员签订协议，明确价格监测品种、上报频次等工作任务。设置奖惩制度，以现场巡查、电话抽查等方式对采价员进行考核，杜绝漏报、迟报、错报和采价不及时现象。②加大“平价商店”日常监督管理力度。一年来，加强对中百商厦佳乐家超市、新时代商厦宝龙店、肥城银宝金山路店和大润发四家平价商店的日常巡查与督导，协调4家平价商店增加新品种，扩大平价商品范围。

【依法开展清费治乱】 扎实推进“简政放权、放管结合、优化服务”改革工作，将工作重点从事前审批向事中事后监管转移，建立规范有序、公开透明的收费管理制度，不断优化服务企业发展环境，切实将中央和省市各项减费降成本措施落到了实处。①落实上级收费政策。一是按照国家、省、市关于涉企收费专项清理规范工作要求，落实行政事业性单位收费减免、取消或停征政策。2017年，国家发改委和财政部共取消或停征的行政事业性收费项目共41项。其中取消或停征的涉企行政事业性收费35项，涉及泰山区的包括物价部门非刑事案件财物价格鉴定费、公安部门机动车抵押登记费、环境保护部门环境监测服务费、住房城乡建设部门房屋转让手续费、质检部门设备监理单位资格评审费、卫计部门卫生检测费和委托性卫生防疫服务费、水利部门河道工程修建维护管理费和河道采砂管理费（含长江河道砂石资源费）。取消或停征的涉及个人的行政事业性收费6项，涉及泰山区的包括卫计部门预防性体检费、民政部门的婚姻登记费、收养登记费和相关部门、单位依申请提供政府公开信息的收费。通过落实收费减免、取消或停征政策，有效地减轻了企业及个人的缴费负担。二是实行收费清单制度。认真落实收费目录动态管理和清单公示制度，对行政事业性收费进行全面清理，在逐项开展合法性、有效性、必要性核查的基础上，编制了2017年《泰山区行政事业性收费项目标准》清单，清单涉及11个部门的49项收费项目，减少有关部门比照执行的收费项目12项。自收费目录清单发布后，一律以收费目录清单为准。三是加强行政事业性收费监管方式改革，取消了收费许可证发放和年审，及时跟进事中事后监管，同步建立了收费单位情况和收支状况年度报告、收费目录清单制度，全面实施行政事业性收费网上监管。对泰山区113个行政事业性收费单位进行了网上收费统计报表。②规范价格收费管理。一是督促泰山区殡仪馆严格落实市物价局、财政局和民政局《关于殡葬基本服务项目收费项目标准继续执行的通知》文件精神，执行新的殡葬服务价格并做好收费公示。二是开展民办学校的收费调查。为全面了解民办学历教育收费放开后的收费情况，进一步完善事中、事后监管措施，组织人员对管辖区内部分民办学历学校收费情况进行了认真调研，与学校相关负责人进行座谈，督促学校自觉规范民办学校的收费行为，及时将收费项目、收费标准、收（退）费办法、奖助（减免）政策、监督举报电话等向社会公示，不得在公示的收费项目、收费标准之外加收其他费用，调整收费政策时，收费公示要及时进行更新。三是为进一步落实放管服改革，认真调研泰安方特景区门票管理模式，根据企业申请积极协调市局，从2017年10月1日起方特门票价格由政府指导价变更为市场调节价，由企业自主定价。四是按照《泰安市公立医院医药价格改革政策评估的通知》的相关要求，对泰山区中医二院、人民医院两家公立医院医药价格改革情况进行全面评估，完成泰山区中医二院、泰山区人民医院医药价格评估报表。

【加强市场监督检查　维护价格秩序】　①积极推进市场价格诚信建设。按照泰安市物价局《关于开展2017年市场价格行为集中整治的实施方案》统一部署的要求，结合泰山区实际，分局继续组织全体人员开展市场价格行为网格化监管活动，重点监管区内各景区、岱庙前后门和通天街、老汽车站、交通宾馆汽车站内及周边所有商品服务价格和经营者的价格行为，对区内大型农贸市场和超市进行明码标价宣传，同时按照区文明办要求，对各街道（镇）网格内经营场所进行市场价格行为监督检查，进一步强化责任落实，对明码标价和不正当价格行为开展集中整治活动。此次活动核对“网格管理登记表”620余户，张贴《价格诚信承诺书》1300余份，发放《提醒告诫函》10余份，发放宣传资料210余份，发放标价签6万余张，并对个别经营场所进行现场指导纠正。通过此次专项整治活动，进一步规范了泰山区市场价格行为，取得了良好的成效，在市物价局开展的市场价格行为集中整治活动验收考核中排名第一。②开展价费专项检查。一是为进一步清理和规范涉企收费，减轻企业负担，优化经济发展环境。按照市物价局要求，结合泰山区实际，组织开展涉企收费专项检查工作。对泰山区20个收费单位、8个附属单位和8个协会收费项目进行检查，未发现有乱收费行为。对泰山区收费单位落实国家、省减免和取消相关收费项目的情况进行了跟踪调查，调查发现各收费单位都能严格按照规定执行收费减免政策。二是对泰山区医疗机构擅自提高医疗服务价格、不执行政府定价、政府指导价及中标药品核定价格、一次性医用卫生材料价格违规等价格违法违规行为进行了重点检查，共查处价格违法案件9件，实施经济制裁90538.60元，其中：没收违法所得35033.00元，罚款55505.60元。同时，为切实整顿和规范医用耗材价格管理，确保医用耗材价格加价率政策的执行，根据市物价价监局印发的《关于开展医用耗材价格检查的通知》，在泰山区开展医用耗材价格检查与整治活动。③比学赶超，打造亮点工作。2017年年初，泰山区物价分局将红星美凯龙“明码实价”推广工作作为泰山分局2017年的亮点工作。越来越多的品牌商户加入到“明码实价”展厅的队伍，有22家品牌商户实现了明码实价，相比于年初制定的18家商户的目标，超出任务22%。9月23日，泰山区副县级以上领导、各街道党政主要负责人和部分驻区“两代表一委员”现场观摩红星美凯龙“明码实价”推广工作。④认真受理价格举报投诉工作。以“为百姓办事，替政府分忧”为宗旨，以人民群众满意为标准，着力解决群众反映的价格热点、难点问题，及时化解了矛盾，切实保证了价格工作的顺利开展。全年，累计受理价格举报、投诉和咨询件324件，已办结324件，退还583.20元，办结率和回复反馈率均达到100%。价格举报主要涉及城区停车场收费98件、住宅小区物业服务收费51件、房地产行业1件、网络交易价格35件、教育收费15件、医药价格5件、宾馆酒店价格31件、社会服务11件、商品零售32件、其他45件等方面的问题。

【提升价格公共服务水平】　①提高价格认定工作质量。一是积极参与价格认定工作质量评查和价格认定案卷评查活动，泰山区价格认定所被评为“先进价格认定机构”，泰山价认定〔2017〕55号被评为“价格认定优秀案卷”。通过活动的参与，泰山区价格认定工作质量有了明显提升，认定行为更加规范，认定程序日趋完善，认定文书材料更加规范统一。二是邀请各派出所、刑警队代表等参加涉案物品价格认定工作座谈会。座谈会对2016年涉案物品价格认定工作情况进行了总结，并对《价格认定协助书》的规范填写和补充材料的注意事项提出了要求。②做好涉纪、涉案财物价格认定工作。按照《山东省涉案物品价格鉴定条例》《价格认定行为规范》等有关规定，扎实开展各类价格认定工作，全年共完成各类价格认定236件，标的总额1702.77万元。其中刑事价格认定203件，价格认定总价值1183.65万元，涉纪案件3件，价格认定价值484.12万元，非涉案价格认定30件，标的额35万元。

（泰安市物价局泰山区分局）

市场监管

【概况】 11月18日，区工商局、区质监局合并组成区市场监管局，主要承担市场准入、质量、计量、标准化、特种设备监管以及消费维权等职能。

【内资企业注册登记】 截至年末，全区共有内资企业20274家，其中私营企业19913家；农民专业合作社330个。个体工商户52301户。①实施"先照后证"改革。年内，按照《工商总局关于调整工商登记前置审批事项目录的通知》要求，两次削减工商登记前置审批事项，截至年底，仅保留前置审批事项28项。②推进"多证合一"改革。在全面实施企业、农民专业合作社"五证合一（营业执照、组织机构代码证、税务登记证、社会保险登记证、统计登记证）、一照一码"登记制度改革和个体工商户"两证整合"的基础上，将涉及21个部门的45项涉企证照事项整合在营业执照上，实行"五十证合一"。③简化登记手续。与建行、农行对接，落实电子营业执照登记模式。推出"最多跑一次"登记服务措施，精简材料手续，缩短流程时间。3月1日起，推进企业简易注销登记改革，完善市场主体退出机制。截至年底，全区共有201家企业办理简易注销登记。

【企业信用监管】 ①加强事中事后监管。印发《关于"先照后证"改革后加强事中事后监管的通知》，按照"谁审批、谁监管，谁主管、谁监管"的原则，明确许可审批部门、主管部门、监管部门职责，防止出现监管真空。协助39个部门制定本单位的执法事项清单、执法人员名录库、检查对象名录库和实施细则，实行"一单、两库、一细则"抽查制度。②加大信用监管力度。落实年检改年报的改革部署，督促指导市场主体自觉履行信息公示义务，开展主体年报公示。2017年度全区企业、个体户、农民专业合作社年报率分别达到91.88%、99.68%、96.04%。

【监管执法】 ①开展打击商标侵权、农资市场专项检查、整治虚假广告、打击传销、红盾质量维权行动等专项执法行动。查处仿冒阿迪、耐克品牌服装的案件，查扣服装、鞋子等共计8000余件，收缴罚没款28万元。②开展"泰山"散酒商标权专项保护行动，查扣白酒6000余千克，查处售假窝点2处，罚没款19万余元。查处侵犯"青岛啤酒"商标专用权案、生产销售侵权太阳能热水器案、销售假冒轴承案、销售"亚奥特"侵权月饼等系列案件。③加大对传统媒体违法广告和互联网金融违法广告监测监督，对网贷机构互联网广告进行"回头看"监测，共核查辖区内机构13个。查办的"岱岳区电视台违法医疗广告案"，入选国家工商总局违法广告典型案例。④开展"净市场、惠民生"专项整治行动和商品交易市场专项治理行动，治理重点区域放到农村大集、城乡结合部市场上，重点整治商标侵权、产品质量、虚假宣传、三无产品等违法行为。⑤开展网络交易平台摸底，实地核查"梦想谷""影响力""摩品汇""齐鲁园林网"等电商集中场所和网络交易平台，对网络交易平台和网络经营主体的建档信息进行重点核对。检查农资经营户42户，抽检复合肥65批次，其中2个批次复合肥不合格。⑥健全成品油监管动态台账，截至2017年年底，共抽检成品油71批次。

【消费维权】 ①提升消费维

权效能。截至2017年年底，通过市“12345”便民中心转办接收并处理消费投诉2804件，为消费者挽回经济损失15.9万元；收到并转办46件职业索赔线索、信函，每件转办单都有专人具体指导工商所如何处理回复。②开展消费维权宣传活动。围绕“网络诚信 消费无忧”年主题举办2017年“3·15”国际消费者权益日纪念活动，现场开展法律宣传咨询，受理消费者投诉咨询，并组织驰名、著名名商标企业、“守合同 重信用”企业及银行、保险、快递等行业企业参与展示。“3·15”系列活动期间，通过现场咨询、召开行业座谈会、发放宣传材料等方式，开展消费维权知识进校园、进社区、进农村大集活动，并在居然之家、万达广场、岱宗银座等经营场所为商场管理人员及经营户开办消费维权知识讲座。以“祝贺十九大 关爱夕阳红”为主题开展消费维权宣传活动，提醒老年人警惕保健品陷阱、防范消费欺诈。召开“双11”网络交易暨放心消费创建座谈会，与辖区28家网络商品和服务经营者及网络交易平台进行座谈。③加强流通领域商品质量监管。开展重点商品质量准入示范点工作，强化示范单位带头作用，敦促商家建立健全商品质量管理制度。布署牙签弩、电器产品流通领域电气火灾综合治理等各项专项整治行动。④开展放心消费城市创建活动。选取大润发商场作为创建“放心消费商场”的试点、选取三联社区作为“放心消费社区”的试点，分区域、分行业开展试点工作，通过加强宣传引导、强化消费工作督导、研发放心创建微平台等方式稳步推进放心消费创建工作，取得初步成效。

【服务地方发展】 ①巩固“无传销城市”创建成果。联合社区完善排查防范传销责任制，协调区综治办加强打击防范传销联动协作机制，开展打击传销“斩草”执法行动和专项整治招聘、介绍工作为名从事传销活动。与经侦大队协调配合，调查“安化黑茶”“吉美生物”“五行币”涉嫌传销的案子。创建文明城市期间开展打击传销集中清查整治行动，出动执法人员500余人次，对传销活动起到了震慑作用。②参加专项执法行动。开展禁燃区散煤销售治理工作，全面取缔67户散煤经营户。开展对全区三轮、四轮代步车专项治理活动，重点查处无照经营和无产品合格证的违法行为。配合旅游局对火车站、汽车站周边开展旅游商品专项检查。先后参加区政府组织的常态化联合执法活动4次，出动人员70人次。③履行“创城”职责，规范市场秩序。对商场、超市、市场、窗口、学校周边等重点部位，进一步细化标准，逐项规范。对城区12家大型商超超市、2000多家中小型商场超市、30处农贸市场、32处专业市场和4处城郊结合部集市、13个工商所窗口以及60多所中小学周边集中进行规范。

【非公有制企业党建】 配合辖区党委及组织部门打造长城商务中心综合党委、泰宝嘉和联合党委、开发区企业联合党委等园区党建及楼宇党建新亮点。参与全区“泰山先锋”红旗党支部推荐工作，全区5家企业党支部被推荐为“泰山先锋”党支部。居然之家业缘党支部被泰安市委表彰为“泰山先锋”“红旗党支部”。张辉被国家工商总局表彰为“推进非公党建工作先进个人”。

【计量管理】 ①计量工作进一步加强。全面开展辖区内贸易结算、安全防护、医疗卫生、环境监测等方面的在用计量器具的强制周期检定工作，确保量值传递准确可靠。全年共检定计量器具4000余台(件)，备案强检器具受检率100%。开展法定计量检定机构检测检查，对照法定计量检定机构检测表15项内容进行自查，检查结果全部符合要求。开展定量包装商品监督抽查，抽查结果显示，定量包装抽查合格率98%。②计量惠民活动深入开展。开展免费强检计量器具检定工作，免费检定压力表等计量器具1300余件，发放宣传资料2000余份，接受群众咨询400余人次。开展诚信计量进市场、健康计量进社区活动，组织执法监督及计量检定人员，开展在用计量器具进行检查，并对超期计量器具免费进行免费计量检定。③实施“强检计量器具网上备案”

制度。5月22日，自主研发的“泰山区强制检定计量器具备案管理系统”，在全市率先上线运行。全区各企事业单位可通过“强制检定计量器具备案管理系统”注册登录，实现强检计量器具网上申请登记备案。该系统自开通以来，已网上备案企业65家，登记强检计量器具1265台件，简化了办事程序，减轻了企业负担。④推荐认证计量合格确认企业。帮助30家品牌创建企业、重点用能企业开展ISO 9000质量体系认证、ISO 14000环境体系认证、计量合格确认，进一步完善计量检测体系。

【标准化管理】 制定升级一批国家省级产品标准。帮助大唐、路德2家企业开展4A级标准化良好行为创建工作。帮助鲁普科技、宝来利来、泰开电器绝缘等企业参与制定国家标准、行业标准、省地方标准12项。指导10家企业采用国际标准和国外先进标准，建立和完善标准化管理体系。企业产品标准自我声明达到150余家企业、278种产品。年内，争创国家级服务标准化示范项目1个，组织制定国家标准3项、山东省地方标准4项。完成方特“国家级服务业标准化试点”申报工作，泰山区“国家苗木花卉综合标准化示范区”成功列入第九批国家农业标准化示范项目。

【产品质量管理】 开展产品质量监督抽检。确定重点监督检查的重点产品、重点企业、重点区域、重点问题、重要环节，加大对食品等相关产品的日常监督检查力度。重点对建材、3C认证产品开展专项整治。全年，共出动行政执法人员1000余人次，检查生产企业、单位150家次，检查各类产品40余类、设备2000余台(套)，立案查处26起，共受理群众投诉220起，为消费者挽回经济损失300余万元。开展“质量宣传进社区”活动，现场发放宣传资料1100份，免费质量、计量检定43件，接受社区居民咨询600多人次。

【质量工程与质量体系建设】 实施名牌战略，提升品牌经济和区域产业发展的竞争力。推行GB/T19580-2012《卓越绩效评价准则》，制订《名牌争创工作计划》，筛选争创单位。围绕重点产业，分析名牌企业状况，建立名牌培育发展企业储备库，编制名牌建设新一轮规划。做好名牌申报指导服务工作，组织19家企业申报“山东名牌产品”22种，9个单位申报“山东服务名牌”，完成“泰山绿茶”地理标志产品答辩工作。

【技术监督行政执法】 ①开展眼镜制配企业专项计量监督检查。共检查眼镜配制企业45家，检查验光仪、焦度计、验光镜片箱等强检计量器具120台件，立案处理23家。②开展食品相关产品企业专项执法检查，检查生产企业8家。③开展特种设备“大排查、快整治、严执法”集中行动，共检查充装站、加气站15个，排查电梯528部，危化品生产企业2家，压力管道使用单位22家131条，涉氨企业18家，锅炉251台，拆除注销在用10蒸吨燃煤小锅炉45台。下达安全监察指令书36份，查封电梯35台、储气罐4个、石油液化气充枪5只、气瓶128只，排查和整改安全隐患82起，立案查处35起。对54台停用的10蒸吨以下燃煤锅炉进行排查清理并公告注销。

【全面落实特种设备安全主体责任】 建立安全管理体系特种设备台账，设立企业检查档案室，实行特种设备一企一档制度，即时掌控特种设备运行情况。召开全区特种设备主体责任落实动员会，签订《特种设备安全目标管理责任书》55份。推行特种设备安全责任动态警示制度。在重点企业设立警示牌36个，在各大商场设立电梯安全警示牌56个。制定完善《全区特种设备安全事故应急预案》，先后组织“电梯困人”“气瓶泄漏”和“大型游乐设备高空滞留”三次应急救援演练，提高和加强了对处置突发安全事件的能力，进一步完善现有应急救援工作体系。

【特种设备安全监管平台实现动态预警监管】 通过建设“特种设备安全监管信息化平台”，实现特种设备安全隐患预警功能。截止年底，新注册登记特种设备465台、压力管道91条，停用120台、报废拆除196台、变更单位信息669台，启用22台，移装4台。把风险较大的锅炉、压力容器、压力管道三种特种设备，实行A、B、C、D四级管理，绘制等级分布电子图，对红色、橙色重大风险实施重点管控。全区共排查A级点115个、B级点306个、C级点812个、D级点317个。

【探索创新管理模式】 ①试点推行气瓶智能化充装工作。改进气瓶充装手段，采用先进技术，实现智能化充装，明晰气瓶产权，从根本上杜绝超期未检气瓶、报废气瓶流入市场，从源头上保障气瓶充装、流通、使用等环节的安全。以泰安市老龄液化气有限公司为示范单位，推行采用智能化充装技术。投资300余万元，改造充装设备，投放市场智能液化石油气瓶20000只，收回超期、报废液化石油气瓶6000多只。②推行电梯安全责任保险。按照广覆盖、低负担、高保障的思路，推行电梯责任保险。与多家保险公司洽谈，优化保险条款和承保方案，实现投保单位、保险机构、社会公众互利共赢。2017年，全区参加责任保险的电梯657台（其中，太平洋保险130台，中华保险106台，安诚保险358台、泰山保险63台），共缴纳保费65700元，每台电梯每年累计赔偿限额可达200万元。

（区市场监管局）

统计工作

【概况】 2017年，区统计局新增设统计执法监督科，负责组织实施和指导全区统计执法监督和检查工作，依法检查、处理重大的统计违法案件；依法受理辖区内涉及统计违法违规的举报、投诉事项；会同纪检、监察等有关部门查处统计违法违纪行为；落实“双随机”（随机抽取检查对象、随机选派执法检查人员）抽查机制，推动统计执法检查常态化，为提高统计数据质量、构建现代统计调查体系提供坚强的法治保障。下属二级事业单位泰山区社会经济调查队，增加事业编制2名。

年内，区统计局被省人社厅、省统计局、省公务员局评为全省统计系统先进集体，被省农业普查办公室评为全省第三次农业普查先进集体，被省人口抽样调查协调小组办公室评为2016年度山东省1%人口抽样调查先进集体。

【做好基层基础建设工作】 ①立足“求强”，切实加强组织保障。强化组织领导，加大经费投资，创造良好的统计环境。局班子实行包保责任制，由班子成员各联系1~2个街道镇，全面负责所联系街道（镇）的统计工作，向各街道（镇）发放统计基层基础专项资金，并要求专款专用。②突出“求实”，不断规范统计基础工作。以统计执法考试和继续教育两项工作为抓手，组织新从业人员进行统计业务培训、老从业人员进行继续教育，人证合一。③注重“求真”，努力提高统计服务水平。规范网格化系统，建立起以区统计局为核心点，各街道镇为板块，社区网格为小模块的网格化统计管理模式，年内，全区基层基础建设取得突破性进展，财源街道办事处在全市基层基础建设现场观摩会议上作典型发言，并在评比中取得第一名。

【加大力度做好新增“四上”工作】 年初制定《关于加强“四上”企业统计工作的意见》，对各街道（镇）年度新增“四上”（规模以上工业企业、资质等级建筑业企业、限额以上批零住餐企业、规模以上服务业企业）企业工作在统计范围、统计标准、统计方法、步骤及名录库与各专业责任分工进行再明确。将新增“四上”企业个数及提高幅度列为区对街道镇科学发展考核指标，明确发改、经信、商务、住建为责任部门，同时逐月进行调度。对商业密集区、纳税额在10万元以上的、国税地税前30名的企业等进行核查，做到达标企业，必须入库。深入达标企业实地查看经营场所、经营规模、企业总账和明细账等，确保所有入库企业都真实存在且符合要求。区政府办公室印发《关于扶持发展新增“四上”企业的实施意见》。意见提出，对新增“四上”企业给予2万元的资金支持，这项政策在全市首创，全省第二家，促进了辖区内新增“四上”企业的挖掘培育工作。

【完成第三次农业普查工作】 年内，区统计局被评为全省第三次农业普查先进集体。①精心做好农业普查财政预算工作，把有限的资金用在刀刃上。②抓好普查的前期准备工作，为普查工作的顺利开展打下坚实基础。③精心选聘高素质的“两员”，为普查工作提供人力支持。④精心做好普查培训工作，强化普查业务基础。⑤扎实制定第三次农业普查宣传工作方案，使第三次农业普查工作家喻户晓。⑥认真做好普查小区的划分和普查图的绘制工作，确保边界清晰，责任明确。

【统计服务】 ①召开统计工作经济形势分析会，对全区经济形势进行深入分析，对存在的问题提出改进意见，制定完善措施，切实做好经济运行的监测与调控，切实落实部门管理职能。②实行部门联席会议制度，建立与经信、财政、商务、国税、地税、农业、发改、农业等部门和各街道（镇）相互联动的工作机制，定期召开联席会议，分析经济形势，互通信息。③做好统计数据服务。对内开展统计分析点评活动，每周召开分析讲评会，全体职工对专业人员的统计分析进行点评打分，并将成绩列为年度评先树优考核指标；对外按时编印统计月报、统计公报和统计年鉴，每月印发《统计专报》，定期通报全区各项主要经济指标，直击经济运行中的弱点难点，增强统计数据服务经济社会的能力。

【统计法治建设】 ①认真学习新《中华人民共和国统计法》《统计违法违纪行为处分规定》，不断提高业务素质。年内，组织区统计局全体人员、街道（镇）统计员，特别是统计执法人员进行统计法治培训，提高依法行政、依法统计的能力。3名统计工作人员通过全省统计执法证件考试。②加大统计执法检查和统计查询力度，按照《统计执法检查规定》《统计部门推广“双随机”抽查实施方案》要求，对全区“一套表”联网直报单位、固定资产投资项目上报单位进行统计执法检查，下半年对所有“四上”企业及抽样调查对象和记账户进行逐一核查。③积极广泛的开展统计宣传工作，先后走进财源街道更新社区、泰前街道嘉德社区和岱庙街道丽景社区进行统计宣传，及时传送最新统计精神，现场解读统计法律法规，提升统计影响力。 （区统计局）

审计工作

【概况】 区审计局设办公室、法制科、财政审计科、行政事业审计科、社会保障审计科，及泰山区经济责任审计办公室、政府投资审计专业局（二级全额事业单位），编制17人，其中：行政编制8人，事业编制9人，实有工作人员18人，其中：本科以上学历13人，占总人数的72%；具有高、中级技术职务的10人，占总人数的56%。年内，共完成审计项目29个，查处违规和管理不规范金额20.01亿元，审计期间整改金额5910万元，向纪检监察机关移送处理事项2件，移送处理人员2人，核减投资额2700余万元，提出审计意见和建议被采纳41条。

【财政审计】 年内，先后对区财政组织的区级预算执行、区地税分局税收征管等6个部门单位的财政财务收支情况进行全面审计，并延伸审计部分企业和相关单位，共查出应交未交预算收入、专项资金不到位、拖欠税金、预算外资金未交财政专户等违规和管理不规范金额44574.64万元，依照有关法规予以处理，提出加强预算管理等审计意见和建议3条，代区政府向区人大常委会作2016年度预算执行和其他财务收支审计工作报告。

【政府投资审计】 区审计局紧紧围绕区委、区政府的中心工作开展政府投资跟踪审计工作。对区政府承担拆迁、征地任务的市政府重点工程——博阳路工程，安排专人盯上、靠上，用5个月时间，跟踪审计800余户住宅、商店、工厂、加油站的拆迁补偿工作。同时，对泰山区承担的万官路大街中段的征地、拆迁建设亦进行全过程跟踪审计，保证了工程建设的顺利进行。

【经济责任审计】 坚持“积极稳妥、量力而行、提高质量、防范风险”的“十六字”方针，开展经济责任审计，将监督关口前移，对关键岗位领导干部任中审计，使领导干部经济责任审计由事后监督向事前、事中监督转变。年内，共对20个部门主要负责人进行经济责任审计，查出违规和管理不规范金额15.55亿元。

【专项资金审计和审计调查】 年内，区审计局对全区精准扶贫政策落实、公立医院综合改革政策措施落实情况跟踪审计、2017年度鼓励社会投资政策措施落实情况跟踪审计、进行专项审计和审计调查，针对发现的问题，写出调查分析报告，有针对性的提出改进意见和建议。 （赵元华）

安全生产监督管理

【综合监管工作】 ①组织召开全区安全生产年度工作会议和季度工作会议，制定印发安全生产“三个年”活动实施方案和年度工作要点，区政府与各街道（镇）、有关部门和单位签订责任书，层层压实责任。②调整安全生产委员会成员单位，继续强化落实18个专业安委会在专业领域内的安全生产监管责任，对专业委员会成员调整充实。③全力保障安全，狠抓关键节点，部署开展岁末年初安全生产大检查，春节后企业复产复工验收检查，全国、省市“两会”安全大排查，中共十九大期间安全生产检查等工作。④制定印发《全区持续深入开展安全隐患“大快严”集中行动实施方案》，将集中行动延期至2018年年底，调整充实集中行动联席会议领导小组内设工作组职责和人员。⑤完善督查通报制度，成立7个包保街道（镇）督查组，采取单月督导街道镇，双月督导重点行业部门的方式，每月开展督查，随机抽查企业，定期通报工作情况，全年印发通报10期。

【执法监察】 ①安全生产大快严集中行动。延期“大快严”集中行动至2018年年底，充实调整大快严办公室人员及职责，督促安委会成员单位再动员、再部署、再深化，全区各级各单位累计检查企事业单位1450个（次），排查整治隐患6800余条。②安全生产百日攻坚行动。在全面排查整治、规范安全生产秩序、集中摸排并解决突出问题的基础上，重点整治危化品、道路交通、建筑施工、农村自建房等关键领域。③安全生产大检查。成立由区长任组长的大检查领导小组，统筹协调解决遇到的困难和问题。印发大检查活动实施方案等系列通知、方案，对大检查工作进行详细部署。全年累计检查企业976家，查改隐患问题3810项，立案24起，处罚金额51.3万元。

【专项整治】 ①化工领域。结合化工行业转型升级“三评价一评级”工作，抓住春节后复工前有利时机，聘请2名专家，对化工企业进行全方位检查，共查改隐患169项。②涉氨制冷领域。建立“一企一档”跟进督办制度和每周工作进展情况通报制度，强力推动整改。全区15家涉氨制冷企业，不涉及关闭问题的5家企业，65项安全隐患和问题全部整改完毕。涉及关闭问题的10家企业中，有6家完成制冷介质更换，其余4家制定整改方案。③涉爆粉尘、金属冶炼领域。联合质监、消防和行业专家组成的检查组，分3次对27家重点企业进行全覆盖安全检查，查改安全隐患486项，立案调查2起。④有限空间领域。建立健全全区有限空间作业管理台账，检查有限空间场所38处，发现各类安全隐患和问题96项。⑤烟花爆竹领域。严格实施行政许可制度，开展烟花爆竹百日安全专项整治活动。检查烟花爆竹零售点166个（次），发现问题和安全隐患395项，整改率100%，取缔非法经营业户12家。

【加强安全生产监督】 ①出台《泰山区安全生产举报管理办法》，进一步规范安全生产举报核查程序。②针对监管人员新上岗、工作经验少的情况，3月，对79名安全监管人员进行为期3天的封闭培训，就安全生产监管实务工作进行详细辅导，进一步提升全区安全监管人员业务素质和监管水平。③采取“政府送培训”方式，举办企业主要负责人、安全管理人员安全生产和职业卫生专题培训班，培训700余人。④督促163家企业开展风险公告警示，落实风险管控措施。梯次推进6家省级企业、16家市级企业、37家区级企业标杆企业创建，创建标杆企业20家。

【安全宣传教育】 ①继续与区广播电视台合作，设立“泰山安监”专题栏目，定期报道工作动态，报道32期。在《泰安日报》开辟宣传专栏，介绍安全生产工作亮点和经验做法。②开展“安全生产月”活动，制订活动方案，开展安全知识竞赛、宣传咨询日、应急预案演练周等活动，提高职工安全生产和职业健康的意识和素质。③投入40余万元安全生产专项资金，建设宣传阵地，在每个街道（镇）各打造1个安全文化进社区示范点。④筹建安全教育体验馆，赴扬州市对体验馆的展项设计及布展进行实地考察学习，经过多次研究论证确定十个功能分区和各功能区的建设内容。

（区安监局）

农业·农村经济

农 业

【概况】 2017年，以项目建设为抓手，突出抓好各项重点亮点工作，加快推进一、二、三产业融合，不断提升农业精品化、特色化、品牌化、效益化、信息化水平，农业农村经济发展取得明显成效。全区实现农业增加值8.9亿元，农村居民人均年可支配收入达到16701元。泰山区被省农业厅评为全省农村集体“三资”管理规范化建设试点区，区农业局被省农业厅评为全省农村土地承包确权登记颁证工作先进集体、全省农业宣传暨科学普及工作先进集体。

【对上争取项目实现新突破】 2017年，共完成对上争取项目10余个，到位资金2240.97万元，完成年初任务的131.8%，比上年同期增长124.5%。其中，2017年粮食种植补贴中央资金353.97万元、2017年新型职业农民培育项目中央资金30万元、2017年基层农技推广项目中央资金40万元，2017年生态循环农业示范项目省级资金260万元、2017年高效特色农业发展平台项目省级资金300万元、2017年农产品产地初加工补助项目省级资金470万元，市级现代农业产业园资金100万元，泰山茶、农业产业化、农业公园、农民培训等市级扶持资金300余万元。争取邮政储蓄龙头企业“信贷通”贴息贷款市级资金860万元。

【招商引资和项目建设取得新成效】 把招商引资和项目建设作为推动一、二、三产融合的重要抓手，全力实施“三个一批”工程，农业项目建设进度得到全力推进。2017年共策划包装泰山杏林度假村、泰山茶生态庄园、食用菌产业园等农业项目25个，集中签约8个，开工建成13个、投入运营6个。

【农业园区建设取得新进展】 制订“一路一带一园区”的农业发展蓝图。一路，即“环山游憩路”。依托泰城环山路以北的地理优势和自然资源，着力打造以采摘、民俗、餐饮为主题的乡村生态旅游观光区。一带，即“汶河观光带”。在泰山区东部，利用渐汶河两岸丰富的自然资源和历史文化资源，规划打造绵延10公里的汶水休闲观光带。一园区，即“泰安现代农业产业园”。以农高区为核心，整合亚细亚、亚奥特、宝来利来等国家级、省级农业龙头企业资源优势，建设集科技示范、辐射带动、观光旅游等多功能的国家级现代农业产业园。争创国家、省、市现代农业产业园区，规划建设泰山人家上高庄园现代农业产业园、泰山茶现代农业产业园、泰山食用菌现代农业产业园、泰山国际花卉苗木现代农业产业园和泰安现代农业产业园五大产业园区。泰安现代农业产业园已通过省级评审，列全省第四位。同时，按照“休闲功能突出、生态效益明显”的要求，策划打造了荷兰风情园、泰山原生态农业科普公园、小地主采摘园等一批独具特色、风格各异的城市农业公园。全区省级旅游强乡镇达到2个，省级旅游特色村10个，精品采摘园12家，开心农场8个，农家乐58家。

【农业产业化】 加大农业龙头企业的培植力度，采取贴息贷款、政策扶持等形式，帮助企业扩规提档、转化升级，全面提升农业产业化水平。加快泰山茶产业发展，培植茶叶骨干龙头企业，发挥泰山区茶叶协会作用，加大对泰山茶的宣传力度，提高泰山茶的品牌知名度。2017年，全区新增农业企业5家，达到177家，市级以上农业龙头企业11家，达到60家，其中国家级1家、省级4家、市级55家；新型农业经营主体达到280家，通过国家、省、市级监测示范主体超过40家，新增市级示范家庭农场3家，合作社7家。茶叶企业达到17家。成功举办全市首届泰山茶优秀品牌评选暨第五届泰山茶炒茶技能大赛，小津口、那一叶、沁园春荣获全市十大优秀品牌，全面提升了泰山茶品牌的知名度。

【扶贫开发】 开展农业脱贫攻坚行动，坚持所有农业项目资金倾斜20%的工作机制，全力推进农业行业扶贫工作，确保政策到位、资金到位，农业行业帮扶措施准确全面落实到贫困村户手中。2017年，累计投入扶贫资金超过100万元，实现6个省级贫困村及省庄镇200余人贫困人口全覆盖。其中，帮助大河峪村特困户卜令财建设房屋、购置家具，捐助资金超过3万元；沁园春女儿茶厂、那一叶女儿茶厂通过让贫困户直接参与项目实施，务工就业、实物补助，户均增收1万元；远东园林绿化工程有限公司带动100户贫困户就业，帮扶贫困人口150人。

【村级“三资”管理】 加强村级“三资”规范化管理，开展村级“三资”专项整治活动，严肃查处截留、侵占、挪用、私分及挥霍浪费集体“三资”问题，切实维护群众切身利益。2017年，共梳理清查村级“三资”不规范问题100余项，全部完成销号整改。加快农村集体产权制度改革步伐，全面启动所辖行政村和村改居的产权制度改革试点工作，进一步明晰集体产权归属，保护原有村级集体经济组织成员的合法权益。2017年，泰山区列入全省农村集体产权制度改革试点区。区委、区政府制定印发《泰山区村级集体经济组织产权制度改革实施方案》，召开由村级集体支部书记参加的大型动员会议1次，举办各层级培训班5期。138个村（社区）全面推开产权制度改革，岱庙街道东关村、财源街道后七社区等7个村完成集体产权制度改革。

【农产品质量安全监管】 结合“3·15”全国消费者权益日、创建食品安全城市活动、春耕秋播生产实际，联合工商局、公安分局、电视台等部门，开展农资联合打假行动，严厉打击生产、销售假劣种子、农药、肥料等农业生产资料的违法行为。2017年，共开展集中执法行动100余次，出动执法人员300多人次，执法车辆100多车次，检查整顿经营单位100多家，责令整改不规范生产经营单位8个，协调处理种子纠纷案件2起，查处不合格种子200千克，登记证过期农药和肥料各1宗，解决“12345”热线群众举报案件10余起。全面推行韭菜“双证制”管理，建立农药速测监测点4个，开展定性检测2100份。抽检蔬菜样品240个，合格率达到98%以上。同时，督促3家种子生产经营企业进行许可证到期换证，对56家农资经营单位进行种子备案，备案玉米品种50个、蔬菜种子系列20个；农药经营告知备案经营单位22家、产品1399个，涉及厂家115个。

【农业品牌建设】 树立品牌意识，利用电视、广播、报刊及农展会宣传平台，加大对泰山区农产品的宣传力度，提高泰山农产品品牌的知名度。2017年，共组织参加第十五届中国国际农产品交易会、泰山农副产品博览会等各类展会4次。加快“三品一标”认证步伐，强化认证品牌企业的监督管理，监督企业严格按照标准化生产技术规程进行农产品生产、加工和储运。发动企业开展“三品一标”认证，帮助企业解决认证过程中的困难，并组织进行培训，进一步加强企业内部质量的安全监管。2017年，提交沁园春女儿茶厂及小津口女儿茶厂的茶叶，大河峪的猕猴桃，魏家庄村的草莓、葡萄等绿色食品认证申请材料。其中，大河峪的猕猴桃、魏家庄村的草莓、葡萄样品及土壤、水质等全部通过检测。

【农业技术指导】 2017年，

共深入田间地头指导苗情100余次，解决施肥、化学除草、病虫害防治等问题20余个，完成各类生产报表90余份。作物播种面积38709亩，其中小麦19200亩、玉米19500亩；单产487.3公斤/亩，总产18862.7吨。拨付小麦条锈病集中防治资金9万元，机防防治小麦面积0.9万亩。举办各类实用技术培训班10余期，累计培育新型职业农民600人，培训各类农村劳动力人数超过3万人，新增省、市乡村之星2人、市级农业产业领军人才1人。（区农业局）

林果业

【概况】 2017年，全区共完成更新造林580亩，发展经济林120亩，道路道路绿化面积32公里，义务植树60万株，中幼林抚育1万亩，绿化道路32公里。新增育苗600亩，苗木花卉面积达到12.56万亩，森林覆盖率达到44.16%；创建市级森林乡镇1个，市级森林村2个。

【林政改革】 加强区级林权管理服务中心标准化建设，完善森林资源资产评估机制，强化集体林权监督管理，实现林权登记确权、流转交易的规范化、便民化。加大集体林权抵押贷款推进力度，为林业经营主体拓宽融资渠道。全面开展政策性森林保险工作，提高林业抵御自然灾害和市场风险的能力。着力培植和鼓励发展专业大户、林业合作社、产业化龙头企业等新型经营主体，提高林业的集约化、规模化经营水平。

【植树造林】 ①绿色路网建设，重点完善提升2条干线公路两侧绿色通道的建设。②水系生态绿化和环城景观林带建设，主要是汶河、明堂河、芝田河、碧霞湖水系林带建设，对缺失的河段进行补植，形成生态景观防护林带。

【花卉苗木基地建设】 全面实施“特色基地建设”，逐步形成江北最大，集品种展示、信息交流、产品交易于一体的功能齐全的苗木花卉驯化基地。沿主要交通要道两侧成片连线扩大花卉苗木种植面积，同时，鼓励苗木花卉种植户向外地发展，在泰山区以外地区租赁土地建苗木花卉基地。按照“连片发展、建成基地、发展龙头、提高档次”的思路，重点沿华益路、泰新路、燕邱路三线，主要培育以蝴蝶兰为代表的高档盆花，以泰山景松、五角枫、银杏、皂角、西府海棠、樱花为代表的大型景观树，以大樱桃、核桃、早熟桃为代表的优质果树苗。2017年，新增苗木花卉600亩，苗木花卉面积达到12.56万亩。

【森林病虫害防治】 全区设立6个监测点，每个监测点配备1名基层监测员，监测员每天向区森保站报告其发现的林业有害生物发生现象和地点，进行野外监测调查。区森保站明确1名专职监测员对较大发生地进行核查。根据当地主要林业有害生物发生特点，对重点区域做定期巡查，及时掌握发生动态，重点做好春尺蠖、光肩星天牛、松墨天牛、方翅网蝽、杨树溃疡病和杨树食叶害虫的监测预报工作。联合山东省农业大学植物保护学院开展林业有害生物普查，共调查发现林业害虫156种，病害15种，天敌昆虫12种。采集和制作林业害虫标本146种，包括针插标本133种，浸渍标本8种，玻璃片标本10种，涉及寄主植物53种。其中，成套生活史标本10种，每种生活史数量4个以上，个别种类不足4个。采集和制作病害标本8种，每种数量4个。拍摄高清照片并命名的病虫害种类

表6　**2017年泰山区植树造林基本情况表**

更新造林（亩）	道路绿化长度（千米）	新增花卉苗木面积（亩）	中幼林抚育面积（亩）	全民义务植树株数（万株）
580	32	600	10000	60

102种，其中有危害状照片的昆虫种类55种，病害9种。

【林业科技推广】 实施“新型职业林农”培训工程，采取网上咨询、送科技下乡、林业科技专家进村入园指导等多种形式，聘请省林业厅、山东农业大学、省果科所、市林科院等高校和科研机构的林业专家教授举办培训班。完善林业科技成果转化机制，引进、推广、应用林果新品种、新技术、新成果，推进科技示范园区建设。2017年，推广应用优良品种3个，新技术2项，建立林业科技示范园区5个。年内举办各类培训班45期，培训新型职业林农5360人次；发放林业科技明白纸、宣传资料3万余张。

【果树基地建设】 在省庄镇、泰前办事处等北部山区，重点发展核桃、板栗、泰山大红石榴、猕猴桃等特色经济林树种。为促进标准化建设，制定标准化生产技术标准，强化技术服务。为提高果品生产的技术含量和经济效益，开展无公害标准化生产技术、疏花疏果、果园覆草、叶面施肥、果实套袋，果形剂应用等多个方面的推广应用。在大樱桃管理方面，推广大樱桃纺锤形早丰树形的应用，推广夏季修剪为主的实用树体管理技术。全区果品生产的科技含量、标准化水平有显著提高。年内对多个品种进行绿色食品认证，认证数量达10件，认证面积达2.55万亩，泰山区拿到进入国内高端市场和开展出口的通行证。

【林政管理】 认真执行《县级林地保护利用规划》，划定森林资源保护“红线”，实行林地“红线”管制。从严落实林地征占用和林木采伐限额管理制度，依法审核审批各类工程征收占用林地，加强和规范林木采伐、木材运输和经营加工管理，推进林木采伐制度改革。配合泰安市森林公安局城郊分局查处全区范围内的涉林案件，违规用火，火灾案件，打击毁林行为。

【森林防火】 坚持“预防为主、积极消灭”的方针和“以人为本、科学防火”的理念，按照全员、全方位、全社会、全天候“四全”防火要求，绷紧森林防火这根弦，持之以恒，常抓不懈，走依法治火之路、科技防火之路、专业扑火之路、群防群控之路，加快推进森林防火信息化建设，有效保护了森林资源和人民群众生命财产安全，为全区安全生产做出了贡献。重点抓了“三支队伍”建设：一是强化区森林专业消防队伍建设。坚持标准化建队、规范化管队、军事化强队，积极邀请区武装部、区消防支队教官指导区专业森林消防队伍开展军事化训练，提高队伍的整体素质；积极开展以水灭火、风水结合战法演练，提高扑火效率，使之成为扑救森林火灾的中坚力量。二是加强街道（镇）半专业森林消防队伍建设。各街道（镇）进一步加强半专业森林消防队建设，队员相对固定，按要求配备了相应的扑火器具和设备，发挥“出动早、距离近、处置快”的优势，有效的减少火灾损失。三是强化应急机动队伍建设。各处镇、村社区，按照关于应急机动队伍组建要求，加快建设步伐，保证人员数量、车辆机具、机动能力三达标，真正在扑火中担当起主力军的角色。在森林防火信息化建设方面，加强预警监测、火场通信、办公网络和信息指挥平台建设，配备林火视频监控、无线对讲寻呼系统，4台监控设备及视频监控指挥平台、1处省级基地台、2台车载移动电台全部投入运行，并实现省、市、区、街道（镇）四级联网，为全区森林防火安上“千里眼”“顺风耳”。同时，与区气象局合作，利用气象信息平台及时发布森林防火期气象信息，指导全区及时做好应急准备。 （区林业局）

水利和渔业

【农田水利基本建设】 2017年，兴建农田水利工程78项（其中新建46项），除险加固水库3座，塘坝8座，新打机井32眼，整修配套机井60眼，发展节水灌溉面积0.8万亩，全部工程总投资4700万元，总工程量48万立方米。

【水土保持】　完成水土流失综合防治面积9.7平方公里，完成市水务局下达的年度水土流失综合治理目标任务。组织实施省水土保持综合治理项目–泰山区省庄镇小津口村凤凰山小流域和安家庄小流域水土保持项目，完成项目总投资176.68万元，治理水土流失面积3平方公里。截至2017年年底，凤凰山小流域完成水平梯田整修37公顷，水土保持林补植72.5公顷，封山育林治理90.5公顷，新建谷坊4座、整修堰坝1座；新修生产路1公里，共完成投资103.78万元，治理水土流失面积2.3平方公里。

【小型农田水利工程】　①实施“强村固基”工程作。投资200万元，通过埋设管道、河道治理等工程改善7个村的水利基础设施。②实施农田水利项目县项目。总投资1200万元，其中争取中央投资1000万元，在省庄镇北部山区6个村，发展节水灌溉面积7984亩，为当地群众增加产值358.77万元，年灌溉收益143.5万元，每年可节水92.3万方，灌溉有效利用系数提高到0.85。

【河砂河道管理】　按照全市“六统一”（统一规划定点、统一出让发证、统一稽查票据、统一税费征收、统一解缴分成、统一稽查监管）的管理要求，对各类涉砂违法行为，做到露头就打，从严从快查处，全年共查处违规运砂车辆80余辆，给予卸载、补缴税费处理，保持了全区河砂资源管理秩序持续稳定。6月，完成河砂资源第十三个出让期工作，出让采砂场3处，储砂场4处，出让6.85万立方米，征缴税费130万元。原规定7月1日至9月30日为禁采期，10月1日，落实市政府关于延长禁采期的决定，截至2017年年底为禁采期。在禁采期加大巡查力度，杜绝禁采期违法采砂现象的发生。实施嬴汶河刘家疃拦河蓄水生态工程，总投资506.1万元，新建长180米、高2.2米拦河坝一座，新修1.3公里混凝土防汛道路。6月底，完成全部建设任务。11月完成工程审计、验收和管理移交工作。

【水资源管理】　落实水资源管理制度，严守“三条红线”（水资源开发利用控制红线、用水效率控制红线、水功能区限制纳污红线）控制目标。①开展入河排污口综合整治工作，排查上报入河排污口21处，其中，登记审批4处。②推进水资源费改税工作，开展水资源税纳税人信息核实及清查，12月完成水量核定工作。③完善取水许可证的审批、换发及后续管理，使取水许可证的管理逐步完善。④推进计划用水和节约用水管理，年初下达取用水户年度用水计划，落实用水户“年计划、月调度、季考核”监管制度。通过用水计划和定额对用水总量进行控制，督促用水单位开展节水工作。⑤配合市水文局开展一年两次的入河排污口水质监测，水功能区达标率控制在66.7%，符合限制纳污标准。年内征收水资源费159万元。⑥加大水资源保护宣传力度，在省庄镇中心小学开展“节水、爱水、护水，从我做起”公益宣传进校园活动。

【防汛抗旱】　围绕“防大汛抗大灾”积极做好防汛的各项准备工作。①召开全区防汛工作会议，签订防汛责任书，印发防汛工作意见，调整防指人员名单，公布小型水库防汛责任人。②修订全区防汛应急预案和17座小型水库的防汛抢险预案及全区七个处镇的村级预案等工作。③组织防汛队员进行防汛演练，提高全区防汛队伍能力，确保遇到险情队伍拉得出用得上。④配合区委督查局对全区的重点水库塘坝进行安全隐患排查，并将检查情况在全区通报，对防汛物料储备不足，防汛队伍落实不到位的处镇，水库、塘坝、河道存在的问题下达整改意见，限期整改落实到位。⑤防汛人员物资及时到岗到位，全面落实防汛常备队、抢险队和后备队，并登记造册。抓好抢险物资储备，分级、分单位备好防汛物资，全区共储备编织袋8.8万条、木桩5.8立方米、铁丝8.88吨、土料5.8万立方米、砂石料5.4万立方米、麻绳1.95万千克、救生衣620件。

由于准备充分，“预案、预报、预警、预防”四到位，2017年全区各水利设施运行良好，没有出现较大险情。

【防汛抗旱工程建设】①投资60万元，进行节水灌溉、打井抗旱等7个项目建设，提高干旱地区的灌溉能力。②投资400万元，在3个街道（镇）实施水毁工程修复和防汛岁修项目8个，进行塘坝维修加固、河道水毁修复和城郊田间排涝工程建设，提高防灾减灾能力。③投资59.94万元，实施安家林、刘家庄水库联通工程枢纽建设目，开发利用两座水库雨洪资源，丰水年可增加雨洪资源利用量270.25万立方米，缓解泰安市水资源紧缺状况。工程实施后可保证安家林水库正常运行水位，改善水库周边生态环境，为下一步综合开发夯实基础。④投资245万元对大河峪、拐子沟和光石凉3座小（2）型病险水库进行除险加固。

【水产养殖】 2017年，全区养殖、投放花、白鲢，草鱼等淡水鱼种85吨，生产各类鱼苗60万尾。完成水产品产量980吨，渔业经济产值1030万元，比上年增加20万元。

【河道长效管理】 ①全面实行河长制，编制河长制工作方案，健全工作制度，建立起以区、街道（镇）、村（社区）三级“河长”为主要内容的河长制组织体系，对全区范围内14条主要河流全部落实具体责任人。全区共设立河长142名，其中，区级河长9名、街道（镇）级河长37名、村（社区）级河长96名。②把制度建设作为河长制工作的重中之重，9月，研究印发部门联动、督察督办、信息报送等9项工作制度。为推进方案执行，先后完成全区河湖名录调查、河湖问题排查与综合整治方案、河湖岸线利用管理规划编制、河长制专项工作经费测算、“清河行动”、河长制专题培训等工作。③全方位、多角度宣传报道河长制工作，营造全社会共同关心、支持、参与和监督河湖管理保护的氛围。12月21日，通过泰安市河长办公室验收。

【水产品质量安全管理】 ①积极开展省级食品安全城市创建工作，加大渔饲料、渔药等生产投入品的安全使用宣传，增强养殖户安全用药意识，自觉参与水产品质量安全管理，杜绝使用违禁投入品。②开展养殖业户的生产、用药、投售记录和渔用药物使用记录的检查。③定期进行水产品质量抽查，共抽检6批次92多个样品，合格率均为100%。

【水库移民后期扶持】 截至2017年，全区移民人口共核减204人，共有人口1803人。①严格按照文件要求切实履行山东省财政厅与多个部门联合开发的新系统——山东省惠农补贴一本通系统发放移民直补资金发放程序，全年，泰山区移民直补资金累计发放120.42万元。②实施大中型水库中央结余资金、小型水库扶助基金及美丽家园建设三个项目，资金共计120万元，分别是小津口村乡村游基础设施项目，魏家庄村美丽家园建设项目及东燕村苗木基地配套桥建设项目。

【水政执法】 巩固“全省水政执法规范化建设示范县”成果，规范水政执法工作，提升水政执法效能。①加强执法队伍建设，提高执法队伍素质，培训学习常态化。②开展综合执法，联合专项执法。对芝田河合计巡查19公里，双龙河5公里；对石汶河、嬴汶河、牟汶河合计巡查68.8公里；对卸甲河、泉沟河合计巡查6.8公里。③开展对自备井和私采、兜售山泉水专项整治工作。集中采取联合行动，对辖区内私采、兜售山泉水经营户实行强制停止，先后下达《责令停止违法行为通知书》15份。对全区范围内发现并制止的15家山泉水售卖点进行5次巡查，未发现继续售卖山泉水现象。④完善政府权力清单、推进“双随机一公开”（在监管过程中随机抽取检查对象，随机选派执法检查人员，抽查情况及查处结果及时向社会公开）及服务指南动态调整等工作。12项行政许可项目、20项公共服务项目实现网上公示。⑤开展水利法治建设示范点创建工作。立足水利工作实际，多措并举开展水利法治建设示范点创建工作，为创建全省水政执法规范化示范、水利法治建设示范点双示范单位打基础，力争2018年通过省水利厅验收。（区水务局）

畜牧兽医

【畜牧产量】 2017年，牛肉产量198吨，猪肉产量2015吨，羊肉产量168吨，禽肉产量2753吨，奶类产量10319吨，禽蛋产量1587吨。年底，全区奶牛存栏2750头，生猪存栏7347头，蛋鸡存栏105800只，肉鸡存栏128500只，羊存栏3156只。

【防疫检疫】 2017年，全区共完成猪口蹄疫免疫4万头，占牲畜存栏的100%，牛口蹄疫免疫0.7万头，占牲畜存栏的100%，羊口蹄疫免疫0.4万只，占牲畜存栏的100%，高致病性禽流感免疫110万羽，免疫密度100%。生猪、牛、羊耳标佩带率为100%。①强化组织领导，落实工作责任。3月召开各处、镇兽医站长及防疫员培训会议，5月，在省庄和邱家店镇开展规模养殖专业户的培训工作，对所有养殖单位有关人员进行培训，10月，举办规模畜禽养殖大户防疫技术培训班，传授防疫、消毒、饲养等科学技术。②强化工作措施，确保防疫效果。坚持对动物疫病实行预防为主，免疫为主、综合防控的方针、突出重点、全称监管、确保安全。围绕高致病性禽流感等重大动物疫病防控工作。一是加强基础免疫，按照“季防月补，天天补针”的工作思路，重点抓好高致病性禽流感、猪瘟、猪蓝耳病、口蹄疫四种一类重大动物疫病强制免疫工作，做到应免尽免，不留空挡，确保建立有效免疫屏障。同时开展禽霍乱、猪链球菌、乙脑、狂犬病、牛传染性肺炎等动物疫病的综合预防，严格执行耳标、免疫档案的免疫管理制度，动物耳标挂标率、免疫档案的利用率达到100%。二是加强疫情监测和报告。抓好活畜禽交易市场监测、散养户监测、规模养殖场（小区）监测，严格实行疫情报告制度。规范规模养殖场管理，进一步完善免疫、卫生消毒、病死畜禽无害化处理、人员管理和养殖档案管理制度，及时记录生产、免疫、用药、消毒、诊疗、出栏检疫、疫情监测等情况。

【动物布病、结核病监测与净化工作】 9月，印发布病结核病检测的通知，并印制100份《布病和结核病防治知识宣传单》，由村防疫员送到养殖户手中，使使养殖户了解布鲁氏菌病、结核病的危害，掌握预防知识，增强自我防护意识，自觉配合检测工作。10月25日启动“两病”检疫检测工作，共检测奶牛350头，羊240只。其中，检出患有布病奶牛5头，并进行无害化处理，羊未发现阳性情况。

【生猪产品定点配送】 关闭所有屠宰企业、探索建立新型供应模式。确定在省庄建设一处采购中心，在五个街道、镇分别建设一处配送点，全面完善生猪肉品的采购、配送、销售体系，满足居民的肉品供应，成为全省第一个全部撤销屠宰企业的试点县。对采购中心和配送点建设做到四统一，进行统一设计、统一装修、统一办公设备、统一规章制度。为引导配送工作走市场化竞争的道路，让老百姓真正吃上质优价廉放心肉品，通过网上公示，资格审查，确定了银宝、兴岳等企业参与配送竞争。10月26日，泰山区在全省生猪屠宰“撤点并厂、定点配送”工作现场会议上做了经验介绍。

【开展畜禽污染防治】 ①积极配合环保部门做好禁养区关停搬迁工作。一是摸清禁养区养殖场户底数，泰山区禁养区内养殖场户共801户，其中规模养殖场44个，专业户757户。二是配合环保部门研究制定禁养区内畜禽养殖场户关闭搬迁实施方案，最大限度地照顾养殖场户的利益。三是强化督导。8月2日印发方案后，区畜牧局和环保部门逐个街道（镇）进行督导，11月全部完成任务，共计发放补偿金21254567.70元，按照区财政负担70%的原则，区财政负担14878197.39元。四是积极开展“过桥”行动。用好“过桥”信息服务平台，及时向养殖场户提供“过桥”信息，为禁养区内养殖场户关停搬迁搭建平台。②强化畜禽养殖污染治理指导服务。一是举办养殖场户培训班。3月17日组织全区所有养殖场户参加的培训班。二是实行包保指导。成立包保小组，各包保小组逐一深入到包保街道镇养殖场户进行技术指导和服务。根据各场实际情况和存在问题，指导其按照“12321”的标准进行建设改造，指导其建立储粪场和污水储存池、沼气池等设施。三是开展粪污处理设施建设验收工作。成立了三个畜禽养殖场户粪污处理设施验收小组，明确验收标准。经过验收全区限养区和适养区内82家养殖场户中，配建粪污处理设施的达到73家，设施配建率达90%。

【玉香奶业产业化调整】 泰安市玉香奶业有限公司位于庄镇南河东村，占地70余亩，奶牛存栏量350头。玉香奶业按照一产向三产转移与旅游业结合的思路，投资1000多万元，在改造标准化场区的基础上，打造旅游观光牧场，建起104米长5米宽的封闭式空中观光通道和知识长廊，在通道中可以具体观察到奶牛的饲养、活动情况，使人们近距离了解奶牛。通过知识长廊了解奶牛各种知识，也可体验“对牛弹琴”的乐趣。该公司还建设了鲜奶吧、挤奶展示区、饲喂体验区、母子亲情区，文化长廊以及休闲娱乐区等。在犊牛岛可以近距离接触奶牛，在鲜奶吧可以品尝现场加工的牛奶产品，在饲喂体验区可以近距离与牛进行互动，体验挤奶、喂牛过程。2017年，该公司接待游客1万余人。

（区畜牧兽医局）

农机工作

【概况】 2017年，全区拥有农业机械总动力16.78千瓦，比上年增长3.1%，农作物耕播收综合机械化水平达到91.66%%。机耕作业面积8347公顷，机播、机收面积分别为9659公顷、9808公顷。

【农机安全生产】 ①泰山区农机局监理站与区安委会开展联合宣传月活动。活动中，通过发放交通安全宣传资料，摆放交通事故案例展板，宣传交通安全法律法规，以及交通安全的重要性，并为群众答疑解惑。②围绕“百日安全”和“大快严”两项活动，坚持安全生产执法常态化。一是抓年审。2017年审验拖拉机、联合收割机达到586台，补审车辆达到80余台。二是重服务。开展上门监理，悬挂安全生产宣传条幅，加强安全警示教育。三是落实免费监理政策，政策规定免费项目，全部免除。四是强执法，配合公安、交通部门开展联合执法，对各种违法行为严厉打击，全区无重大以上农机安全事故发生。五是按照《关于紧急上报协助清查治理外地市变型拖拉机情况的通知》要求，对泰山区原违规变型拖拉机进行清查，全部与车主进行对接、签字。

【农机补贴及深松作业补贴】 ①农机补贴方面，2017年接受购置补贴申请表594份，补贴机具754台（套），设施设备数量为11400，受益农户304户，泰山区使用补贴资金指标295万元，补贴机具数占全市已补贴数比例8.01%，中央补贴使用比例为100%。②深松作业方面，按照《泰山区2017年农机深松整地作业实施方案》完成深松任务。上年剩余3000亩深松任务，加上2017年小麦保护性耕作任务2000亩，共计5200亩，每亩补助资金40元。③扶贫攻坚方面，采取农机强农惠农政策脱贫、农机化技术推广培训脱贫、农机科技项目脱贫等脱贫措施。对贫困户张圣英进行多次走访并给与扶贫慰问金帮扶。

【农机推广】 ①实施主要粮食作物全程机械化推进工程，全区农机总动力达到14.6万千瓦，拖拉机保有量达到920台，联合收获机达到456台，农机配套比达到1:3.3，农机经营服务总收入达到2.5亿元，主要农作物耕种收综合机械化水平达到92%。②实施畜牧养殖机械化水平提升工程，新增铡草机、揉草机、青储机、饲料混合机等机械20台套。③实施茶叶机械种植加工标准化工程，推广茶叶采摘机162部、茶叶加工机196台（套）。

【农机人员培训】 4月举办日光温室实用技术培训班，5月举办农机新技术培训班，6月举办两期农机安全监理培训班，7月举办农机维修人员培训班，8月举办农机合作社社员培训班。全年培训农机人员达到600人。

【泰山国际农业机械博览会农机化研讨和高峰论坛】 2017泰山国际农机化发展高峰论坛是泰山国际农业机械博览会的重要组成部分，由泰山区承办。8月26日在泰山国际会展中心国际报告厅举行。邀请了全国农机知名专家中国农业大学、中国农业机械研究中心主任杨敏丽教授，中国农机科学研究院张小超教授等，就精准农业、智慧农业、全程机械化作演讲报告，省农机局、市政府领导出席活动，泰山区组织全区专业合作社的负责人、农机手、农机大户、种养大户近600人到会听取报告。 （区农机局）

工业·信息化产业·商业

工业·信息化产业

【概况】 2017年区经济和信息化局内设办公室、人事科、经济运行科、规划与技术改造科、企业科、信息产业科、安全生产监督管理科、财务审计科8个职能科室，下辖区集体企业联社办公室（一级事业单位）和区政府节约能源办公室（二级事业单位）。年内，被山东省信息化与工业化融合促进中心评为山东省两化融合推进先进单位。

【工业生产】 2017年全区规模以上工业增加值累计增长8.1%，高于全市1.4个百分点。工业用电累计完成81912万千瓦时，同比增长0.89%。完成工业总产值422.97亿元，同比增长7.63%；实现主营业务收入351亿元，同比下降9.24%；实现利润28.29亿元，同比下降6.94%；实现利税45.76亿元，同比下降10.28%。规模以上工业企业亏损面16.7%，同比增长2.1%。

【重点项目建设】 2017年，全区实施重点工业建设项目48个，总投资87.84亿元，年计划投资36.8亿元，其中，过亿元项目26个，新建项目29个。①总投资3.15亿元的康平纳年产2万吨纱线染色智能工厂项目，依托国家科学技术进步一等奖成果——筒子纱数字化自动染色成套技术与装备，建设世界首个智能染色示范工厂，实现从胚纱到色纱成品全流程数字化、智能化生产，技术水平国际领先，全部建成运营后，年可生产色纱2万吨，实现销售收入7.16亿元、税收3800万元。②总投资2亿元的新能源汽车智能充电系统研发生产项目，新建1万平方米新能源汽车智能充电系统研发生产车间，新上汽车充电桩生产线，研发生产一体式、移动式、壁挂式汽车充电桩，投产后，年可生产新能源汽车充电桩5000台（套），实现销售收入4.6亿元、税收5000万元。③总投资3亿元的国泰微纳米新型灭火装备研发及产业化项目，总建筑面积52000平方米，主要进行生产车间、办公楼、灭火装备检测中心及附属设施建设，新上微纳米复合型超细粉体灭火剂生产线。最新研发的微纳米复合型超细干粉灭火剂及配套灭火装备，创造了“适用灾情种类最多”“灭火响应时间最短”“灭火效率最高”等多个世界纪录，填补国际消防装备市场空白。项目达产后，年可生产超细粉体灭火剂3万吨、移动及固定式灭火装置22万具，预计年可实现销售收入10亿元、利税1.1亿元。④总投资1.5亿元的骏鸣新型建材装配研发生产项目，建设装配式新型建材生产车间及研发中心1万平方米，引入国际一流的智能生产设备，形成新型建材研发、机械化加工、设计、制作一条龙生产线。项目投产后，年生产加工能力可达30万平方米，预计年产值2亿元，利税4000万元。

【技术创新】 1月，山东岱银纺织集团股份有限公司（简称“岱银”或“岱银集团”）、山东康平纳集团有限公司（简称“康平钠”或“康平纳集团”）、山东宝来利来生物工程股份有限公司（简称“宝来利来”）、鲁普耐特集团有限公司（简称“鲁普耐特”）、山东泰山云谷信息产业有限公司等5家企业列入泰安市“三强”企业。2月，普瑞特机械制造股份有限公司防陶坛酒库的智能化研究及应用荣获中国轻工业联合会科技进步奖二等奖，该公司酒类生产流通安全防伪溯源系统荣获中国轻工业联合会科技发明三等奖。3月，泰安康平纳机械有限公司印染全流程绿色数字化生产工厂建设项目列入工业和信息化部“中国制造2025”2017年度重大标志性项目，山东宝来利来生物工程股份有限公司年产1000万支特异性免疫微生态制剂–普度等项目列入2017年山东省企业技术改造导向目录，山东中天泰和实业有限公司数字化煤层气钻机、山东国泰科技有限公司遥控履带式消防灭火机器人2个产品列入山东省2017年第一批重点新产品（技术）推广目录。4月，山东国泰科技有限公司“高品质超细粉体灭火剂”荣获日内瓦国际发明展金奖和俄罗斯、葡萄牙、台湾特别专项奖。5月，山东康平纳集团有限公司智能染整技术及装备科技创新平台项目获得省科技进步奖一等奖。泰安嘉和重工机械有限公司年产600台套挖掘机结构件技改项目获得省第二批“机器换人”技术改造奖励资金扶持。6月，山东国泰科技有限公司遥控履带式消防灭火机器人荣获中国消防协会科学技术创新奖一等奖。6月，康平纳、岱银、鲁普耐特等5家企业被列入省“特色品牌”培植企业。7月，山东雷诺服饰有限公司纳入中国服装智能制造技术创新战略联盟成员单位。8月，泰安海纳轴研科技有限公司高速节能玻璃磨削电主轴等5个产品列入省首台（套）技术装备及关键核心零部件项目。9月，岱银集团和康平纳集团获得省主导产业集群（纺织服装）资金扶持。10月，岱银集团荣获2017中国面料之星最具市场价值奖，牛仔面料荣获2017中国国际面料设计大赛开发应用奖，泰安启程车轮制造有限公司、山东视聆通信公司、泰安泰山高压开关公司3家企业被省经信委认定为第二十四批省级企业技术中心。11月，山东康平纳集团有限公司董事长陈队范荣获中国产学研合作突出贡献奖。12月，泰安路德工程材料有限公司被工信部认定为第二批制造业单项冠军示范企业，山东岱银纺织集团荣获2017年度中国纺织工业联合会产品开发贡献奖、可持续纺织产品开发——卓越能效奖，鲁普耐特集团有限公司被中国纺织工业联合会授予“中国纺织行业人才建设示范单位”荣誉称号。

表5　　2017年泰山区技术创新情况表

单位	项目	时间(年.月)	表彰或实施单位
山东康平纳集团有限公司	2017年“两化融合”管理体系贯标试点企业	2017.9	工业和信息化部
山东海天智能工程有限公司	“智能康复机器人产业化及医联体康复中心示范综合体”项目	2017.7	工业和信息化部
泰安路德工程材料有限公司	合成纤维制经编织物被列为全国第二批制造业单项冠军示范企业	2017.12	工业和信息化部
泰安康平纳机械工有限公司	印染全流程绿色数字化生产工厂建设项目列入《中国制造2025》2017年度重大标志性项目	2017.3	工信部办公厅
国泰科技有限公司	“高品质超细粉体灭火剂”获日内瓦国际发明展金奖	2017.4	日内瓦国际发明展组委会
鲁普耐特集团有限公司	中国纺织行业人才建设示范单位	2017.12	中国纺织工业联合会
泰开电力电子有限公司 山东国华矿业有限公司	节能奖	2017.1	省政府
山东康平纳集团有限公司	智能染整技术及装备科技创新平台项目获省科技进步奖一等奖	2017.5	省政府
泰山区经济和信息化局	山东省两化融合推进先进单位	2017.12	山东省信息化与工业化融合促进中心
泰安启程车轮制造有限公司、山东视聆通信公司、泰安泰山高压开关有限公司	第二十四批省级技术中心	2017.10	省经信委

续表 5

单　位	项　　目	时间(年.月)	表彰或实施单位
山东视聆通信有限公司	省级软件工程技术中心	2017.11	省经信委
国泰科技有限公司	遥控展带式消防灭火机器人获中国消防协会科学技术创新奖一等奖	2017.6	中国消防协会
普瑞特有限公司	防陶坛酒库的智能化研究及应用获中国轻工业联合会科技进步奖二等奖	2017.2	中国轻工业联合会
普瑞特有限公司	酒类生产流通安全防伪溯源系统荣获中国轻工业联合会科技发明三等奖	2017.2	中国轻工业联合会
普瑞特有限公司	酒类生产流通安全防伪溯源系统荣获中国经工业联合会科技发明三等奖	2017.2	中国轻工业联合会
普瑞特机械制造股份有限公司	智能化生产制造车间项目列入山东省首批智能制造试点示范项目	2017.1	省经信委
宝来利来有限公司	年产 1000 万支持特异性免疫微生态制剂–普度等项目列入 2017 年山东省企业技术改造导向目录	2017.3	省经信委
泰安启程车轮制造有限公司	汽车铝合金车轮套色产品及工艺应用改善等 12 个项目列入山东省第一批技术创新项目计划	2017.3	省经信委
山东泰山高压开关有限公司	252kV 罐式断路器等 20 个项目列入山东省第二批技术创新项目计划	2017.5	省经信委
山东国泰科技有限公司	轮式超细干粉灭火器等 34 个项目列入山东省第三批技术创新项目计划	2017.9	省经信委
泰安泰山福神齿轮箱有限责任公司	船用克令吊减速机等 22 个项目列入山东省第四批技术创新项目计划	2017.12	省经信委
泰安海纳轴研科技有限公司	高速节能玻璃磨削电主轴等 5 个产品列入山东省首台(套)技术装备及关键核心零部件项目	2017.8	省经信委 省财政局
山东国泰科技有限公司	遥控展带式消防灭火机械人列入山东省 2017 年第一批重点新产品(技术)推广目录	2017.3	省经信委
山东中天泰和实业有限公司	数字化煤层气钻机列入山东省 2017 年第一批重点新产品(技术)推广目录	2017.3	省经信委
泰山酒业集团股份有限公司	山东省食品行业百年品牌培育企业	2017.8	省食品工业协会
山东亚奥特乳业有限公司	山东省食品行业功勋企业	2017.8	省食品工业协会
康平纳集团、岱银集团、鲁普耐特公司等5家企业	山东省“特色品牌”培植企业	2017.6	省经信委 省财政局
山东雷诺服饰有限公司	中国服饰智能制造技术创新战略联盟成员单位	2017.7	中国服装智能制造技术创新战略联盟
山东岱银纺织集团	山东省纺织行业突出贡献奖	2017.12	山东省纺织服装行业协会
山东岱银纺织集团	2017 年度中国纺织工业联合会产品开发贡献奖	2017.12	中国纺织工业联合会
山东岱银纺织集团	2017 年度中国纺织工业联合会可持续纺织产品开发卓越能效奖	2017.12	中国纺织工业联合会
松源网业有限公司、和瑞阳公有限公司	省级第十一批创新企业	2017.12	省中心企业局
神聆通信有限公司、东升服公有限司务	省级第十三批“一企一技术”研发中心	2017.12	省中心企业局
海岱绳网有限公司、鲁普有限公司	第七批省级专精特新企业	2017.12	省中心企业局

续表 5

单位	项目	时间(年.月)	表彰或实施单位
山东岱银纺织集团、海天智能有限公司	省级第二批省级创新转型优胜企业	2017.12	省中心企业局
泰安巨菱钻探装备有限公司	全省中小企业"隐形冠军"	2017.12	省中心企业局
梦想谷科技有限公司、协同软件有限公司	第四批省级中小企业服务机构	2017.3	省中心企业局

【节能降耗】 2017年，泰安市泰山城区热力有限公司泰城东部供热工程锅炉烟气超低排放工程项目被列入2017年资源节约和环境保护项目中央预算内投资项目并获得山东省节能先进企业奖，山东厚丰汽车散热器有限公司的新能源汽车散热器、普瑞特机械制造股份有限公司的智能化高效酿造机械成套装备获得山东省优秀节能成果奖。山东厚丰汽车散热器有限公司的新能源汽车散热器项目、山东中天泰和实业有限公司的数字化煤层气钻机产业化项目、泰安市泰和电力设备有限公司的新能源汽车充电桩项目、泰安市华伟房地产开发有限公司的华伟家园利用中水源热泵技术供暖项目列入市级节能专项资金项目。康平纳集团有限公司建设筒子纱数字化绿色染整设计及其装备创新服务平台项目获得绿色制造系统集成项目补助资金1200万元。

2017年度，区经济和信息化局累计为企业争取扶持资金1285.25万元。山东视聆数据中心被确定为山东省绿色数据中心试点。太阳能项目方面，省庄二中、泰山百灵学校两个项目列入扶持计划；岱银毛纺织公司太阳能利用项目被列入工业绿动力计划项目。根据《关于加强对循环经济示范乡镇建设情况监督监察的通知》要求，对省庄镇和泰山经济开发区循环经济示范乡镇创建工作情况进行不定期督察，泰山经济开发区循环化改造实施方案通过专家评审。

【安全生产】 坚持"安全第一、预防为主、综合治理"的工作思路，严格遵循安全生产的规律，落实行政主管首责制和局班子成员安全生产"一岗双责"制，对生产主体实施38轮次安全生产和消防安全检查，共计查出安全隐患82条，下达现场检查记录和隐患限期整改通知书38份，对企业存在的安全隐患实施跟踪督查，直到彻底排除隐患。

2017年，区经济和信息化局制定印发《泰山区油气长输管道保护工作管理办法》《泰山区油气长输管线"安全月活动"实施方案》等文件，并与油气长输管道沿途的三个街道（镇）及管道企业签订2017年度油气长输管线保护工作目标管理责任书，2017年全年泰山区油气长输管道旧隐患无复发，新隐患无形成，为油气长输管道安全运行奠定了基础。化工产业安全生产转型升级工作稳步推进，截至2017年年底，泰山区化工生产企业仅剩李家店福利化工厂一家。该企业由于临近村庄，计划搬至宁阳县化工园区，在宁阳注册成立泰安亚荣生物科技有限公司，在宁阳县磁窑工业园征地面积73.6亩，土地补偿款（包括清地款）800万元，已分两次全部付清，土地腾空完毕，等待招拍挂手续，安评与环评已过审，计划2018年年底前完成整体搬迁工作。

（区经济和信息化局）

商　务

【社会消费活跃】 ①商贸业向智慧特色化发展，着力培育大润发、中百大厦、银座商城、新时代商厦、淘你欢等企业。②住宿餐饮业向绿色惠民化发展，限上企业共计204家，其中批发零售业116家，住宿餐饮业88家，全年实现社会消费品零售额376.8亿元，同比增长9.9%。

【利用外资平稳发展】 2017年，新批外资项目11个、增资项目1个，完成合同利用外资595908万元人民币；完成实际到账外资额46868万元人民币，比上年增长18.28%。突破利用外资新领域。中垠（泰安）融资租赁有限公司于2017年年初注册并实现2.5亿元人民币外资到账，成为泰山区首家从事融资租赁业的外商投资企业。

【电子商务成效明显】 出台电子商务产业加快发展的意见和扶持资金管理办法，从集聚区、省以上电子商务示范基地或企业、社区生鲜便利连锁店、电商平台、电商培训等7个方面给予扶持，每年设立引导资金300万元。电商网络交易额113.16亿元，同比增长32%，网络零售额33.9亿元，同比增长35%。

2017年，全区以电商运营为主业的公司及个体从业户2000余家，以电商为主业的快递公司多达20多家。筛选邱家店宋官村、东燕村、徐家楼夏家庄村等7户贫困户进行电商精准扶贫。小津口淘成为2017年全市唯一被阿里巴巴集团命名的淘宝村。

【对外贸易】 2017年，泰山区共有外贸进出口企业250家，其中有实绩的外贸企业218家，完成进出口总额516421万元，同比增长18%，高出全市3.48个百分点，占全市总量的33.4%。其中，出口完成402193万元，增长14%，高于全市4.29个百分点；进口114228万元，增长34%。

【对外经济合作】 2017年，对外承包工程合同额19564万美元，增长34.9%；对外承包工程营业额14247万美元，增长11.4%；派出各类劳务人员1511人，增长6%，境外投资实际投资额5554.8万美元，增长989.2%。（区商务局）

供　销

【农村经济合作组织建设】 区供销社以农村社区服务中心为平台，积极领办、创办、协办农民专业合作社，组织农产品进城、进超市经营。按照规范化运转作，积极扩大社员入股规模，提升市场竞争力，不断使入股社员增加收入，提高社员入股的积极性。领办、创办了邱家店供销社合兴畜牧养殖专业合作社项目，入社社员由开始的7户现发展到32户。泰山区联兴苗木种植专业合作社，项目占地815亩，总投资600余万元，示范带动周边86户农民发展苗木种植。2017年，区供销社领办、创办各类专业合作社56家。

【农村现代流通服务网络建设】 ①按照“政府主导，供销社主办，多方参与，市场化运作”原则，建设邱家店供销社逯家庄农村社区服务中心。该中心占地4800平方米，建筑面积1900平方米，设图书阅览室、远程教育室、健身娱乐室、政务咨询室、卫生室、日用品超市、生产资料超市、美容美发、餐饮洗浴等14个经营和公益性项目，辐射周边7个行政村，3324户农家，1.2万多人。至2017年年底，全区改建农村社区服务中心3处。②利用社会和基层社网点资源，通过多方筹资，建成邱家店镇供销社清华苑超市、亿客隆超市、旧县、浙汶河日用品综合超市；改建省庄供销社羊楼综合超市、指挥庄村泽泽超市；改造邱家店供销社北王庄综合超市、省庄供销社苑庄综合超市。2017年，农村日用品经营额达到2.2亿元，农业生产资料销售各类肥料2万多吨，农药近500吨。全区由供销社建设改造租赁的日用品超市网点达到42家，农业生产资料网点达到37家，覆盖全区48%的行政村，基本实现“镇有日用品超市和农资网点，村有日用品农家店、农资店”目标，初步形成区域流通网络体系。全区累计发展改造农资店、加盟店累计53家。

【基层组织体系建设】 推进“转型活社、开放建社”的改革，按照“市场化、合作制、开放式”原则，因地制宜，多种模式推进基层社转型升级，带动基层经营服务综合体发展。邱家店供销社发挥其自身优势，投资150万元，在镇中心租用沿街门头房准建成2800平方米的清华苑宾馆。注册成立邱家店供销社双兴煤矿支护设备有限公司，主要为煤矿企业租赁、生产、维护单体支护设备业务。省庄供销社总投资500万元在原化肥仓库的基础上拆除重新建设2000平方米的大型家具商场。

【再生资源网络建设】 ①邱家店供销社投资15万元，在后燕家庄村建设燕家庄再生资源购销中心。该项目占地面积3000平方米，其中仓储面积1000平方米。②省庄供销社在南许村建设废旧金属交易中心，租赁周边土地，由原来的占地700平方米扩增至3000平米。③推进城市社区再生资源回收利用体系建设，通过招商引资形式，引进泰安市高宏再生资源有限公司，利用省庄供销社红庙网点，建成占地5000平方米，建筑面积8000平方米再生资源回收利用行业信息平台和仓储、分拣车间，开展医疗器具收购、事故车辆配件分拣网上销售和社会公共设备回收等业务，建成再生资源综合服务体系中心。

（区供销社）

烟草专卖

【概况】 2017年，泰山区烟草专卖局（营销部）内设综合办公室、财务科、专卖监督管理科、法制科、内管派驻组、卷烟营销科6个科室、1个专卖稽查大队、4个稽查中队、3个管理服务站，共有员工101人，其中，中共党员41人，服务卷烟零售户2670户。

【烟草营销】 按客户档位分类投放货源与一户一策、轮转投放相结合，拓宽客户在销品牌宽度。完善市场调研、信息采集机制，提高市场把控能力。积极开发婚庆、景区市场，引导消费结构提升。实施推广手机终端订货，提高客户网上订货率。开展“泰山”品牌私人定制服务，积极探索改革创新之路。全年，销售卷烟24294箱，单箱值28929元，实现利税17702万元。

【专卖管理】 加大市场监管和检查力度，做到“真大、硬打、实打”。全年共查获案件463起。查获非法卷烟326.75万支，查获总案值148.63万元。保持“打假破网”高压态势，年内破获符合公安部、国家局标准网络案件1起，市场控制力和净化率进一步提升。

（区烟草专卖局）

财政·税务

财　政

【概况】　2017年，区财政局以深入推进财税体制改革为主线，以收入提质增量为目标，以保障和改善民生为重点，积极推进全区经济社会稳定健康发展。2017年全区一般公共预算收入实现308602万元，完成预算的100.48%，同口径增长5.3%。其中，税收收入282633万元，同口径增长10.95%，占一般公共预算收入的比重为91.58%，超全市平均水平20.71%，在全市排名第一。主体税收收入实现188363万元，同口径增长13.97%，总量在全市排名第一，主体税收占税收收入的比重为66.65%，超全市平均水平18.36%，居县（市、区）首位；政府性基金预算收入24251万元，完成预算的124.47%；社会保险基金收入149791万元，完成预算的101%。一般公共预算支出235048万元，完成预算的116.46%，比上年增长9.05%。其中，一般公共服务支出26709万元，完成预算的112.47%；公共安全支出7019万元，完成预算的105.23%；教育支出46618万元，完成预算的108.15%；科学技术支出3964万元，完成预算的100%；文化体育与传媒支出2867万元，完成预算的126.91%（2017年上级转移支付实际到位比年初预算多277万元）；社会保障和就业支出48598万元，完成预算的108.69%；医疗卫生与计划生育支出32723万元，完成预算的175.48%（2017年决算上级下达居民基本医疗保险转移支付补助12502万元列区级支出）；城乡社区支出17938万元，完成预算的107.83%；农林水支出13944万元，完成预算的98.64%（2017年上级转移支付实际到位比年初预算略有减少）；交通运输支出2141万元，完成预算的110.76%。截至2017年年底，全区政府性债务余额141300万元，未超出市政府核定的泰山区政府性债务161400万元的限额。全区政府性债务率为45.64%，债务风险总体可控。

【财政管理体制】　2017年，泰山区财政管理体制未发生重大变化，仍主要延续2008年市财政确立的管理体制。其间，根据中央和省、市有关政策，作适当调整。2008年，市财政按照税收属地管理原则，将原体制规定市财政分享的20%营业税、8%企业所得税，视同市直收入与市直企业一并下划泰山区，并按照收入加增幅上解，即对收入增量的分配，市财政分别按每年地方税收（不含耕地占用税、契税，下同）及教育费附加增幅分档确定递增比例，再乘以市财政下划收入基数予以确定，其余全部留给泰山区。市财政每年增量分成部分计入下划基数，作为下一年度的收入基数。2009年—2013年，按照不低于15%的比例上解；2014年起，按照12%固定比例上解。2016年5月1日，中央全面实行“营改增”政策，取消营业税，并修订增值税、改征增值税和营业税分成比例，增值税由原来中央和地方分成比例75:25改为50:50；改征增值税和营业税由原来的地方100%改为中央和地方比例50:50。同时，中央以2014年为基数，对下实行转移支付，弥补缺口部分。2009年，泰山区参照市财政体制改革方案，改革与街道镇体制管理，改体制延行至今。一是对岱庙、财源等五个街道办事处实行“定额上解，比例递增”的财政体制，以2008年街道镇实际收入和结算财力的差额作为上解基数，以后每年按上解基数的15%环比递增上解。自2015年，改为按照12%的固定比例上解。二是对省庄、邱家店两个镇实行“定额补贴，逐年递减”的财政体制。2009年，在两镇原财政体制不变的前提下，对省庄镇补贴100万元，对邱家店镇补贴500万元，自2010年起，每年分别递减20万元和100万元，减完为止。三是对泰山经济开发区税收实行泰山区与开发区按照3:7比例分成，同时，开发区区人员工资全部自行发放。

【重点民生保障】 2017年，全区用于民生方面的支出176519万元，占一般公共预算支出的比重达到75.1%。①科教与文化服务支出51392万元，其中，拨付资金6112万元，用于落实生均公用经费；拨付资金1825万元，用于上高桑家疃小学薄弱学校改造建设；拨付资金4853万元，用于解决普通中小学“大班额”项目建设；拨付资金456万元，用于落实民办教师补助。②社会保障和就业支出48598万元，其中，拨付资金7038万元，用于发放城乡居民养老金；拨付资金2837万元，用于城乡居民最低生活保障、困难救助及残疾人救助；拨付资金2330万元，用于社区建设；拨付资金1125万元，用于村级组织运转保障；拨付资金2803万元，用于退役士兵自主就业补助、伤残金、安置和权益保障等；拨付资金839万元，用于创业型街道社区奖补资金、公益性人员岗位补贴、小额担保贷款贴息等。③医疗卫生和计划生育支出32723万元，其中：拨付资金18072万元，用于居民基本医疗保险财政补助；拨付资金3687万元，用于基本公共卫生服务补助；拨付资金191万元，用于乡村医生补助；拨付资金969万元，用于公立医院改革补助资金；拨付资金1198万元，用于基层医疗卫生机构基本药物制度补助。

【街道（镇）财政管理】 ①加强基层财政资金监管，根据《泰安市乡镇财政资金巡查管理办法》要求，聘请第三方中介机构对全区7个财政所2016年度会计信息质量、财政资金使用、固定资产管理、账户管理等情况进行全面巡查。②加大项目争取力度，泰山区被列为省级“乡村连片治理”试点县，该项目涉及邱家店镇7个行政村，惠及群众1.2万人，预算总投资1365.8万元。③确定美丽乡村标准化示范村建设省级项目1个，市级项目6个，区财政年初安排美丽乡村专项资金300万元。④与区委组织部联合申报强村固基项目10个，投入财政奖补资金200万元。⑤安排一事一议财政奖补普惠制项目17个，总投资1148万元，其中财政奖补资金415万元。⑥落实村两委补贴待遇，按村党组织书记基本报酬2000元/月，村主任基本报酬1600元/月，其他两委成员基本报酬1400元/月的标准通过“一本通”按月及时发放，并为村“两委”成员购买“养老”、“医疗”保险，实行书记5240元、其他两委成员3240元的标准定额补助。同时，拨付400余万元村级组织办公运转经费，保证村级组织正常运转。⑦落实农业“三项补贴”改革政策，全区共发放农业支持保护补贴232.95万元，小麦种植面积为18636亩，受益农户9142户。⑧按照结余补贴资金用于“耕地地力保护”项目规定的用途，组织相关街道（镇）上报城乡垃圾处理项目，批复项目3个，拨付资金100万元，极大改善了农村人居和生产环境。

【社会保险基金管理】 细化社保基金账务处理。除按险种记账外，再按照代理银行记账，加强社保基金管理，确保社保资金的安全。认真执行基金收支两条线的管理制度，专款专用。有效保证社保基金的增值保值。合理安排收支预算，严格预算管理，并在泰山区政府网站进行公开，接受社会各界监督。2017年，根据预算收支管理情况，拨付财政补助18210万元，根据生育保险基金超支情况，拨付生育保险市级调剂金和区级财政补助金2002万元。完善更新社保基金财务系统，采取业务、财务一体化，对社保基金的核算更为精准。加强各项社会保险疑点信息核查。2017年累计收到疑点信息1000余条，及时追缴重复领取的养老金。

【政府采购】 加大政府向社会力量购买服务的力度。借助政府采购采用委托、承包、采购等多种方式，将由市场提供、社会力量能够承担的公共服务交给市场和社会力量承担，将服务类项目切实纳入政府采购范围，规范政府购买服务的范围、标准、程序和方式。对区级公务印刷实行定点采购，共有22家企业成为印刷定点单位，规范印刷服务的采购工作。单项或批量采购预算5万元以下的印刷项目，可以从定点企业名单中自主选择供应商并签订政府采购合同。加强对政府采购工作过程的监督，对采购信息发布、专家评委抽取、供应商资格审查、投标文件送达、开标、评标过程、中标结果进行监督，促进采购程序及行为合法合规，公开透明。加强对供应商的监督管理，推行信用管理。推进政府采购制度建设。制定并印发新的《泰山区区级采购人自行采购操作规程》，确保采购人按法定政府采购方式和程序开展自行采购，从制度上、程序上规范采购人自行采购行为，完善了政府采购流程。随着采购规模和范围不断扩大，截至2017年12月，采购货物、工程、服务共计完成26315.02万元，节支率6.75%。

【国有资产管理】 年内，完成2016年度全区行政事业单位资产统计工作。此次统计行政事业单位单位185户，其中，行政单位47户，事业单位138户。截至2016年12月31日，全区行政事业单位资产总额25.27亿元，负债总额8.77亿元，净资产总额16.43亿元，资产负债率34.7%，其中，固定资产总额10.53亿元。全区行政事业单位在账房屋建筑物面积86.5万平方米，通过资产报表显示，单位有权属证明的房屋建筑物面积21.13万平方米；在账土地面积138.6万平方米，有权属证明的土地面积47万平方米；在账车辆437辆。截至2016年末，泰山区区政府资产结构为：政府储备物资306.87万元；公共基础设施中等级公路类25716万元、水库（渠）类资产6500万元、市政道路设施类9776.6万元、城市排水与污水处理设施、照明设施类1747.4万元；全国社会保障基金153902万元；不可移动的文物70处，其中省级8处、市县级8处、尚未核定公布为文物保护单位的54处。②完成2016年度企业财务决算与国有资产统计工作，泰山区共汇编企业12家，较上年增加企业4家，其中国有独资公司3家，企业化管理事业单位5家，报表统计，截至2016年末资产总额49.6亿元，负债总额44.2亿元，所有者权益5.4亿元。③清查登记泰山区政府性债务投资项目资产，涉及泰山区区直部门、街道（镇）、园区的政府性债务为239条，包括2014年末清理甄别认定的存量政府债务投资项目资产、2015年以来按程序转化为政府债务的清理甄别认定的存量政府或有债务投资项目资产，以及2015年以来新增政府债券和外债转贷形成的政府债务投资项目资产。④严把资产处置关，2017年，资产处置净收益入库157万元，收缴出租净收益99万元。

【财政监督】 紧紧围绕中央和省、市深化财税体制改革的决策部署，加快推进现代财政制度建设，财政监管水平不断提高。①强化预算执行管理，更加严格政府采购和政府购买服务预算，进一步提高预算编制的完整性和规范性。着力健全盘活存量资金机制，2017年共收回部门结余结转资金2988万元。②强化政府债务管理，严格规范政府融资举债行为，强化红线意识、底线思维，严格落实政府债务限额管理、预算管理和风险管理制度，坚决杜绝各类违法违规举债和担保行为，切实防控隐性债务风险。③加大政府债券置换力度，2017年争取地方政府债券置换额度16515万元，新增地方政府债务40750万元。④强化资金支付管理，进一步突出源头管控，不断提高财政资金使用效益。2017年，通过集中支付系统支付资金210378万元。其中，直接支付173178万元，直接支付率为82.32%。完成政府采购额26315万元，节约资金1905万元，节支率6.75%。评审政府投资项目91个，评审资金64850万元，节约资金7809万元，审减率12.04%。

【投融资管理】 规范全区PPP工作，强化项目库管理，对纳入PPP项目库的项目进行全面清理和自查，对“泰安泰山慈恩老年颐养中心”“花样年华景区完善提升项目”“七里片区改造项目”“泰山医学院明堂医院”四个未进行物有所值评价、未进行财政可承受能力论证的项目申请退库。推进政府购买棚改服务，通过政府购买棚改服务，积极探索财政资金杠杆作用，不断拓宽筹资渠道，科学规划运作，全力做好资金保障。根据泰山区人大常委会第4次会议决议，2017年棚户区改造项目中三个项目采取政府购买服务模式，分别是岱庙灌庄社区项目、徐家楼新华片区项目和工业园区北沟头村项目，需政府购买服务资金合计36.01亿元。2017年顺利完成政府融资平台公司即泰山区财源投资有限公司市场化转型。（区财政局）

国 税

【国税征收】 聚焦主业，税收收入实现新突破。坚持组织收入原则，深入开展税源调查分析，加强调度和考核，不断完善科学化、精细化税源控管手段，收入质量稳步提升，税收收入实现跨越式增长。2017年，累计完成国税收入403003万元，同比增收85495万元，增长26.93%，完成市国税局计划387000万元的104.14%，税收总量和区级收入均居全市第一。在做好组织收入及时落实兑现税收优惠政策的同时，加强对税收数据的挖掘分析，积极为政府宏观经济决策当好参谋。分行业、分层次、分税种剖析经济形势，把脉研判经济发展方向，撰写多篇税收分析报告，其中《2017年全区税收收入分析报告》《透过税收大数据看泰山区经济税源的涵养与培植》《透过减免税数据看泰山区经济特点和发展方向》受到区委书记赵斌，区委副书记、区长王爱新的表扬性批示。①实现收入目标动态管理。分析影响重点税源、营改增行业税源的税收收入增减因素，采取有针对性的措施，实行税源动态监控管理，增强组织收入工作预见性和主动性，提高与年度总任务的匹配度。②积极落实各项减免税政策。在贯彻落实好结构性减税政策和各项税收优惠政策的同时，把好政策执行审批关，做到应收尽收、应退尽退、应抵尽抵，继续深化落实国务院放管服改革，进一步简化涉税审批流程，让利于民。③服务地方经济社会发展。紧密结合泰山区税源特点，利用开发的全景式税源管理平台，进行多层次、广角度的税收情况分析。从征管服务、政策落实等方面，推动经济结构调整、培育涵养税源，为各级领导宏观经济决策积极建言献策，发挥税收分析的重要作用。

【税务稽查】 ①建立内部互审和集体审理制度。稽查局分设五个检查组，各组的检查案件在提交审理之前，一组的案卷由二组审核，二组的案件由三组审核，依次类推，主要从违法事实描述是否清晰、证据是否确凿、执法程序是否合法、处理处罚是否得当等几个方面进行审核。发现问题，及时反馈检查人员，进行调查补证和修正。建立稽查局集体审理制度，稽查局集体审理委员会由6人组成，所有案件都经过集体审理，并由记录员做审理记录，全体成员签字。②选案精准，有的放矢。稽查局配备精干力量负责选案工作，在选案环节，工作人员多渠道多角度进行分析研究，选案准确率大为提高。③税警联合办案持续开展。自税警联络机制建立以来，高效运行，税警双方在信息共享、联合办案、调查取证等方面进一步协作配合，在案件查处过程中实现无缝对接。④查管共建、以查促管工作衔接有序。稽查局在协查、检查过程中，发现失联户、走逃户，尤其是涉嫌虚开专用发票的案件，及时与税源管理单位沟通，做到查管一家，相互配合，做到第一时间锁票、停票处理。税源管理单位在管评中，发现棘手问题，与稽查局沟通，稽查局通力配合，做到分工不分家。⑤严格档案管理制度。查结、执行完毕的案件，及时归案，由专人负责把关、装订、登记和管理，做到精益求精。

【推动征管体制改革】 ①以风险管理为导向，建立“大风险管理”模式。围绕以风险管理为导向的征管方式，打破原有属地管理模式，对所辖纳税人以规模加行业，兼顾国际税收、进出口管理等特定业务类型，实行分类分级管理。形成“大税源重点管、中税源分行业管、小税源社会管”的税源管理服务格局。配套制定《风险管理过程监控及督导评价办法》和《风险指标应对工作指引》，形成风险管理工作的整体合力，实现风险识别及时、风险控制到位、风险应对有序的大风险管理格局。调整分局及税源管理单位职能，充实风险管理人员，建立起横向互动、纵向联动的风险防控体系。②以纳税人遵从度和满意度为导向，建立“大服务”模式。办税厅实体化持续推进，出口退税、政策性退税业务转移到办税服务厅办理，进一步明确办税服务在相关审核审批业务中的职能与标准，还权明责于纳税人。强化前台、后台人员配备，持续打造依申请事项全面受理、内部流转、窗口出件的实体化办税模式，方便了纳税人“一站式”办税。创新机制手段，推行网上办税、无纸化办税、自助办税，解决办税厅等待长的问题，加强国地税合作，做好情报交换、信息共享、一窗通办，解决多头跑的问题。搭建培训新平台，聚焦纳税人的遵从度。建设纳税人公益学校，每月组织新办纳税人培训班，宣讲基本税收会计政策、基本办税流程、常见违法种类及法律责任，提高纳税人的依法纳税的意识，解决面上的问题。③以税收社会化管理为核心，夯实征管基础。建立税收共治新格局，通过国地税合作和财政、公安、社区等力量整合，在街道办事处、乡镇设立管理服务站点，在全区形成政府主导的税收社会化管理新格局。开发全景式税管平台，采集精准的户籍信息和相关涉税需求的辅助信息，方便快捷实时上传获取的纳税人户籍信息。实现信息录入、存储、结果反馈和领导决策分析的“一体化”管理功能，对内夯实涉税信息基础，为信息管税提供支撑；对外通过数据分析实现增值利用，为领导决策促进地方经济发展发挥积极作用。

【税务执法】 ①实行执法全过程记录，夯实法制基础。一是对业务事项全岗全流程梳理。制定《市区局权利和责任清单（试行）》，制作执法事项指引22项，执法程序、文书、证据、执法言行统一工作标准。二是加强执法监督。对日常管理中的执法行为，利用纸质文书、执法影像与“金三”（金税三期）信息流进行监督审查，纠正不规范的执法行为，实施全过程跟踪监督。三是重大案件集体审理联评。实行重大案件审理制度和风险成效联评制度，对不同行业的遵从风险特征归集、规范执法的薄弱环节等事项，进行典型案例剖析，共同实施执法质量绩效评价。②建立执法全过程记录制度，实行《税收执法全过程音像记录工作办法》《泰安市市区国税局执法视音频记录工作管理规定（试行）》，对涉税事项分为户籍管理、发票管理、税收优惠、风险管理、税务稽查5大类152项税收业务应用税收执法音视频进行记录并归档，对税收执法行为全面实现全过程留痕和可追溯管理，让权力以“看得见”的方式规范运行。

（泰安市市区国税局）

地　税

【地税收入】 2017年，全区共组织地税收入123421万元，剔除营改增因素，同比增长19.98%。其中：区级收入91961万元，剔除“营改增”因素，同比增长15.94%，占全年计划的107.85%，超过全年组织收入任务7.85个百分点。全口径收入中，营业税入库2263万元，同比下降94.71%；企业所得税入库12522万元，同比增长71.14%；个人所得税入库35985万元，同比增长29.84%；房产税入库7003万元，同比增长22.67%；土地使用税入库10418万元，同比下降0.18%；土地增值税入库16895元，同比下降1.88%。

【税政管理】 强化企业所得税汇算清缴，清缴2253家企业，合计补缴企业所得税5998.60万元，同比增收3991.7万元，增长198.90%，汇缴进度和审核通过率100%。制定欠税管理指引和税收执法模板，明确欠税管理流程、标准和职责，全年共对1587户欠税纳税人依法进行公告。

【税收执法】 ①延伸审计15家企业的税收征管情况，对"金三"（金税三期）系统筛选发送的6批疑点，均逐一进行解释说明并提供相关资料。②开展税收执法大督察，对2016年以来的各类稽查档案文书进行梳理、排查，按层级进行归类存档，搞好自查。③实时监控规范执法，探索税收执法全过程记录制度。全年共接受风险疑点2000余条，核实税款5000余万元，抽取120户项进行风险任务处理情况集中复查工作，确保税收风险管控工作质量。④开展对金融业、房地产业、服务业等实行"营改增"行业的专项评估，共评估16户纳税人，结案16户，核实入库税款（含滞纳金）400万元。

【征收管理】 建立定期数据传递比对制度，按照"户籍登记信息与国税高度一致、基础登记信息与国税高度一致、入库信息与国税高度一致"原则，加强个体工商户定期定额核定和日常定税管理，及时导入纳税人开业登记信息，及时进行税收核定。联合国税、财政共同打造税收社会化管理新局面，建立起"政府主导、税务主管、部门参与、信息支撑、综合治理"的立体式税收社会化管理新机制，初步实现税源管理和服务由"单管"到"协管"再到"共治"的转变。

【纳税服务】 开展"便民办税春风行动"，联合国税局开展税收宣传活动，举办"一日税官"体验活动，组织税企高端恳谈会。进一步深化手机APP和微信公众平台建设，继续实行国地税业务"一人一机一窗通办"模式。制定《国地税联合办税实施意见》，实施《办税服务厅绩效管理办法》，统一考核标准。规范契税窗口，引入叫号业务办理机制，将各窗口业务进行整合，实施"一窗通办"。建立一张税收管理服务联系卡、实行一个领导干部包保一户"三强"企业责任制、开通一个绿色快速办税窗口、发放一本税收优惠政策汇编、举办一次税企高端交流座谈，形成"五个一"长效服务机制，全力助推"三强"企业发展。 （王舒蓓）

金 融

中国工商银行泰山区支行

【存款业务】 年末，人民币各项存款余额49.82亿元，较年初增加6.75亿元，其中公司存款余额较年初增加1.99亿元，个人存款余额较年初增加2.51亿元，日均余额较年初新增3.57亿元。

【贷款业务】 年末，本外币各项贷款余额25.52亿元，较年初增加4.93亿元，其中：公司贷款余额3.92亿元，包括小微企业融资余额1.15亿元；个人贷款余额21.60亿元，较年初增长4.03亿元，个人住房贷款较年初新增4.20亿元，增幅、增量均位居全市第一。

【中间业务】 实现中间业务收入5983万元，较上年增加677万元。截至12月末，国际结售汇完成4349万美元，国际结算量7890万美元，中间业务收入72万元；贵金属交易类金额1.14亿元，贵金属递延交易额7072万元，完成中间业务收入49万元，贵金属有效帐户净增5122户，全行排名第5位。

【新业务领域】 ①汽车分期业务。年末，信用卡专项分期贷款余额4.69亿元，累放4.17亿元，较年初新增2.40亿元，增量位居全市第一。②家家乐分期业务。通过筛选有个人住房贷款的优质客户，利用融e联平台、短信、微信等方式向客户宣传家家乐分期业务。③公务员逸贷通业务。深入各机关事业单位、大型国企等单位，宣传公务员逸贷通在满足消费分期需求上的优势，层层跟进，推广营销。④票据池质押业务。通过将小微企业手中的全国26家专业银行的承兑汇票进行质押融资，将沉淀在企业中的承兑汇票变成现金流，帮助小微企业盘活资金，解决小微企业融资难、变现难的问题。

（中国工商银行泰山区支行）

中国农业银行泰山支行

【概况】 截至2017年年末，泰山支行辖属营业机构14个，其中营业部1个，二级支行13个，支行机关内设机关部室5个；在职员工224人，其中中共党员136名，党支部18个。

【存款业务】 年末，各项存款余额81.7亿元，较年初增加6.04亿元。其中对公存款余额23亿元，较年初增加2.6亿元；个人存款余额58.7亿元，较年初增加3.4亿元。对公日均存款（含外汇存款）较年初增加4.6亿元。

【贷款业务】 年末，支行各项贷款余额47.4亿元，较年初增加4.08亿元。其中，支行非“三农”个贷余额35.2亿元，较年初增加7.1亿元，占全部贷款总量的74%。其中个人住房贷款余额31.9亿元，较年初增加6.5亿元，全年实现累放额9.97亿元。

【中间业务】 全年实现中间业务收入5048万元，完成计划的100.9%，同比多增121万元。各条线坚持从点滴抓起，确保各项中收应收尽收、颗粒归仓，实现经营效益最大化。

全年实现营业收入 22582 万元，拨备前利润（16236 万元）、拨备后利润（15181）万元、净利润（12667 万元），均超额完成年度计划。

【新业务领域】 一是积极发展网络金融新业务，拓宽中收渠道。2017 年，支行紧跟上级行导向，积极推进 E 商管家、惠农 E 商等网络金融业务，将“亚奥特乳业”、泰山啤酒等优质客户打造成省内领先的样板商户，为中间业务收入的增长提供了新的渠道，从省行挣取中收 100 万元。二是积极调整个贷产品结构，积极营销专项分期业务，以“网捷贷”为主抓手，大力发展“随薪贷”、“家装贷”等个人消费类贷款，积极做好非住房贷款的补位工作。至年末，支行共实现分期交易金额 4882 万元，其中汽车分期 2799 万元，车位分期 2022 万元，发放个人消费贷款 538 笔，金额 4495 万元，其中办理网捷贷 488 笔，金额 3351 万元。 （农业银行泰山支行）

中国银行泰山支行

【存款业务】 年末，人民币各项存款余额 18 亿元，日均余额 16.87 亿元。其中：公司存款余额 7.83 亿元，日均余额 6.6 亿元；储蓄存款余额 10.12 亿元，日均余额 10.28 亿元。外币各项存款余额 2383 万美元。

【贷款业务】 年末，人民币各项贷款余额 14.75 亿元。其中，公司贷款余额 4.99 亿元；个人贷款余额 8.8 亿元。

【新业务领域】 2017 年中行泰山支行持续为重点行业、重点企业提供全面金融服务，深受企业好评。成功为中瑞鼎峰地产集团投放房地产开发贷款 2 亿元，用于支持“国悦府”、“国悦·半山九里”项目建设。为岱银集团累计投放流动资金贷款 2780 万元，叙做信用证、保函等 2 亿元，大力支持企业发展。

【银行同业合作】 2017 年与泰山农商行签署全面合作协议，双方拟在代理开证、债券承销、代理清算、企业年金等方面开展全面合作。同年，中行泰山支行为泰山农商行核定 3 亿元授信总量，代开国际信用证近 600 万美元。泰山支行成为中行系统内首家与农商行开展授信业务的机构，开拓了新的业务领域。

（中国银行泰山支行）

中国建设银行泰山支行

【概况】 中国建设银行股份有限公司泰安泰山支行所辖 4 个部室，5 个营业网点，共有职工在岗员工 93 人。

【存款业务】 年末，各项人民币存款余额 19.04 亿元，较年初增加 0.68 亿元，机构客户存款时点余额较年初增加 4929 万元，日均余额较年初增加–2959 万元；个人存款时点余额较年初增加 0.19 亿元，日均余额较年初新增 1893 万元。

【贷款业务】 年末，本外币各项贷款余额 21.95 亿元，较年初增加 0.68 亿元，其中：公司贷款时点余额 8.7 亿元，较年初增加–1.13 亿元，包括小微企业融资余额 16911 万元，小企业新户拓展 14 户。

【开创新业务领域】 ①资产质量管控成效显现。受经济下行、企业经营下滑等因素影响，支行不良贷款呈局部扩大趋势，为扭转局面，支行将 2017 年确定为不良贷款攻坚年。对不良贷款通过打包、核销、变更借款人等手段共处置不良贷款 6 户，金额 7198 万元，不良贷款余额 655 万元，比核定计划减少 295 万元。②小企业业务发展稳步推进。全年累计新营销办理小企业贷款业务 1315 万元。云税贷、信用贷等大数据产品的客户拓展量、完成率均排在泰安分行前列。③依托项目带动个人业务发展。一是开拓农村金融市场，为山口镇小马庄 485 户村民办理土地补偿金180万元。二是落地泰安分行第一笔物业质量维修保证金业务，金额217万元。三是中标泰安一中银校合作项目，代收学费8505笔，金额1343万元，发卡1350张，形成对公存款340万元。四是公私联动，做好楼盘准入。中达建岳置业有限公司在该行开立对公账户后，及时跟进，高效准备准入材料，该公司开发的“开元首府”小区2-3号、6-7号、10-11号住宅楼，按揭贷款总额2亿元。

（中国建设银行泰山支行）

泰安银行泰山支行

【概况】　泰安银行股份有限公司泰山支行成立于1986年，位于泰山区校场街81号，共有员工17人。泰安银行股份有限公司是山东省第一家改制的城市商业银行。

【存款业务】　年末，人民币各项存款余额12.14亿元，较年初增加0.3亿元。其中，公司存款余额较年初增加400万元，个人存款余额较年初增加0.26亿元。

【贷款业务】　年末，个人贷款12335.66万元，较年初增加752.88万元。新增小微户29户，较年初增加7户。小微贷款余额1507.46万元，较年初增加540万元。

（泰安银泰山支行）

泰山农商银行

【概况】　年末，资产总额139.5亿元，增长4.98%；存款余额107.82亿元，增长13.23%；贷款余额70.8亿元，增长9.2%；全年实现各项收入6.43亿元，经营利润1.85亿元；累计缴纳各项税款10016万元，增幅38.73%，形成地方财力4436万元，增幅23.7%；资本充足率达11.6%，拨备覆盖率150.24%，并荣获2017年度中国服务小微企业十佳农商行荣誉称号、省级文明单位、泰山区“双十强”企业等称号。

【资源挖掘】　第一统筹零售类客户拓展与系统大户营销。通过抓实基础客户营销，下大力气拓展储蓄存款，拉动储蓄存款较快增长；依托福农卡、手机银行、聚合支付等产品，提高业务替代率，增强客户粘性，解放营销精力；加强系统性大客户营销，加大对党政机关、医院、财政大客户的营销力度，大力拓展物业质保金、拆迁资金户及棚户区改造等系统性存款。第二统筹抓好城市社区和农村两大市场。根据城区和农村市场不同特点，在城区，加强社区银行建设，在农区，依托农金员开展营销。第三抓住农金员、网点转型、贷款客户三个重点。抓实农村金融市场，推进农金员业务转型，加快去存单化；依托网点全面转型，全面提升服务形象；强化产品对接，增加对公客户粘性，提高存款留存度。

【客户拓展】　第一，坚定市场定位。坚持“四个面向”的市场定位，着力“支农、支小、支散”，利用信e贷、微时贷等产品，结合网格化营销，支持实体经济建设，着力推进零售类贷款业务发展。第二，主动对接新旧动能转换和乡村振兴战略。与区政府签订服务新旧动能转换和乡村振兴战略框架协议，主动对接省市重点项目，提供一揽子金融服务。第三，积极开展金融扶贫，建立扶贫工作机制，持续落实调查摸底，细化帮扶措施，加强分类引导，优化办贷流程，推动产业扶贫，带动贫困人口就业。

【货币市场和中间业务】　第一，紧盯市场行情，尝试债券操作机会；结合资管新规要求，丰富理财产品种类，新增1天、7天、30天、60天到90天保本和非保本理财。第二，通过深挖客户资源、努力开办新业务、提升服务水平，国际业务实现新突破。第三，挖掘利润增长点。通过深化银保合作，强化考核引导，进一步强化柜面营销和市场拓展，大力营销银保产品和贵金属产品。

（孙崇祯　韩少洁）

人保财险泰山支公司

【概况】　2017年，为2.8万户城乡居民提供4亿元的家庭财产和治安保险保障，为200余农户提供9297万元农业保险保障，为15家企业提供27亿元的企业财产保险保障，为0.6万辆机动车提供50亿元的车辆风险保障，为全区10余所学校及教职工提供50亿元的校园方责任保险保障。全年实现保费收入2830万元，比上年增长8.15%，共计赔款1610万元。

（人保财险泰山支公司）

交通·旅游

交通运输

【概况】 2017年，泰山区客运量1091.7万人，比上年下降28.1%；旅客周转两110487万人公里，下降6.84%。货运量1426.12万吨，增长26.6%，货物周转量116225万吨公里，增长3.7%。公路通车里程（含国、省道）676.7公里。

【路网规划】 按照“依托东部高速，隆起拓展东部新城”的总体部署，科学制订“十七横”（碧霞湖大街、济泰高速与莱肥路连接线、谢过城街、啤酒大街、泰前大街、创业大街、泰莱路、泰莱高速、侯石路、刘后路、前指路、徐渐路、泰新公路、济泰高速与济临路连接线、宝泰隆路、居苑路、青兰高速）、“十二纵”（博阳路、芝田河路、岗宦路、邱旧路、济临路、济泰高速、济泰高速辅助线、通汶西路、通汶东路、汶水西路、汶水路、滨河大道）”东部新城路网规划，此规划已纳入泰安市城市总体规划和泰安市县乡公路路网规划（2016—2030年）。

【重点项目建设】 济泰高速公路泰山区段征地拆迁工作有序推进，青兰高速公路前期准备工作取得阶段性成果。全年共投资6000余万元，完成老泰莱路大修改造工程、埠黄路（侯家店至石碑段）大修工程、孛许路（泰新路至苑庄段）大修工程。碧霞湖大街大修改造工程克服各种困难，建设劲头持续走好。

【乡村道路建设】 全年投资2890万元新建、改建农村公路21.2公里，完成中央车购税补助项目、基础设施以奖代补项目等农村公路建设计划。省庄镇大河峪村、亓家滩村两个省级贫困村新改建农村公路3.7公里，完成投资180万元。投资2600万元实施辖区内82.7公里的县乡公路安全生命防护工程。开展村道安全生命防护工程建设示范乡镇创建活动。按照创建全国卫生城市、文明城市工作的安排部署，巩固“畅安舒美山东路”活动成果，对辖区内县乡道路存在的安全隐患进行全面整改。

【行业管理】 ①按照发展大物流的总体框架要求，结合泰山区规划实际，加大物流场站规模建设，推动物流产业的发展；审批发展了7家具备资质的运输（物流）公司，提升东部物流产业的发展。加快城乡物流一体化和乡村货运站的建设，初步形成了以上接市区、中转镇乡、辐射乡村的农村物流网络。②注重调整优化运输结构，优先发展大、专、特及甩挂运输，开拓提高集装箱、大型物件、冷藏保鲜、罐车等特种车辆的比例。③按照“先照后证”许可程序，逐步提高道路运输许可规范化程度。严格按“谁审批谁负责”的职责，严把运输许可资质关、车辆技术状况关、从业人员资格关，全年新批机动车维修企业23家，新增或更新教练车办理道路运输证40辆。④积极履行行业管理职责，加强货运企业、维修企业和驾校的建设与监管，进一步规范了道路运输市场的作业行为。深化“心系业户、真心服务”的服务理念，持续提高服务质量，努力建设“服务型”交通。⑤持续加强路检路查，严厉打击非法违法运输行为，采取多种执法方式始终保持路面执法高压态势。全年共出动执法车辆600余辆（次），出动执法人员3300余人次，完成交通检查道路营运运输车流量1万余辆（次），查处违法违规车辆274辆。⑥积极配合市交通运输局开展“打非治违”集中整治活动，加强对火车站、汽车站、景区、学校周边和主要客运干线等重点区域周边营运秩序的监管力度，保障市内重要地区和重点路段营运秩序良好。

（赵辉　刘琅）

旅游业

【概况】　泰山区旅游局前身为泰山区旅游外事侨务局，2010年政府机构改革将原机关旅游服务管理职能与外事侨务工作分离，成立独立的泰山区旅游局，为一级事业单位。机构改革后，区旅游局内设机关科室5个：办公室、综合信息科、规划发展科、市场开发科、监督管理科，下设二级事业单位1个（泰山区旅游开发办公室）、股级事业单位1个（泰山区旅游监察大队），有人员23人，其中研究生学历3人、本科学历13人。2017年6月，旅游开发办公室成立信息科、综合协调科两个科室，均为正股级。2017年11月，泰山区综合行政执法体质改革将旅游行政强制、行政处罚等职能以及监察大队7名人员划转至泰山区综合行政执法大队，截至2017年年底，旅游局有人员16名。

【旅游资源】　泰山区位于举世闻名的泰山脚下，历史文化悠久，旅游资源丰富。境内的泰山为五岳之首，被誉为“国山”“圣山”，是世界首列自然与文化“双遗产”、世界地质公园、全国文明风景旅游区。岱庙为道教神府，为中国四大古建筑群之一。汉明堂，当年汉武帝东封泰山时建立，整体建筑既有大汉遗风，又有明清古韵。老县衙始创于乾隆四年，原为明代兵刑两部尚书萧大亨故居，历经200多年维修和扩建，至清末逐渐形成一组规模齐整的官衙式建筑群。辖区内民俗文化资源丰富，有古村落、古摩崖石刻等民俗古迹，有传统庙会、平安祈福、碧霞崇拜、石敢当信仰等历史民俗文化，有大红石榴、女儿茶、四大名药（何首乌、四叶参、紫草和黄精）等特色产品，有泰山煎饼、泰山豆腐等传统美食，有泰山皮影、泰山剪纸、木版年画等民间技艺。泰山区旅游产品体系进一步完善，初步形成“登泰山、游方特、赏兰花、品啤酒、探漂流、住佳悦”的旅游新格局，成为泰城东部最具吸引力的旅游目的地。

泰山区旅游业围绕“留住人”功能定位，以全域旅游发展为主线，以泰山碧霞湖省级旅游度假区和北部山区旅游观光休憩带为平台，整合旅游资源，强化工作措施，加快乡村旅游升级，深化旅游市场监管，加大宣传营销力度，全区旅游业发展实现与泰山大旅游配套互补、互促共赢，旅游直接收益和拉动效益大幅增长，成为重要经济增长点和战略性支柱产业。截至2017年，全区建有省级旅游度假区1家（泰山碧霞湖省级旅游度假区）、A级景区8家（其中AAAA级3家：泰山方特欢乐世界、泰山宝泰隆旅游景区、泰山花样年华景区；AAA级3家：泰安老县衙旅游文化风景区、泰山啤酒生肖园、泰山人家·上高庄园；AA级2家、泰山天池温泉度假区、泰山区叶家庄生态休闲景区）、省级旅游强乡镇6家、省级旅游特色村13家、工农业旅游示范点8家。接待游客1918万人次，实现旅游消费总额124.8亿元，分别同比增长14.9%和15.6%。泰山区被确定为山东省旅游综合改革试点区，并先后获得山东县域旅游十强、中国旅游综合实力五十强区、全国最佳旅游目的地、全国旅游休闲度假示范区等荣誉称号。

【泰山方特欢乐世界】　由深圳华强集团方特投资发展有限公司、泰安泰岳旅游科技有限公司和泰安志高实业有限公司联合投资建设，是深圳市与山东省合作的重大文化产业项目之一，是目前国内科技含量最高的“迪斯尼乐园”，也是深入挖掘泰山文化、拉长旅游产业链、做足泰山“留住人”文章、做大做强泰安旅游服务业、加快“转方式、调结构”而建设的核心项目。位于泰城东郊安家林水库东侧。2008 年 12 月 27 日开工建设，2010 年 4 月 27 日正式开门纳客，同年被评为国家 AAAA 级旅游景区，总投资 20 亿元。园内主要建设方特乐园、飞越极限、恐龙危机、生命起源、星际航班、未来警察、海螺湾、聊斋等 30 多个高科技娱乐项目。方特乐园、聊斋剧场、奇幻摄影棚、美国西部小镇、卡通街等项目大量运用了现代计算机、模拟仿真、自动控制、数字影视、光学与声控等高科技手段，向游客展示包括泰山文化在内的中华五千年文化，游客在虚实结合、亦真亦幻、动感交互的世界中，穿越历史、现代与未来三重空间，感受“新时空”带来的全新旅游体验。

【泰山花样年华景区】 坐落于省庄镇，是集休闲、观光、体验、娱乐、餐饮、科普于一体的国家 AAAA 级大型文化旅游景区，突出兰花产业、休闲旅游和泰山文化主题，主要有亚龙湾水上乐园、梦幻花都、天合乐园、热带风情、宝岛兰苑、未来田园、动感地带、千年紫薇园等项目，总规划面积 3000 亩。其中：亚龙湾水上乐园是目前亚洲最大的室外水上乐园，占地 20 万平方米，以雄伟屹立的“五岳独尊”造型的山体为背景，建有世界上最大的海浪、海啸池，面积 2 万平方米；环绕海浪、海啸池铺设中国最大的人造沙滩，面积 4000 平方米；环绕整个园区建成亚洲最长的漂流河，达到 10 余种漂流、激流效果。引进 11 台大型水上游乐设备，有亚洲第一门水炮、亚洲最大的大喇叭滑道、亚洲起滑高度最高的极速滑道、中国最大的冲天回旋、中国面积最大的水寨。“梦幻花都”由上海世博会主题馆设计施工团队——上海云罡同汇视觉艺术设计公司运用声光电等新科技成果，打造以花卉为主题，集欣赏、娱乐、体验、科普于一体，具有国际领先水平的高科技展示馆。由绚丽空间、4D 梦幻游、幽兰奇域、花样童年四部分组成，利用声、光、电、影等高科技手段，营造一个宛如海市蜃楼般的梦幻世界。“热带风情”是国内极具异域风情的生态式园林。店内设有主题雕塑区，热带雨林、沙漠风情展示区。“宝岛兰苑”是华丽多姿、典雅脱俗的兰花世界。有 5000 平方米的科研组培楼和 5 万平方米的智能温室，是亚洲最大的蝴蝶兰研发、组培、繁育和生产基地。“未来田园”是国内最高水平的现代农业高科技示范园区。建筑面积 2 万平方米，由“江北南国、五彩瓜棚、四季绿洲、芳菲乐苑”四个高能温室组成。以无土化、立体化、园林化、异形化等手段，集中展示当代中国农业的最高发展水平。可看到，红薯像葫芦一样长在空中，一棵产量 1000 千克，西红柿一棵结果 2 万个，巨型南瓜 300 千克。“天合乐园”为室外婚纱摄影主题公园，是国内最大的婚纱摄影拍摄基地。“动感地带”是超越时空、惊险刺激的快乐天地。拥有高档卡丁车 30 辆，赛道 1000 米，按照欧洲卡丁车赛道最高标准娱乐版铺设，可容纳 10 辆赛车同时竞赛。“千年紫薇园”是花红百日、艳丽如霞的主题公园。园内有紫薇树上万株，树龄在 500 年以上的有 100 余株，树龄在 300 年以上的 450 多株，树龄在 100 年以上的有 1500 多株。

【泰山宝泰隆景区】 泰山宝泰隆景区由黑龙江省宝泰隆房地产开发公司投资兴建，总投资 16 亿元，建筑面积 20.5 万平方米，主要包括地下漂流、放飞岛、人工湿地、万寿山、婚庆岛、欧洲小镇、石敢当文化产业园等项目。项目分三期建设，2015 年全部建成，2016 年 5 月 1 日，开业营运。地下漂流项目漂流道总长 6000 米，是亚洲最长、最富特色的地下观光长廊。项目借助邱家店镇特有的岩层结构，按照 AAAA 级旅游景区标准建设，集旅游观光、休闲娱乐、民俗体验、特色餐饮于一体，是泰山区开展省级旅游综合改革试点的重点项目之一，对丰富旅游城市内涵、拉长泰安旅游产业链具有重要作用。项目的开业运营，标志着泰城东部“登泰山、游方特、赏兰花、品啤酒、住瑞奥、探漂流、快乐在驿站”的旅游新格局初步形成。主要项目有：1.空中项目。主要为候鸟放飞观赏，在景区的西部建有全国最大的候鸟放飞观赏基地——放飞岛。放飞岛总占地面积10万平方米，有白天鹅、灰天鹅、斑头雁、赤麻鸭、蓑羽鹤等13个种类的候鸟7000余只。在工作人员的训练之下，翩翩的雁鹤可以起飞、编队、空中翻滚、调头、垂直俯冲、垂直拔高等飞行表演。候鸟放飞表演不受季节影响，可全年进行放飞表演。此外，还开展了“人鹤共舞”等诸多参与性的娱乐项目，使游客与各种名贵鸟类进行亲密接触。2.地上项目。①游乐设施区。位于景区的西部，共分为两个园区，包含双层转马、梦幻世界等大中小型游乐设施项目20余个。②自然景区。在景区的中部，其中最具特色的是景区内的生态湿地。数百个泉眼置于景区湿地之中，使整个湿地的环园水系的水流动起来。游客置身于湿地之中，静心感受身边灵动的流水与远处巍峨的泰山形成动与静的和谐对比。景区内遍植法桐、皂角、银杏、古槐、雪松、云杉、白皮松等各种树木数十万株，草皮覆盖率达60%，湿地覆盖率达40%。③休闲景区。采用欧式古希腊文化的建筑风格，整体色调采用红色基调。大门由檐部、柱头、柱身、柱座四部分组成。最上方放置了雅典娜、阿瑞斯、宙斯等16位希腊神话人物铜像，体现了景区欧洲庄园的特色。④方圆广场。分为方形广场与圆形花坛，圆形花坛在方形广场正中，寓意天人合一。方圆广场的东端是长14米，高5米的长方形泰山巨石。泰山石两侧为两头气势雄浑的石牛，取“摸牛祛病”之说。广场正中间的花坛种植着榆树、屏柳等树木。寓意平安吉祥，财源滚滚。⑤月牙湖广场。因形状酷似月牙儿而得名。阳光照在波光粼粼的湖面上，像是给水面铺上了一层闪闪发亮的“碎银”。岸边摇曳的柳丝，水中欢快的小鱼。静的，是宛如明镜的湖面，动的，是婀娜多姿的柳丝。岱溪桥、岳溪桥、东西桥、彩虹桥等多座桥体横跨于水面之上。⑥服务设施区。占地56000平方米，主要包括游客服务中心、生态停车场以及生态酒店与特色购物街。生态停车场可提供近千个停车位。景区游客服务中心按照国家AAAA级旅游景区的标准配置。内设游客休息设施、影视播放设施、电脑触摸屏等设备，提供游客咨询、导游讲解等服务。3.地下项目。围绕独特的喀斯特地质奇观，开发了400米的裂谷探险、3000米的地下暗河漂流、1600米的溶洞观光与东海龙宫观光。①地下大裂谷。泰山地下大裂谷形成于5亿~6亿年前的造山运动，是由泰山与徂徕山两座上山脉从南北两侧用庞大的躯体砘压推挤，由一系列断层形成的长形裂缝峡谷，深达数百米。大自然的鬼斧神功和无穷造化，形成了震撼人心的地质奇观。泰山宝泰隆旅游度假区的建成，让沉睡了亿万年的裂谷奇观呈现在世人面前。游客在裂谷内可以领略到“神犬指路”“万年神龟”“麒麟石”“姻缘石”等钟乳美景的震撼，更可以“伸手碰两山”（展开双臂，左手触摸到的是五岳独尊的泰山，右手触摸到的是其姊妹山——徂徕山），体会历史文化的博大深厚。②溶洞漂流。依托丰富的地下水资源，打造了目前国内漂流距离最大、漂流时间最长的地下无动力漂流项目。漂流道借助于沿途石柱、石幔、石瀑、石钟乳的自然造型，利用灯光、音效组合烘托，营造出多种飘逸刺激的科幻和自然景观。水道蜿蜒曲折，惊险刺激。游客乘漂流艇冲进溶洞的刹那，顿时感觉进入了一个奇妙的洞天秘境、一路惊涛拍岸、浪花飞溅，眼前时而是美妙绝伦的溶洞景观，时而是忽明忽暗的陌生景象，真是人在画中游，一步一洞天。③溶洞观光。洞内钟乳石种类齐全，洞内石花、石柱、石笋、石幔、石瀑、石珊瑚遍布。借助于丰富的钟乳美景，打造了1600米的溶洞观光步游道。各类钟乳美景形成了“冰天雪地”“热带风情”“异域风光”“天上人间”“童话宝殿”“未来世界”等神秘画卷。并建有春、夏、秋、冬等多个观光大厅，使游客在钟乳美景间领略一年四季的变幻。

【老县衙风情街】 位于岱庙正南通天街中段，占地20亩，由老县衙旅游商品街、泰安风味老街、萧大亨故居纪念馆等部分组成。旅游商品街分为旅游商品超市和非物质文化展演区两部分，集中展销泰安特色旅游纪念品、工艺品、土特产品、旅游用品及宗教、帝王、民俗、水浒、自然风貌、土特产等千余种系列产品。非物质文化展演区邀请泰山皮影传承人现场表演泰山皮影剧目等。泰安风味老街充分挖掘泰安地方风味饮食，汇集省内和全国各地的特色饮食，创造性地将泰山封禅文化、豆腐文化、茶饮食文化进行有机融合，充分展示“老街·老滋味，老街·老风情”的独特魅力，打造“游在泰山、住在泰安、吃在老街”的全新旅游概念。萧大亨故居纪念馆通过丰富的图片、翔实的史料、珍贵的文物来反映萧大亨的生平事迹，展出萧大亨文物实物、著作原件及书影，以及当代名人题咏萧大亨的诗画等。2010年7月28日，泰安风味老街正式开业。同年，被山东省旅游局命名为国家AAA级旅游景区。

【泰山人家·上高庄园】 位于上高街道魏家庄村。是全区重点打造的特色乡村旅游项目之一。总投资1亿元，规划占地600余亩。规划设计以泰山农家文化为主题，集都市田园风光、农家生活和农业生产等都市农庄景观为一体，具有花卉奇石观赏、农家特色餐饮、乡村生态休闲、民俗娱乐体验等核心功能的特色都市庄园，先后获得山东省旅游特色村、山东省最美风情小镇等荣誉称号。①土地认领区（开心农场），占地150多亩，每块土地100平方米，租金每年3000元。在这里游客可以根据个人喜好种植自己喜爱的果蔬，待果蔬成熟可亲自采摘，体验身心回归大自然的感觉。②大棚采摘区，建设有40个冬暖式大棚，占地100亩，主要种植草莓、黄瓜、西红柿、蔬菜、多肉等农作物，以开展采摘活动为主。③松石盆景园，占地50亩，以荷塘月色为主题建设，主要销售奇石、盆景、奇松等，并可供旅游观光。④家禽养殖区，主要采用散养喂养方式养殖鸡、鸭、鹅、猪等家禽，在喂养过程中不使用任何添加剂和饲料精，让养出来的家禽更绿色、更健康。⑤餐饮农家院，共建设3处，以老做法、老口感为餐饮主题，可一次性招待500余人，所用食材均为自家农场生产。⑥花卉销售区，占地40亩，以销售鲜切花、小型观赏石为主。⑦农产品销售区，占地10亩，以农场品销售为主。⑧古建筑群区，主要建设仿古建筑10套，对外出租。主要以休闲养生，观光游玩为主。⑨垂钓休闲区，主要以垂钓、餐饮、弹弓靶场等为主，其中内设冬暖式垂钓大棚一处，为泰安首家。

【泰山花卉苗木科技园】 位于泰城东部，是江北著名的花卉苗木产销集散地和南北中转站，花卉苗木种植面积1000公顷，为省级农业特色科技园。该园引进大量国内外有观赏价值及市场前景的新品种，汇集优良绿化、果树、花卉、中药材及地方“名优特”种植资源500余种，建设自控温室1000余平方米，日光温室大棚10余座，全光照弥雾扦插床500平方米，年产各类优质种苗2000万株以上。科技园花卉苗木展销中心总建筑面积3.9万平方米，自2003年起，每年在此举办国际苗木花卉交易会。

【埠阳庄民俗村】 位于邱家店镇东南。此地民风淳朴、物产丰富，是一处典型的中国北方乡村。20世纪80年代成为泰安市民俗旅游观光点。中外游客到村中，吃农家饭、睡农家炕、干农家活，日出而作、日落而息，体验泰山脚下农民的日常生活。1998年，被国家旅游局定为华夏民俗旅游村。2000年，被省政府定为民俗旅游村。

【设施建设】 实施旅游大项目带动战略，加大资金投入，着力打造新的精品旅游景观景点。近几年，先后建成运营了泰山方特欢乐世界、泰山花样年华景区、泰安老县衙3大景区和泰山啤酒生肖园、泰山亚龙湾水上乐园、泰安宝龙福朋酒店等3大项目；建成了中华泰山旅游商品城和泰山天池、银座佳悦酒店、泰山唯真文化创意中心、泰山宝泰隆景区二期东海龙宫项目，以及蓝海御华饭店、万达嘉华酒店、宝盛大酒店等一系列旅游及配套设施项目。2017年，全区星级饭店29家（其中5星级1家、4星级4家、3星级16家、2星级8家），五星级标准酒店4家，旅行社149家。

表7　　泰山区旅游星级饭店名录

名　称	地　址	星　级	电　话
泰安东尊华美达大酒店	迎胜东路16号	五星级	0538-8368888
丽景广场酒店	泰山广场东邻	四星级	0538-6986666
泰安市华泰大酒店	迎胜中路	四星级	0538-2105859　2105839
泰山华侨大厦	东岳大街中段	四星级	0538-8228112
泰安市御座宾馆	岱庙北路50号	四星级	0538-8269999
正元名饮国际酒店	东岳大街163号	四星级	0538-8588999
泰安市泰山宾馆	红门路26号	三星级	0538-8224678
泰安市铁道大厦	东岳大街	三星级	0538-2108086　2108000
泰安市金山度假村	环山路137号	三星级	0538-8225254　6281177
泰安市东都宾馆	岱宗大街279号	三星级	0538-8227948
泰安市鲁科88大都店	东岳大街43号	三星级	0538-8278356
泰安市普照宾馆	擂鼓石大街东段	三星级	0538-8226808
泰山饭店	岱宗大街123号	三星级	0538-6361033　6361088　6361027
泰安迎圣大酒店	天外村停车场内	三星级	0538-6206888
五马宾馆	灵山大街29号	三星级	0538-8256666
锦华泰山印象酒店	龙潭南路北首	三星级	0538-6612345
泰安市格林豪泰大酒店	市府东路1号	三星级	0538-8480888
泰安市嘉华城市酒店	东岳大街143号	三星级	0538-6295555
山水嘉汇酒店	傲来峰路30号	三星级	0538-5899899
泰安市中泰瑶池大酒店	虎山东路北首	三星级	0538-6203091　6203088
中国煤矿工人泰山疗养院	虎山路202号	三星级	0538-8238356
和平饭店	岱宗大街275号	三星级	0538-8227092
泰山天禧酒店	龙潭路南段	三星级	0538-6623203
泰山仙居宾馆	岱顶天街	二星级	0538-8332557(山上)　0538-8207235(山下)
泰安市九星大酒店	灵山大街1号	二星级	0538-8275808
泰安市府苑宾馆	长城路中段	二星级	0538-2130666　6622026
泰安市人福宾馆	普照寺路66号	二星级	0538-8228058　8270977
太平洋宾馆	东岳大街147号	二星级	0538-6999938
泰安市富都大酒店	财源大街159号	二星级	0538-8299199　0538-8299189

表 8　　泰山区旅行社名录

旅行社名称	地址	电话
泰安美景假日国际旅游有限公司	银座广场 A 座	0538-8888166
泰山中国国际旅行社有限责任公司	岱宗大街 210 号(迎宾楼)	0538-8256538
泰安市泰山劲松旅行社有限公司	迎春路 55 号泰山假日会馆	0538-8338808
泰安泰山天马旅行社	岱宗大街东段 387 号	0538-8200033
泰安市泰山园林旅行社有限公司	龙潭路北首青松宾馆南邻	0538-8257097
泰安市泰山文化国际旅行社	岱庙南门广场西侧	0538-8215299
泰安市泰山新华旅行社有限公司	中七里中兴时代大厦附近	0538-8205871
泰安泰山顺达国际旅行社有限公司	迎胜西路迎胜小区 16 号楼 4 单元 101	0538-8236661
泰安市浪漫假期国际旅行社	东岳大街奥莱新天地大厦 6 楼	0538-8299108
泰安市泰山明珠旅游有限公司泰山明珠旅行社	龙潭路 1 号如家快捷酒店	0538-8266885
泰安市华之旅旅行社有限公司	长城路北首圣地大厦 A 座 0877 室	0538-8295329
泰安市风华旅行社有限公司	泰安长城路山景尚座 B 座 1604 室	0538-5050123
泰安市海天国际旅行社有限公司	新大都饭店院内三楼	0538-8222704
泰安市泰山春秋国际旅行社有限公司	宝龙城市广场横店影视城	0538-8263817
泰安市泰山环球国际旅行社有限公司	银座广场 A 座三单元 1803 室	0538-8206368
泰安远东国际旅行社有限公司	农大南门东路南	0538-8262626
泰安市海岳旅行社有限责任公司	青年路 28 号银泰中心 6028 室	0538-6300620
泰安市锦华旅行社有限公司	红门路北首三路车终点站	0538-8276588
泰安康辉旅行社有限公司	龙潭路 64 号果科所南临	0538-8260333
泰安市金城国际旅行社	银座城市广场一号楼一单元 8 层	0538-8298398
泰安山水旅行社	长城路北首	0538-8412597
泰安盛达国际旅行社	长城路北首圣地大厦 A 座	0538-8220975
泰安友谊旅行社有限责任公司	煤矿疗养院内	0538-8224269
泰安市凤凰旅行社有限公司	银泰中心 7053	0538-8290116
泰安市双龙国际旅行社有限公司	银座广场 A 座 1 单元 401 室	0538-8267128
泰安市泰山区友友旅行社有限公司	通天街万力大厦 11 楼 1118 号	0538-6270968
泰安市金色假日旅行社有限公司	迎胜路南 29 号聚丰礼品二楼	0538-8220068
泰安岱岳旅行社有限公司	货场路北首交通战备车队院内	0538-8256689
泰安市泰山假日旅行社有限公司	宝龙广场西头御膳楼对面	0538-8666617
山东泰安五岳旅游有限公司泰安五岳旅行社	东岳大街 139 号新汽车站	0538-2185555
泰安市恒远国际旅行社有限公司	迎胜路北首路东	0538-5886688
泰安传媒旅游有限公司	泰山大街新闻大厦	4008380538
泰安市东岳仙居旅游服务有限公司	青年路 49 号仙居宾馆	0538-6529911
泰安市开心国际旅行社	光彩大市场	0538-8298336
泰安市泰山东方旅行社有限公司	双龙池东侧方圆宾馆 3 楼	0538-8291579
泰安市光大国际旅行社有限公司	龙潭路 15 号电信公司院内	0538-8888102
泰安市山海旅行社有限公司	万力大厦南门西	0538-6299018
泰安市东巍国际旅行社有限公司	万力大厦南门东	0538-8250375

续表 8

旅行社名称	地　址	电　话
泰安市铁运旅行社有限公司	银座广场 A 座 3 单元 1402 室	0538-6270338
泰安市泰山方舟国际旅行社有限公司	康复路 9 号世纪蓝天商务宾馆 501	0538-8336161
泰安市泰山区红门旅行社	红门路一天门	0538-6883999
泰安市宏泰旅行社有限公司	财源大街富都大酒店	0538-8208633
泰安市诚之旅国际旅行社有限公司	红门路 35 号(市旅游局对面)	0538-8888001
泰安市泰山瀛泰国际旅行社有限公司	迎胜路中段华泰大酒店南侧	0538-6267158
泰安市飞扬国际旅行社有限公司	泰山大街信德彩世界 10 楼 1007 室	0538-6916111
泰安市泰辉国际旅行社有限公司	财源大街军分区装饰材料城	0538-6285299
泰安国通旅行社有限责任公司	金山路房管局办公楼	0538-6268899
泰安市泰山鸿雁国际旅行社有限公司	东岳大街 5 号邮政局北楼	0538-6995888
泰安市鸿昆国际旅行社有限公司	文化路 56 号泰山外国语学校西邻四楼	0538-8201073
泰安市金马旅行社有限公司	青年路派出所对面	0538-6363778
泰安泰山薇薇国际旅行社有限公司	龙潭路 201 号	0538-8215833
泰安市泰山云海旅行社有限公司	老汽车站南缫丝厂	0538-8529966
泰安市缘之旅国际旅行社有限公司	东岳大街 68 号华泰商务楼	0538-8272878
泰安市希望旅行社有限公司	东岳大街西首供销小区 1 号楼	0538-8256185
泰安泰山友好旅行社有限公司	岱宗大街 210 号泰山大酒店	0538-6395677
泰安市福之旅旅行社有限公司	泰山大街金域华府 A 座 306 室	0538-5555501
泰安市神州旅行社有限责任公司	东岳大街通达宾馆四楼	0538-8288848
泰安市天烛峰旅行社	红门路 39-1 号	0538-6209872
泰安市游程国际旅行社有限公司	泰安二中北 200 米路东	0538-6299955
泰安凯华旅行社有限公司	文化路 24 号	0538-8330202
泰安市宝泰隆旅行社有限公司	宝泰隆旅游度假区	0538-8662773
泰安市泰山天成国际旅行社有限公司	银座广场 A 座 3 单元 1002 室	0538-8299216
泰安市泰山平安国际旅行社有限公司	圣地公寓 B 栋 0205 室	0538-8203356
泰安市望岳旅行社有限公司	老汽车站西泰安饭店 2 楼	0538-8280588
泰安市新视野旅行社有限公司	长城路圣地大厦 A 栋 1002 室	0538-8888130
泰安市悠游国际旅行社有限公司	宝龙城市广场横店影视城附近	0538-8886599
泰安市泰山中信国际旅行社有限公司	志高国际 3 号楼 2 单元 306 室	0538-8266358
泰安富兰德旅行社有限公司	长城路国山中心 B 座	0538-5882889
泰安市泰山天缘旅行社有限公司	擂鼓石路家外佳宾馆	0538-8298999
泰安市阳光旅行社有限公司	岱宗大街彩云商务宾馆	0538-8236668
泰安飞翔旅行社有限责任公司	长城路时代大厦 402 室	0538-6260117
泰安新天地国际旅游有限公司	洼子街中段	0538-6292226
泰安市惠源旅行社有限公司	龙潭路农机小区 5 单元 501 室	0538-6269085
泰安梦之旅国际旅行社有限公司	圣世华庭 1 号楼 1 单元 702 室	0538-6263488
泰安市泰山永安国际旅行社有限公司	东岳大街通达宾馆 108 室	0538-8286980
泰安市中侨旅行社有限公司	红门路 16 号天东宾馆北楼	0538-8263377

续表 8

旅行社名称	地址	电话
泰安市华泰旅行社有限公司	工人文化宫院内	0538-8278308
泰安市泰山新亚国际旅行社有限公司	温泉路宝龙广场东首 B1031 室	0538-8291999
泰安市齐鲁美好旅行社有限公司	普照寺路 9 号工人文化宫北	0538-6985000
泰安大汶口文化旅行社有限公司	南关金园区南 2 号楼 401 室	0538-8209185
泰安市天外村旅行社	龙潭路 84 号天外村宾馆	0538-6215296
泰安市东岳假日旅行社有限公司	迎胜路铁路桥南头路东	0538-6292345
泰安市友好国际旅行社有限公司	新大都饭店 5 楼	0538-8286873
泰安市泰山金桥旅行社有限公司	青年路 28 号银泰中心 1061 室	0538-8216056
泰安金秋国际旅行社有限公司	岱宗大街体育局健身中心 6 楼	0538-6262833
泰安市大禹旅行社有限公司	红门路科大西门北临	0538-6226161
山东康泰国际旅行社有限公司	青年路阳光俊景宾馆	0538-8286775
泰安市泰山新闻国际旅行社有限公司	圣世华庭 1 号楼 1 单元 201 室	0538-8270002
泰安市双河旅行社有限公司	宝龙社区 24 号楼 B105 室	13953807563
泰安市华夏旅行社有限公司	财源大街信德财源大厦 710 室	0538-8339228
泰安市泰山蓝天国际旅行社有限公司	岱宗大街 279 号东都宾馆	0538-8291881
泰安市瑞达国际旅行社有限公司	青年路 28 号银泰中心 8033 室	0538-8292158
泰安市泰山美达旅行社有限公司	东岳大街 9 号邮电大楼西邻	0538-8230888
泰安恒信国际旅行社有限公司	市公安局对面天禧科技 308 室	0538-5882966
泰安市中天旅行社有限责任公司	天外村街泰山疗养院东门	0538-6236689
泰安市俊程旅行社有限公司	火车站铁道大厦 415 房间	0538-8291928
泰安市泰山金辉国际旅行社有限公司	青少年宫对面财富中心四楼	0538-8888333
泰安市泰山金苑旅行社有限公司	青松宾馆	15953851086
泰安市泰山区欢乐假期旅行社有限公司	银座城市广场 2 号楼一单元 1302 室	0538-8887788
山东泰安中飞国际旅行社有限公司	文化路西段泰山中学路南	0538-6395988
泰安市泰山天天旅行社有限公司	东都宾馆北楼 215 室	0538-8282222
泰安齐鲁大地旅行社有限公司	泰山疗养院南 100 米	0538-6215101
泰安市中青旅行社有限公司	温泉东区富卓金寓	0538-8261899
泰安市联合假期国际旅行社有限公司	泰山大酒店商务楼	0538-6266661
泰安运通国际旅行社有限公司	银泰中心 9011 号	0538-8235258
泰安市北方旅行社有限公司	普照寺路 25 号审计培训中心	0538-8280976
泰安市锦岳旅行社有限公司	天外村环岳宾馆 A 座二楼	0538-8207511
泰安泰山龙之旅旅行社有限公司	林校操场西侧正和宾馆 308 号	0538-6202039
泰安四达旅行社有限公司	天东宾馆南楼 414 室	0538-8331133
泰安泰山和平旅行社有限公司	银泰中心 7009 号	0538-5078711
泰安龙行天下国际旅行社有限公司	宝龙广场	0538-6300669
泰安市劳动旅行社有限公司	银座城市广场	0538-8880081
泰安市天乐国际旅行社有限公司	普照寺路 1 号锦华之星商务酒店	0538-8888105
泰安泰好玩旅行社有限公司	唐訾路 1 号	0538-6122428

续表 8

旅行社名称	地 址	电 话
泰安东岳泰山国际旅行社有限公司	红门路 39-2 号管委南邻	0538-8888736
泰安市瑞信旅行社有限公司	御碑楼社区交警宿舍一号楼 2 单元	0538-6210736
泰安市环宇国际旅行社有限公司	泰山大街 326 号金华大厦 1001 室荣军疗养院对面	0538-8208807
泰安中国旅行社有限责任公司	普照寺路一号锦华之星一楼	0538-8331439
泰安市华美国际旅行社有限公司	太平洋宾馆四楼	0538-8580208
泰安市朝阳旅行社有限公司	迎胜路登山宾馆二楼	0538-2105090
泰安市龙腾旅行社有限公司	擂鼓石小区	0538-8252525
泰安御程假日旅行社有限公司	红门路劳动服务公司院内	0538-8210267
泰安环泰旅行社有限公司	泰山饭店写字楼 401 室	0538-5555001
泰安市新月旅行社有限公司	鲁民宾馆大红船商务宾馆	0538-8888196
泰安市岱岳区方圆旅行社有限公司	泰安二中南邻	0538-6185050
泰安鲁徽旅行社有限公司	碧霞大街 93 号天池温泉酒店	0538-8989909
泰安市红光旅行社有限公司	天东宾馆北四楼	0538-8209529
泰安市中泰国际旅行社有限公司	泰安市泰山区南关大街 214 号	13561752995
泰安市携程旅行社有限公司	泰安市东岳大街 109 号	0538-6806877
泰安市一达旅行社有限公司	东都宾馆北楼 207 室	0538-6368488
泰安市嘉信国际旅行社有限公司	东岳大街奥来新天第 A 座 1411 号	0538-8666664
泰安市泰山区快乐之旅国际旅行社有限公司	长城路圣地公寓 A 座 1611 号	0538-8880005
泰安市大华旅行社有限公司	长城路时代明珠大厦 15 楼	0538-5882199
泰安市风采之旅旅行社有限公司	东湖东路 19 号	0538-8239240
泰安市江山旅行社有限公司	康复路世纪蓝天宾馆五楼	0538-8580228
泰安市天一国际旅行社有限公司	泰山饭店商务楼四楼	0538-6311786
泰安泰山壹伍叁贰物联商贸有限公司旅游分公司	泰安东部开发区中天大厦	15805389976
泰安市嘉华文化国际旅行社有限公司	双龙池西南侧	0538-8880855
泰安市泰岳国际旅行社有限公司	泰安市广生泉路 6 号	0538-6111882
泰安市依山旅行社有限公司	泰安市龙潭路 82 号	0538-5885866
泰安三六五旅行社有限公司	科山路 4 号清秋宾馆	0538-6618365
泰安市泰山区招商国际旅行社有限公司	银泰中心 1007 号	0538-6360800
泰安市鑫瑞国际旅行社有限公司	银座城市广场 1 号楼 3 单元 1103 室	0538-8503678
泰安市乐途国际旅行社有限公司	泰安市灵山大街 203 号	0538-6206716
泰安市金牛国际旅行社有限公司	向阳小区居委会北邻	0538-6261972
泰安市泰山区育才旅行社有限责任公司	泰明路 9 号泰山职业技术学院	13905389872
泰安市美联旅行社有限公司	宝龙富朋酒店二楼	0538-6275868
泰安市东来国际旅行社有限公司	泰安市长城路 3 号圣地公寓 B 座 0709 室	0538-8580111
泰安市环游旅行社有限公司	泰安市中天大厦 425 室	0538-6395166

【特色旅游】 2017年，区旅游局围绕高端策划招商旅游项目、全力推进乡村旅游提档升级、强化旅游宣传营销、深化旅游市场监管等重点工作，全区旅游业呈现全面跃升的良好态势。①出台《关于加快推进全域旅游发展的实施意见》，提出"两横四纵"（两横，即依托环山路游憩带打造高端度假、城市民宿产品；依托大汶河湿地资源打造滨水休闲旅游产品。四纵，即依托济泰高速沿途乡村资源打造美丽乡村游产品；依托博阳路、明堂路景区带打造观光体验游产品；依托泰城历史文化轴打造泰山文化体验游产品；依托时代发展线打造旅游新业态产品）的旅游发展格局和加快推进全域旅游发展的思路措施，全面拉开泰山区全域旅游发展的序幕。②建设运营艾家庄曳尾园酒店，打造全市高端民宿新标杆。泰前街道艾家庄村依托古石头村落建设民俗古镇项目——曳尾园酒店。11月5日，在北京举行"美丽小山村·曳尾园酒店"推介会。曳尾园酒店以淳朴原真的传统院落、高端舒适的住宿设施、大俗大雅的民俗文化受到众多民宿爱好者的追捧。为进一步扩大项目知名度，邀请《大众日报》资深记者实地采风，撰写《曳尾园·泰山，树立民俗古镇新标杆》专文在《大众日报》进行专题报道，各大媒体争相转载。③"泰山人家·上高庄园"荣膺国家AAA级旅游景区。高庄园景区充分发掘乡村原生态旅游资源，以土地认领为切入点，策划打造农耕体验、户外拓展、非遗文化、民俗体验、蔬果采摘、农家美食等特色旅游产品，完善旅游厕所等基础设施，成功由国家AA级旅游景区提升为AAA级旅游景区。④花样年华景区成功创建省级研学旅行教育基地，开创"旅游+研学"新风尚。泰山花样年华景区与山东青青教育集团合作共建打造研学旅游教育基地，将园区内天合乐园、梦幻花都、未来田园等项目融入到研学旅游课程研发、科普教育产品打造，丰富和提升园区功能，优化产品结构。全年接待研学旅行学生3.6万人次，成为全市研学旅游的一张新名牌。⑤实施"旅游厕所革命"。争取国家、省、市奖励资金83.53万元，用于2016年度全区42座旅游厕所建设的奖励补贴。在此基础上强化指导，有序推进2017年度7座旅游厕所建设。⑥成立旅游职业教育集团，推进泰山区旅游资源一体化发展。12月13日，泰山旅游职业教育集团成立大会在泰山文化产业中专学校成功举办。泰山区以旅游职业教育集团为合作交流平台，推动企业、院校、行业共同参与，整合资源，统筹谋划，实现旅游资源一体化，推动了泰山区旅游经济发展实现跨越式发展。⑦举办第七届泰山石敢当文化节，石敢当文化得到更广泛传播。9月5日，第七届泰山石敢当文化节在泰山宝泰隆景区隆重举行。节庆期间举办广场文艺会演、民间曲艺专场展演、泰山石敢当文化展、泰山旅游"新三宝"展销、泰山民间艺术大师技艺展演、书画家现场创作展、泰山石敢当故事大讲堂等活动。⑧举办环泰山国际户外徒步大会，推进"旅游+体育"融合发展。10月28日，在泰山方特欢乐世界举办环泰山国际户外徒步大会。国内外近2万名选手参加活动，全国各大主流媒体、网络媒体、新媒体平台对活动进行直播宣传、专题报道。 （区旅游局）

城乡建设·环境保护

综　述

【概况】　年末，区住房和城乡建设局机关内设办公室、政工科、财审科、工程科、城建科（信访办）、村镇科（法规科）、安全科、节能科（图审科）8个科室，下辖区城市房屋拆迁办公室、区室内装饰管理办公室2个二级（副科）事业单位和建筑工程质量监督站、建筑工程质量检测分站、建筑施工安全监督站、建筑职工学校、老干部管理办公室5个股级事业单位。局系统内共有区房地产管理局、区房屋建设综合开发公司、区城乡建设开发公司、区高层建筑开发公司、泰安四海商城、区白马石社区管理委员会办公室、区城建国资运营公司7个一级（正科）企事业单位。另外设有两个改制企业留守处：区建筑安装工程公司留守处、区东方家具公司留守处。

2017年，全区完成建筑业总产值59.6亿元，比上年增长5%。房地产业完成开发投入29.28亿元，销售面积86.09万平方米，销售收入32.61亿元，上缴税金4.68亿元，片区开发实施23个片区项目，总开工面积242万平方米，其中新开工面积90万平方米，续建面积152万平方米，竣工120万平方米，完成投资99亿元，开竣工面积和投资分别完成年计划的101%、104%。（李鑫）

房产管理

【住房保障】　一季度为1624户公租住房保障货币补贴申请户发放补贴727746元；二季度为1624户公租住房保障货币补贴申请户发放补贴727746元；三季度为2102户公租住房保障货币补贴申请户发放补贴915955元；四季度为2071户公租住房保障货币补贴申请户发放补贴916428元，全年累计发放补贴328.79万元。严格按照《泰安市公共租赁住房和廉租住房并轨运行的实施意见》规定，做好全区各街道、镇对公租房申报材料初审、公示工作；按照户籍属地管理的原则，解决全区中低收入住房困难户的住房权益，做到应保尽保，杜绝弄虚作假、虚报、漏报、瞒报现象发生；对各街道、镇受理并初审合格的2016年12月31日前租赁合同到期的1203户全区公共租赁住房配租家庭保障资格进行复审；同时按照鲁建住字〔2017〕11号文件精神，落实全区住房困难退役士兵住房保障的审核工作，全区退役士兵纳入住房保障的有1108户，其中根据申请人意愿为481户退役士兵发放住房租赁补贴。在复审中，就住房情况进行严格把关，及时将合格材料上报市房管局，做到程序规范、审核严格、服务到位，圆满完成各项审核工作任务。加强住房保障动态监管和政策咨询解答工作。积极受理对违规申报保障房的投诉案件，查处违规申报行为，维护困难群众利益，做到事前、事中、事后动态监管，确保住房保障工作健康规范运行。切实做好住房保障业务咨询，做到有问必答、不推不拖，不能明确答复的做好书面记录，明确后及时答复。加强全区12户公租房管理工作，重新签定租赁协议，收缴租赁费用。

【房产交易】　2017年，办理二手房交易备案业务863件；办理房产档案查封59宗，查询501宗，提取档案145宗，房产咨询378件；办理房屋租赁登记备案业务1738份；测绘房产项目18个，面积共计473212平方米。

【房屋安全管理】 全区联网，上下联动，各类房屋安全信息全部录入电脑系统，累计录入60000余条。全年解危加固房房屋64处，编制12项部门工作流程图。10月，开始对全区上报危房重新梳理，实行分级管理。12月，举行全区房屋安全信息员培训班，会上总结2017年全区房屋安全管理工作，部署下一步的工作计划和重点工作。

【物业管理】 加强业主大会建设。2017年，泰山职业技术学院第六宿舍、花都小区、泰山管委东岳大街86号宿舍、市公安局青年路77号宿舍、山东省生物制品研究院家属院、金碧佳苑、卧龙山庄、雷诺名郡、华府天地、国山花园、倾城居11个住宅小区成立首届业主大会，选举产生业主委员会。加强物业质保金管理。2017年根据《泰安市实施〈山东省物业质量保修金管理办法（试行）细则〉》精神，泰山区负责本行政区域内保修金的收取、核算、退还、使用审核等工作。年内，为华易青年城、中南世纪锦城一期、鲁商国际社区一期红郡和红麓、大安绿视界一期、民馨居住宅楼、恒基·尚品、尚座国际商业和住宅楼、三合御都、卧龙大观、天竹佳苑、广电家园、长城东区E座商住楼和好客商务宾馆、泰山报业文化中心、中南世纪锦城二期10号-15号住宅楼、快乐驿站、都市森林、新华城南郡一期、安居上上城4号、金域缇香、嘉源居、鼎基时代广场、鲁商国际社区红麓二期22个项目，出具物业质量保修金免交证明或出具保修金交存证明。

（李安强）

房地产开发

【概况】 2017年，区属房地产开发业完成开发投入29.28亿元，销售面积86.09万平方米，销售收入32.61亿元，上缴税金4.75亿元。一是加强行业资质管理，规范房地产企业市场行为。按照市住建局要求对全区48家到期房地产开发企业统一进行资质升级、延续、注销限售及注销材料初审，依据《山东省城市房地产开发企业资质管理规定》等法律、规范、规定的要求将上报材料复印件与原件一一核对，确保上报数据真实、准确。二是推进房地产业重点项目建设。对2017年房地产项目进行调查摸底，重点抓好都市森林二期、双龙居二期、汉和·十园等15个拟新开工项目和中南财源门、天竹佳苑三期、新华广场、福佳斯花园、鲁商国际社区等16个续建项目的建设管理服务工作。全年总施工面积317万平方米，其中新建商品房开工面积63.8万平方米。三是强化房地产市场监管。加强行业管理和资质管理，规范房地产市场秩序，配合有关部门加大对房地产企业违规经营行为查处力度，重点对违规销售和违反基本建设程序的行为进行严厉查处。同时，通过资质初审进一步理顺开发企业与各街道、镇的隶属关系，加大各街道、镇对房地产企业的监管力度，确保上级有关政策得到有效落实。

【房地产开发企业选介】 ①山东大安建业地产开发集团有限公司。该公司前身为泰山区旅游开发公司，于2006年1月改企转制为民营企业。为国家一级开发资质，注册资金6000万元。该公司是一家以房地产开发经营为主，涉及工程建设、园林绿化、物业管理、商业餐饮、教育文化、旅游农业等领域的综合性集团公司。2017年1月7日，集团公司被评为“2016齐鲁房地产名企”；大安·书香世家被评为“2016齐鲁房地产人文大盘”，12月16日，集团公司获2016—2017年度“文明诚信民营企业”荣誉称号。②山东泰安恒基置业发展有限公司。成立于2005年，注册资金6000万元，是具有独立法人资格的二级房地产开发企业。旗下拥有泰安最大的二手车交易市场、铝塑门窗加工安装公司、物业管理公司及繁华地段商业房地产。该公司先后开发建设了金桥服装城A座、恒基·福园、恒基·富丽东方、水岸嘉园、福泰雅居、峪溪泉小区、恒基·理想家、恒基·东尚、恒基·都市森林、恒基·尚品、恒基·家园、恒基·名筑等高品质项目，总建筑面积近70万平方米。③泰安市安居地产有限公司。该公司自成立以来，先后开发建设了锦绣一方、颐和名居、安居·上上城、安居·幸福里、安居·金域缇香等十余个住宅项目，累计开发住宅面积约150万平方米。④泰安万达广场投资有限公司。该公司2013年6月19日注册成立。注册资本50000万元，由大连万达商业地产股份有限公司（100%股权）出资成立。投资兴建泰安万达广场项目，泰安万达广场位于泰安市时代发展线核心位置，北至泰山大街，南至灵山大街，西至望岳西路，东至望岳东路。项目总投资60亿元，占地面积16.2万平方米，用地性质为商业用地。总建筑面积65.46万平方米，其中地上建筑面积51.46万平方米，地下建筑面积14万平方米，地上包含8.5万平方米的购物中心，3.4万平方米的嘉华酒店，12.5万平方米的甲级写字楼，20万平方米的SOHO公寓及6.9万平方米的商铺。项目于2013年6月28日摘牌，2013年7月开工建设。⑤泰安鲁商置业有限公司。该公司成立于2013年12月，是鲁商置业股份有限公司为开发鲁商国际社区成立的全资子公司，注册资金5000万，经营范围主要为房地产开发与经营管理。2017年1月，公司开发的鲁商国际社区项目被《齐鲁晚报》评为“2016齐鲁房地产豪宅典范”；2018年1月，被泰安房地产网、中国城市地产发展数据中心评为“2017年度最佳生态社区”；2018年2月，荣登2017城市荣耀泰安风云榜“2017泰安年度人气楼盘”。2017年6月21日，项目红麓2号楼开工；全年新开工面积2万平方米，完成竣工面积11.4万平方米。

【商品房住宅小区选介】 ①鲁商国际社区。总占地面积2100亩，总建筑面积160万平方米，总投资180亿元。主要建设双拼别墅、电梯洋房、银座购物中心、特色商业街、星级酒店、商务写字楼、教育及医疗等物业类型。社区规划打造10万平方米中央景观湖及6.5万平方米英式坡地景观园林，规划3所幼儿园、2所小学及1所中学。。②三合御都小区。是由泰安军豪置业巨资打造的大型中式人文社区。项目整体分为两部分，温泉路东侧为项目D组团和E组团，温泉路西侧为A组团。商品房部分总占地面积约为16万平方米，总建面约30万平方米，容积率1.22，绿化率35.35%。③国山墅小区。由泰安中齐置业有限公司开发建设，总占地182亩，规划总建筑面积约17万平方米，共有25栋电梯别墅、24栋花园洋房，是泰城大型高档社区之一。④御泉大院小区。由山东大安建业地产开发集团有限公司开发建设，总建筑面积2.56万平方米，总建筑面积25072平方米。其中住宅总建筑面积2.37万平方米，公建建筑面积1299平方米。容积率0.98，绿地率38.2%，总建筑密度24.8%。⑤恒基·都市森林小区。由山东泰安恒基置业发展有限公司投资建设。总投资15亿元，占地240亩，规划总建筑面积34万平方米，主要建设41幢高档小高层住宅楼，配套建设会所、综合商业中心、幼儿园等。⑥安居·上上城小区。由泰安市安居房地产有限公司开发建设，总建筑面积近15万平方米，占地100亩；规划建设高层住宅、高层公寓、花园洋房。

（彭永平）

建筑业管理

【概况】 2017年，全区具有资质建筑企业74家，完成总产值79.88亿元，比上年增长5.15%，其中，竣工产值39.64亿元，比上年下降18.01%。房屋建筑施工面积645万平方米，比上年增长6.9%。

【建筑市场秩序管理】 2017年，全区共有建筑企业125家，其中：施工总承包企业64家，专业承包企业55家，施工劳务企业6家。组织区属企业建造师报考、培训、注册等各项管理工作，审查合格人员396余人。强化对建筑企业和项目经理的管理，有17家企业被区政府评为泰山区建筑业和谐企业，有5家企业分别被市住建局表彰为泰安市建筑业先进企业、泰安市建筑业外拓市场先进企业，有16位项目经理被评为“泰安市建筑施工企业优秀项目经理（建造师）”。部署实施创先争优工程，鼓励企业积极申报国家级、省级工程奖项，山东泰信幕墙工程有限公司先后通过ISO 9001质量管理体系认证、ISO 14000环境管理体系认证、GB/T 28001职业健康安全管理体系认证。拥有八项实用新型节能门窗及十项建筑幕墙专利产品，其中专利产品“节能型高性能单扇推拉窗”获得“全国建筑装饰行业科技创新成果奖”。2017年11月成立山东泰信科技集团股份有限公司，其承建的临沂市鸿儒国防文化广场艺展中心外装饰工程获得2017年度山东省建筑装饰装修质量“泰山杯”奖。泰山云谷V+创客空间项目积极创建省级安全文明示范工地（全市全年只有5个创建指标）并通过省住建厅专家的验收，6个单体工程荣获市级优质结构工程荣誉称号。按照工作部署，开展建设领域农民工工资清欠工作专项整治，全年共受理农民工上访投诉18起，涉及农民工138名，金额600余万元，全部得到妥善解决。2017年完成建筑业总产值54.1亿元，比上年同期增长5%。

【建筑施工安全管理】 严格落实安全生产责任制，与全区7个街道（镇）和园区、60余家建筑企业、70余家房地产企业层层签订安全生产目标责任书，实施层级负责制和“一岗双责”，构建责权利相结合的安全生产格局，先后向各街道（镇）、园区送达《属地在建工程安全隐患告知书》及违建工程安全管理问题的公函70份；深入开展全区住建系统安全生产百日攻坚治理行动及执法大检查和安全大检查行动，针对建筑起重机械、模板支撑系统等易发、频发安全事故的特点，不定期开展重点部位环节的专项整治行动，对违规违法行为实行“零容忍”，对问题严重的立即暂停其承揽新工程的资格。累计监管房屋建筑工程157项，单体460个，面积约450万平方米，新受理建筑施工安全监督备案工程48项，单体132个，面积124.6万平方米，新受理建筑起重机械安装告知82台，拆卸告知126台，使用登记86台，共下达各类安全隐患整改通知书552份，其中停工整改通知书173份，提出隐患及整改意见4120条，全区住建系统安全生产形势总体平稳。

【建筑工程质量管理】 严格落实《建筑市场主体违法违规行为考核标准》，采用综合考核、日常考核和抽查考核三种方式对辖区内工程项目工程质量违法违规行为进行考核。督促建设、施工、监理等单位签发授权书，严格执行法定代表人授权书、质量终身责任承诺书、永久性标志牌“两书一牌”制度，落实率达到100%。增强相关人员的质量终身责任意识，全面落实各方主体的质量责任，特别是强化建设单位的首要责任和勘察、设计、施工单位的主体责任。一年来，对5项工程的违法违规行为进行考核并上报。在日常监督抽查过程中，推广双随机抽查，规范事中事后监管。深入开展住宅工程质量常见问题专项治理，按照事前、事中、事后控制原则，采取相应控制措施，降低工程质量投诉。全年，共监督工程152项，面积120.26万平方米。

【建筑施工企业选介】 ①山东广厦建设集团有限公司。始建于1979年4月，2002年由集体企业改制为股份制公司，注册资金7060万元，固定资产2.58亿元，拥有建筑工程施工总承包一级，钢结构工程专业承包一级，市政公用工程总承包二级，防水防腐保温工程专业承包二级，建筑装饰装修工程专业承包二级，建筑机电安装工程专业承包二级，古建工程专业承包二级资质。拥有各种大中型塔吊163台，各种起重、搅拌、运输、吊装、装载、安装、推土、挖掘、钻探、打桩等机械设备468台，年平均施工能力达16亿元，有员工4000余人（劳务合作单位28家）。具有高、中级技术职称的专业技术人员200余名，初级技术职称500余名，国家一级注册建造师30余名，二级注册建造师80余名。2017年，完成建筑施工76万平方米，竣工工程一次性交验合格率100%；创省级奖项工程6项，市级奖项工程11项，创优工程面积占总施工面积68%。2017年，在建工程主要有：山东省煤炭泰山疗养院综合病房楼工程，京沪高铁南片区棚户区改造项目、开元盛世硕园项目、开元盛世和园项目、和平社区棚户区改造项目、迎宾社区棚户区改造项目、鼓山家园棚户区改造项目、山东力明科技学院等大中型工程。其中山东省煤炭泰山疗养院综合病房楼工程、山东力明科技职业学院综合楼工程获得省级优质结构工程，四号社区三期工程、力明学院图书楼工程获省级安全文明工地奖，高铁和园项目、天竹佳苑等六项工程获得市级优质结构工程及安全文明工地。全年，实现总产值8.6亿元、利税3026万元。②泰安市鲁岳建筑安装工程有限公司。2000年10月，公司由集体企业改制为民营企业。注册资金2000万元，流动资金750多万元。为建筑工程施工总承包二级，钢结构工程专业承包三级企业。公司占地10亩，各职能科室配备齐全，技术力量雄厚。2017年，有职工1950人，工程技术人员170人，工程经济人员25人。其中高级工程师6人，工程师55人，助理工程师165人，会计师3人，统计师2人，全国一、二级注册建造师25人，施工人员专业技术培训上岗率占职工总人数的90%以上，动力装备率4.5千瓦/人，技术装备率1.5万元/人。该公司拥有各种与之配套的施工机械设备。工程合格率100%，工程优良率达到80%，合同履约率100%，“安全文明卫生工地”达标率95%。2017年度完成产值16000万元，利税680万元。③泰安市凤台建筑安装工程公司。为建筑工程施工总承包二级、钢结构工程专业承包三级资质企业。2017年，完成产值5840万元，实现竣工面积47186平方米，实缴税金208万元。④山东泰信科技集团股份有限公司。成立于2002年，注册资本6135万元。2017年11月成立集团股份有限公司，有山东泰信幕墙工程有限公司变更为山东泰信科技集团股份有限公司，是国家高新技术企业。公司拥有住建部核准颁发的建筑幕墙工程设计专项甲级、建筑装饰装修工程专业承包一级、建筑幕墙工程专业承包一级、钢结构工程专业承包二级、电子与智能化专业承包二级、建筑工程施工总承包三级、电力工程施工总承包三级、地基基础工程专业承包三级、建筑门窗行业资格二级，承装（修、试）电力设施许可证四级资质，并且先后通过ISO 9001质量管理体系认证、ISO 14000环境管理体系认证、GB/T28001职业健康安全管理体系认证。拥有8项实用新型节能门窗及十项建筑幕墙专利产品，其中专利产品“节能型高性能单扇推拉窗”获得“全国建筑装饰行业科技创新成果奖”。2016年司取得“中华人民共和国对外承包工程资格证书”。近年来，先后承建了一系列高难度、大规模、深影响的工程，成为地标建筑、行业典范。并跻身中国幕墙行业百强企业，其承建山东青岛蓝色硅谷大厦项目，成为青岛的地标建筑，时代的象征；唐山大陆阳光·SOHO北区项目获得2013年“全国建筑工程装饰奖”；唐山大陆阳光·SOHO南区项目、协庄煤矿生产指挥中心综合楼、肥城人民会堂改造项目玻璃幕墙、石材幕墙工程、宁夏红旗文化大厦项目外装饰工程等工程荣获全国建筑装饰行业“科技示范工程奖”；山东农业大学南校区博士硕士公寓楼获得“科技创新成果奖”；临沂工商贸博览城皮革馆外装饰项目、唐山大陆阳光·SOHO北区、鸿儒国家文化广场艺展中心外装饰工程项目等多项工程获得“泰山杯”省优工程。⑤泰安市宏远装饰工程有限公司。为建筑装饰装修工程专业承包二级资质企业，2016年新增建筑工程施工总承包三级、钢结构工程专业承包三级、建筑机电安装工程专业承包三级资质。2017年承建的主要工程有：山东科技大学职教中心改造、中国建设银行股份有限公司山东省分公司培训中心学员公寓修缮、泰安文化大厦四楼展厅创作室整修、中油金鸿华东投资管理有限公司华东区办公楼装修、泰邦生物科技园原辅料库暖通安装工程、泰邦生物科技园园区工业蒸汽管道安装工程、中国联合网络通信有限公司泰安市分公司营业厅装修、中国电信股份有限公司泰安分公司营业厅装修、中国移动通信集团山东有限公司泰安分公司营业厅装修、中国移动通信集团山东有限公司泰安分公司徂徕山景区光缆施工工程、中国铁塔股份有限公司莱芜市分公司基站新建工程等项目。⑥泰安东城建筑工程有限公司。该公司为建筑业综合类二级企业。始建于2000年12月，拥有固定资产3500万元，流动资金1500万元，年产值过亿元，2017年，该公司拥有各类技术人员160余人，员工1500余人。下设5个办事机构，12个项目部，2个分厂。在建项目有泰安市徂徕山汶河景区核心先导区棚户区改造项目B地块施工一标段，灵山商贸城综合楼建设项目，泰安市旅游经济开发区四号社区旧村改造31号-32号楼，泰山·天竹佳苑3号，7号楼，小井小学扩建项目，兴隆学校新建项目，老王府社区城中村改造“王府花园”1号，2号楼及地下车库工程，大津口中心幼儿园项目，山东省煤田地质局物探测量队住宅小区，泰安市康平御园1号、2号楼及管理用房和地下车库项目，中央储备粮泰安直属库建仓项目等多个公共建筑和民用建筑工程。⑦泰安市省庄建筑安装工程总公司该公司。成立于1968年，注册资本2133.6万元。2000年企业改制，把原来各分公司合并为总公司实行集团化管理，由总公司直接对项目部实行垂直管理。企业为建筑工程施工总承包二级资质，装饰装修工程专业承包二级、防水防腐工程专业承包二级，下设20个项目部、装饰装潢公司、设备安装租赁公司、汽车修理厂等单位，年平均施工能力达2亿元，拥有塔吊、混凝土搅拌机、混凝土输送泵、运输汽车等多台设备，具有高、中级、初级技术职称的专业技术人员210余名，国家注册一级建造师2名，注册二级建造师14名。2017年，竣工面积38500平方米，完成产值14700万元，实缴税金480万元。（赵凯）

片区开发与城中村改造

【片区规划】 根据城市总体规划、产业规划以及功能分区，以城中村片区为主体，统筹老城区、棚户区改造，连片开发、组团建设、整合资源，按照与全市总体规划相结合、与产业发展规划相结合、与建设生态宜居家园相结合、与市区重点项目建设相结合、与节约集约利用土地相结合“五个相结合”的原则，将全区街道、镇的86个村居划分为30个片区，涵盖7个街道、镇的86个村居，总占地面积6458公顷，涉及村居民8.5万户，计划改造面积3250万平方米。

【片区开发】 2017年共实施23个片区项目，总开工面积242万平方米，其中新开工面积90万平方米，续建面积152万平方米，竣工120万平方米，完成投资99亿元，开竣工面积和投资分别完成年计划的101%、101%、104%。①开工建设的项目。清华同方电商产业园项目，北侧跨境电商体验中心正在进行内部结构施工，其余部分正在进行地槽开挖和桩基施工；中央商务区中南财源门项目1号、2号智能化住宅完成配套设施建设，3号智能化住宅进行主体建设，酒店式公寓正在进行基础施工，核心岛大商业正在进行基槽挖掘，帝王风情街已开业运营；盛华天竹佳苑项目三期10栋智能化、智慧型高档住宅地上16层建设；新兴御蓝山项目二期2幢18层建设，1幢7层建设，2幢8层建设；南关城中村改造E区新开工5万平方米回迁住宅，进行主体建设及内外装修装饰；灵山和财源新村城中村改造项目一期主体建设已全部完成，至2017年年底正在进行内外墙装饰及配套设施建设。北欧花园、灌庄旧村改造二期、安居金域缇香、王庄、三里、岱道庵、上峪、三合城中村改造稳步推进。②策划招商的项目。七里片区棚改与中建五局、金科股份山东公司泰安桃花源项目等对接；东南片区棚改办理建设手续，栗家庄、尚家寨棚改项目10月17日奠基开工；鸥鹏城市综合体项目开工建设；颐和院子一期14栋住宅楼封顶；五马南村城中村改造确定合作意向；下梨园城中村改造完成开发审查、合作合同备案；北上高、王家庄城中村改造签约，方案报市级审核；七里片区泰山名筑项目挖掘基槽；小井城中村改造方案通过市级审批；灵山片区“二针”地块改造、金峪小区商住项目正对外招商。③竣工运营的项目。泰安万达广场金街商户入驻率达90%，同时对外招商；山语观邸9万平方米进行内外装饰及配套设施建设完成；新华城南郡新开工6幢共计6万平方米主体建设完成；灌庄中悦城10万平方米进行主体施工及内外装修装饰等工作；南关城中村改造B区7栋楼5.7万平方米进行内外装修装饰及室内水电等管道铺设安装、防水处理；天竹佳苑二期5600平方米的绿化进行养护和栽培，小区内道路两侧及楼宇间安装草皮灯和路灯，小区内环形路及楼宇间道路进行硬化，安装小区内监控设施；都市森林二期绿化完成，草皮灯及路灯安装完成，监控安装完成；大官庄、下水泉城中村改造内外装饰装修完成。

【片区选介】　①东南片区。东至泰莱与京沪高速连接线，南至京沪高速公路，北至灵山大街——南湖大街——温泉路——五马街一线，西至龙潭路。该区域总面积约23.7平方公里，涉及财源街道3个社区、岱庙街道4个社区、上高街道11个村居、徐家楼街道7个村，共计25个村居的改造。划分为6个组团，其中徐家楼街道7个村为徐家楼组团，财源街道3个社区为旧镇组团，岱庙街道3个社区为岱庙组团，上高街道11个社区村，分别划分为灵山大街东段组团、泮河大街东段组团和温泉路南段组团。该片区面积大、人口密集、在建项目多、村集体经济薄弱，未启动旧村改造的村庄多，大部分规划道路未建或未贯通，水、气、暖等配套管网基本空白，教育、医疗、文化、休闲娱乐等设施滞后，整体环境较差。该片区整体建设改造后将彻底改变泰城南部形象。②七里片区。位于京沪铁路以南、灵山大街以北、西至长城路、东至荣疗东路，总占地面积5295亩。涉及中七里、后七里、东七里、西七里、望岳、松园6个社区，该片区居民1.5万户。片区内有万达商业广场项目、宝盛商业广场、泰山金融中心、七里棚改等项目，主要建设集金融商务、休闲娱乐、酒店餐饮、商业购物为一体的城市商业综合体和高档住宅区，逐步打造以时代发展轴为核心的商务中心、金融中心、商业中心。③南关片区。位于灵山大街以南、辛大铁路以北、虎山路以西、青年路以东，占地面积1254亩，建筑面积108万平方米，主要建设高档住宅和商业综合体。以南关社区旧村改造为主，整合改造岱岳区建委、劳服公司、工商局和泰山区劳动服务公司等4个单位114户居民宿舍，回迁安置面积约计20万平方米。南关旧村改造项目规划片区整合改造完成后，将安置1106户居民及500余户社会购房户，彻底改变泰城南部的环境，打造历史文化轴沿线景观，使现代旅游名城与南关路的历史文化风貌有机融合。④中央商务区。位于东岳大街以南、灵山大街以北、泰山火车站广场西侧以东、奈河以西，总面积1049亩。片区内涉及财东、财西、车站、财源街、青山街、铁道新村、西更道、英雄山、东更道9个社区。该片区是商业服务业最密集、最繁华也是人口最拥挤的区域，地域面貌严重影响了泰城的城市形象，正在实施高标准改造。规划业态包括大型“轻奢”购物广场、超五星级酒店、高端酒店式公寓、办公式公寓、城市SOHO住宅（即“中南·公馆1号”）、泰山情景式帝王文化街（即“十二帝街”）及城市豪宅等。项目分三期开发，总投资约70亿元，建成后将成为泰安核心商圈内最大的城市综合体。⑤王家庄片区。位于环山路以南，检察院小区以北，体育场以东，国山墅以西。片区内主要有王家庄社区、中南世纪锦城、国悦府、北欧花园等项目，涉及盲校、体校、泰山实验中学等6个单位5个居民小区；居民户数6312户，人口1.5万人，占地面积1318.5亩，其中建设用地面积1225亩，农用地103亩。王家庄片区的开发建设，对于长城路向北连通环山路、提升长城路商务圈形象具有重要意义。⑥碧霞国际片区。位于明堂路以东、碧霞大街以南、芝田河以西、泰前大街以北，涉及泰前、上高、省庄3等个街道（镇）共13个村（泰前的安家林、东城、西城、杏园，上高的西张店、西张庄、北沟头、大沟头，省庄的张家庄、付家庄、兴隆庄、海洼和蚕子峪村），共有村民约4300余户，总占地面积16305亩；片区控制性详规由上海同济大学编制，按照“一带、两心、七线、七点”的规划格局，通过对13个村的村民集中连片安置，建设生态宜居、山水宜居、鲁商文化产业、社会公共服务、大型体验式公园和回迁居住区6大组团，形成布局合理、资源共享、配套齐全、宜商宜居的现代化新型超大综合社区。⑦泰汶片区。北至京沪高速公路，西至省庄、北集坡，东、南方向到汶河。占地面积约7500亩，涉及邱家店镇的8个村，4811户，约1.5万人。各类房屋建筑总面积约99.6万平方米。预计规划总建筑面积130万平方米，总投资60亿元。片区功能定位是：遵循“产城一体化”模式，突出“旅游、文化、体育、休闲”特色，强化旅游片区、体育社区、度假城区、休闲新区等多功能多层次综合开发理念，按照统一规划、整体开发、分步实施的原则，坚持“精心策划、精心设计、精心施工”，建设“有品位、有特色”的高端居住区，拥山滨河独具特色的泰安辅城、旅游新区、宜居福地和休闲度假养生胜地。先期启动建设桂林社区回迁楼项目和滨河大道建设，打造恢复古博城和汶河湿地公园建设等景观。

【片区重点项目选介】 ①泰安万达广场。位于泰山大街以南，灵山大街以北，望岳东路以西，望岳西路以东，计划总投资60亿元，总占地面积243亩，规划建筑面积66万平方米，内容包括大型商业中心、城市步行街、超五星级酒店、甲级写字楼、国际影院等，集购物、餐饮、文化、娱乐等多种功能于一体的大型商圈，形成新的城市中心。②泰安盘古电子商务产业园。位于泰安工程机械厂原址，西至迎春路、南至东湖路、东至泰安市电视台、北至东岳大街，由香港清华同方股份有限公司投资10亿元建设，建筑面积20万平方米。主要建设电商总部、网商孵化、培训等六大中心，打造全省规模最大、档次最高、带动能力最强的电子商务产业园。项目建成运营后，将进一步加快全市的互联网及电商产业发展，助推传统企业的转型升级，培养电商人才，增加就业，具有良好的社会效益和经济效益。③中南·财源门。项目由全国500强企业、全国商业地产最佳运营商中南集团开发建设，占地约108亩，建筑面积约52.3万平方米，建设含国际“轻奢”级购物中心、超五星级酒店、超5A商务办公写字楼、高端酒店式公寓、帝王风情商业街和智能化住宅六大国际业态的大型商旅文综合体。旨在打造世界级商业旅游文化综合体，重塑财源商业街崭新形象，从根本上改善“泰城会客厅”的面貌。④鼎峰·国悦府。项目位于泰安市市政府以西，环山路以南，占地94亩，总建筑面积6万平方米，其中包括2万平方米的商务楼宇，由瑞典鼎峰地产投资集团投资建设。该项目为全外资注册，注册资金约1.5亿美元(约合人民币9.3亿元)。项目占据城市中心国宝级风水上乘龙脉，设计理念先进，规划设计结合中国传统山居文化，采用北欧风格与现代文化相融合的建筑形式，突出北欧风格，将园林与建筑完美结合，浓厚的历史文化积淀与现代建筑理念的有机结合，落成后必将成为泰安市最具标志性高端社区。⑤新华广场。位于泰玻路与龙潭路交叉口西南角，北起泰玻大街，南至万官路，西接傲徕峰路，东迄龙潭路。由安徽新华集团斥资35亿元建设，规划总占地560亩，总建筑面积约83万平方米，其中商业面积38万平方米，是一座集居住、购物、餐饮、娱乐、消闲于一体的新型城市广场。其中以红星美凯龙为代表的六大主题业态，形成泰城南部最具活力的商住新城、最具魅力的文化商圈。

【城中村改造】 针对旧村不同现状，分类实施，重点推进。采取棚改模式的，通过平台公司向国家开发银行申请政策性贷款，委托区级投融资平台具体实施，施工采取项目总承包的模式，全力推进棚改回迁工程的建设；采取城中村捆绑开发模式的，通过招商引资选择合作开发商，高标准进行城中村改造。小井村改造方案通过审批，正在结合落地的居然之家项目调整规划方案；北上高、王家庄通过区级初审、报市级审核；下梨园、范家灌庄已经编制改造方案，确定合作开发商；财源新村、灵山社区正在共同编制片区规划，与王庄社区实行集中回迁改造；东城、訾家灌庄等村居均开始摸底调查、编制改造方案。①三里社区城中村改造。财源街道三里社区地处泰安市汽车站、火车站附近，辖区面积420亩，东至龙潭路，西至荣疗路，南至王庄交界处，北至泰山大街以南。共有居民1553户，人口2836人，其中常住户806户，人口2012人。自2002年市重点项目温州步行街等重点项目建设以来，累计拆迁改造完成693户。2010年，市重点工程灵山大街西段开工建设，占用社区集体土地46亩，拆除占压道路红线的宅院41户、社区企业厂房10453平方米，社区600余人下岗。剩余改造户数共计113户，原城中村占地面积123.12亩，退道路红线19.65亩，此次改造总用地面积103.47亩，灵山大街占用46亩，实际可利用土地57.47亩。此次改造完成后三里社区的城中村改造工作全部完成。②王庄社区城中村改造。财源街道王庄社区2010年经市城中村改造指挥部批准开始实施城中村改造。改造项目位于灵山大街以南，泮河大街两侧，由王庄社区和泰山嘉业房产开发有限公司合作投资建设。占地面积605.69亩，其中回迁工程占地254.69亩，开发工程占地351亩，回迁工程面积22.994万平方米。项目实施对于灵山大街和泮河大街商业带的改造升级具有重要的意义，建成后将实现销售收入36亿元，利税4.2亿元，安置就业1200人。③三合社区城中村改造。泰前街道三合社区2010年经市城中村改造指挥部批准开始实施城中村改造。项目位于环山路以南，嘉德社区以北，温泉路两侧；总建筑面积46.48万平方米，其中回迁工程面积17.48万平方米，开发工程面积19.55万平方米，地下面积6.25万平方米，阁楼面积3.2万平方米，总计29万平方米。采取捆绑打包联合改造模式，合作开发商为泰安军豪置业有限公司。④北上高村城中村改造。北上高村辖北上高、东乔庄、西乔庄、谷家庄、白家庄5个自然村。旧村占地654.5亩，村民总户数1871户，总人口5620人，其中泰明路拓宽改造已拆迁、安置290户，外来购房户货币补偿54户，旧村改造需回迁安置1527户，其中由财政拨付资金回迁安置北上高自然村780户村民，并支付相关拆迁的费用；其余已拆迁的东乔庄、西乔庄、谷家庄和未拆迁的白家庄村民共计747户，回迁住宅为17层住宅楼，位于天烛峰路以东，容积率为2.2，村集体发展空间和服务性公建用地在天烛峰路以西，容积率为1.2；每户回迁面积按照200

平方米测算，增加20平方米的电梯及走廊公摊面积，每套回迁住宅配建0.6个地下车位，由村集体管理使用。（方然）

棚户区改造

【棚户区改造管理】 认真做好2016年482套棚户区改造工作专项巡查、审计等工作。全年全区棚户区改造2060套，涉及财源、岱庙、徐家楼、工业园区4个部门6个项目，其中王庄社区项目302套，旧镇社区项目720套，灌庄社区项目400套，新华片区项目438套，北沟头村项目132套，广播电视台项目68套。灌庄社区、新华片区、北沟头村3个项目按照政府购买棚改服务模式实施。2月27日成立泰山区棚户区改造工作领导小组，领导小组下设办公室，办公室设在泰山区房地产管理局。年初，区政府与财源等四个棚改项目责任主体签订棚户区改造任务目标责任书。工作中，加强对4个项目的调度、督导工作，全年实地督导、调研10余次。确保了4个棚改项目10月全部开工建设，开工率为100%。

【老旧小区改造管理】 2017年，全区有9个项目列入整治改造计划，分别是省煤田地质局宿舍、洼子小区中区、同心巷小区、泰安起重宿舍、泰前街道办事处宿舍、向阳小区51–52号楼、御碑楼小区、岱道庵小区42–49号楼和利民社区组团，涉及140幢楼，5863户居民，面积53.77万平方米。改造内容主要集中在：基础设施、配套设施、环境卫生、绿化设施、车辆管理和安全防范六个方面。通过对老旧小区的综合改造，基本解决老旧小区存在的设施不配套、功能不完善、人居环境差、居民意见大等问题，有效改善城区面貌，提升城市品位。（李安强）

城市道路建设

【概况】 2017年，按照市、区道路建设计划，泰山区承担14条城市道路拆迁征地和1条城市干道（万官大街中段）的建设任务，14条城市道路分别是博阳路、北上高大街、谢过城街、紫欣街、擂鼓石大街东段、万官大街东段、万官大街上跨京沪铁路立交桥、双龙路北段、佛光路、迎春路南段、东湖路、黄前西干渠路、环山路绿道、万官大街中段。道路总长度约33.5公里，需拆除各类房屋1308处、约64万平方米。

【拆迁征地】 道路征地拆迁方面，截至2017年年底，14条城市道路已拆除各类房屋建筑1260处、56万平方米，累计投入财政资金12亿元。其中佛光路、双龙路、东湖路、环山路绿道、擂鼓石大街东段5条道路征地拆迁工作已完成；万官大街东段、万官大街中段以及万官大街上跨京沪铁路互通立交桥、博阳路、紫欣街、黄前西干渠路、迎春路7条道路已基本完成征地拆迁任务，剩余38处房屋建筑未拆除；北上高大街、谢过城街2条道路征地拆迁工作尚未开始。

【道路建设】 截至2017年年底，佛光路、双龙路、东湖路、环山路绿道、擂鼓石大街东段、万官大街东段以及万官大街上跨京沪铁路互通立交桥7条道路建设工作基本完成，达到通车条件；万官大街中段、博阳路、紫欣街、黄前西干渠路、迎春路5条道路正在进行主路面施工。

【道路建设选介】 ①万官大街中段。万官大街是泰安市委、市政府确定的重点城建工程，2015年12月10日由泰安市发改委立项，西起西外环路与泮河大街（现状泰东路）交叉口，东至规划天烛峰路与泮河大街交叉口，道路总长13.36公里。根据泰安市委、市政府及泰安市城市道路建设指挥部要求，西段（龙潭路以西）由高铁新区承建；上跨龙潭路京沪铁路立交桥、泮河桥、东段（泮河至泮河大街）由市里承建；中段（上跨龙潭路京沪铁路立交桥至泮河）属新华片区范围，按照2013年泰安市政府第15次常务会议纪要精神，泰山区政府负责具体运作新华片区的一级土地开发和各项工程建设工作，包括道路建设，相关拆迁、征地、建设费用由泰山区承担。万官大街中段建设项目西起上跨龙潭路京沪铁路立交桥，东至泮河，长1775米，设计主路基宽54米（双向8车道，中间建设7米宽绿化带，两侧各建3.5米宽绿化分隔带、5米宽非机动车道），主路两侧各建设18米绿化带。该路段拆迁、征地、建设费用由泰山区负责，涉及琵琶湾、王家店、夏家庄等3个村。拆除房屋建筑231处、约13.8万平方米；需征收土地260亩，其中集体土地180亩，苗木地40亩，国有土地40亩。该路段已列入泰安市重点建设项目，为泰城主城区内环线建设项目的一部分，建成后将配套完善泰城南部城市基础设施，提升道路通行能力，改善周边环境，对于推动经济发展有很大的积极作用。②佛光路。该路段长约4300米，贯穿泰前、上高两个街道，主要涉及水牛埠、北上高、凤台、小井4个村。其中环山路至谢过城街段属泰前街道，路长1500米，设计路宽20米；谢过城街至东岳大街段属上高街道，路长2800米，设计路宽30米。道路两侧铺设各类管线、人行道板、道路绿化、路灯等。泰前街道拆除民房、经营用房等45户，7650平方米；上高街道拆除房屋70处、约1.11万平方米；需征地164亩。该路段建成后，将成为贯穿东岳大街至环山路的主干道，有助于水牛埠村、华新社区、学府家园等附近万户居民出行，同时解决高职学院、服装学院、十九中等师生出行问题，缓解学生放学时的交通压力。③博阳路。泰汶文化旅游经济带基础设施建设运营项目（一期）为博阳路改造工程（含博阳路与莱泰高速省庄互通立交改造），该项目北起环山路，南至泰新高速，路线全长10.45公里。道路红线宽度50米，红线外侧各10~20米绿化带，道路控制宽度70~90米。设环卫设施、交通安全设施，完善全线雨水管线、污水、给水（含消防）、热力、路灯、电力管线等。总投资为21.8亿元。需拆除各类房屋总户数828户，其中70~90米主路面房屋347户、立交桥及展宽房屋161户、土地及附属物320户，房屋总面积18.94万平方米；需新征收土地1037亩，其中国有土地158亩，集体土地879亩（含苗木地604亩）。建成后的博阳路，将成为泰城东部南北贯通的示范性、标志性城市主干路，对泰安东部具有重大的支撑拉动作用，极大地提升泰安市东部城区居民出行质量，改善生活环境。（彭永平）

村镇建设与管理

【新型城镇化建设】 ①省庄镇总体规划（2017—2035年）于2017年年底编制完成。依据泰安市城市总体规划，确定以旅游服务业为主导，以高端、创新产业为支撑的生态型、活力型、综合型的城市新区，形成“一轴、两带、五组团”的空间布局结构及“一带四区六组团”的产业发展格局。②邱家店镇总体规划（2014—2030年）（2017年修改）修编完成。总体规划优化全区城镇布局形态，打造泰山区东部副中心，集特色农业、旅游服务业为一体的滨水宜居城镇，规划镇区形成“一心、三轴、一带、四组团”的布局结构。

【新型农村社区建设】 坚持“群众自愿、循序渐进、统筹兼顾、积极稳妥”的原则，因地制宜确定社区建设模式，着力建设布局合理、环境优美、功能完善、服务便捷、管理高效的农村社区。完善社区基础设施和公共设施建设，完善医疗卫生、养老服务等现代化服务设施，提高农村的基础设施和公共服务水平。落实和保障社区居民权益，在户籍管理、社会保障、社会救助、卫生计生、文化教育等方面要实现与城市居民的统一。建立健全社区服务体系和管理服务制度，建立完善与城市社区建设相适应的组织体系和工作机制，为社区居民提供全方位服务。突出城边村、镇驻地村、中心村经济强村等建设重点，坚持成熟一个，改造一个，建成一个，确保群众满意。一是抓好城边村建设。结合城市发展总体规划，积极搞好泰城周边村庄的升级改造。二是抓好乡镇驻地社区建设。充分发挥乡镇驻地交通便利、设施齐全、人口集中的优势，以驻地村改造为重点，吸引周边村庄向驻地社区集聚，增强驻地小城镇的承载功能。三是抓好部分中心村经济强村建设。推进以点带面，试点先行，建设新型社区改善农村生活环境。

【农房建设与危房改造】 泰山区强化落实属地责任，加强安全质量管理指导，实现村民自建房管理规范有序，有效改善村居建设施工环境。因泰山区镇村数量少又地处城郊，个别村庄已经旧村改造，部分村庄列入近三年改造计划，村民自建房及存量危房数量较少。一是成立机构，充实力量。根据《山东省人民政府办公厅关于加强乡村安全生产、建设工程质量安全、环境保护、道路交通安全监管工作的通知》要求，两镇设立了乡村规划建设监督管理办公室，配备了相关工作人员，各村明确了安全监督信息员，负责做好日常监管、宣传教育等工作。二是落实责任，强化监管。为加强对村民自建房安全工作指导，区住建局印发《关于加强全区乡村建设工程质量安全管理工作的通知》，就规范乡村建设工程审批、监管责任落实、建设队伍管理等方面作出详细的部署和要求。区与镇、镇与村签订《安全生产管理责任书》，严格落实安全责任，扎实做好村民自建房安全监管工作。三是加强巡查，做好登记。加强日常工作调度，开展常态化督导检查，确保农村自建房监管到位；认真做好调查摸底，建立村民自建房台账。各镇对本年度有翻建、修缮住房意向的群众认真调查核实并登记造册；做好施工巡查，按照登记的建设时间到村入户现场巡查，落实后续跟踪，直至房屋施工结束。

【农村改厕工作】 坚持“政府主导、因地制宜、典型引路、整村实施”的原则，加强领导，强化督导，狠抓落实，全力推进全区农村改厕工作。2017年改厕任务6543户，实际完成7565户。一是加强组织领导。多次召开改厕领导小组成员会议，传达省、市对改厕工作的要求，并针对制约改厕进展的因素进行分析解决，对改厕工作进行安排部署。区改厕领导小组建立督导调度机制，分工副区长、住建局局长多次带队到镇村改厕施工现场督导，及时化解问题。二是加大宣传力度。在进行改厕施工的同时，继续加大改厕宣传，充分利用广播、村务宣传栏、宣传标语等多种形式，图文并茂地宣传农村改厕重要意义和农村改厕前后的对比成效，引导广大群众主动参与、积极配合。通过印发《泰山区农村改厕工作须知》，张贴改厕工作条幅，营造良好舆论氛围。三是落实资金保障。在省、市财政奖补的基础上，区财政和各镇财政分别按照300元/户的标准进行奖补，加大对改厕工作的资金支持力度，同时按照20元/户的标准安排专项工作经费，用于招投标、技术保障、检查验收等工作。鼓励有条件的村进行再投入，对五保户、低保户、残疾人贫困户进行重点帮扶，解决好没有劳动能力的困难户的改厕问题，让困难群众共享改厕政策。四是严格管控质量。严格按照“统一设计、统一购料、统一施工、统一验收”的原则实施改厕工作：一是由中标单位提供设计图纸，严格按照设计图纸进行施工;二是执行财政专项资金投资的项目必须全部实行公开招投标的制度，以镇为单位实行设备和施工总承包招标。三是统一施工，统一规格，严格按照三格式化粪池图纸，统一进行施工。印发《农村一体式无害化卫生厕所施工及验收规范》，发至各镇及改厕村，要求严格规范改厕流程，择优选择改厕耗材、改造队伍，做好各村改厕工作的培训指导，同时加强施工现场质量巡查与指导监督，确保工程质量。五是强化使用指导。统一印制《无害化卫生厕所使用须知》1万余份，发至各改厕村改厕户张贴。同时利用多种途径进行宣传培训，引导农户正确使用和维护无害化卫生厕所，改善农村卫生环境，在使用与维护过程中应用适当，避免对设施设备造成损坏，保持厕所清洁卫生，保障农民身体健康。六是抓好长效管理。为解决改厕后管护资金问题，3月，区政府常务会议对改厕后续管护资金进行专题研究，确定各镇按照40万元的标准进行补助，由各镇自行选择自主管理或委托第三方进行运营管理。区农村改厕工作领导小组制定并印发《关于建立农村无害化卫生厕所后续管护长效机制的实施意见》，到年底，各镇确定后期管护方式，省庄镇采用委托第三方进行管护，邱家店采用购置抽粪车自行管理。

【建筑工程管理】 严格实行建筑工程施工许可制度，大力开展村镇建设施工许可手续检查，确保工程质量和施工安全。2017年，共办理施工许可证1件，对辖区内博阳路以东在建工程的施工许可手续办理情况集中进行3次全面拉网式检查，对未按规定办理建筑工程施工许可手续的项目，下达责令停止违法行为通知书。共下达责令停止违法行为通知书25份，责令项目建设单位限期办理相关手续。 （陆敏）

城市管理

【概况】 2015年7月，设立泰山区综合行政执法局，与泰山区城市管理局一个机构两块牌子，为区政府直属行政执法机构。2017年11月，整合组建泰安市泰山区综合行政执法大队。将原泰山区城市管理局(城市管理综合行政执法局)、原泰山区城市管理综合行政执法大队、原泰山区文化市场稽查队、原泰山区旅游监察大队等执法职责和机构划归区综合行政执法大队，组建泰安市泰山区综合行政执法大队，为隶属区综合行政执法局管理的正科级财政拨款事业单位，核定财政拨款事业编制107名，配备大大队长1名，政治委员1名，副大队长4名。区综合行政执法大队下设1个直属中队和8个派驻中队。直属中队负责重大执法任务、跨街道（镇）执法活动和对派驻中队进行纠察等，派驻中队负责所派驻街道（镇）省级以上功能区综合执法工作。

【智慧城管建设】 按照智慧城管建设标准要求，区城管局着力加快推进街道镇指挥调度中心建设进度，发挥指挥调度中心在城管工作中的管理、监督、服务、协调与信息共享功能，通过在全区范围内增加监控摄像头，实现辖区实时监控全覆盖，管理无缝隙，实现市、区、街道（镇）三级平台对接互联，实现三级平台之间的案件派遣、及时反馈、信息互享，创新快速反应机制，及时发现和快速处理各类问题，提升城市管理智慧化水平。

【违法建设治理】 实行一周一通报、一月一分析制度，严格督导考核。为有效破解治违攻坚的难点、重点，重拳打击成片的、连线的违建集聚区，先后开展七次拆违大会战。先后集中拆除了上高街道韩家结庄村、徐家楼街道栗家庄村、财源街道旧镇社区、王庄社区等影响大、规模大的违建群。通过实施围剿战，把重点难点区域的违建清除干净。2017年，全区拆除面积5600万平方米。

【环卫管理】 2017年，产生及处置生活垃圾27万吨，生活垃圾无害化处理率达到100%。创新环卫管理模式，将全区环境卫生委托给云泰公司（由桑德新环卫、泰山云谷、云泰物业、泰汶实业联合组建新的云泰公司）统一管理，整合人员、机械、车辆等，环卫保洁水平进一步提升。

【联合执法】 探索创新“3+1”的联合执法新模式，即拆违执法、街道（镇）联合执法、异地交叉执法和市区大型联合执法。2017年，共组织大型联合执法6次，街道（镇）自行组织联合执法16次，共出动执法队员2650余人次，共取缔占道经营570余处，清理倚门经营650余处，证据保全违规物品90余车；清理悬挂条幅320余幅，清理违规广告牌匾380余处；证据保全三轮车25辆，电动自行车10

辆；整治违规烧烤24处，证据保全大型烧烤炉具15个，小型烧烤炉具50余个，桌椅126套；共拆除违规落地锁160余个，清理乱贴乱画720余处；教育训诫530余人。解决了一大批影响城市环境的重点、难点问题，切实发挥了联合执法行动"拔钉子""解难题"的作用，全区环境秩序得到持续提升。

【"违建"拆除现场和裸露土地扬尘防治】 全力落实环保督查，区城管局主要负责"违建"拆除现场和裸露土地扬尘防治工作。成立专门督导小组，每天到拆除现场进行督导检查，发现问题及时整改。在督导过程中，严格遵守围挡设置、湿法作业、建筑垃圾堆放及清运等标准。2017年，共接到中央环保督查转办件22件，全部整改回复。裸露土地覆盖共上报3296处，累计完成3289处。

【餐饮油烟整治】 按照市、区蓝天工程指挥部《关于对泰城空气站点周边污染源及环境开展集中整治专项行动的实施方案》和《关于开展泰城机关、企事业单位、院校和医院内部食堂油烟污染整治专项行动的通知》要求，对泰山区5个空气站点2公里范围内的餐饮油烟及城区机关、企事业食堂油烟进行整治。全区范围内的餐饮油烟及城区机关、企事业食堂均安装油烟净化器。

【自备井治理】 摸排出自备井58处105眼，通过填埋、封口等形式整治完成56处103眼自备井，剩余2处2眼自备井经过水务部门到现场调查了解，予以保留使用。同时，配合市级山泉水整治工作领导小组，对环山路两侧的山泉水售卖点进行治理。

【奇石市场整治】 对辖区范围内奇石市场店外经营、无照经营进行整治，采取机械与人工清理"两结合"、自清与专业整治"两同步"，先后集中治理奇石经营业户116户，清运小型奇石1200余块、中型奇石400余块、5吨大型奇石16块，辖区内奇石入户经营率达到100%。同时结合博阳路整治改造工程，对省庄镇的奇石市场进行治理。

【铁路沿线环境综合治理】 泰山区辖区共有京沪铁路、辛泰铁路2条铁路，总长29公里。通过排查共发现铁路沿线问题75处。对此，进行了历时2个多月整治，共出动780余人，动用运输垃圾车210余车，园林洒水车195车，挖掘机8台次。绿化沿线10公里，绿化面积36000平方米；整修墙体600余米，约210平方米；修复、安装铁路防护栏1300余米，安装护栏2100余米；粉刷墙面10400余平方米。省住建厅对泰山区铁路沿线环境综合治理工作进行综合评估验收。泰山区获得省财政厅和省住建厅2017年铁路沿线环境综合治理专项资金45万元。

（邱真）

环境保护

【概况】 2017年，区环境保护局内设办公室、污染防控科（挂环境安全应急管理科牌子）、法制宣传科、监督管理科、自然生态保护科5个职能科室，下辖泰山工业园区环保分局、泰山区环境监察大队、泰山区环境保护监测站、污染物排放总量控制办公室四个二级事业单位，在职在编人员40人。该局以迎接中央和省环保督察为契机，以"散乱污"企业整治、燃煤锅炉取缔和畜禽污染防治为工作重点，严格执法，周到服务，完善机制，各项环境保护突出问题得到有效解决，全区环保工作实现新提升。

【全力迎接环保督察】 成立区委、区政府主要领导任双组长的"迎察"工作领导小组，印发《各级各部门环境保护工作职责（试行）》，实行区级领导包保制，推动了环保工作有力开展，督察中发现、通报泰山区问题数量在全市最少。省环保督察组反馈泰山区问题26个，完成整改24个；中央环保督察组共向泰山区转办的23批、54件案件，全部办结。

【实施蓝天工程】 ①深化燃煤污染治理。年初，在全市率先开展禁燃区内燃用高污染燃料小型炉灶淘汰工作，摸排淘汰各类煤球炉、经营用燃煤取暖炉、公共区域居民用穿心炉，共计6500余台。下半年，在全区范围内开展10蒸吨/小时以下燃煤锅炉综合整治，取缔燃煤锅炉156家，建成两处清洁燃煤配送中心，实现了辖区内工业企业和经营单位无煤化。配合市环保局完成高污染燃料禁燃区扩大划定工作，进一步扩大禁燃区范围。泰山区燃煤炉灶淘汰工作走在全市、全省前列，《中国环境报》以“聚焦关键点，啃下硬骨头”为题报道了泰山区燃煤锅炉淘汰工作先进经验。②加大排污企业治理力度。印发《工业企业堆场扬尘防治管理规定》，明确治理标准，12家扬尘污染重点单位均严格落实抑尘措施；完成挥发性有机废气排放重点企业整治156家；34家建城区内加油站全部完成三级油气回收改造，国省道沿线9家加油站全部按要求销售车用尿素；发挥蓝天工程指挥部牵头作用，协调、督促各部门开展建筑施工和拆迁工地扬尘、汽修喷漆、餐饮油烟治理等工作，落实好大气污染防治重点工作。③推进重点治污项目建设，完成东城热电超低排放改造项目和岱银集团25吨燃气锅炉替代原有20吨燃煤锅炉项目，有效地改善了泰城大气环境质量。2017年，全区SO_2、PM_{10}、$PM_{2.5}$浓度均值分别为25ug/m^3、103ug/m^3、56ug/m^3，分别比上年同期改善34.2%、12.0%、12.5%，全年蓝天白云天数258天，同比增加21天。

【落实“水十条”】 ①全力推动禁养区搬迁工作。区政府印发禁养区搬迁方案，出台奖补政策，区环保局会与畜牧局全程盯靠指导。全区共摸排畜禽养殖禁养区内应关闭搬迁的养殖场（区）和养殖专业户713家，责令关闭搬迁699家，160家养殖单位完成畜禽污染治理设施建设，畜禽养殖污水、粪便直排河道现象得到根本整治，全区畜禽养殖污染得到有效防治。②大力改善河道水质。对市控三个断面水质开展月监测，对区管河道五个断面水质开展季度监测，及时掌握河道水质情况，分析水质变化原因。同时对全区所有河道均安排1名人员定期巡查，对排查发现的排污口按照权限及时分解到相关街道（镇）、园区，涉及到排水管网的排污口，积极与区城管局联系，及时解决污水排放问题。③水环境质量明显改善。按照《泰山区农村环保污水处理设施管理办法》，做好农村污水处理设施运营督导工作，对全区农村8处污水处理站、7处氧化塘每月开展一次巡查，确保农村环保污水处理设施正常运转。积极申报山水林田湖项目，筹划明堂河河道水体生态修复及湿地建设项目、苑庄饮用水源地保护项目，并将其列入山东省山水林田湖项目库。完成39座地下油罐双层防渗改造，加快督促卸甲河湿地建设，争取早日发挥环境效益。全区水环境质量较往年明显改善，8月，明堂河水质首次达到地表水四类标准。

【环境保护监督】 ①严把建设项目环保准入关，切实把好建设项目环保准入关，对不符合产业政策及各类不符合环保要求的项目坚决不批，全年，累计审批项目178个，登记备案项目3001个，验收建设项目100个。②加强环境安全应急管理，开展环境安全隐患“大排查快整治严执法”集中行动，聘请专家对化工、热电等重点行业进行环境安全隐患排查；对全区9家化工企业开展环境保护评级评价，按照评级要求落实整改；对全区18个单位开展辐射安全现场检查，组织20家企业编制、修订突发环境事件应急预案并经过专家评审，有效保障了环境安全。③加强国控企业进行自行监测工作的监督指导。加强日常环境监管，按照“双随机”（随机抽取检查对象、随机选派执法检查人员，及时向社会公开检查结果）监管要求，对97家重点企业随机抽查做好日常环境监察工作，相继开展砖瓦行业环保专项行动、重点污染源污水排放口规范化建设行动、高架源排查等行动，监察企业620余次，征收排污费106万元，完成4家企业的排污许可证核发工作。④统筹整治“散乱污”企业。区政府出台《泰山区“散乱污”企业专项整治工作方案》，以村社区为单位摸底建档，强化措施、分类治理。工作开展过程中，对街道（镇）、社区（村）具体工作人员进行业务培训，详细讲解国家政策、工作方案、认定标准和分类整治要求，有效防治“一刀切”现象发生。排查“散乱污”企业2253家，完成取缔或整改1756家，责令497家停产。成立4个突出环境问题攻坚督导工作组，对各街道（镇）、园区进行持续督导，传导环保压力，扩大工作成效，防止出现反弹，形成了中小企业争相办理手续、合法合规经营的局面。⑤严厉惩治环境违法行为，全年共立案查处环境违法行为213起，其中202起已履行到位，收缴罚款447万元，依法查处各类信访581次，及时将违法企业列入环境信用评价管理，实行联合惩戒，有力震慑了环境违法行为。

【大气、水治污项目建设】 2017年，争取国家、省大气污染防治资金460万元，并获得上级空气质量生态补偿资金593万元，争取省级环境污染防治资金450万元用于明堂河湿地项目建设，争取2017年度农村环境综合整治资金265.4万元用于全区9个村环境综合整治。全年共争取上级资金1768.4万元，超额全年任务的60.8%，有效带动了全区治污项目的实施。

【环保宣传】 ①大力宣传环保理念。组织开展环保“十进”（进社区、进家庭、进机关、进工地、进学校、进商场、进企业、进酒店、进医院、进交通）活动、“水课堂”科普教育、“春节不燃放烟花爆竹”等系列环保宣教活动，参与举办“绿色发展与产业升级”专题讲座，不断提高绿色发展意识。组织辖区内学校学生参加全省“小手拉大手，共筑碧水蓝天”行动，提高少年儿童生态环境保护意识，10名同学被授予“齐鲁环保小卫士”荣誉称号，16名同学被授予泰安市“环保小卫士”荣誉称号。组织全区各社区积极开展“绿色社区”创建活动，提高居民环保意识，倡导低碳绿色生活方式。丽景社区代表泰莱地区迎接了省级现场验收，丽景、农大、科大社区2017年被授予“省级绿色社区”称号，创建数量、质量居全市第一。②加大新媒体宣传力度，充分利用微博的高时效性宣传环保工作动态，第一时间将微博反映的环境信访问题转交监察大队调查处理，共转交问题15个，在第一时间进行了回复；省环保厅、市环保局转发泰山区信息100余篇，微博活跃度在6个县（市、区）中排在首位，实现了环保系统内的良好互动；转发评论了省环保厅、市环保局等相关信息动态120余篇，与网友搭建了良好的沟通渠道。

【环境监测】 区环境监测站为国家环境监测系统的二级站，1996年通过省质量技术监督局计量认证，2002年、2007年、2010年、2013年、2016年通过省资质认定，拥有紫外可见分光光度计、电子天平、烟尘平行采样仪等主要检测仪器设备21台（套），能够开展地表水、地下水、污水、噪声、废气等环境要素中的32个项目共157个参数的监测。一年来，坚持重点污染源监测和例行监测相结合，完成重点污染企业监督监测及在线比对监测、重金属企业和环境安全预警日监测，并及时上报监测报告，全年为环境监察、信访和环境监督管理及时提供监测报告636份。严格执行委托监测制度，出具委托监测报告241份。严格执行小微企业免征环境监测行政事业性服务费的规定，为100余家企业出具验收监测报告，减轻了小微企业的经营成本。

（唐鹏）

科技园区开发区

山东泰山经济开发区

【概况】 制定“一二三四”的发展思路，即坚持打造“东部新城区、产业新高地”这个目标，突出项目建设和财源建设这两条主线，明确招商引资、基础设施配套和回迁安置这三项重点；在工业转型升级、服务业创新融合、科技文化产业引进培强、旧村改造宜居宜业上实现四个新提升。全年实现税收6.75亿元，形成财政收入3.79亿元，均同比增长14.9%。在全省130余个省级经济开发区综合考核中前移12个位次，排名第68位，争先进位列全市经济开发区第一位。

【招商引资】 工业、服务业、科技文化产业三业并举，采取专业招商、定向招商等方式，招商工作取得突出成果。签约总投资100亿元的人工智能制造产业园、总投资50亿元的碧霞湖文化、投资7.6亿元的泰开新能源汽车配件产业园、投资6.8亿元的宝来利来生物科技产业园、投资6.7亿元的海天智能康复装备产业园、投资5亿元的交通工程检测及新材料研发等15个过亿元项目。成功举办京鲁（泰山）新旧动能转换跨区域协作项目签约活动和中国泰山教育装备产业园项目推介会，打通了跨区域产业协作的新通道，探索了招商引资新路子。

【重点项目建设】 推进50个重点项目建设，形成“策划一批、签约一批、开工一批、储备一批”的项目推进格局。①培育“三强”企业。鼓励泰开、康平纳、岱银、启程等骨干企业开展技术创新、改造升级。积极培植“三强”企业全力推进现有产业的挖潜、改造。协调解决康平纳年产2万吨纱线染色智能工厂和高档毛纺染整智能化车间改造升级两个项目用电、用汽、排污、资金等问题，两个项目于3月开工，年内投入运营。泰开集团新能源汽车水冷机壳项目和特（超）高压电抗器两个项目，完成厂房改造和设备调试。岱银集团研发中心项目投入使用。②推进建设项目。30个在建项目进展顺利，康平纳年产2万吨纱线染色智能工厂、高档毛纺染整智能化车间改造升级、诺莱国际医学中心、教育装备产业园、盛源粉体研发中心、国泰微纳米新型灭火装备等10个项目新开工建设。康平纳毛纺绿色智能染整示范产业园、泰山云谷诺莱国际生命医学健康产业园、泰开工业园新能源水冷机壳、智能印染装备全流程绿色数字化生产制造产业园4个项目代表泰山区参加了全市大项目观摩。③提升成效明显。康平纳智能染整装备项目入选全省新旧动能转换重大工程项目，智能染整技术与装备科技创新平台获省科技进步奖一等奖；国泰科技荣获日内瓦国际发明展金奖；山东泰开电工电器等3家企业被认定为国家高新技术企业；泰安泰山高压开关等2家企业被认定为山东省企业技术中心，教育部“蓝火计划”试点在开发区正式签约。全力加快了康平纳机械、东升服装等企业股改上市步伐。④开展土地腾空攻坚行动。推进鲁商二期、宝来利来及海天智能机器人、交通检测中心等重点项目的土地腾空工作，全年，腾空土地1200

余亩，保障了项目落地和建设工程推进。

【优化营商环境】 ①实施“三化工程”。全力推进基础设施建设，规划四路竣工通车；规划一路完成路基及管网建设；全长5.8公里的红迎红北线路改造工程完成；云谷及鲁商社区雨水、污水管网建成；巨菱路等2条道路完成绿化；创业大街、明堂路、泰前大街、康平纳西路等园区主要道路实现亮化。强化环保督察整改，大力整治违法建设和市容市貌，环境状况明显提升，实现美化。②回迁工作扎实推进。杏园、集中回迁区起步区二期、安家林等回迁项目进展顺利。完成2万平方米的主体建设，实现100户居民回迁。③安全生产监管不断增强。狠抓安全生产标准化建设和双体系建设，安排部署安全生产“三个年”活动及“大快严”、百日攻坚综合治理和大检查行动等活动，共查出各类隐患1234项，全部责令限期整改，全年未发生重大安全伤亡事故。

（山东泰山经济开发区管理委员会）

山东泰安国家农业科技园区

【园区建设】 ①通过科技部对园区的验收。7月12日通过省科技厅的验收，9月25日通过科技部对国家园区的验收，其中，在科技部对国家园区验收中被评为第一档次，在省科技厅对省级农高区的验收中被评为优秀。②创建泰安农业现代产业园。结合农高区实际，按照“两轴、两廊、四板块”（两轴：即以花园大道为基础，沿路布置高新科技产业，打造“农业科技示范轴”；以老泰莱路为基础，沿路布置园区配套服务功能，打造“综合服务发展轴”。两廊：以芝田河、卸甲河等河流为载体，打造沿河景观廊道，沿河种植特色林果，开展休闲农业体验活动，形成景观优美、生态涵养、娱乐休闲的绿色通廊。四板块：综合管理服务、农业科技研发、现代农业生产休闲示范及现代农业加工物流等四个板块）进行规划布局和“科技示范、产业孵化、辐射带动、旅游观光”的功能定位，大力打造泰安农业现代产业园。11月被市农业局、市财政局批复为泰安市现代农业产业园。

【招商引资】 2017年，园区新签约落地项目2个，总计划投资额达3.1亿元，较上年同期增长50%；建成运营项目2个；全年接待来访客商200余人次，外出招商20余次，与中国通用咨询投资有限公司、中国航天科技集团、新农创投资有限公司、北京山海文旅集团等多家单位达成初步合作意向。其中，青少年科技体验营地项目，由山东青青教育文化发展有限公司投资建设，总投资投资1.2亿元，对花样年华景区景点进行维护和升级，先后打造具有泰安饮食特色的泰山豆腐宴主题餐厅，泰山非遗文化展厅，青少年写生基地等，2017年共接待近10万人次的青少年前来研学旅行；马术俱乐部项目，投资7000万元，建设马房、马匹调教场、会员中心等，该项目“十一”期间试营业。微生物菌肥项目，投资5000万元，建设化验室、研发中心、生产车间等，年底设施设备全部就位，机器调试全部完成，进入小规模生产阶段。此外，园区重点在谈项目有泰山·24集、文化旅游小镇、音乐产业基地、泰安航天太空小镇、惠万家绿色食品产业园、动物疫病检测诊断中心等项目，其中泰山·24集项目由北京新农创集团投资2亿元建设，将中国传统文化中的24节气与泰山饮食文化相结合，打造泰山食材指数指标，遵循自然农法提供生态农品，并通过线上线下合力推动特色农产品销售和推广，旨在打造集文化教育、农业休闲观光、餐饮娱乐于一体的文化型田园旅游项目；文化旅游小镇项目由山海文旅集团投资建设，项目将以花样年华景区为核心，整合周边地区优势资源，在最大限度保留原有风貌的基础上，因地制宜导入民俗文化、高端民宿、休闲体验、亲子教育、健康养生、生态农业等新产业，打造旅游文化片区。星光影视文化体验园，由北京星光文化旅游发展有限公司投资建设，规划占地约1200亩，结合泰安地域特色，打造主题乐园。项目主要以影视文化为核心形成集影视文化创意、影视文化体验于一体的国际一流影视体验大乐园。音乐产业基地项目由北斗卫星数字新媒体（北京）有限公司投资建设，规划占地2000亩，结合泰山旅游人群的消费特点，建设以音乐欣赏、歌舞娱乐、休闲度假为特征的旅游新高地，将泰安打造成“留得住”的旅游目的地。

【农业科技孵化器项目】 该项目已获得泰安市规划委员会审批。项目总建筑面积3.7万平方米，于5月1日开工建设。地下工程全部完成，地上主楼进行八层施工。该项目通过BT模式与中科软集团合作，利用国家政策完成孵化器建设。已与南开大学、中国农科院，山东农业大学等科研单位建立了合作机制。该大楼的建设将为园区留下近2.8亿元的资产。

【农业科技园实现新突破】 采取“强化目标化管理、强化调度考核、强化现场监督、强化主观能动性”四项措施，攻坚克难，各项工作实现新突破，实现“三个提升”。一是营业收入不断提升。全年入园人数34.6万人，旅游收入400多万元，比上年度翻一番。二是园区人气大为提升。通过免费开放天合乐园，举办庙会、风铃节、风车节、中国好歌声选拔赛，增加未来田园高科技农业体验等不断增加入园人数，提高景区人气，其中泰山花样年华景区入园人数14万人，水上乐园入园人数15.6万人，单日人数突破8000人。三是管理水平不断提升。以市场为主导，建立健全绩效管理机制，对各部门明确岗位职责签订职能经营目标责任书，规范管理，严格落实各项规章制度。

【科技创新】 2017年，共立项省级市级科技项目6个，落实资金48万元；申请发明专利15项；授权专利7项；引进专家6名；成交技术合同24项，年度成交额1665万元；获得泰安市科技奖励一项；新认定科技创新平台2个，其中省级1个、市级1个。

（范林　兰静）

泰山碧霞湖省级旅游度假区

【概况】 2013年5月10日经省政府批准建立泰山碧霞湖省级旅游度假区。该旅游度假区位于泰山区东北部，北至女儿湖北侧现状路，东至博阳路，南至发展大街，西至天烛峰路，核心区域面积约为8.6平方公里，是泰山文化旅游休闲板块的重要载体。该旅游度假区建立以来，坚持国际、国内市场并举的原则，依托泰山、大青山山地和碧霞湖、女儿湖“两山两湖”和方特主题公园等丰富的自然文化资源，以泰山文化、碧霞文化、石敢当文化、泰山女儿茶文化为底蕴，主要开发养老养生、休闲度假、文化旅游、时尚购物、学术研讨、会议会展等主体产品，立足建设成为山东省一流、国内外知名的山岳滨湖型度假区。

【建成运营项目】 ①泰山方特欢乐世界。由深圳华强集团方特投资发展有限公司、泰安泰岳旅游科技有限公司投资建设，是广东省、深圳市与山东省合作的重大文化产业项目之一，是国内最大、科技含量最高的第四代文化产业主题公园、国内一流的“迪斯尼乐园”。项目总投资20亿元，规划占地面积50万平方米。泰山方特被誉为江北“迪斯尼乐园”，将超前的数字娱乐与高科技手段完美融合，将其打造成国际知名的动漫游戏体验博览园。2017年，接待游客1081230人，营业额1.5亿元。②泰山快乐驿站。占地50.1亩，投资2.9亿元，建筑面积2.67万平方米。规划建设四个特色庭院（富贵院、康宁院、好德院、长寿院）。富贵院，主要经营风尚餐厅、欧式餐厅、高档咖啡馆等，服务于中高档消费人群。康宁院，经营时尚餐厅、儿童餐厅、中西快餐、酒吧等，服务年轻的消费者。好德院，主要经营中华“私房菜”。长寿院，经营休闲茶道养生，主要服务中老年人。③瑞奥不夜城。银座佳悦酒店，2014 年 3 月运营。占地 42 亩，投资 2 亿元，建筑面积 2.8 万平方米，是以客房、餐饮、会议中心为一体的泰城东部规模最大、设施最全、档次最高的四星级酒店。2017 年主营收入 2473 万元。④中华泰山旅游商品城奇石玉石专区，总投资 3.5 亿元，2010 年建成。⑤泰山天池酒店、泰山天池休闲洗浴，总投资 2 亿元分别于 2013 年 8 月和 2012 年 11 月建成。2017 年主营收入分别为 490.1 万元、1963.7 万元。

【在建项目】 鲁商国际社区项目，西至明堂路，东至芝田河，北至碧霞大街，总占地面积 2100 亩，总建筑面积 160 万平方米，总投资约 180 亿元，是泰安市重点建设项目，由鲁商置业股份有限公司投资建设。项目规划建设 3 所幼儿园、2 所小学、1 所中学，业态集大型购物中心、星级酒店、特色商业街、商务写字楼、高档住宅于一体，旨在打造多元化、现代化、生态化为一体的高端国际城市综合体。项目自 2014 年 6 月开始建设，预计 2024 年 12 月建成。①项目一期英式高档社区，规划用地 400 余亩，投资约 20 亿元，建筑面积约 26 万平方米，主要建设集购物休闲、餐饮娱乐、旅游观光于一体的体验式商业步行街及别墅、洋房等高档住宅。其中 4 万平方米特色商业街内设文化旅游主题展览馆、高档餐饮、大型超市、医疗门诊、健身会所等休闲娱乐设施，全方位彰显国际化社区配套品质的同时，着力打造泰安一流综合性旅游服务集散中心。②项目二期鲁商全龄大健康社区，位于规划一路以南，鲁商国际社区核心区域，规划用地 600 多亩，主要建设以日常健康服务、居家健康服务、远程医疗服务、专业机构服务和绿色通道就诊服务为一体的健康、智慧和生态社区。社区建成后，将服务于整个鲁商国际社区乃至泰城东部，旨在打造鲁商“心”社区，引领全国大健康养老项目示范基地。③项目三期商业广场，位于碧霞大街和明堂路交叉口，总占地约 460 亩，建筑面积约 25 万平方米，主要建设银座商城、五星级酒店、高档写字楼及住宅。建成后，将以鲁商自助品牌“银座”为地标式新建筑，打造多元化、现代化、生态化为一体的高端国际社区，为整个东部新城区的发展注入新活力，创造新的增长点。

【招商项目】 作为大泰山旅游的重要补充和组成部分，度假区充分发挥环境、市场和品牌优势，深入挖掘区域内特有的山岳文化、封禅文化、宗教文化、女儿茶文化、石敢当民俗信仰，现代高科技文化以及历史遗存、掌故传说、民俗风情等资源，强化招商力量，采取定向招商、载体招商、以商招商。2017 年签约项目：①泰山碧霞湖文化项目。由全国文化企业三十强——山东省出版集团投资，计划投资 50 亿元，占地约 980 亩，项目于 2017 年 2 月与山东出版集团签约。该项目定位“泰山旅游夜中心、城际慢休闲中心、泰安旅游集散中心、国山文化体验交流中心”，以“十岛七星”规划格局为载体，以多元文化旅游产业为核心，打造具有文化艺术氛围的泛旅游全景空间，主要建设世界级水秀剧场、亲水文化商业街、星级酒店群、文化艺术会展中心、禅茶书院、养生健身中心、高端住宅及别墅、旅游配套服务接待设施，打造山东文化旅游项目标杆。其中，水秀项目，主要建设高水准世界级水秀剧场，将泰山艺术推上国际舞台，挖掘泰山文化，打造国山文化视听盛宴。项目全部建成后，预计年可接待国内外游客 200 万人，实现营业收入 30 亿元，利税 5 亿元，计划 2018 年 10 月开工建设。②泰山艺术旅游小镇项目。位于碧霞大街以南，泰山美术馆、奇石城以东，泰山天池以西，山东电力学校以北，由泰安市科苑基础产业投资建设有限公司投资2.13亿元建设，占地面积约48亩，建筑面积约3.6万平方米，主要建设美术馆及综合楼和艺术家工作室，致力于建成泰城独一无二的艺术、雕塑、旅游小镇。项目建成后，将打造一个以艺术家聚集、艺术品创作、交易、设计、展示的新型业态，带动瑞奥组团内已有的泰山美术馆、奇石城等场馆的集约化经营。并可实现对接高层次、国际化、专业化的艺术大展，新增一个以文化为内涵的旅游景点，补充方特旅游点的孤立性，成为碧霞湖省级旅游度假区的核心文化景点。

（孙立娜）

科 技

科学技术

【概况】 2017年，区科技局设办公室、发展计划科、科技成果科、高新技术发展及产业化科、农村与社会发展科等5个科室，在编人员31人。全年，区科技局立足创新驱动战略，积极适应科技发展新常态，坚持“一个亮点要实现，九项工作重点抓”的任务目标，全力建设专利技术展示交易中心，新增国家级高新技术企业6家，完成对上争取资金1143.36万元，引进认定科技人才44人，为建设富强和美泰山区提供了强有力的科技支撑。

【科技成果】 年内，全区获得科技成果10项，其中，山东省科学技术进步奖一等奖1项、泰安市科学技术进步奖一等奖1项、泰安市科学技术进步奖二等奖1项、泰安市科学技术进步奖三等奖5项、泰安市技术发明奖二等奖2项。

【专利工作】 年内，全区发明专利申请877件，授权266件，有效发明专利895件，新增5件PCT国际专利申请。发明专利申请量、授权量、有效发明专利拥有量继续保持全市第一位。全区共7家企业开展知识产权贯标工作，5家通过贯标认证，其中，山东省知识产权示范企业3家，新增1家国家知识产权优势企业（泰安路德工程材料有限公司)，1家知识产权贯标认证企业（山东国泰科技有限公司）。全区3家企业通过专利权质押成功贷款总计3600万元。全区共有3项专利技术参与中国专利奖评选，其中，泰安路德工程材料有限公司的“钻石型多轴向塑料拉伸土工格栅及其制造方法”荣获第十九届中国专利奖优秀奖；5家企业专利技术被推荐参与山东省专利奖评选，泰安康平纳机械有限公司的

表9 2017年泰山区科技成果一览表

完成单位	项目名称	奖项等级
泰山玻璃纤维有限公司	高性能电子玻璃纤维关键技术研发与大规模产业化	山东省科学技术进步奖一等奖
泰山玻璃纤维有限公司	耐碱玻璃纤维的研发及产业化	泰安市科学技术进步奖一等奖
山东中天泰和实业有限公司	MZJ20数字化煤层气钻机	泰安市科学技术进步奖二等奖
泰安泰山工程机械股份有限公司	风管智能清扫系统	泰安市科学技术进步奖三等奖
山东协友机械有限公司	曳引传动型客货两用施工设备的研究	泰安市科学技术进步奖三等奖
山东能源重装集团泰装工程装备制造有限公司	WCJS3Y防爆柴油机无轨胶轮车	泰安市科学技术进步奖三等奖
泰安泰山高压开关有限公司	252kV GIS卧式断路器	泰安市科学技术进步奖三等奖
山东一清环保设备有限公司	金属熔炼尾气控制(作业)线	泰安市科学技术进步奖三等奖
山东泰开电力电子有限公司	并阻尼消弧线圈二次绕组的绕制方法	泰安市技术发明奖二等奖
泰安盛源粉体有限公司	一种绝缘用高纯电工填料氧化铝的制备方法	泰安市技术发明奖二等奖

“筒子纱染色方法及筒子纱染色生产装置”荣获山东省专利奖一等奖；14家企业、1位社会发明人申报泰安市专利奖，项目总计16项，其中，获奖11项（一等奖2项、二等奖5项、三等奖4项）。全区开展2次专利宣传执法活动，在中百商厦开展“4·26”世界知识产权日宣传活动，全年查处专利标识不规范案件2件。

【高新技术及其产业】 2017年，全区规模以上工业企业实现高新技术产业产值达到204.29亿元，占规模以上工业总产值的比重为48.25%。新增山东鲁普科技有限公司、泰安东升服装有限公司、泰安泰山高压开关有限公司、山东北方光学电子有限公司、山东融通电子科技有限公司、山东蓝光软件有限公司6家国家级高新技术企业，泰山区国家级高新技术企业数量达到25家。新组建山东泰开电力电子有限公司1家省级工程技术研究中心和山东岱银纺织集团股份有限公司1家山东省院士工作站。在创新创业方面，泰安路德工程材料有限公司获第六届中国创新创业大赛优胜企业奖、山东省创新创业大赛一等奖、“泰安银行杯”第三届泰安创新创业大赛一等奖；山东视聆通信有限公司获“泰安银行杯”第三届泰安创新创业大赛一等奖2项。在科技型企业孵化器建设方面，泰安影响力电子商务有限公司被认定为市级科技企业孵化器，泰安影响力电子商务有限公司、梦想谷电子商务产业园、泰山云谷备案为省级科技企业孵化器。

【科技计划】 年内，实现科技计划立项27项，争取资金916万元。其中，省级计划立项11项，争取资金828万元（山东海天智能工程有限公司“基于脑机接口的手功能康复机器人研制”省重点研发第二批计划项目，获得资金200万元；山东康平纳集团有限公司“山东省数字化染整装备工程技术研究中心”省重点研发计划及创新公共服务平台计划项目，获得资金100万元；山东天地园艺科技有限公司“高油抗病核桃新品种选育”省农业良种工程计划项目，获得资金100万元；山东宝来利来生物工程股份有限公司“畜禽病原菌噬菌体的开发应用”省重点研发第五批计划项目，获得资金100万元）；市级计划立项16项，争取资金88万元。另外，获得上级科技研发补助资金304.75万元。其中，省级补助217.68万元、市级补助87.07万元。全年，共获得科技扶持资金1220.75万元。

【技术市场管理】 2017年，共登记技术合同207项，比上年增长23%，合同成交金额25240万元，比上年增长13%，创历史新高。

【科技人才】 2017年，审核、认定科技人才引进44人。组织企业参与“牵手才智，助跑泰安”招才引智签约仪式，共有5家企业人才项目、1家企业平台项目进行现场签约。

【农村与社会发展】 2017年，共组织推荐11项项目进行各级科技项目申报，其中，山东海天智能工程有限公司“基于脑机接口的手功能康复机器人研制”获得省重大科技创新工程2017—2018年度项目立项，立项金额200万元；山东天地园艺科技有限公司“高油抗病核桃新品种选育”项目获得山东省农业良种工程项目立项，立项金额100万元。协助山东泰安国家农业科技园区通过省级农业高新技术产业示范区、国家农业科技园区验收。

【防震减灾】 年内，完成七里学校、东关小学、邱家店十三中、新六中4所学校的省地震预警示范学校建设任务。防震减灾助理员、宏观异常观测网及防震减灾速报网以及村、社区宣传网的建设全部完成，实现全区社区（村）级覆盖。其中，泰山区防震减灾科普教育基地被认定为2017年度国家防震减灾科普教育基地，泰前街道嘉德社区被命名为第六批山东省地震安全示范社区，泰前中学、泮河中学被命名为2017年山东省地震科普示范学校，泰安速恒物流股份有限公司被命名为2017年度山东省地震安全示范企业。完成社区（村）应急避难场所建设58处和地震应急物资储备库建设4处，全区覆盖率分别达到70%和44%。“5·12”宣传活动周期间，共有63所学校及幼儿园、22个社区（村）、4家企业和9个机关单位参与宣传周活动。全区63所中小学校和部分幼儿园，开展应急疏散演练活动。其中，5月8日区地震局联合民政等多部门在山东农业大学老校区举办地震应急疏散演练，应急疏散过程用时125秒。7月30日，在泰前中学举办疏散演练和防震知识宣传活动，该校500余名师生参加演练。开展“六进”（进机关、进学校、进企业、进社区、进农村、进家庭）活动，向市民发放明白纸、应急包、开展流动防震减灾知识巡展活动，共发放各类宣传材料1万余份，张贴宣传挂图1000余套。

【科普活动】 举办“科普之春”活动启动仪式并策划组织“科普之春”系列活动26场；举办科普义诊进农村、进社区活动9次，举办健康科普讲座12期，举办全国科普日启动仪式活动，并在全国科普日期间集中开展科普报告会、科技改变生活科普宣传活动、农业种植技术培训、“关注健康，服务百姓”健康知识讲座、食品安全与健康科普宣教活动、科普教育基地一日游体验、环境保护宣传教育体验等活动25场。全年组织实施各类科普活动50次，共发放各类宣传材料4.3万余份，发放明白纸5.4万多张，展出科普宣传展板400多块，受益居民7000多人次。

【青少年科技活动】 年内，开展科技大篷车进校园进社区活动6次。3月17日，山东省校园流动科技馆开馆仪式在徐家楼街道泮河中学举行。该校全体师生参加仪式并参观体验系列科普展品。开展青少年航模教学与实践系列活动。邀请泰安市科技馆“航模飞行表演”团队于3月18日、3月26日、4月5日先后到岱庙街道丽景社区、上高街道双龙社区、上高街道华新社区开展航模教学与实践进社区系列活动。通过现场展示，把深奥的科学原理“化深为浅”，生动形象地展现在眼前，使学生在玩乐中学到科学知识，培养他们对科学的兴趣。

【科技培训】 年内，组织开展5次农村实用技术培训，新增三处12396信息服务站。4月，省庄镇亓家滩村被省科技厅认定为第一批“农科驿站”。制定科技特派员项目资金管理使用实施方案及项目任务书，“猕猴桃良种引进及产业化开发”项目获泰安市农业科技特派员科技项目计划立项。

【科技下乡活动】 通过送科技下乡、科普赶大集、科普大篷车乡村行、农民培训班等形式和活动，提高科技培训的覆盖面，把科学知识送到农民身边，促进农村科普事业发展，全年开展科技下乡活动20余次。（区科技局）

气 象

【概况】 1995年，泰安市政府批准成立泰山区气象局，泰山区气象局隶属于泰安市气象局，1996年泰山区气象局改为与市气象科技服务中心实行一个机构两块牌子，并实行受泰安市气象局和泰山区政府双重领导的管理体制，为一级事业单位。内设办公室、服务科、人工影响天气3个科室。在职人员10人，其中本科以上学历7人、在职研究生2人。

【气候】 泰山区属暖温带半湿润大陆性季风气候区。四季分明，春季干燥多风，夏季高温多雨，秋季天高气爽，冬季寒冷少雪。常年平均气温13.3℃，降水量685.6毫米。1月份平均气温-2.7℃，7月份平均气温26.2℃。年平均日照时数2453.5小时，无霜期187天。全年主导风向为东北、西南风。年平均风速为25米/秒。

2017年，全区气温比常年偏高，降水偏少、日照偏少。终霜结束于3月27日，初霜日开始于10月30日；终雪结束于2月22日，初雪开始于12月14日；大雾日数14天；大风日数2天；高温日数10天。

①气温。2017年平均气温为14.7℃，比常年偏高1.4℃。其中10月气温比常年偏低，其余11个月份偏高。年极端最高气温36.4℃，出现在7月24日，年极端最低气温-8.8℃出现在12月18日。

②降水量。2017年泰山区总降水量为569.6毫米，比常年偏少116.0毫米。其中1、4、10三个月降水量比常年偏多，其余九个月降水量比常年偏少。

③日照时数。2017年总日照时数为2336.3小时，比常年偏少117.2小时。全年只有5、11、12月三个月日照时数比常年偏多，其余月份均偏少。

【气象服务】 按照“一年四季不放松，每次天气过程不放过”的要求，对各类天气，尤其对灾害性、转折性天气实施连续跟踪监测。重点做好决策气象服务，广泛开展公众气象服务。2017年，全区共制作发布“重要天气预报”14期，发布预警信号67次，一周气象服务快报52期，节假日及中、高考期间预报7期，启动重大气象灾害应急响应1次，通过电视、短信、12121、多媒体显示屏等方式向社会公众发布中短期预报112万人次，多次为区里会议、活动提供重点气象保障服务。

【主要天气气候事件】 ①年初雾和霾频繁，空气污染严重。2017年1月发生多起大雾、霾事件，其中1~3日，大部地区出现能见度不足200米的强浓雾和中度以上霾天气，局部地区能见度不足50米；9日，出现能见度不足500米的浓雾，局部地区能见度不足50米；13日出现能见度不足50米的特强浓雾。②10月上旬连阴雨、大雾并存。10月上旬，泰山区出现多次降水天气，降水日数达5天，降水异常偏多。10月8~9日出现大雾天气。③6月出现强风雹，农业损失较重。6月2日~3日，出现雷阵雨天气过程，并伴有大风天气，瞬时风力达11级，部分乡镇街道受到不同程度的气象灾害影响，导致小麦、春玉米等部分农作物倒伏，蔬菜大棚损坏，核桃落果，树木折断。④年平均气温创新高。2017年1-12月全区平均气温14.7℃，较常年（13.6℃）偏高1.1℃，除6月、10月份平均气温较常年偏低外，其他月份均较常年偏高。创历年平均气温最高值记录。

⑤夏季高温过程偏多。7月3~4日、11~14日、20~24日出现了3次高温天气过程，最长连续高温日数为3~5天。8月4日~6日，受副高控制，泰山区出现持续性高温天气，最高气温在35℃左右，泰安市气象台发布高温黄色预警信号。 （贾思之 陈彬）

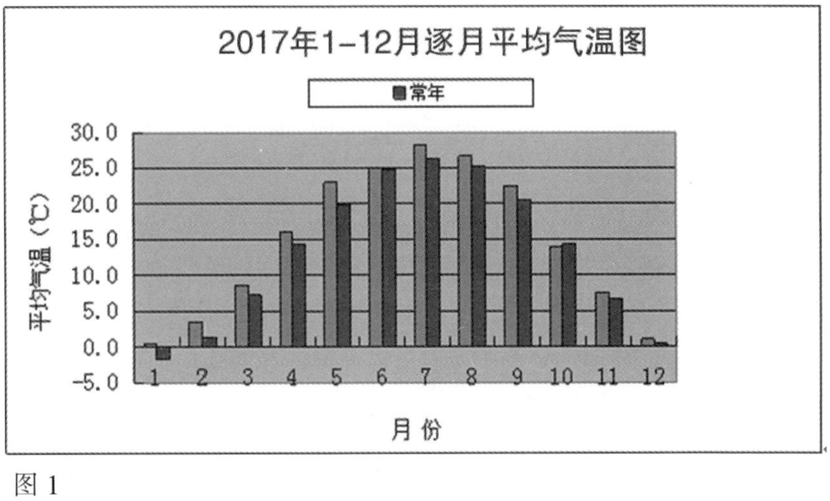

图1

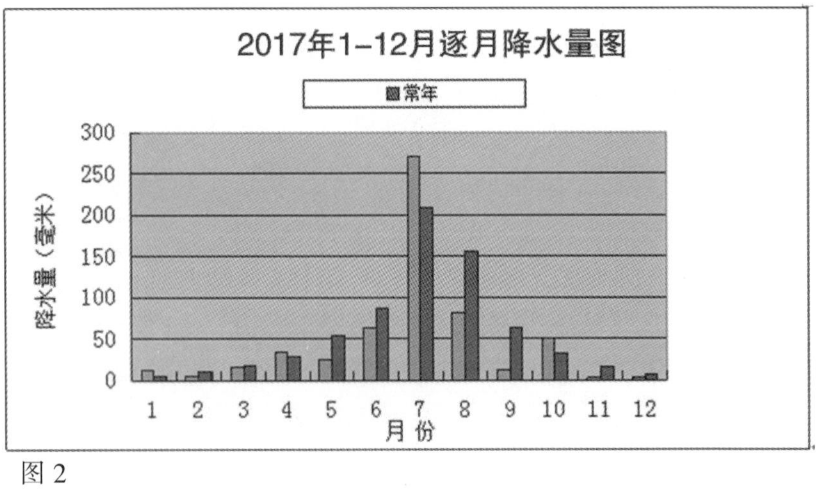

图2

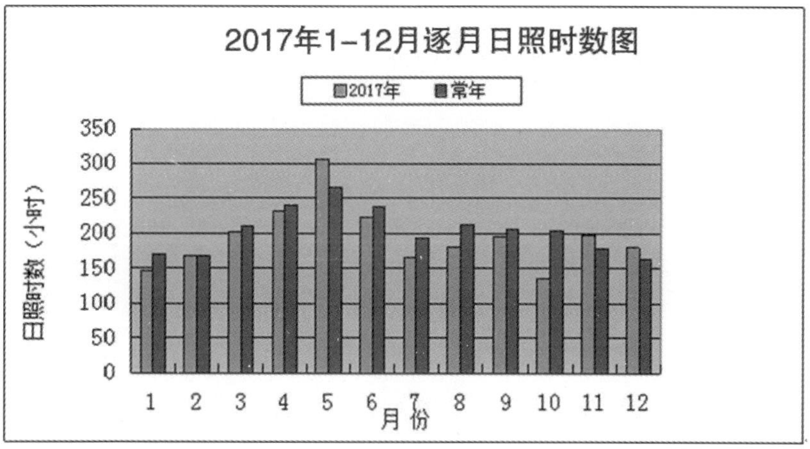
2017年1-12月逐月日照时数图
2017年
常年
350
300
250
200
150
100
50
0
日照时数（小时）
1
2
3
4
5
6
7
8
9
10
11
12
月 份

图 3

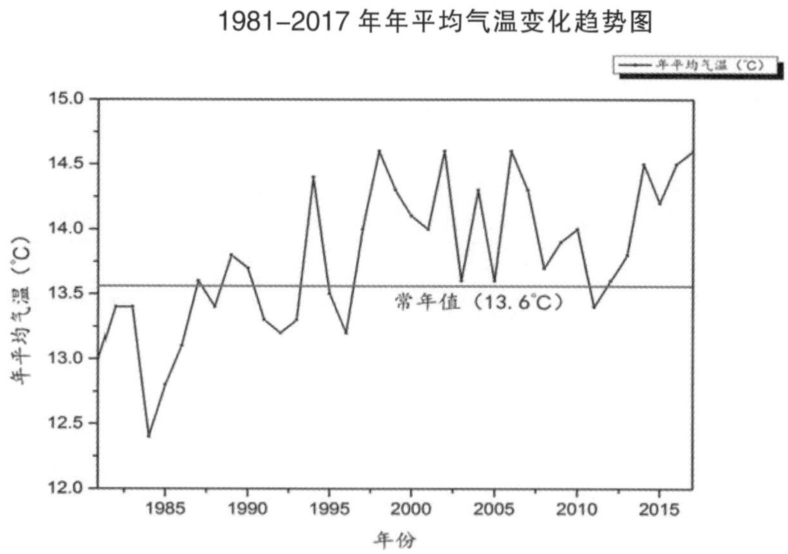
1981-2017 年年平均气温变化趋势图
年平均气温（℃）
15.0
14.5
14.0
13.5
13.0
12.5
12.0
常年值（13.6℃）
1985
1990
1995
2000
2005
2010
2015
年份

图 4

教育·体育

教　育

【概况】　2017年，全区（含市直）共有小学54所（含民办4所），初中15所（含民办3所），九年一贯制学校6所（含民办2所），小学在校生41445人，初中在校生35954人。（泰山区）中等专业学校1所，在校生1508人。共有在职在编教职工3370人。幼儿园176所，在园幼儿27011人，幼儿教师2766人。

【学前教育】　完成《第二期学前教育三年行动计划》，投入资金2000余万元，新建、改扩建幼儿园18所，新增省级示范幼儿园1所、市级规范化幼儿园1所。对辖区内所有幼儿园进行注册登记年检，颁发登记许可证和民办教育办学许可证。组织全区学前教育平台管理人员培训，完善全国学前教育管理信息系统平台，规范幼儿学籍管理，保证平台高效运转。开展“品牌幼儿园”“最美幼儿教师”评选活动，评选品牌幼儿园15所、最美幼儿教师20名。启动“家园共育工程”，将遵循幼儿身心发展规律的要求落实到家庭教育、幼儿园教育之中。

【义务教育】　小学入学率、巩固率均达到100%，初中入学率100%、巩固率99.5%，初中毕业升入高中段学校的升学率为98%。深化学校内涵建设，开展创建一校一品活动，强力建设“书香校园”，促进学校特色发展，提升办学品位，2所学校被评为市级规范化学校，7所市规范化学校通过复评，累计创建省级规范化学校21所、市级规范化学校33所，5所学校被评为市级心理健康特色学校。先后开展中小学德育校长、业务校长专业能力展评活动。组织1.2万余名中小学生到啤酒生肖园、石刻博物馆和泰山皮影剧场参与社会实践活动。扎实开展“千名教师访万家”活动，2000余名教师家访近2万人次。积极开展爱国主义读书教育活动，教育局获全国优秀组织单位和市组织工作特等奖。启动家庭教育实验工作，泰山区被确定为山东省家庭教育示范基地。泰安市第一实验学校被评为全国文明校园，泰安六中被评为省级文明校园，6所学校被评为市级文明校园。

表10　　2017年全区中小学教育基本情况表

项目	学校数（所）				毕业生数（人）				招生数（人）				在校生数（人）			
	合计	城区	镇区	乡村	合计	城区	镇区	乡村	合计	城区	镇区	乡村	合计	城区	镇区	乡村
小学	54	36	5	13	6498	5523	466	509	7990	6836	567	587	35621	30356	2491	2774
初中	15	10	3	2	7936	6668	800	468	6253	5265	669	319	30137	25210	2972	1955
九年一贯制 小学	6	4	1	1	1256	1135	70	51	1395	1032	52	311	5824	4750	259	815
九年一贯制 初中					1675	1675	–	–	1325	1068	15	242	5808	5058	37	713

【职业教育】 ①加强全区职业教育基础能力建设。探索建立联合办学、多元化发展的办学机制。泰安市文化产业中等专业学校进一步加大投入，完成校园环境建设、校园监控系统升级改造、校园网改造、实训基地一期建设和数字化校园一期建设等项目，办学条件不断提升，通过省规范化中职学校建设项目验收。②加强校企合作。建立速恒物流实训基地、铲车训练基地、仓储实习室，实现校企合作深度融合。③加强职教集团建设。成立泰山区学前教育职教集团和泰山旅游职业教育集团。④强化专业设置。学前教育专业被确定为山东省品牌专业，学前教育专业、电子商务专业被确定为泰安市第一批校企一体化育人示范专业。⑤高度重视技能鉴定及大赛工作，3人获个人项目冠军，6人获一等奖，8人获二等奖，团体项目中一等奖2个，二等奖5个，三等奖1个。省级比赛中，沙盘模拟比赛和会计电算化项目均获得优异成绩。教师在信息化教学大赛中，获省二等奖1个、三等奖1个。

表11　　2017年泰安市文化产业中等专业学校基本情况表

占地面积(m^2)	建筑面积(m^2)	教职工总数（人）	专任教师（人）	专业教师（人）	双师型教师（人）	在校生数（人）	专业设置	实训设备总值（万元）	计算机（台）	图书（万册）
19790	21732.69	75	72	48	41	1574	6个专业(学前教育、会计电算化、物流服务与管与、旅游服务与管理、电子商务）	1111.66	609	7

【成人教育】 完善社区教育阵地建设。筹建社区教育学院，制定社区教育学院工作职能，成立领导机构及组织机构，设立办公室、研究中心、培训中心及信息中心。②加大培训力度，依托成教中心学校、社区居民学校和社区教育网络，对在职从业人员和下岗失业人员，及幼儿、青少年、老年人、外来人口等，围绕健康卫生、法律法规、道德文明、职业技能等内容，开展社区教育培训120余期，参训人员3万余人次。③实施《农民工职业技能提升3年行动计划》，组织拟转移就业农村劳动力、农村未继续升学的应届初高中毕业生、外来务工人员参加职业技能培训。④开展“全民终身活动学习周”活动，泰前街道成教中心和岱庙街道成教中心被评为“全国学习型部门”，嘉德社区被评为“全国学习型社区”。

【社会力量办学】 2017年，全区有各类民办教育学校（机构）141所。其中，义务教育段民办学校9所（初中2所，小学4所，九年一贯制学校3所），占全区中小学校总数的11.5%，教学班195个，教职工520人，学生8065人；民办幼儿园98所，占全区幼儿园总数的54.4%；民办教育培训机构34所。

【教师队伍建设】 ①建立健全教师补充机制，新招考录用教师140人，为学校配备合格专任教师，专任教师的学科、年龄结构基本合理。②继续深化教师“五级培养”（新分教师入职培训工程、青年教师“n+1”培养工程、青年教师“n+1”培养提升工程、“泰山杏坛·卓越教师”培养工程、学者专家型名师培养工程）“机制，完成新任职教师三年递进培训，遴选52名教师作为第二批青年教师提高培养对象，112名教师作为卓越教师培养对象，35名教师作为专家型教师培养对象，先后组织以上人员赴上海、天津、南京、曲师大等地参加高端研修。③开展“一师一优课、一课一名师”活动，575名教师获得市级以上“优课”证书。④加强校长队伍建设。组织5名中小学校长赴无锡、常州挂职培训，50名校长参加全市骨干校长培训，82名正职校长赴上海进行封闭式培训。年内，培训教师9102人次。

表 12　　　　　　　　**2017 年泰山区教职工基本情况表**　　　　　　　　单位:人

实有在编人数	职称结构					学历结构			年龄结构									性别结构	
总数	专业技术人员	其它	高级	中级	初级	研究生	大学	大专	20至25岁	26至30岁	31至35岁	36至40岁	41至45岁	46至50岁	51至55岁	56至60岁	平均年龄	男	女
3348	3273	122	372	1321	1532	122	2563	615	46	426	500	579	495	680	517	152	41	1274	2121

【教育科研】 严把课题立项和鉴定两个关口，提高课题研究实效，建立泰山课题网，立项 62 个“草根式”小课题，立项率约为 69.7%。当年课题 58 项申请结题，38 项通过鉴定，通过率为 65.5%。组织第十五届创新课比赛，评选一、二等奖 60 节，其中推荐 15 人参加全市比赛，12 名教师获得一等奖，获奖率居全市首位。开展“立德树人，幸福成长”主题班会月活动，组织新道德教育实验主题班会评选，评选一、二等奖 37 节，推荐 7 名教师参加市级评选，全部荣获一等奖。

【校舍建设】 2017 年计划开工的 16 所学校建设项目全部开工，其中 9 所建设项目当年竣工，完成建筑面积 5.9 万平方米，到位建设资金 1.1 亿元，新增加学位 5150 个，完工率为 112.5%。

【办学条件】 ①信息化建设及应用水平进一步提升，投入 1300 余万元，建设录播教室 7 口、电子书包教室 2 处，增加智慧黑板 75 个、一体机 100 余台。②网络直播教室及安防管理平台广泛应用，建立视频管理终端控制中心，实现教学互动、听课巡课、视频会议、安防监控等多途径联动管理。③标准实验室达标率 100%，分组实验开设率 100%。④开展创客空间建设，7 所学校申报泰安市创客空间示范校。

【教育督导】 迎接全国中小学校责任督学挂牌督导创新区验收，65 所中小学全部建成责任督学工作室，27 名责任督学按规程要求履行职责。启动区内注册幼儿园责任督学挂牌督导工作。

【基础教育综合改革】 全面启动中小学校长职级制改革工作，确认首批参加职级制改革校长人选，制定实施方案，进行资格审查、量化评价，依据量化得分情况研究确定一级校长 9 名，二级校长 34 名，三级校长 19 名。　(区教育局)

体　育

【概况】 2017 年，区体育局下设事业单位 3 个：区老年体协办公室、区业余体育学校、区体育总会。区体育局机关编制 8 人，实有 10 人；区业余体校编制 4 人，实有 7 人；区老年体协办公室编制 2 人，实有 3 人；区体育总会编制 3 人，实有 1 人。区体育总会办公室成立于 2017 年 1 月 19 日，隶属区体育局管理，核定编制 3 名。2017 年 4 月 25 日，区老年体育协会举行第六次代表大会，选举产生了新一届老年体协领导班子。

【全民健身工程稳步推进】 2017 年，区体育局共争取协调省、市、区资金 269 万元，大力实施新型农村社区健身示范工程、省定贫困村健身扶贫工程、老旧社区（村）健身改造工程和中小学校健身扶持工程“四大工程”，为全区 7 个街道（镇）、35 个村（社区）、7 所中小学、3 家企业和机关配备和维修更换健身器材 1300 余件，社区（村）体育设施配建率达 100%，健身设施布局更加科学合理，群众健身更加方便快捷。

【全民健身活动丰富多彩】 年内，泰山区上下联动，积极承办省级赛事活动 2 项，市级赛事 3 项，举办区级赛事活动 20 项，街道（镇）级赛事活动 252 项次，参与人数达到近 3 万人次。年内，新成立体育协会 6 个，各类体育协会发展到 29 个，健身俱乐部 13 个，各体育协会和俱乐部冠名承办开展的活动达 50 余次，参与人数累计2万人次，其中，泰山足球赛和泰山篮球赛为具有特色品牌的全民健身赛事活动。

【体育培训水平不断提升】 全区社会体育指导员培训工作发展迅速，年内，共培训三级社会体育指导员300多人，全区三级以上社体员累计达2200余人，各俱乐部、单项协会不同程度的开办了足球、篮球、体育舞蹈、广场舞、游泳、武术、太极拳等项目培训班，年均培训人数达1万人以上，调动了社会体育指导员的积极性，实现了全区体育人口快速增加，促进了体育消费市场的繁荣发展。

【健身服务业发展不断提速】 泰山区大力支持各行业和社会力量组建体育社会组织，兴办健身俱乐部，成立体育服务企业，区体育局积极为他们牵线搭桥、服务指导。年内，已建成经营的国奥健身中心、勇胜健身中心、华宇健身中心、万豪健身中心、明珠健身中心等，这些健身服务业落户在泰山区，有效地满足了人们锻炼消费的需求，促进了健身服务消费市场的发展。

【竞技类各项赛事再创新高】 5月上旬，泰山区承办“中国体育彩票杯”2017年泰安市中小学生体育联赛田径比赛，取得全市团体总分第三名的成绩，比上年提高2个名次。组队参加全市青少年锦标赛12个大项比赛，取得4个项目团体第一名，48个项目个人第一名，获得体育道德风尚奖和优秀组织奖。组织3支代表队参加省中小学生联赛，3个项目获得团体前3名，其中，博文中学取得全省篮球男子初中组第二名、泰安六中取得全省羽毛球初中组团体第三名、泰山第一实验学校取得全省羽毛球小学组团体第二名。博文中学参加全国U17篮球联赛并获得预赛第5名，正备战在深圳举行的决赛。10月下旬，财源街道办事处三里学校学生周小涵，在韩国首尔举办的2017年“金云龙”杯世界跆拳道锦标赛中荣获女子儿童竞技比赛冠军，是此次比赛中国选手中唯一一块儿童竞技比赛金牌。

【体育人才培养输送实现新突破】 疏通省、市体校和区内学校联系通道，进一步完善学校重点体育项目设置，形成初中——小学有效衔接的一条龙培养输送网络，年内，共向省、市输送优秀体育人才48名，列全市第二名。

【体育彩票业发展稳步推进】 2017年，新增体育彩票销售销售站点17个全区体育彩票销售站点达到63个。全年，全区销售体育彩票5780万元。

【泰山区举办全民健身机关干部职工登泰山比赛】 4月21日，泰山区举办全民健身机关干部职工登泰山比赛，区直机关65个部门，7个街道、镇近800名机关干部职工参加比赛。比赛起点设在泰山红门广场，沿泰山中路直至终点泰山中天门。是泰山区历史上规模最大的一次机关干部职工登泰山比赛，也是全区全民健身运动会规模最大的比赛项目之一。区公安分局、区工商局、泰前街道办事处、省庄镇、区旅游局、区畜牧局、区法院、区食药局、泰汶实业、财源街道办事处获得团体前10名。此次比赛由泰山区体育局、区直机关工委、区总工会主办。

【泰山区举行2017年“全民健身月”启动仪式暨健身项目展演】 4月27日上午，泰山区2017年“全民健身月”启动仪式暨健身项目展演在泰安宝泰隆广场举行，区人大、区政府、区政协分工负责人，区体育局、区直机关工委、区总工会、区文广新局、区广播电视台和各街道、镇负责人，以及邱家店镇部分机关干部、村“两委”成员、部分群众参加活动。共有9个优秀健身项目——体育舞蹈、瑜伽、太极拳、广场舞、健身操、空竹、花样篮球等登台表演。“全民健身月”期间，全区40多万人参加各种健身项目赛事活动，超过全区常住人口一半以上。这次启动仪式由区政府主办，区体育局、邱家店镇政府承办，区广播电视台与区委、区政府官方微信“和美泰山”协办。

【“中国体育彩票杯”2017年泰安市中小学生体育联赛田径比赛在泰山区进行】 5月4日—7日，“中国体育彩票杯”2017年泰安市中小学生体育联赛田径比赛在泰安六中新校区举行，来自全市中小学校、职教中专、职教学院的40支代表队2000多名青少年参加比赛。泰山区分别取得初中组第三名、职教组第二名。

【省、市“全民健身日”主题活动启动】 8月6日，“2017年山东省暨泰安市‘全民健身日’主题活动启动仪式·山东省第三届大众健身项目挑战赛”开幕式在泰安六中新校操场举行。乒乓球世界冠军、省体育局副局长乔云萍，市政府副市长成丽，省体育局群体处处长宋振波，市政府电子政务办公室主任田萌，市体育局局长苏有森，区政府区长王爱新，市体育局副局长曹东平，市体育总会副主席路敦庆，区政府副区长姚学理等出席启动仪式。第十三届全运会马拉松女子群众组冠军唐辉代表全体运动员宣读全民健身倡议书。全省各地600多名运动员参加此项活动。启动仪式后，泰山区进行太极拳、腰鼓、武术操、瑜伽4个健身项目展演，其中太极拳方队由第十三届全运会群众项目太极拳冠军张千秋领衔展演。此项活动还设置武术、空竹、滑冰、花式篮球、毽球、跳绳等十几个健身项目体验区。随后省第三届大众健身项目挑战赛在六中体育馆举行。挑战赛包括扳手腕、立定跳远、跳绳、引体向上、仰卧起坐、踢毽子、25米折返跑等7个大项、12个小项，全省600多名运动员参加这次挑战赛。这项活动由山东省体育局、泰安市政府主办，泰安市体育局、泰山区政府承办。

【山东省第七届全民健身运动会举行】 9月24日—25日，“中国体育彩票”山东省第七届全民健身运动会健身气功比赛在泰安六中新校体育馆举行。来自全省各地、市及省直机关、泰山区共19支代表队近200名运动员参加比赛。开幕式后，泰山区的健身舞、太极拳、瑜伽三个优秀健身项目作精彩的展演。此次比赛设置规定项目和自选项目两个分项。规定项目有易筋经、五禽戏、大舞、太极健身杖；自选项目从国家体育总局推广的9种普及功法中摘选不少于4种功法组合而成。易筋经项目，聊城队、烟台队获得一等奖，滨州队、济宁队获得二等奖，莱芜队、日照队、省直队获得三等奖；五禽戏项目，菏泽队获得一等奖，东营队获得二等奖；大舞项目，潍坊队、泰安队获得一等奖，临沂队、德州队获得二等奖，枣庄队、泰山区队获得三等奖；太极健身杖项目，淄博队获得一等奖，威海队、青岛队获得二等奖，济南队获得三等奖。自选项目：聊城队、泰安队、菏泽队、滨州队获得一等奖，济宁队，烟台队、青岛队、潍坊队、济南队获得二等奖，东营队、临沂队、德州队、莱芜队、枣庄队、日照队、泰山区队获得三等奖。此次比赛由省体育局主办，省健身气功管理中心为项目负责单位，由泰山区政府、市体育局、市健身气功协会承办。 （区体育局）

文 化

文化艺术

【概况】 2017年，区、街道镇、社区村三级公共文化服务设施实现全覆盖，各类文化活动精彩纷呈。泰山民族乐团被评为山东省优秀志愿服务团队，应邀参演英国伦敦“首届全英华侨华人新春团拜会”活动被评为全省优秀对外文化交流项目，区图书馆在巩固原有国家一级馆创建成果的基础上，争创新标准的国家一级馆，完成材料申报。①巩固文化设施建设。加强区图书馆、区文化馆设施和环境建设，重点提升街道镇文化站、社区村综合性文化服务中心、非国有博物馆等文化设施服务水平。社区村综合性文化服务中心已实现全覆盖，达标率达到90%以上，建设水平在全市领先，耀莱成龙影城等6个项目（策划招商的泰安市耀莱成龙影城，开工建设的财源街道南湖社区、泰前街道广生泉社区、上高街道凤凰社区文化服务中心，峻工运营的财源街道铁路新村、岱庙街道五马社区文化服务中心）全部建成并投入使用。5月25日迎接了市政协视察组对泰山区非国有博物馆的视察，10月12日迎接市文广新局和岱岳区、高新区、景区有关人员对泰山区文化服务中心建设的考察参观。②广泛开展文化活动。深入实施“文化繁星”工程，9月5日晚组织举办“泰山秋韵”民族音乐会，并以“击鼓传花”式交流演出为统领，广泛开展“金秋艺术节、送戏下乡、书画艺术进基层、公益电影放映、文艺培训”等群众文化活动。特别是5月中下旬组织开展了8场优秀广场文化节目展演；组织举办全区第十一届金秋艺术节，分别于9月13日、11月15日举行开幕式暨戏曲票友展演、闭幕式暨鼓乐大赛；4月22日举行“泰山区庆祝世界读书日暨全民阅读活动启动仪式”并广泛开展读书活动。③强化文艺培训。发挥区文化馆、民族乐团的优势，对优秀文化带头人进行群众舞蹈培训，在部分街道镇设立培训站点，经常性开展成人鼓乐培训和少儿器乐培训。

【泰山区文化馆】 位于泰山区唐王街111号泰山文化大厦四楼，为股级事业单位，使用面积4000多平方米，分设演艺中心、会展中心、培训中心，具有音乐创作、排练、演出、培训等功能，是泰山区公共文化服务的主阵地。文化馆对排练厅、展厅、文化活动、文艺培训、文化资源等实行免费开放，全年累计培训80课时，培训人数达万余人次。通过全国第四次文化馆评估定级，2015年被评为国家一级文化馆。平时，规范开展免费开放工作，将排练厅、展厅和文化活动、培训内容、文化资源免费向社会开放。2017年开展系列不同形式的比赛、演出和培训活动，全年累计培训90课时，培训人数达到2000余人次。特别是5月18日至5

月25日，区文化馆以送文化进社区为主题，举办2017泰山区文化馆广场文化展演，共计7场，观众达4000余人次。天气转暖后，利用农村赶大集时机，在晚间及周末时间，组织泰山区16支优秀民间庄户剧团深入农村，开展送文化下乡演出活动，观众多达6000余人次。9月—11月，邀请泰山民族乐团及部分社区群众文化爱好者，共同走进辖区内敬老院进行8场慰问演出活动。

【文化市场监管】 按照“放、管、服”工作要求，合理简化行政审批程序，严把市场准入关，提升文化市场执法工作规范化水平。特别是以争创全国文明城市为契机，联合公安、消防、工商、城管和街道（镇）等多方力量，对各类文化经营场所开展了拉网式安全生产大检查，并顺利迎接了文化部、省文化厅的暗访。11月，根据全区综合行政执法机构改革部署，完成了区文化市场稽查队向区综合行政执法局的划转。

【综合文化服务中心建设】 多举措深入推进综合文化服务中心建设，主题鲜明地开展了以“标准量化、考核定星、动态管理”为主要内容的星级综合文化服务中心创建活动，泰山区星级创建的要求远远超出了山东省行政村（社区）综合文化服务中心的建设标准。全区186个社区、村，综合文化服务中心覆盖率达100%，达标率为90%以上，其中，达到五星级标准62个，四星级标准35个，三星级以上占80%以上，综合文化服务中心的建设工作走在全市乃至全省前列。特别是按照文化精准扶贫要求，规范使用上级拨付的30万元公益扶贫基金，为亓家滩村等6个省定贫困村的综合文化服务中心购置鼓、投影仪、音响、空调、电脑等设施设备，并在文艺培训、书画交流等方面给予扶持。

【文艺队伍】 泰山区共有文艺队伍300余支，常年活跃在城乡文体小广场、公园、社区（村）文化中心（大院）等场所。他们有着丰富的演出经验，节目丰富多样，有吕剧、豫剧选段、京剧选段、山东快书、情景剧、舞蹈、男女生独唱、小合唱、时装走秀、乐器表演、小品、坠琴与乐队、安塞腰鼓舞、黄梅戏、配乐诗朗诵、魔术表演等，曾多次参加各级组织的比赛活动，并获奖。

【金秋艺术节】 9月—11月，组织举办了泰山区第11届金秋艺术节，分别于9月13日、11月15日举行了开幕式暨戏曲票友展演、闭幕式暨鼓乐大赛，开展了舞蹈、鼓乐、戏曲、合唱等多个类别的群众文化艺术比赛，指导各街道镇开展了系列活动，参与金秋艺术节的群众文化队伍200余支，演出人员2000余人，观众3万余人次。

【送文化下乡活动】 把开展“文化下乡”活动作为解决广大农村文化贫瘠，为农村输送优秀文化的有效载体。①通过政府购买文化服务的方式，发挥泰山民族乐团、区文化馆和民间剧团的资源，精心编排百姓喜爱的丰富多彩、贴近生活的节目，深入农村集市、社区村综合文化服务中心、敬老院等，每年开展文化下乡演出100场。②委托市电影公司，到农村开展公益电影放映活动，确保每村每月一场电影。同时，指导各街道镇自行购置放映设施，力所能及地为辖区群众免费放映电影。③区文广新局牵头，组织区内书法家、画家和书画爱好者、志愿者，深入社区村、企业、学校等基层，开展送书画活动近百场。

文物工作

【文物和非物质文化遗产】 截至2017年年底，全区有省级文物保护单位8个、市级7个、区级2个。泰山区共建成9家非国有博物馆，有展示近现代生产生活资料的乡村文化博物馆，有展示泰山传统文化的石敢当博物馆，有展示泰山奇石的博物馆，有展示啤酒生产工艺的博物馆，还有展示传统名吃的泰山豆腐宴和驴油火烧制作技艺的博物馆，都各具特色，异彩纷呈，同时免费向社会开放。绘制了泰山区非国有博物馆、美术馆分布图，对15个单位进行图文并茂的宣传推介。扶持“徐家庄木版年画”“泰山牙枣”等非遗项目传承，积极帮助省级非遗项目“泰山封禅御宴”出版有关书籍，公布了区级第七批非物质文化遗产名录。

表 13　　泰山区非国有博物馆名录

名 称	审批时间（年）	地 址	展 示 内 容
泰山乡村文化博物馆	2015	省庄镇岳庄村	是山东省文物局批准设立的全区首家非国有博物馆，占地面积3000余平方米，展览藏品5200余件。展示的《古兰经》阿文古籍十分稀有，多种多样的古生物化石非常罕见，明末清初遗传的老物件比比皆是，各种民俗类藏品完整生动。
泰山豆腐文化博物馆	2015	望岳东路9号泰安文化艺术中心负一层	主要展示豆腐制作工艺、豆腐制作器具、传统豆腐菜肴、豆腐民间习俗与传说、名人与豆腐轶事等。
泰山文化博物馆	2016	永福东街15号泰安师范附属学校院内	主要展示泰山石自然图案。自然图案将泰山文化和中华文化中的盘古开天辟地、帝王封禅、神仙传说等展现得活灵活现。
圣源博物馆	2016	迎胜东路28–2号	设置陶器、瓷器、古木器、印章、古钱币、佛像、冷兵器、玳瑁8个展区。
泰山文化主题博物馆	2016	泰前街道岱道庵社区御泉大院门口路	设置泰山石刻拓片、泰山石敢当信仰文化、泰山玉石雕刻文化、泰山民俗文化、文玩、字画、瓷器等展区。
泰山石文化博物馆	2016	省庄镇岳庄村	设置碑碣石刻、古生物化石、石画书法、奇石珍玩、泰山地质和古籍文献6个陈列展室。
泰山茶文化博物馆	2016	上高街道魏家庄村上高庄园	主要展示制茶工具及技艺、名家名人茶器具、民间收藏和历代茶文化文献等。
吉成泰山天元石文化博物馆馆	2016	岱北街中段	主要展示大中型屏风、十二生肖、方鼎、独龙印等艺术品。
泰山民俗博物馆	2011	环山路东段路北三合社区	是文物部门审批的泰安市首家非国有博物馆，主要展示泰山酒俗、食俗、婚俗，泰山民间信仰，大汶口文化器物、泰山祭器复制品和老证件等，是中国收藏研究泰山石敢当石刻文化最多的博物馆。

表 14

泰山区省级非物质文化遗产名录

名称	批次	公布时间(年·月)	类别	申报单位
泰山神豆腐制作技艺	省级第三批	2013.5	传统手工技艺	上高街道
泰山豆腐宴	省级第四批	2016.3	传统技艺	泰山区文化馆
泰山封禅御宴	省级第四批	2016.3	传统技艺	泰山区文化馆

表 15

泰山区市级非物质文化遗产名录

名称	批次	公布时间(年·月)	类别	申报单位
徐家庄木板年画	市级第一批	2006.12	民间美术	邱家店镇
泰山神豆腐制作技艺	市级第一批	2006.12	传统手工技艺	上高街道
泰山竹龙制作技艺	市级第二批	2008.8	传统技艺	财源街道
泰山女儿茶种植技艺	市级第二批	2008.8	生产商贸习俗	省庄街道
泰山赤磷鱼养殖技艺	市级第三批	2010.12	生产商贸俗	泰前街道
张氏唢呐	市级第四批	2012.12	传统音乐	邱家店镇
范式面塑	市级第四批	2012.12	传统美术	省庄镇
泰山豆腐宴	市级第四批	2012.12	消费习俗	泰山区文化馆
泰山封禅御宴	市级第四批	2012.12	消费习俗	泰山区文化馆
鲁国大婚	市级第五批	2015.6	传统习俗	泰山区文化馆
自然冲击疗法	市级第五批	2015.6	传统医药	泰山区文化馆
赵英剪纸	市级第五批	2015.6	传统美术	泰山区文化馆
吕氏锔艺	市级第六批	2016.8	制作技艺	泰山区文化馆
泰城王圣祥泰安粥	市级第六批	2016.8	制作技艺	泰山区文化馆
泰山牙枣制作技艺	市级第六批	2016.8	制作技艺	泰山区兴成牙枣坊
泰山木雕	市级级第七批	2018.3	传统美术	泰山木雕研究院
纪氏皮肤外科诊疗法	市级级第七批	2018.3	传统医药	泰安市鸿雁科贸有限公司
省庄高家对火烧制作技艺	市级级第七批	2018.3	传统技艺	泰山乡村博物馆
省庄回族油香制作技艺	市级级第七批	2018.3	传统技艺	泰山乡村博物馆

表 16　**泰山区区级非物质文化遗统名录**

名 称	批 次	公布时间(年·月)	类 别	申报单位
白马石传说	区级第一批	2007.6	民间文学	泰前街道
徐家庄木板年画	区级第一批	2007.6	民间美术	邱家店镇
史凡剪纸	区级第一批	2007.6	民间美术	泰前街道
泰山神豆腐制作技艺	区级第一批	2007.6	传统手工技艺	上高街道
泰山木石雕	区级第一批	2007.6	传统手工技艺	泰山区文化馆
泰山竹龙	区级第一批	2007.6	传统手工技艺	泰山区文化馆
爬桥节	区级第一批	2007.6	民俗	邱家店镇
泰山女儿茶制作技艺	区级第二批	2008.5	传统手工技艺	省庄镇
泰山木刻画	区级第三批	2010.7	传统手工技艺	岱庙街道
泰山赤鳞鱼养殖技艺	区级第三批	2010.7	生产商贸习俗	泰前街道
泰山豆腐宴	区级第四批	2011.12	消费习俗	泰安大红船酒店管理有限公司
泰山封禅御宴	区级第四批	2011.12	消费习俗	泰安市泰山行宫御宴文化研究院
范氏面塑	区级第四批	2011.12	传统手工技艺	省庄镇
万四狗肉制作技艺	区级第四批	2011.12	传统手工技艺	徐家楼街道
张氏唢呐	区级第四批	2011.12	民间曲艺	邱家店镇
泰山赵英剪纸	区级第五批	2011.12	民间美术	泰山区文化馆
泰山大鼓	区级第五批	2011.12	民间曲艺	泰山区文化馆
周制·汉式·鲁国大婚	区级第五批	2014.1	民间习俗	财源街道
自然冲击疗法	区级第五批	2014.1	传统中医药	泰山区文化馆
吕氏锔艺	区级第六批	2016.4	制作技艺	泰山区文化馆
泰城王圣祥泰安粥	区级第六批	2016.4	制作技艺	泰山区文化馆
泰山牙枣	区级第六批	2016.4	制作技艺	兴成牙枣坊
回族油香制作技艺	区级第七批	2017.2	制作技艺	泰山乡村文化博物馆
高家对火烧制作技艺	区级第七批	2017.2	传统技艺	泰山乡村博物馆
泰山喜馍馍制作技艺	区级第七批	2017.2	制作技艺	山东鲁菜根餐饮管理有限公司
泰山酥锅王(酥锅制作技艺)	区级第七批	2017.2	制作技艺	泰安泰山酥锅餐饮管理有限公司
宋氏面塑	区级第七批	2017.2	传统美术	泰山区文化馆
泰山木雕	区级第七批	2017.2	传统美术	泰山职业技术学院
纪氏皮肤诊疗法	区级第七批	2017.2	传统医药	泰安鸿雁科贸有限公司
徐氏女科	区级第七批	2017.2	传统医药	泰山区文化馆
省庄高家对火烧制作技艺	区级第七批	2017.2	传统技艺	泰山区乡村文化博物馆
省庄回族油香制作技艺	区级第七批	2017.2	传统技艺	泰山区乡村文化博物馆
山东梆子脸谱绘画	区级第七批	2017.2	传统技艺	泰山区文化馆

（区文广新局）

【泰山乡村文化博物馆暨泰山石文化博物馆】 位于省庄镇岳庄村，由馆长金国自筹资金创建，2015年开馆，主要展现泰安及周边地区的乡村文化元素与泰山石文化元素。占地面积3000平方米，陈展面积2600平方米，共有展品5200余件，其中，珍品2200余件。

泰山乡村文化博物馆是以反映农村生产生活和历史变迁为主要特征的综合性博物馆。展示红色文化、宗教信仰、农耕农织，生活起居、乡村习俗、交通出行、店铺门肆、建筑构件等。展品主要有领袖绣像画像、像章、土枪、长矛、大刀片、独轮车、地雷（石制和铁制两种）、阿拉伯文古籍《古兰经》及道教古籍、佛教造像、神龛、传统生产农具（包括谷物播种，庄稼浇灌、耕耘、收割，粮食晾晒、加工、储存等等机具、工具）、传统生活器具（包括旧式家具、食品加工用具、起居用品、餐饮用具、盛放用具、炊具、炉具、洗衣用具、照明用具等等）及修补工具、旧式出行交通工具、运输车辆及蓄力套具、轿子、古老牌匾、旧式酿酒器具、老式药材加工器具、明清时期房屋木制构件和石质构件，以及传统酒肆、中药铺旧实物，其中，阿拉伯文古籍《古兰经》十分稀有，极珍贵。该馆还有火烧制作技艺和油香制作技艺展示。火烧制作技艺和油香制作技艺于2018年3月被列入第七批市级非物质文化遗产。

泰山石文化博物馆是以反映地球生物变化、泰山地质形成与构造为主的博物馆。展品有古生物化石、地质地貌岩心标本、新旧石器时期石器（石斧）、汉代铁器（剑）、大汶口陶器，以及瓷器、碑碣、石刻、石画、字画、拓片、奇石、珍玩、其中古生物化石，非常罕见。

博物馆对社会免费开放，是泰山学院、泰安市岱岳区职教中心、《齐鲁晚报》小记者、泰安市社会科学界联合会、省庄镇第一中学、省庄镇中心小学等多家单位的学习交流研讨实践基地。开馆以来，累计接待来自全国各地的知名专家、文化学者、大中小学生、收藏爱好者等游客10万余人，社会团体500多个。

（刘玉朴）

图　书

【泰山区图书馆】 位于泰山文化大厦一、二楼，2009年建成并对外开放。主要分为一楼青少年阅览区、老年阅览区、盲人阅览区、报刊阅览区、学生自修室；二楼成人阅览区、电子阅览区、地方文献资料查阅区、尼山书院、学生自修室等，建筑面积4000平方米，藏书量25万余册，报刊305种，年文献外借量15万余册，持证读者3万余人，年流通人次近40万。馆内图书借阅采用自动化管理系统，全年免费开放，节假日不休息，读者满意率接近100%。区图书馆先后于2010年、2013年、2018年三次被评为国家一级馆，先后于2010年、2017年被评为山东服务名牌，2010年被评为山东省读者喜爱的图书馆，2011年被评为山东省服务标准化示范单位。平时，严格落实免费开放工作，积极开展读书月、国学讲堂、志愿服务等活动。

（区文广新局）

广播电视

【概况】 泰山区广播电视台为区政府直属一级全额拨款事业单位。2017年，在编人员69人，设有广播中心（二级事业单位，下设新闻部）、电视中心（二级事业单位，下设时政新闻部、党建新闻部、制作部）、办公室、财务科、政工科、总编办、技术部、社会管理科（应急广播管理科）、广告文艺中心（新媒体中心）、社会新闻部10个职能科室。2017年，获得全省新闻出版广电系统先进集体、齐鲁网宣传先进集体、全省统一供片先进单位、全省县级广播电视系统十佳广播电视台、市级文明单位等荣誉称号。

【社会宣传】 区广播电视台围绕中心、服务大局，全力做好泰山电视频道、泰山广播电台、“掌上泰山区”APP客户端“两台一端”新闻宣传工作。时政宣传，紧紧围绕区委、区政府的工作中心，第一时间跟进，第一时间报道。在重大活动、重要关口、关键节点，集中力量，在新闻栏目和“掌上泰山区”予以高密度、大篇幅、多角度宣传报道，新闻宣传工作的引导力和影响力不断延伸。先后推出各类新闻专栏10余个，及时有效地传递区委、区政府的声音，宣传区委、区政府的决策部署，营造干事创业的良好氛围。社会宣传，立足影响力，关注民生热点，通过典型宣传、话题采访、事件报道，传递社会正能量。

【对上宣传】 对上宣传精准发力，成绩突出。紧跟上级媒体宣传重点，围绕中心，把握大势，从全区工作重点、工作亮点上下功夫，积极对上、对外宣传，大批反映全区亮点和特色工作的重头稿件在各级媒体播出。一年来，在山东电视台《山东新闻》《山东新闻联播》《直播山东》刊播稿件近30条，在“齐鲁网”刊播稿件240条，首获“齐鲁网供稿全省县级台先进集体”称号。向泰安广播电台供稿248条，位居全市县市区第一名，向山东电视台供稿10余条，向泰安电视台“时政新闻”供稿267条、“民生新闻”供稿80余条，均位居全市各县（市、区）前列。

【其他社会服务】 充分发挥部门职能，服务全区重点工作。认真做好全市招商引资和项目建设考核会议流动电台解说服务工作，圆满完成党代会、“两会”以及苗交会、登山节招商会等大型活动的宣传、宣读等工作。特别是全市大项目迎检、全区拆违推进会等专题片的制作，彰显了专题制作实力。全年共为各部门各单位、企业制作电视专题片20余部，制作商业广告片100余次（个），制作公益广告片20余部。其中，泰山区旅游形象片和宝泰隆旅游度假区形象片在山东省广告节作品评选中荣获铜奖。联合区委宣传部、区教育局、区网络办，举办“新时代·新少年”泰山区首届少儿网络春晚，为首次通过“掌上泰山区”APP探索晚会的网络直播活动。 （孙庆江）

卫生计生

医疗卫生

【概况】 2017年，全区卫生工作以保障和改善民生为出发点和落脚点，医药卫生体制改革工作扎实推进，公立医院综合改革顺利实施，国家基本药物制度得到巩固，医疗卫生服务体系不断健全，基本公共卫生服务项目全面落实，卫生行业监管水平全面提升，医疗卫生服务能力显著增强，中医药特色得到充分发挥。深入推进全区卫生计生改革，组建泰山区卫生和计划生育局，建立泰山区卫生计生行政执法大队，疾病预防控制中心独立设置，成立泰山区妇幼保健计划生育服务中心，完成全区基层卫生计生机构和服务管理资源整合。泰山区获得流动人口动态监测抽样调查工作全国第一名，被省卫计委确定为青春健康教育项目试点单位，区卫生计生局荣获“全省职业人群健步走激励大赛先进集体”荣誉称号，财源、泰前街道社区卫生服务中心创建为全国百强社区卫生服务中心，省庄镇卫生院创建为全国群众满意的乡镇卫生院和省级健康促进示范医院，全市计划生育药具工作现场会、全市流动人口工作现场会在泰山区召开。

【医疗卫生改革】 ①稳步推进城市公立医院改革。2016年7月1日，区内7所公立医院全面启动城市公立医院综合改革，取消药品加成，实行零差率销售。2017年10月1日，区直医院推行法人治理结构改革，成立理事会和监事会，制定医院章程，加快建立现代医院管理制度，稳步推进公立医院人事薪酬制度改革。落实公立医院人员控制总量备案管理，对区直医院人员控制总量，实行备案管理。②推行国家基本药物制度。从2011年1月起，区直医院药品和高值医用耗材同步实行网上集中招标采购、统一配送，基本药物采购比例达到40%以上，药品采购价格较改革前下降15%。③落实药品采购“两票制”(制药厂卖到一级经销商开一次发票，经销商卖到医院再开一次发票)，要求辖区内医疗机构与各供货公司购药实施两票制，并要求供货公司提供进货发票和随货同行单，2017年年底前，全部落实“两票制”。④开展医疗卫生机构实施基本药物制度绩效考核，加大基本药物制度政策宣传和培训，引导合理用药。⑤实行分级诊疗制度。医联体建设初见成效，其中，区人民医院与市中心医院医联体运行一年来，医院门诊量增长3.56%，手术量增长13.5%，床位利用率增长0.94%。2017年，在医联体基础上区人民医院牵头辖区5个街道社区卫生服务中心和2所镇卫生院与中心医院成立市中心医院泰山区医疗集团。财源社区卫生服务中心——泰山医学院附属医院医联体开展健康教育讲座41期，累计受益人群2100余人次，微医远程会诊平台开通，84人次得到专家远程会诊。泰安市中医二院专科基地（财源、泰前、上高、徐家楼、邱家店、房村）共派出医生145人次，服务患者7710人次。⑥推行基本公共卫生服务，12类45项基本公共卫生服务项目全面规范落实。⑦创新老年人健康体检形式。全区完成老年人查体52443万人，完成3.18万名高血压患者、1.14万名糖尿病患者、2527名重性精神疾病患者的规范管理。各街道（镇）组建医疗团队，对辖区居民开展家庭医生签约服务工作。探索签约基础服务包（免费）及服务补充包（收费），根据居民的不同健康情况签订不同内容的服务协议。5月19日，泰安市暨泰山区世界家庭医生日宣传活动启动仪式在科大社区举办，有效推动了全区家庭医生服务签约工作。截至2017年年底，全区完成家庭医生服务签约243334人。⑧提升信息化建设水平。建设以“互联互通”为核心的全民健康信息平台，推动居民全生命周期健康管理。建成区域全民健康信息平台，建成四大资源库。依托市里统一部署的卫计专网，搭建区乡村三级专网，泰山区智慧健康平台实现向上与泰安市公共卫生平台对接，向下与基层医疗卫生机构互通，横向与二级医院系统的互联互通与资源共享。全区健康档案、医疗检验检查结果、影像资料、就诊记录实现区域内跨机构共享共用。按照国家和省居民健康卡建设管理规范，实现区域内健康服务“一卡通”。居民在区内任何一家医疗机构就诊，都能查阅病人的电子健康档案、历次就医记录资料。通过健康档案浏览器，居民电子健康档案全面激活，实现动态使用，实时更新。基层医疗系统的检验检查数据可以直接导入公卫系统，省去了基层工作人员通过纸质档案手动重复录入，减轻了基层工作人员的工作量，提高了效率和服务质量。

【医疗机构】 截至2017年年底，全区共有区直医院2所，疾病预防控制中心1所，卫生计生行政执法大队1所，妇幼保健计划生育服务中心1所，街道社区卫生服务中心5所，镇卫生院2所，社区卫生服务站61处，村卫生所101处，个体诊所329所（含13所门诊部），民营医院16所。拥有床位9524张，注册执业（助理）医师4680人，注册护士6294人，每千人拥有床位11.17张，每千人拥有执业（助理）医师5.49人，每千人拥有注册护士7.38人，拥有乡村医生422人（以上数据含属地省、市、景区3个乡镇及民营医疗机构数据）。全区婴儿死亡率1.41‰，孕产妇死亡率0/10万，均低于全省平均水平。

印发《泰山区医疗质量安全核心制度落实年实施方案》，开展医疗质量安全核心制度落实年活动。开展医疗安全专项整治活动，抽查检查医疗机构31所。推行全科医疗服务，组织17名基层医务人员参加全科医师转岗培训，截至2017年年底，全区共有注册全科医师123名。

【卫生执法与监督】 ①开展卫生监督规范年活动，完成执法综合体制改革，推广使用应用监督信息报告系统。全年共审批卫生许可证399件，审验许可证303件。②开展医疗机构依法执业、医疗美容、医疗废物、社会资本办医、产前诊断与筛查技术、人类辅助生殖技术等专项整治活动，下达卫生监督意见书860余份，立案查处违法违规行为12起，罚没款33973元，取缔非法行医3起。③参与全区漏天烧烤、占道经营专项整治7次，检查整顿公共场所894家，进行量化分级管理1388家，审验发放卫生许可证702件，辖区住宿业、美容美发业、洗浴业量化分级管理覆盖率达95%。④开展食源性检测工作，全年共采集食品样品169份，调查食源性疾病24起，采集样本病例194例。泰山区在全市卫计委食源性疾病监测工作会议上作典型发言。

【医政管理】 ①规范医务人员诊疗行为。严格医务人员诊疗行为，禁止将个人收入与医院的药品、耗材、大型医用设备检查治疗等业务收入挂钩。实行处方点评、抗生素使用、辅助用药、耗材使用管理等制度。加强中药饮片合理应用监管，促进合理用药。严格执行医疗机构明码标价和医药费用明晰清单制度。②改善就医环境，优化服务流程。中医二院和区人民医院对住院病房进行改造，提升医院整体环境。优化就诊流程，门诊大厅设置导医台，对缴费、拿药人员进行分流；特检科、CT室、检验科等，设置电子叫号系统和检验报告打印系统，提高患者就诊效率，减少患者等待时间。③推行医疗责任险，2017年区直医院全部签订医疗责任险。

【中医药管理】 以巩固提升“全国基层中医药先进单位”为抓手，以增强中医药服务能力为主线，全面落实中医药服务能力提升工程，完善中医药服务体系，全面提升中医药服务能力与水平，在全市中医药适宜技术竞赛中，获得“泰安市中医药适宜技术竞赛团体二等奖”，在全省中医药适宜技术技能竞赛中，中医二院任青田、洪春丽分获一、二等奖，任青田被授予振兴泰安劳动奖章。顺利通过全国第四次中药普查工作试点单位省级验收。制定印发《泰山区国医堂建设提升工作实施意见》等扶持发展政策，打造10处高标准便民惠民国医堂。推进“中医药+文化建设”“中医药+特色专科”“中医药+健康养老”特色服务工作。财源街道社区卫生服务中心11月被省中医药管理局授予山东省中医药文化建设示范单位荣誉称号，同时成为山东省中医药健康旅游示范项目创建单位。区人民医院坚持中西医并进。进一步加强中医药人才队伍建设，举办中医药适宜技术培训班6期，提高中医药在基本公共卫生服务中的参与率，居民健康档案中医体质辨识达85%，中医药服务在基本公共卫生服务中的参与率达70%以上。加大中医药文化宣传力度，连续开展“中医中药中国行”活动，利用中医药科普宣传周、主题文化节、知识技能竞赛、中医药文化科普巡讲等多种形式，提高公众中医养生保健素养。建设中医药文化科普队伍，开展中医药非物质文化遗产传承与传播。加强中药饮片质量监管力度，开展了医疗机构中药饮片管理专项检查活动，提高中医临床疗效，保护人民群众的用药安全。

【基层卫生工作】 开展基层医疗卫生机构服务能力提升年活动，财源、泰前中心创建为全国优质服务示范社区卫生服务中心和全国百强社区卫生服务中心，省庄镇卫生院创建为全国群众满意的乡镇卫生院。对符合条件的625名老年乡村医生每月发放补助资金27.74万元。

【妇幼保健】 启用《母子健康手册》，开展产前血清生化筛查服务和两癌筛查工作，全区完成农村孕产妇住院分娩补助报销2406人，完成新生儿筛查报销5014人。做好常规预防艾滋病、梅毒和乙肝母婴传播检测，监测14022人。实施农村妇女“两癌”（乳腺癌、宫颈癌）筛查项目，完成“两癌”筛查4300人。落实基本公共卫生服务项目，全区规范管理孕产妇6006人，0~6岁儿童46225人，规范管理率均达到85%以上。

【疾病预防控制】 ①开展“3·24”世界结核病防治日宣传活动，对入校新生进行结核病筛查。②启动结核病新型防治服务体系“三位一体”（即由定点医疗机构、基层医疗卫生机构、疾病预防控制机构组成的责任明确的新型结核病防治服务体系）项目。③举办全区学校结核病防控工作会议暨《学校结核病防控工作规范（2017版）》培训班。④落实艾滋病防治宣传、艾滋病监测、高危行为干预和国家“四免一关怀”（“四免”对农村居民和城镇未参加基本医疗保险等医疗保障制度的经济困难人员中的艾滋病病人，免费提供抗病毒药物；对自愿接受艾滋病咨询和病毒检测的人员，免费咨询和艾滋病病毒抗体初筛检测；对感染艾滋病病毒的孕产妇，免费提供免费提供母婴阻断药物和婴儿检测试剂；对艾滋病遗孤，免费提供学费育。“一关怀”是国家对艾滋病病毒感染者和患者提供救治关怀）政策。⑤提升卫生应急能力，组织开展卫生应急传染病防控、医疗救援、突发中毒事件及寄生虫病防治等岗位技能及竞赛活动。⑥开展卫生应急知识集中宣传活动。规范充实卫生应急储备仓库，开展预防接种规范管理活动，推进数字化接种门诊建设。⑦落实扩大国家免疫规划政策。开展一类疫苗接种和查漏补种，全区免疫规划疫苗全程及时接种率达到90.57%。加强二类疫苗使用管理，对疫苗购进、冷链运转、储存和接种等环节进行规范。⑧加强慢病防控，组织实施2016—2017年卫生部脑卒中筛查和随访项目。⑨开展“一评二控三减四健”（健康评估，控烟、控酒，减盐、减油、减糖，健康体重、健康口腔、健康骨骼、健康心理）专项行动。⑩组织全区“万步有约”全国职业人群健步走大赛，荣获全省职业人群健步走激励大赛先进集体称号。

【红十字会工作】 春节期间，开展“博爱进万家”活动，为社区（村）50个特困家发放救济款项及物资价值2万余元。在“3·24”结核病日、“4·25”计划免疫日、“5·12”国际护士节等节日，组织医院专家开展大型义诊、健康咨询活动。年内，组织开展全区卫生系统无偿献血活动，共计献血7万余毫升。

【健康扶贫工作】 2017年，全年患病贫困人员门诊、住院765人次，共计减免2.76万元医疗费用。①制定出台《泰山区健康扶贫工作实施方案》等文件，成立因病致贫返贫核查小组，分片包干深入摸底调查，根据病因、病情分类建卡、建档，完成国标贫困人口1478人和省标3157人的摸底调查，并录入国家和省管理系统，全区有省标患病贫困人口为1075人。对省里确定的6个贫困村的村卫生所建设情况进行逐一调研，制定贫困村卫生所改貌建设计划，根据各村实际，分类推进，完成6个贫困村卫生所改貌建设。②加大区直医院对基层医疗卫生机构的帮扶力度，组建18支家庭医生式健康服务团队，对贫困户进行一对一健康体检及指导，全区1075名患病贫困人员的签约服务率达到100%。③开展“泰山中医健康扶贫走基层”“泰山妇幼健康扶贫走基层”“精准扶贫、精准筛查、精准诊疗”肛周疾病特惠月活动等各种健康扶贫公益活动18次，组织区直医院专家进行免费义诊，受益人数达到4942人。④扶助关怀计划生育特殊家庭。制定实施方案，发放爱心就诊卡，提供就医“绿色通道”。⑤开展“计生助福–情暖泰山”活动，先后组织春节走访慰问、金秋助学、健康泰安光明行、优生优育知识进社区等活动，帮扶救助计生特困家庭1800户，发放救助金240余万元，为23名困难计划生育家庭学生发放助学金3万元。⑥做好贫困户包保工作，组织医疗人员，专门对省庄镇亓家滩村2户包保贫困户进行健康查体，了解工作和生活状况，宣讲政策，发放慰问金和物品。⑦建立特殊困难家庭就医“绿色通道”，在医疗机构设立便民惠民门诊，为贫困户提供优先检查、优先取药、优先就诊及优先双向转诊等便捷服务，并给予门诊挂号费、治疗费、医疗设备检查费、住院床位费等优惠减免。⑧开展分类救治，针对1075名患病贫困人员，协调区扶贫办和定点医院，开展分类救治。同时，定点医疗机构市中医二院组建专科医疗小组，走村入户，逐村逐户，对全部1075名患病贫困人员走访诊治，救治率100%。

【人才队伍建设】 ①强化乡村医生队伍管理，规范老年乡村医生补助发放，稳定优化乡村医生队伍。符合发放条件625人，每月发放补助资金27.74万元。②培养引领青年卫生队伍，年内，区直单位选派优秀医疗、护理、医技40余人到上级医院进修学习，外出进修、参加学术会议100余人次。进行国家适宜技术培训40余次，医疗、护理、感染、门诊等各类业务培训30余次。③支持医务工作者参与科学研究。2017年，申报1项省级课题，申报泰安市级课题1项。④与山东医药技师学院和山东力明职业技术学院建立合作关系，设立实习基地，选派优秀医务人员到学校授课。⑤注重推荐选拔技术人才。全区卫生系统组织评审区级拔尖人才3名，推荐上报市级拔尖人才3名，推荐申报市人民满意十佳名医2名。推荐全国中医护理骨干人才培训项目培养对象1名，并进入国家中医药优势特色教育培训基地轮转学习。⑥实施中医药服务能力提升工程，强化基层重点特色专科建设，培育基层特色专科8个。区人民医院于12月28日与泰安中心医院成立医疗集团。

人口与计划生育

【人口状况】 年初，总人口63.04万人，年末总人口63.85万人。全年共出生8059人（男孩4180人、女孩3879人），出生人口性别比为107.8。人口出生率为12.7‰，自然增长率为9.8‰。出生人口中：第一孩2246人、第二孩5702人、第三孩111人。

【落实全面两孩政策】 ①建立"全面二孩"人员摸底制度，每季度一次对全区有计划怀孕人员进行摸底，掌握孕情数量。②建立"全面二孩"统计报表制度，每季度一次对"全面两孩"孕情进行统计分析。③建立信息共享制度，运用全省人口信息共享平台，对出具的公安落户、医院实名分娩、医学出生证明等信息与计生WIS进行比对、分拣、核查等，对出生人口及时进行生育登记，及时统计上报。④实行半年报和年报评估分析制度。跟踪监测出生人口的变动趋势，对"全面二孩"政策执行情况进行半年和年终评估分析。

【生育登记服务】 2017年，全区共办理生育登记9973例，其中一孩生育登记3073例，二孩生育登记6900例。突出宣传引领作用，通过上街宣传、印制明白纸、微信公众号等形式，提高群众对政策的知晓率，开展生育意愿调查，为有生育意愿的育龄妇女进行登记。②组织计生干部培训班，学习文件，提高计生干部业务水平和服务群众能力。③依托知识竞赛等活动，深化计生干部对政策的认识，引导干部将工作重心从以管理为主向为以服务为主转变。④对新婚计划人员、已管理未生育待孕人员和已生育一孩人员进行走访，了解情况，为群众及时办理生育登记。⑤实行首接负责制、个人承诺制和及时办结制等制度优化办理流程，提倡代理服务，可以委托代办，推行网上办理，信息交流，在街道镇和社区村服务大厅制作宣传版面，并利用微信公众号、明白纸等形式，公开生育登记流程、渠道及群众享受的基本服务。

【流动人口管理】 ①实施"情暖泰山·金龄工程"，采取政府购买服务的方式，与部门和社会组织合作，由区财政投入项目资金，为流动人口家庭提供服务。5月6日，泰山区流动人口均等化服务"早教社区行"项目暨"情暖泰山·金龄工程"启动。②实施"情暖泰山·银龄工程"，依托社区居家养老日间照料中心，为留守老人提供助餐服务、托老服务、健康服务，打造适合流入老人和"空巢"老人的社区居家养老服务新模式。6月28日，泰安市流动人口"留守家庭健康关爱"经验交流现场会议在财源街道后七里社区召开，推广泰山区在开展"银龄"关爱，加快社会融合，推进流动人口服务管理工作转型发展中，"政府主导、搭建流动人口基层服务平台，市场引导、搭建流动人口社会服务平台"的创新做法和经验。③开展流动人口动态监测抽样调查。泰山区流动人口动态监测抽样调查工作比国家规定的截止日期提前半个月时间，完成从培训到入户调查等一系列工作。5月19日，省卫生计生委流管处处长王志远一行到泰山区督导，肯定了泰山区流动人口动态监测工作的做法和在完善基层队伍网络建设、探索流动人口基本公共均等化服务模式等工作上的创新。泰山区以社区、全员和个人调查数据"0"误差的总成绩，获得2017年度全国调查质量第一名。

【科技药具管理】 2017年，共接诊育龄妇女21042人，施行计划生育节育手术2015例，其他各项手术323例，生殖健康、妇女病检查14064人次，流动人口免费检查776人次，门诊咨询19027人次。组织培训52期，培训育龄夫妇7431对，接待群众优生咨询13460人次。组织已婚育龄夫妇参加包括艾滋病筛查在内的国家免费孕前优生健康检查，完成国家免费孕前优生查体4548人。实行持证流引产备案制度，做好病残儿医学鉴定工作，完成病残儿鉴定2例。免费提供避孕药具项目纳入国家基本公共卫生服务项目，全区使用药具人数17359人，避孕药具占综合措施的百分比从12.2%上升到18.5%，4月26日全市计划生育药具工作现场会在泰山区召开。

【计划生育协会工作】 ①开展"计生助福—情暖泰山"救助活动。元旦、春节期间，全区各级帮扶救助计生特困家庭1800户，发放救助金240余万元，其中民政大病救助5人，发放救助金2.1万元。②开展助学圆梦行动，全区共救助学生276人，救助金额43万元。③开展群众性宣传教育，成立泰山区优生优育专家库，开展优生优育进社区活动。④开展计划生育家庭意外伤害保险工作，全区计划生育家庭投保20909户，投保金额62.727万元，赔付71人，赔付金额11.8487万元。⑤计划生育基层协会组织建设，全区188个村（居）计生协会，调整会长53人、理事339人、小组长542人，劝退会员290人，吸纳新会员404人、企业协会7个、流动人口协会4个。2017年岱庙街道、上高街道确定为市级幸福家庭创建项目试点乡镇。

【奖扶特扶资格审核】2017年，泰山区共有6353人享受农村奖扶政策，共有647人享受特扶政策。①强化宣传培训，提高群众对政策的知晓率，开展专题培训班，提高工作人员业务能力和水平，严格申报、公示、审查确认及信息录入等工作程序。②强化工作责任，严格年度公示、半年上报、走访见面三项工作制度，动态监测目标人群进入及退出情况。③强化部门协作，确保奖扶特扶资金及时发放到位。

【青春期健康教育】 6月在山东农业大学举办“我的青春不任性、青春健康教育进高校”启动仪式。山东农业大学、市计生协会，以及驻泰山区各高校计生主任、各街道（镇）计生协常务副会长、农大师生共计120余人出席启动仪式。9月，在全省2017年大学生青春健康演讲比赛中，山东农业大学学生郭嘉文获得优秀奖。12月8日，省计生协会对山东农业大学青春健康俱乐部进行评估，12月29日山东农业大学被省计生协会列为“全省青春健康教育示范基地”。

（区卫生计生局）

爱国卫生

【卫生城创建工作】 4月底，区爱卫办组织街道（镇）爱卫办主任以及城管、食药、卫生监督、疾控等部门人员，对国家卫生城市保持情况情况进行综合督导检查，对发现的问题，及时督促整改。5月初，组织街道（镇）及有关社区到新泰参观学习卫生乡镇创建工作。协调省市爱卫办把财源街道列为国家级卫生乡镇创建单位，安排一名副主任做好技术指导和申报材料上报把关工作。6月，财源街道的申报材料省爱卫办审核通过。8月，通过市爱卫办初审工作，11月底，顺利通过省爱卫办组织的专家暗访。财源街道获得国家级卫生乡镇称号。全年，区爱卫办按照各级创建标准共推荐上报省级卫生先进单位1个、省级卫生村（社区）1个。

【病媒生物防制工作】 一是认真组织人员培训。5月上旬，对各街道（镇）、各村（社区）、区直部门病媒生物防制工作专兼职人员200多人进行培训。二是按规定采购消杀药品。5月初，购买、发放灭鼠药10630千克、粘鼠板7000个、灭蚊蝇药品2000千克、粘蟑板2000个，杀虫气雾剂50箱，发放到各单位，各街道（镇）和有关单位都按要求统一时间、统一标准进行喷洒和

泰山区举办爱国卫生运动65周年纪念暨全国第29个爱国卫生月宣传活动

投放，使全区病媒生物密度达到国家控制水平以内。三是全区域开展集中消杀。区爱卫办专门拿出5万元经费，从6月至9月安排专门消杀公司对区委大院绿化带、办公楼内走廊、厕所、宿舍区、双龙居等10余万平方米进行5次定期的蚊蝇消杀，区委大院及宿舍区的蚊蝇密度大为降低。

【开展群众性爱国卫生工作】 以"为了人民的健康——65年的历史与展望"为主题，4月7日召开全区爱国卫生工作暨爱国卫生月活动动员会议，对全年的爱国卫生工作和爱国卫生月活动进行全面部署。4月中旬组织各街道（镇）、城管、食药、卫生等15个单位在南湖公园等地点通过悬挂横幅、开展义诊、健康咨询，发放宣传资料等形式，集中向市民宣传爱国卫生知识。全区共悬挂横幅30条，发放宣传资料1万份，营造全民参与爱国卫生的良好舆论氛围。（区爱卫办）

疾病预防控制

【概况】区疾病预防控制中心（以下简称区疾控中心）成立于2006年5月，其前身是泰山区卫生防疫站，与区卫生监督局一套班子，两块牌子，合署办公。2017年11月，经泰山区人民政府批准，撤销区卫生监督局，其承担的卫生监督执法职能交由区卫生计生综合行政执法大队承担，独立设置区疾控中心，为正科级财政拨款事业单位，隶属泰山区卫生和计划生育局管理。区疾控中心占地2万平方米，建筑面积7600平方米，万元以上仪器设备20台（件），设有办公室、财务科、传染病防制科、免疫规划科等11个职能科室。有在职职工41人，其中高级职称6人，中级23人。主要承担传染病、寄生虫病、地方病、非传染性疾病等预防与控制工作、突发公共卫生事件应急处置，疫情及健康相关因素信息报告管理工作，开展疾病监测，收集、报告、分析和评价疾病与健康危害因素等公共卫生信息；承担健康危害因素监测与干预工作，开展食源性、职业性、放射性、环境性等疾病的监测评价和流行病学调查，开展公众健康和营养状况监测与评价，提出干预策略与措施；开展健康教育与健康促进工作，对公众进行健康指导和不良健康行为干预等工作。2017年，狠抓了霍乱、手足口病、结核病、艾滋病、麻疹等重点传染病的防控工作，确保重点传染病疫情平稳，实现"一个确保"的任务目标，传染病疫情处于较低水平。全区共检测活动性肺结合患者162例，其中涂阳患者56例，检测术前病人232412人，检出HIV感染者67人，阳性率0.2‰，开展预防接种信息化推进年活动及接种单位标准化建设工作，国家免疫规划疫苗全程、及时接种率达到90%以上，2016—2017年度全国城市居民健康素养及中医药文化监测圆满结束。年内，区疾控中心先后获评全省健康教育宣传工作先进集体、全省传染病信息与突发公共卫生事件报告管理工作先进集体、全市传染病防制工作先进集体，在全国职业人群健走大赛中泰山区被评为全国健走优秀示范区。

【传染病防控】 2017年，以重点传染病、突发事件报告管理为中心，加强岗位技能培

2017年5月6日，泰安市暨泰山区"万步有约"职业人群健走激励大奖赛启动仪式在东岳中学举行

训，努力提高处置能力，确保重点传染病疫情平稳，实现“一个确保”的任务目标。年初，对重点传染病进行预测，每周、每月开展疫情动态分析。年内共审核传染病报告卡7764张，处置网络传染病预警信息260起，报告突发公共卫生事件及相关信息18起。4月上旬，实施山东省结核病新型防治服务模式“三位一体”项目，确定泰安市肿瘤防治院为泰山区结核病诊疗定点医院，建立区疾控中心负责规划协调、定点医院负责诊断治疗、基层医疗卫生单位负责患者管理的“三位一体”结核病防治服务体系。5月，联合区卫计局、区教育局对泰山区中小学校、幼儿园分管领导、保健医生、各街道（镇）教委办主任共90余进行流感暴发控制、诺如病毒感染、手足口病等夏季传染病防控培训。11月22日，开展艾滋病宣传活动，在15所高校15万名大学生组织万人签名、专题讲座等专题教育活动，共发放《预防艾滋病健康一家人》折页4万份，《青少年预防艾滋病知识宝典》2万册，健康包500个，艾滋病年画1万张。12月5日，联合华兰生物开展为市福利院职工及院民免费接种流感疫苗活动。12月28日，完成抗病毒治疗药品和档案的交接，艾滋病抗病毒治疗工作由区疾控中心移交到泰安市传染病医院。

【免疫规划】 截至2017年年底，建成数字化门诊4处、在建数字化门2处。11月30日，区卫计委对全区预防接种门诊（接种点）进行调整，并对11家预防接种门诊、8处产科接种室及10处狂犬病暴露处置门诊的名单和服务范围进行公布。2017年，全区适龄儿童麻疹疫苗首剂及时接种率85.76%，2~3岁儿童免疫规划八苗17剂次全程接种率达到97.30%，科学发展考核指标全程及时接种率达91.53%。

【慢性病防控】 2017年，全区死因监测报告4069人，报告率6.51‰；肿瘤报告2022人，发病报告率323.69/10万；脑卒中报告3838人，发病报告率614.4/10万；冠心病报告598人，发病报告率95.73/10万。2016年12月至2017年4月，组织实施2016—2017年卫生部脑卒中筛查和随访项目，完成4210人随访筛查和数据录入工作，完成率100%。5月–8月，组织290名队员参加为期100天的“全国‘万步有约’职业人群健走大赛”，并举办慢性病专题健康知识讲座4期，比赛成绩居全国第42名，被评为全国健走优秀示范区；全省第2名，被评为全省健走优秀示范区。8月8日，举办“全区职业人群健骨操大赛”，9支队伍共300余人参加比赛，并在全区3000名职工中推广健骨操，提高职工健康水平。11月—12月，建设埠阳庄“健康宣传一条街”和北上高“健康主题公园”。

（区疾控中心）

社会生活

人力资源和社会保障

【创业就业】 全面落实就业优先战略，积极扩大和稳定就业，大力推进创业带动就业和高校毕业生等重点群体就业，就业规模持续扩大，就业结构更加合理。2017年，全区实现新增就业7114人，完成年计划的116.6%，新增下岗失业人员再就业5314人，完成年计划的129.6%，新增特困人员再就业411人，完成年计划的108%；城镇登记失业率为2.08%。创建省级创业型街道1个、省级创业型社区5个、市级创业型街道1个、市级创业型社区12个，认定区级创业型街道1个、区级创业型社区5个。泰安速恒物流股份有限公司、泰安影响力电子商务有限公司被认定为市级创业示范平台；认定中泰金桥管理有限公司、中兴时代网络科技有限公司为区级创业示范平台。依托区、街道（镇）、社区（村）三级公共就业服务机构，通过“日常招聘+委托招聘+专场招聘”三种形式，打造特色招聘服务模式。举办“就业援助月”“春风行动”“民营企业周”等招聘活动，组织开展“就业政策惠民生”“就业服务赶大集”“一对一促就业结对帮扶”等服务活动，实现就业服务无缝覆盖。组织用工洽谈会17场，提供用工岗位1.1万个次，服务求职者0.8万人次。加强定点培训机构规范管理，通过公开招投标，确定全区定点培训机构16家。实施高校毕业生实名制跟踪服务，登记接收毕业生2625人，就业率100%。加强高校毕业生就业见习基地建设，2017年，见习基地16个，参加见习人员196人，见习人员留用率89.7%。新增大学生创业216人。培训创业大学生366人。实施第四轮“三支一扶”（支农、支教、支医，扶贫）大学生招募计划，新招募“三支一扶”大学生2人。全年为300余名创业人员发放贷款5160万元，贴息资金218万元。全区扶持创业1710人，带动就业5215人。

【社会保险】 扎实推进建档立卡精准扶贫和社会保障卡工作，社会保险综合服务持续改善，社会保险参保人数持续提高。全区收缴各项社会保险费16.7亿元，社会保险基金支出14.9亿元，社保基金滚存结余突破19亿元。参加城镇职工养老保险10.4万人，保险费收缴5.9亿元；参加居民养老保险11.1万人，保险费收缴0.19亿元；参加职工医疗保险9.5万人，保险费2.3亿元；参加居民医疗保险40.6万人，保险费收缴0.73亿元；参加失业保险5万人，保险费收缴0.16亿元；参加工伤保险8.5万人，保险费收缴0.17亿元；参加生育保险10.1万人，保险费收缴0.21亿元；机关事业养老保险收缴1.31亿元，职业年金收缴0.485亿元，失业保险收缴0.028亿元。企业、机关事业单位离退休人员养老金社会化发放率100%。

【养老保险】 全年审核参保单位1379家，缴费人数27556人，缴费基数总额8723万元，实地稽核企业12家，清欠山东能源重装社会保险费140万元；原计划内临时工、待业等转招合同制补缴302人，核对退役士兵信息3000余人；简化泰安市内养老保险关系转移办理流程，收集整理单位新立户档案380户。

为64万人次发放城乡居民养老保险6379.8万元；新增发放人员2186人，死亡终保1605人，支付死亡丧葬费96.3万元；被征地保险全年受理56批次，涉及补贴资金1356.7万元，领取人数16.4万人次，发放金额540余万元，全部做实个人账户；审查核对享受待遇人员信息；为2448名原代课教师、老电影放映员和乡村医生代发生活补助金617.26万元；解决原农村社会养老保险遗留问题，将4个街道（镇）1218名老农保数据录入合并到新农保系统。资格认证实行社区村公示、监督电话公开。

严格审核档案、养老金缴费情况、身份证等有关资料，核算退休待遇1470人，代发老区直企业退休职工独生子女费734人；为23660名企业退休人员发放养老金5.91亿元；调整提高企业退休退职养老保险待遇21852人，每人每月平均养老金达到1905.82元，增幅7.98%，企业退休养老金实现“十三连涨”。

机关事业保险新增退休人员193人、离退休死亡减员70人、代发死亡丧葬费5.5万元；为85名机关事业离休人员和5名中华人民共和国成立前参加工作的老工人加发生活补贴30万元；为3632名机关事业退休人员发放退休金1.92亿元，为3308人增加退休待遇667万元。

【医疗保险】 医保付费总额控制效果明显，医保定点监管不断加强。在全市率先推行医疗保险付费方式改革，强化医疗机构医药费用控制、医疗服务和医疗质量的巡查检查；全年审核住院门诊就医居民医保263025人次、职工医保128552人次；落实手工审核和智能审核双重审核制度，分别扣除违规费用64.19万元和17.18万元；与2016年度同期比较，全区住院人次均费用降低8.6%，统筹支出医疗费用降低11.4%，节省医保统筹基金2907万元；当年为29615人支付基本医疗保险金2.22亿元；医保惠民服务不断拓展，实现跨省异地联网结算，建立职工大病保险制度，推进“医保服务规范年”活动。

在全市率先实现居民基本医疗保险网上银行自助缴费功能，参保人员可登录工商银行网站，自助缴费。当年为133039人支付居民医疗保险金2.42亿元。

【工伤保险】 严格执行工伤保险行业分类标准，严格基金征缴；建筑业按项目参保工作全员展开，有61家企业建设项目全员参保，涉及项目工程总造价23.5亿元，收缴工伤保险费469万元，参保农民工1683人，实现区域内建设项目全员参保；全年为3个建设项目3名农民工支付待遇34.6万元；严格定期待遇人员资格认证工作，确保定期待遇调资及时准确发放，全年为1323名工伤人员支付1437万元。

【生育保险】 加大生育保险的稽核力度，加强生育保险申领待遇的审核，全年为1298人报销生育金2533万元；做好生育保险基金咨询投诉和解释工作，根据市级政策，将生育保险费率恢复到1%，进一步减少生育基金的基金压力。

【社保基金监管】 推进社保基金内控制度建设，认真执行基金收支两条线的管理制度，专款专用，有效保证社保基金的增值保值，合理安排收支预算，严格预算管理，并在泰山区政府网站及社保局网站进行公开，接受社会各界监督。2017年，根据预算收支管理情况，申报财政补助18210万元，根据生育保险基金超支情况，申请生育保险市级调剂金和区级财政补助金2002万元。规范国有资产管理，切实保证国有资产的安全完整。完善更新社保基金财务系统，采取业务、财务一体化，对社保基金的核算更为精准。加强各项社会保险疑点信息核查。2017年累计收到疑点信息1000余条，及时追缴重复领取的养老金。

【公务员管理】 坚持公平公正、公开透明，为全区各级党政机关（参照公务员法管理单位）考录公务员（参照公务员法管理单位人员）5人。推进公务员平时考核试点工作，加强平时考核试点单位管理。深化公务员培训，组织12名公务员（区直10人、街道2人）参加市委党校举办的乡镇科级公务员任职培训班1期；组织5名公务员参加市人社局、市委党校举办的新录用公务员初任培训班1期；联合区委党校举办2017年度公务员培训班1期、培训62人。推进机构改革体制调整划转人员公务员过渡登记工作，完成公务员过渡登记19人。依法做好政府人事任免工作，提请人大常委会决定任免5人次。

【事业单位人事管理】 组织指导2017年全区事业单位人员公开招聘工作，组织指导区教育系统公开招聘教师及工作人员140人（专业教师岗位137人、管理岗位3人）；指导区卫生系统公开招聘备案制专业技术人员10人（泰安市中医二院6人、泰安市泰山区人民医院4人），纳入人员控制总量备案管理。严格落实市、区党政机关公务用车制度改革相关政策，指导全区参改部门（单位）做好司勤人员安置工作，确保改革平稳推进。完成全区综合执法、市场监督、食品药品、安全生产、卫生计生、交通运输、农业、人力资源社会保障等领域综合行政执法体制改革的人员划转工作，涉及部门（单位）13个，划转人员237人（其中，科级干部19人、一般工作人员218人）。

【事业单位岗位管理】 按照科学合理、精简效能的原则开展事业单位岗位设置工作。年内对全区18个事业单位岗位设置方案进行核准（调整）。坚持竞聘上岗、按岗聘用原则，对核准岗位事业单位陆续开展专业技术人员竞聘工作，2017年为26个事业单位按照岗位设置方案开展竞聘（续聘）工作，共聘任高级专业技术人员43人，中级专业技术人员195人，初级专业技术人员293人。

【军官转业安置】 年内，接收军转干部10人（其中，计划安置2人、自主择业8人）。军转干部计划安置2人，均列行政编制。截至年底，泰山区企业军转干部共计76人（在职7人，退休69人），自主择业军转干部共计38人，均按政策要求落实兑现相应待遇。

【人才交流和人事代理】 ①组织街道镇、园区对本辖区企业新引进高学历人才进行摸底，完善全区企业引进高学历人才数据库，为全区出台高学历人才补贴发放政策提供数据支持，最终确认符合发放条件人员81人，本科学历25人，研究生学历（硕士学位）56人，发放补贴33.76万元。②2017年，接收流动党员141人，签订人事代理合同965份。

【引进国外智力】 加强人才引智交流与合作，参加山东第九届海内外高端人才交流会和第十五届中国国际人才交流大会，引导企业参加外国专家泰安行活动，吸引国外智力到泰山区服务，征集外国专家项目69项、海外人才项目27项，达成引进海外人才意向13项。全年引进外国专家202人次，引进海外留学人才8人，1名外国专家获“泰山友谊奖”。加强引智项目和示范基地建设，建成市级引智示范基地2处、山东省高端项目3处。

【专业技术人员管理】 做好高层次人才管理工作。为泰安市中医二院享受国务院特殊津贴专家发放2017年政府特殊津贴7200元，为山东岱银纺织服装集团获山东省有突出贡献中青年专家发放津贴12000元。建立完善的继续教育网络培训体系，采用网上报名、学习、考试一体化的模式开展培训。年内，共有5044名专业技术人员报名参加公共科目培训。建立科学、公正、公平的专业技术职务资格评审制度，完善专业技术人才的评价机制，全年有2124人经评审（考试）获取专业技术职务资格，其中，高级专业技术职务43人、中级专业技术职务527人、初级专业技术职务1554人。截至年末，全区有专业技术人员32692人，其中高级职务1702人、中级职务959697人、初级职务21293人。严格审核把关，认真组织各类专（执）业技术资格考试申报审核工作。年内，共组织18次专（执）业资格考试报名，其中，专业技术资格考试报名1009人、执业（职业）资格考试报名1345人，考试通过867人。

【高技能人才队伍建设】 加快高技能人才培养，新增高技能人才776人、齐鲁首席技师1人、泰安市首席技师2人。开展高技能人才评选表彰工作，评选2016年度“泰山区首席技师”9名、“泰山区技术能手”10名。对6名“泰安市首席技师”进行年度考核。充实高技能人才评选专家库，选拔推荐高技能人才推选专家5人、民办职业培训学校评估专家5人、高技能人才项目评估专家5人。继续实施“金蓝领”项目培训，申报省级“金蓝领”培训项目培养高级技师25人。举办2017年第十三届职业技能大赛，设立8个比赛工种，509人参赛。接收泰安市人社局划拨民办职业培训学校49所；劳务派遣单位31个。

【机关事业单位工资福利】 完成2017年公务员按年限晋升级别工资、按考核正常晋升级别工资档次和事业单位工作人员正常晋升薪级工资档次工作，公务员、参照公务员共159人，人均月增资额58元；事业人员共5772人，人均月增资额72元。完成2017年度乡镇津贴补贴调整，989人调整津贴补贴，每人月增乡镇津贴补贴10元。审批机关事业单位遗属生活困难补助29人，办理机关事业单位人员退休190人，其中公务员31人、事业人员159人。

【企业工资宏观管理】 做好区管国有企业负责人薪酬制度改革，对薪酬情况进行调查摸底、测算论证。按照区政府《关于国有企业负责人薪酬制度改革的实施意见》要求，全区国有企业负责人2016年度基本年薪基数为4.54万元。加大最低工资标准规定落实情况监管力度，及时调整公布全市最低工资标准，依法查处违规行为。从2017年6月1日起，泰山区月最低工资标准由1550元调整为1640元，小时最低工资标准由15.5元调整为16.4元。发布全市企业工资指导线，2017年全市企业工资指导线以2016年全市企业在岗职工平均工资50188元为基数，工资增长基准线为7.5%，上线(预警线)为12%，下线为3%。

【劳动合同管理】 规范劳动合同管理，保障劳动者合法权益。8月2日，市人社局下放(授权)人力资源服务机构行政许可、民办职业培训学校设立变更终止行政许可、普通技工学校设立审批、职业技能鉴定所（站）设立审批、劳务派遣行政许可、企业实行不定时工作制和综合计算工时工作制审批6项审批权限。开展对企业劳动用工情况的调查摸底和监督检查，全年备案职工签订劳动合同5969人。加强劳务派遣单位管理，严格备案标准条件。年内，办理劳动合同解除备案1517件。

【行政执法】 完成综合行政执法体制改革。整合执法力量，泰山区劳动监察大队更名为泰山区人力资源社会保障行政执法大队，承担行政执法职责。为防范处置企业拖欠农民工工资问题，制定印发《关于进一步加强企业工资支付监管工作的通知》。通过日常巡视检查、书面审查、专项检查、举报投诉调查等形式，强化对全区用人单位的监督，检查各类用人单位642个；协调处理劳动保障监察案件495件，立案处理25件；处理突发事件4件；追发劳动者工资待遇935.72万元，涉及劳动者974人；督促社保缴费27.73万元。开展农民工工资支付专项检查活动，共检查用人单位181个、检查施工项目39项，有效工程单体101个，下达《劳动保障监察责令改正通知书》5份，对有拖欠农民工工资行为的4家企业进行约谈。严厉惩治恶意欠薪行为，先后将2件涉嫌拒不支付劳动报酬罪案件移交公安机关处理。启用山东省行政执法监督管理平台，做好行政执法证件的申领、审验、换发等业务工作，完成新一轮执法人员的报名、考试工作；对区人社局的常年法律顾问进行续聘。做好信访维稳工作。重点围绕中共十九大期间安保维稳开展工作，梳理了信访维稳问题清单，发现不稳定因素6个，并逐一制定应急预案。全年办理信访事项23件，其中，转送来访件20件、交办来信件2件、转送来信件1件。承办市政府“12345”便民电话、市人社局“12333”投诉中心及区政府转办案件1315件。

【劳动人事争议调解仲裁】 按照省级示范仲裁院建设要求，全面整理内设机构标准，将立案、审理、监督分别设立制度，明确各岗位职责，规范运行流程，统计登记大中型企业、街道镇、社区、村等基层平台调解组织人员名单及联系方式，及时掌握企业动态。创新仲裁案件办理方式，对事实清楚、证据确凿的案件进行快立、快调、快结；对涉及下岗职工、女职工、进城务工、因公致残以及申请法律援助人员申请的案件实行快立、快调、快审、快结；对追索劳动报酬、工伤医疗费、经济补偿或赔偿金的案件，如案情简单清晰、职工生活确有困难的，帮助其向法院申请先予执行。泰山区法律援助中心劳动人事争议仲裁院工作站成立，为符合条件的劳动者提供法律援助。全年，受理劳动人事争议案件立案411件、结案411件，其中裁决结案30件、调解结案19件、其他方式结案362件，涉及劳动者415人，涉案标的额811.43万元，当期和按期结案率均为100%，案件整理归档率100%。（区人社局）

民　政

【优抚工作】　春节期间，区直和各街道分别开展重点优抚对象和困难优抚对象走访慰问活动，共走访优抚对象500余户，送去救助金和慰问品价值20余万元。年内，区民政局为全区一至六级残疾军人发放门诊医疗补助25.14万元，为市属36名一至四级残疾军人发放护理费87.77万元，为优抚对象减免优抚医疗补助资金66.3万元；为全区434户义务兵家庭发放义务兵家庭优待金747.1万元，为49名义务兵发放优秀士兵奖励3.9915万元。在泰安市复退军人精神病医院组织18名优抚对象参加轮养、疗养活动。足额落实优抚对象抚恤定补金及优待金发放。落实市委组织部、市民政局、市财政局《关于调整部分优抚对象等人员抚恤和生活补助标准的通知》精神，从10月份按调整后的标准发放优抚对象抚恤定补金及优待金。

【军民融合发展】　春节、“8·1”期间，开展走访慰问部队活动，为32户立功受奖现役军人家庭发放慰问金共计3.2万元并送上喜报。11月13日，通过省双拥模范区创建工作年度考评检查组对泰山区双拥模范区创建工作的检查，为争取全省双拥模范区“七连冠”打下基础。年内，在国家级媒体上发表5篇文章介绍泰山区双拥典型经验做法。

【退役士兵安置】　接收2016年冬季退役士兵55名，包括安置工作退役士兵1名、自主就业退役士兵54名。发放2016年度退役士兵自主就业补助金549.90万元，接收安置2017年春季转业士官4人。为157名失业涉军人员办理社保接续188.24万元，发放涉军人员春节、“8·1”生活救助金110.88万元。

【救灾】　5月8日，在山东农业大学举行泰安市“‘5·12’防灾减灾日”宣传暨泰山区“防灾减灾进校园”宣传教育活动。8月，开展“蓝盔进社区防灾减灾宣传”活动。泰山救援队为岱庙街道花园社区、元宝社区、五马社区，财源街道后七里社区进行防灾减灾宣传教育。年内，财源街道中七里社区成功争创全国综合减灾示范社区，泰前街道嘉德社区、农大社区成功争创全市综合减灾示范社区。

【救济】　以全国社会救助领域创新实践试点活动为契机，加大社会救助创新力度，升级改造社会救助系统，完善全区社会救助“大数据库”。4月对“微阳助保”活动救助对象进行摸底核查，为69名重度残疾人按照每人200元的标准继续缴纳城乡社会保险，共为重度困难残疾人缴纳保险金13800元。全年，共救助困难群众245名，发放救助金44.7万元。

【群众性自治组织】　以选好配强村（居）民委员会成员、增强村（居）级班子整体功能为目标，严肃换届纪律、严格操作程序，年内完成全区187个村（居）委会换届选举工作。

【婚姻登记】　年内，共办理婚姻登记7153对，其中结婚登记3552对，离婚登记1593对，补领婚姻登记证2008对，出具婚姻登记证明3份，登记合格率100%。

【殡葬管理】　推行殡葬惠民、收费公示制度。强化制度化、规范化、标准化服务。开展遗体运输、冷藏、整容化妆、告别悼念、礼仪主持、火化等服务，形成“殡葬一条龙”服务模式。全年，共火化遗体4788具，火化率99%以上。

【地名工作】 ①地名普查。对辖区内11大类2238条地名普查成果表进行审核，并补查单位、公园风景区、历史地名等40余条。3月，通过省民政厅对泰山区地名普查成果核查和验收。②地名词典。泰山区45条地名词条被列入地名词典国典，并经8次修改完善，上报辖区内行政区域、桥梁、街道（镇）、社区（村）释文内容1万余字。③边界联检。全年，完成2条行政区域界线（泰山——长清线、岱岳——泰山线）边界联检工作。

【敬老院】 省庄镇敬老院和邱家店镇分别实施消防改造，投入资金130万元，并取得养老许可证。徐家楼敬老院无法完成达标改造，关停。7月起，农村特困供养标准提高到每人每年5200元，共有供养对象105人，年发放生活基本供养资金62万元。开展特困供养人员自理能力调查评估，按照评估结果为老人发放供养金6.07万元。

【慈善事业】 8月，召开泰山区“慈善月”活动动员会议，会后各级各单位迅速行动，共募集“慈善月”捐款326万元。全年，销售电脑彩票5102万元。

【三峡移民帮扶】 全年，向三峡移民全年发放后期生活补助资金4.5万元。

【优秀社区创建】 4月，在泰安市全面深化改革工作会议上，区委书记赵斌应邀就智慧社区做典型交流发言。6月，通过“全国社区治理和服务创新实验区”中期评估。8月29日–9月1日，在潍坊举办的全国基层社会治理示范培训班上，推广了泰山区智慧社区建设典型经验。

【最低生活保障】 ①做好城市低保工作。全区共有保障城市低保对象2113户3785人，全年支出城市低保金1585.9万元，月人均补差324元。②做好困难群众最低生活保障工作。农村低保标准提高至每人每年3800元，全区共保障农村低保对象1606户、2774人，农村低保累计支出722万元。全年，发放用电补助款46.4万元。

【社团管理】 全年共注登记社会团体11个，体育类社会团体17个，文化类社会团体4个，变更登记3个，全区社会团体共56个。 （区民政局）

街道·镇

财源街道

【概况】 财源街道东隔奈河与岱庙街道相望、西与岱岳区粥店街道相连、南跨泮河与徐家楼街道相接、北与泰前街道为相邻，面积11平方公里。2017年，辖29个社区，人口20万人。地方财政收入10.44亿元，固定资产投资55亿元，完成招商引资合同额126亿元。小学8所，在校生5500余名，专任教师280名。街道卫生服务中心1所，专业技术人员65名。社区门诊25所，医生71名。街道获得全国和谐社区建设示范街道、山东省文明单位、山东省安全文明乡镇、山东省社区服务先进单位、齐鲁街道之星、省级卫生街道、省优秀街道文化站、省工商联“五好商会”、省级信访工作先进单位等荣誉称号。

【经济建设】 2017年，街道完成地方财政收入10.44亿元，增长7%。①产业结构不断优化。着力发展现代商务、金融保险、电子商务、总部经济等几大板块。金融保险加快推进。全年引进金融保险类企业20余家，不断提升兴业银行、齐鲁银行的运营管理水平，重点推进了恒丰银行、青岛银行、华安证券的建设速度。电子商务提档升级。推进了灵山商业广场、三里屯文商旅综合体和嘉业电商大厦等项目的建设速度，完善、提升梦想谷、影响力等电商领军企业的规模档次，新引进中小电商企业50余家，实现电商交易额年增长40%以上，年孵化培育中小电商企业200余家，培训从业人员3000余人。城市旅游初具规模。结合泰山会展中心、三里屯文商旅综合体、泰山名家艺术馆等载体，推动会展会务、艺术展览、演艺活动、特色影院、主题博物馆等新兴业态发展，培育打造一批高品质旅游文化品牌。楼宇经济集聚发展。充分利用万达广场、天龙国际大厦、泰山国际金融中心、三联金融商务中心等综合体项目，大力发展楼宇经济，新引进多家大型企业在辖区设立区域、省级总部。②项目支撑作用持续加强。依托市区大项目迎检契机，着重在项目推进速度、完成质量、标准层次上下功夫。街道在上、下半年全区招商引资和重点项目建设现场调度会名列第一。泰山宝盛大酒店、国商商品交易中心、泰山创业工厂在全市上、下半年招商引资和项目建设检查考核会议中，受到领导好评。突出数量和质量。全年实施43个“四个一批”重点项目，新引进项目39个。龙湖·公园里、泰山三里屯文商旅综合体、泰山名筑、华安财险等项目代表街道参加了年初全区招商引资集中签约仪式。泰安城市会客厅、梦娃动漫产业、嘉禾云家装平台、和谐健康保险、铂涛IU互联网酒店等5个项目参加全区登山节投洽会签约仪式，浙大国家大学科创园代表泰山区参加全市登山节投洽会签约仪式。注重速度和效益。突出抓好中南·财源门、华安证券泰安分公司、灵山商业广场等项目的建设进程，实现项目快落地、快开工、早建成、早见效。华安证券项目从对接考察到洽谈选址、签约，仅用一个月的时间，已开业运营，当年实现收益。兼顾运营和管理。加大对上争取力度，协助项目单位解决运营管理中的困难和难题。突出抓好泰安万达广场、泰山宝盛广场、恒丰银行泰安分行、老舍茶馆等项目的运营管理水平，进一步提高经济收益。增长动能加快培育。③择优培植企业股改上市。结合区股改政策，做好大通前沿、恒升智能停车、淘你欢、康宇医疗、名山文化、微视影视六家企业的股改上市工作，积极给予企业政策及业务咨询等相关扶持，促进企业做大做强，带动街道经济快速发展。④利用闲置资产增强新动能。整合闲置或落后楼宇，策划发展商业综合体，提高楼宇档次水平，提升项目的综合价值。利用原摩配市场，淘汰落后产业，规划建设新兴产业项目，使项目焕发新的生命力。

【民生建设】 立足服务，民生事业显成效。持续加大人财物投入，加大民生支出。①救助帮扶到位。对困难家庭、老人、儿童实现全面救助，落实大病救助政策，全年救助86户88人，25万元。对320名困难群众、76名计生困难家庭、30名失业下岗职工、12名困难大学生、5名孤儿和流浪乞讨人员等困难群体进行了及时救助，发放救助资金达30余万元。年发放低保金500余万元，新办理低保17户25人。②医疗水平提高。街道社区卫生服务中心与泰山医学院附属医院建立医疗联合体合作关系，成立微医远程诊疗工作站，面向辖区25个社区卫生服务站，与医疗联合体专家联系问诊，满足服务站患者的专家服务需求，全面提升全街道的医疗服务水平。购置除颤仪、24小时动态心电图、肺功能仪等医疗设备，为医疗服务质量提供了较好的物质保障。年内，街道社区卫生服务中心成功创建为全国优质服务示范社区卫生服务中心。③创业就业提升。借助省级首批创业型社区和市级创业型基地社区建设，进一步规范完善工作制度，三里、三联、东更道、中七四个社区成功通过全省省级首批创业型社区考核，影响力电子商务有限公司被评为市级创业孵化示范基地。全年，新增就业再就业人员1558人，下岗失业人员再就业876人，特困人员再就业102人，创业带动就业556人，各项指标均完成全年计划的90%以上。④教育办学增强。切实做好解决城镇中小学大班额工作，以“合作办学、民办公助”方式，引入社会资本，投资建设龙潭路学校。不断加大资金投入，加强硬件建设，以规范化建设，促进办学水平不断提高，街道中心园、幸福泉幼儿园顺利通过省级示范园复验。⑤生活环境改善。做好棚户区改造项目工作，解决居民生产生活环境，王庄、旧镇两个棚改项目进展顺利。树立“大平安、大稳定”的发展意识，进一步完善矛盾纠纷排查调处工作机制，发挥“天网工程”“社管e通”等信息化工具的作用，维护辖区治安环境。时刻紧绷安全生产这根弦，加大对危险化学品、烟花爆竹、人员密集企业、建筑工地、食品药品等重点行业领域的专项整治，有效改善辖区环境。

【文化建设】 软硬兼施，文化建设当样板。①文明创建工作有序推进。积极开展“创建全国文明城市文艺志愿者送欢乐进社区”“文明出行青年志愿者在行动”等大型志愿服务活动。结合“四德”工程及“山东好人”“泰安好人”等道德模范评选活动，发现、培育、宣传全市道德模范贾美荣等20余名具有较大影响力的典型人物。上报好人线索达100多条。文明社区、文明单位创建工作深入推进，街道连续5年为“省级文明镇”，省级文明社区达到8个。②舆论宣传影响力整体提升。重点组织开展以全国文明城市创建、治理违建、重点项目建设、保障和改善民生等为重点的系列宣传活动。街道拆违治违的报道，多次在《齐鲁晚报》等省报省刊上发表，在《大众日报》《齐鲁晚报》等主流媒体发表高质量、大篇幅新闻报道70余篇。③公共文化服务体系日趋完善。形成以街道综合文化站为中心，社区综合性文化服务中心、文体广场为基础，覆盖全街道的文化网络。通过新建、扩建、联建、共享方式，实现辖区文体小广场全面覆盖。依托社区文艺大比拼、社区大舞台和金秋艺术节文化活动“三大品牌”，抓好社区文化活动和大型主题文化活动两条主线，举办“志愿者进社区·戏曲票友大赛”、“金秋艺术节舞蹈大赛”、健身舞大赛、合唱比赛等大型文化活动100余次，深入社区免费放映影片800余场，社区通过“击鼓传花”开展文化剧场、社区大舞台、优秀剧团展演等各类文化活动近千场，活跃了辖区群众文化生活。

【党建】 ①加强廉政建设。扎实开展“重效率、勇担当、作表率”主题活动，集中整治缺乏担当问题、能力平庸问题、效能不高问题、脱离群众问题、纪律涣散等问题。夯实“两个责任”，强化担当精神，积极构筑“惩防体系”，强化监督教育，扎实开展廉政教育，先后组织机关干部、社区干部集中观看《打铁还需自身硬》《永不停歇的征程》等专题教育片，精选15起违反中共八项规定精神及发生在群众身边的腐败问题的典型案例，汇编印发给机关干部及辖区内各社区、学校。不断加强执纪审查工作，积极受理各类信访件，扎实开展了巡察工作，先后对更新社区等6个社区开展巡察工作回头看，对社区卫生服务中心、仓库路学校等单位的巡察工作已全面展开。②加强基层班子建设。以换届为契机，全面摸清班子运行情况和存在的重点问题。制定换届工作预案，全力做好社区两委班子换届工作，29个社区党组织换届工作顺利完成。修订完善相关文件，制定社区两委退休年龄和退休待遇标准、两委成员生活补助发放标准、业绩考核奖励报酬发放规定等。围绕思想建设、廉政建设及创城拆违、社会组织管理等重点任务，邀请市委党校教授及区直部门业务专家，开展专业辅导。③加强城市基层党建。组建七东商圈党委，形成七东商圈党建共同体，促进区域党建互融共建。投资50余万元，建设街道社会组织党建服务中心，同步成立党建服务中心党总支。入驻喜文化、环保净化、广场舞协会分会等10家社会组织，成立党组织5个，管理党员38名。设立长城商务中心党建服务站，成立楼宇党总支，助增企业效益、助推社会公益、助力个人进益，形成“心益站”楼宇党建服务品牌。④加强党员教育管理。借助“两学一做”学习教育常态化、制度化工作开展的有利时机，督促各党支部创新形式、丰富内涵，加强党员管理。结合“主题党日”活动，指导各党支部开展形式多样、内涵丰富的主题活动，调动党员学做积极性。将过硬党支部创建作为近三年工作重点，制定三年创建计划，采取定标立向、帮带传教、自查自纠等方式，组织、指导各党支部争创。后七里社区党委被市委命名为“泰山先锋红旗党支部”，三联社区、南湖社区、大通前沿公司等7个党组织被区委命名为“泰山红旗党支部”。各基层党组织集中开展“学灯塔、用灯塔”宣传活动，完成全街道2234名党员信息录入和注册工作，实现电子化党员信息管理。（财源街道）

岱庙街道

【概况】 东与上高乡为邻，南与徐家楼街道毗连，西至奈河与财源街道搭界，北至岱宗大街与泰前街道接壤。2017年辖社区19个，村民委员会1个。人口16.9万人，人口自然增长率7.03‰。地方财政收入5.98亿元。固定资产投资61亿元。招商引资项目238个，投资357亿元。规模以上企业96家。农贸市场8处。小学5所，在校生3270名，专任教师173名。乡镇卫生院1所，观察床位10张，专业技术人员141名。村级卫生室（社区门诊）19个，乡村医生30名。享受最低生活保障金人数1979人。

2017年，岱庙街道立足建设“和谐岱庙、宜居岱庙、活力岱庙”总体目标，聚焦项目建设和老城区改造、全面落实从严治党主体责任、全力保障民生福祉三项工作，凝心聚力、强化作风，力促街道经济文化和社会各项事业实现新跨越。获得全国和谐社区建设示范街道、全国社区志愿服务示范街道、全国社区服务型党组织建设示范街道、全国睦邻文化建设示范单位、中国特色社会主义理论宣教基地等荣誉称号，连续23年保持省级文明单位称号，连续6年被区委、区政府表彰为科学发展先进街道；花园社区党总支被评为全国创先争优先进党组织、丽景社区党支部被评为山东省先进基层党组织。

【民生保障】 确定五马、丽景为社区养老创新实验区新试点，向老年人提供中医药服务2490人；新办理残疾证17人，办理困难生活补贴25人，办理重残护理95户；企业养老保险征缴2580万元，医疗保险扩面1968人，城乡居民养老保险征缴27.56万元，扩面44人。

【平安建设】 ①对辖区内34家中小学校和托幼机构食堂，开展学校食堂食品安全专项检查。②在花园社区建设安全文化主题公园，使安全生产理念、知识走进社区、走近百姓。③通过政府购买服务的方式，建立安全生产专家组，通过安全技术服务机构聘用重点行业领域的专家协助指导安全生产监管工作。专家组检查经营单位186个，查出隐患558条，有效消除了相关单位安全隐患。④选派21名公安干警担任社区党组织副书记，做到警务政务融合，便民服务到户。

【实施“三个创新”力促就业】 ①创新就业管理模式，提高管理效率。组织未就业人员参与社区文体活动，使他们树立住在社区、了解社区、建设社区的思想；对于到社区进行就业咨询的人员，及时给予政策解答。②创新服务就业意识，拓展服务模式。定期组织开展招聘和专项服务活动，为失业人员进行创业咨询及指导等免费服务工作，组织开展就业技能培训。社区（村）累计帮扶群众就业13人，帮助3户“零就业”家庭脱困。③创新就业服务机制，全力帮扶就业人员。登记招聘单位30个，登记求职人数100人，有效搭建了就业及自主创业的绿色通道。 （岱庙街道）

泰前街道

【概况】 泰前街道东邻省庄镇，西连岱岳区粥店街道，南接上高、岱庙、财源街道，北界泰山景区，面积70.2平方公里，耕地102公顷。2017年，辖14个社区，10个村民委员会。人口16.1万人（居住地口径，户籍口径14.7万人），人口自然增长率0‰。地方财政收入5.99亿元。固定资产投资52.6亿元。招商引资项目39个，实现合同引资额90.65亿元，实际利用外资1000万美元。农贸市场2处。普通初中1所，在校生647名，专任教师42名。小学6所，在校生5430名，专任教师206名。乡镇卫生院1所，观察床位20张，专业技术人员64名。社区门诊3个，村级卫生室9个，乡村医生18名。享受最低生活保障金人数606人。敬老院1所，入住34人。先后荣获全国百强社区卫生服务中心、山东省卫生工作先进单位、全市十九大安保维稳先进集体、全市统计工作先进单位等荣誉。

【招商引资项目建设】 碧霞湖文化旅游项目、泰山玉兰城市广场、耀泰教育装备产业基地、威海市商业银行、中拓软件研发中心、御座山璟、安信证券、银河证券、华林证券、大唐财富等过亿元大项目先后签约落地。泰山国际文旅项目、恒大童世界、桔子酒店、中达平安广场、平安银行、望岳城际商务中心等在谈项目进展顺利。在观光路和环山路之间，对泰山山前景区全域风貌进行改造提升，建设集民俗文化旅游、生态康养、农林观光等于一体的国际文化旅游度假区，将成为全域旅游的新名片，也为该街道北部发展拓展空间。投资50亿元的碧霞湖文化项目和泰山玉兰城市广场项目，前期各项准备工作基本完成，即将全面启动。艾家庄民俗古镇项目作为乡村旅游的新业态，成功破解环山路以北发展受限的问题，拓展了街道北部发展空间。泰山亲和源项目，三次招商成功。泰山国际金融中心项目，手续办理全部完成，进入施工。泰山时代广场、瑞典鼎峰·国悦府、北欧花园、泰山紫郡、华新山水居、卧龙大观等项目进展顺利。阳光·智慧谷教育产业基地项目、泰安仁济医院等改造项目，先后完成改造升级，新旧动能成功转换。其中，阳光智慧谷项目为全市大项目建设提供现场，得到上级领导的高度评价。

【社会保障】 全年新增就业再就业522人，创业带动就业1227人；城乡居民养老保险参保2421人，医疗保险参保39826人，全民参保登记完成率达到100%。完成退役士兵信息登记2935人。中小学大班额问题有效解决。开展“学校项目建设攻坚战”行动，投资1500余万元扩建御碑楼小学，增加学位450名；三合学校与泰安博文中学成功合作，新增学位2700名并招生；冯玉祥小学迁建稳步推进。

【基础设施】 筹措3000余万元，整修道路8.5公里，新增绿化面积5000余平方米，佛光路、擂鼓石大街东段、双龙路、环山绿道4条道路建成通车，碧霞大街、黄前西干渠、紫欣路3条道路建设加速推进；推进老旧小区整治改造工作，投入300余万元完成御碑楼小区、岱道庵小区、向阳小区、金山小区4个老旧小区整治改造。

【科技文化事业】 突出文化阵地建设、文化活动开展、文化产业改造升级三大重点，先后建设完善文体小广场14处、1.2万余平方米，实现村社区文体广场全覆盖；新建移风易俗宣传栏、文化长廊48处；开展“新春送百福、金秋艺术节、喜迎十九大、文化下乡、书画下基层”等系列活动20余场次，开展文化活动100余场。加大科技创新工作力度，2017年辖区内企业研发投入7800万元，签订技术合同19项，成交额1800万元；申请发明专利152件，授权102件。泰安协同软件有限公司成功认定为国家高新技术企业；科大社区被评为山东省科普示范社区，嘉德社区被认定为省级地震安全示范社区。

【安全生产】 以森林防火、建筑施工、人员密集场所、消防安全等业重点，持续开展隐患排查整治，持续推进“大、快、严行动，累计检查”各类企业142家次，排查整治各类隐患277条。不断加强防火、防汛基础设施和队伍建设，投资100余万元，整修、加固观光路沿线防火隔离防护栏。加大汛期重点河道、水库巡查，扎实做好河道清理工作，确保了平安度汛。全年组织食品药品检查232次，出动执法车辆621台、执法人员1860余人次，立案处罚16起。

【社会治安】 ①投入220万元，高标准打造街道、村社区综治中心，重点路段、区域安装监控探头158个，实现主要路段、重点区域“天网”全覆盖，治安环境持续改善。②开展信访维稳隐患大排查，落实领导包案，本着“事要解决”的原则，多渠道、多方式化解不稳定因素。做好重要时期的信访维稳工作，特别是圆满完成中共十九大安保维稳工作。

(泰前街道)

上高街道

【概况】 上高街道位于泰城东部，地处泰山区的中心位置，东、西、北分别与省庄镇、岱庙街道和泰前街道相邻，南面与徐家楼接壤，总面积30.18平方公里，耕地面积520.45公顷，2017年辖20个行政村（共34个自然村）和5个社区居委会。人口12.1万，人口自增率18.7‰。地方财政收入27000万元。52个投资过千万元的重点项目累计完成投资59.1亿元，比上年同期增长7.1%；规模以上工业企业实现产值38.28亿元、主营业务收入37.29亿元、利税2.7亿元，比上年同期分别增长3.41%、2.29%、16.33%。农村用电量3278万千瓦时。粮食产量538吨，肉类产量651吨。普通初中2所，在校生1975名，专任教师126名。小学7所，在校生3340名，专任教师148名。乡镇卫生院1所，专业技术人员67名。村级卫生室（社区门诊）18个，乡村医生63名。居民人均纯收入30861元，居民人均生活支出9276元。享受最低生活保障金人数840人。敬老院数1所，入住30人。

【经济】 全年共实施招商引资项目40个，实际到位资金

13.6亿元，同比增长18.7%；吸引外资900万美元。全年筛选确定45个重点项目，其中34个投资过千万元，完成投资44.3亿元，比上年增长12.9%。完成时时顺物流、视聆通讯挂牌上市工作，策划鲁普科技、帅迪医疗科技等股改上市工作。投入研发资金2.43亿元，申报发明专利16项，发明专利授权11项，引进各类科技专家人才8人，获评省级技术中心企业1家、省绿色数据中心试点企业1家、市级技术中心企业2家。

【民生】 推进精准扶贫，全年发放各类救助资金共计240余万元。强力推进中小学大班额建设，3名教师被评为泰山教学新星，2名教师被评为教坛英才，1名教师评为泰山名师。华新、双龙、宁家结庄分别被评为省市区级创业型村，速恒物流有限公司被评为市级创业孵化示范园区。全面完成卫生院国医堂提升工程。强力推进违法建设治理，拆除960处、共计101.77万平方米的违法建设。全面完成畜禽养殖禁养区搬迁任务，基本完成散乱污企业清理整治任务，10蒸吨/时以下燃煤锅炉灶全部整改完毕。完成利民、东岳老旧小区改造，推进凤凰、唐庄小区老旧小区改造，打造利民、双龙社区居民“慧自治”试点社区，成功申报2个社会工作试点社区。开展政务服务提质专项行动，办理完成859项“12345”便民服务热线工单。新建凤台村农村幸福院，提升3家日间照料中心和3处农村幸福院服务水平。黄家庄长寿敬老院被评为省级以奖代补养老服务机构，岔河村被省老龄委评为山东省敬老文化教育示范点和山东省老年人公益维权服务示范站。岔河村被评为全国模范基层人民调解委员会。开展创城攻坚战，建成小井、北上高2个省级示范农村新型社区健身工程项目，双龙社区被评为“省级文明社区”。

【党建】 新发展党员24名，完成61个基层党组织和2181名党员的信息录入工作；完成村（社区）“两委”换届工作。魏家庄村被推选为市“泰山先锋”红旗党支部。打造双龙社区“五彩文化”区域党建一体化党建品牌、社会组织党建孵化中心，该社区丹青国画党支部被推选为“泰山先锋”红旗党支部。宁家结庄和魏家庄村录入全市农村集体经济发展新动能名录。成立速恒物流园区联合党委，打造商圈党建新亮点。双龙社区和魏家庄村“关工”品牌，在省市层面得到推广，该街道被评为泰安市青少年法治教育示范街道。

【泰山人家·上高庄园被评为国家AAA级旅游景区】 该庄园位于上高街道魏家庄村，总投资近亿元，规划占地1500亩。近年来，魏家庄村立足特色，发展现代农业，采取农产品加工、休闲农业和“互联网+”等新模式，以果蔬种植等传统农业为基础，狠抓精细加工，主打品牌效应，探索出一条集乡村旅游、休闲农业、餐饮、教育等为一体的三产融合发展的新路子，最大限度地促进村农村集体增收、村民致富。2017年，实现村集体经营性收入600余万元，人均纯收入1.6万元，泰山人家·上高庄园被评为国家级3A级旅游景区。 （上高街道）

徐家楼街道

【概况】 徐家楼街道东邻温泉路南段，西连高铁新区，南接泰安市高新技术开发区，北临泰安城区，面积20.4平方公里，耕地面积334.33公顷。2017年辖社区5个，村民委员会11个。人口4.3万人，人口自然增长率1.24‰。地方财政收入30589万元。固定资产投资722600万元。招商引资项目26个，投资39.3亿元。民营企业286家，主营收入92950万元。农贸市场2处。农业机械总动力2510千瓦，农村用电量920万千瓦小时。粮食产量2386.15吨，肉类产量720.6吨，牛奶产量2536.8吨。普通初中1所，在校生883名，专任教师60名。小学5所，在校生2268名，专任教师103名。乡镇卫生院1所，床位20张，专业技术人员40名。村级卫生室（社区门诊）10个，乡村医生26名。居民人均纯收入17571元，居民人均生活支出7858元。享受最低生活保障金人数444人。敬老院1所，入住5人。获得省级文明镇、科技创新工作先进单位等荣誉称号。

【经济总体实力不断提升】 2017年，深入实施“西拓东进”战略，加快推进“一带三区”（万官大街高端商务商贸聚集带，龙潭路知名家居建材品牌聚集区，长城路文化娱乐休闲聚集区，温泉路现代高端物流聚集区）建设步伐，优化区域功能布局，狠抓项目落地，经济建设呈现整体推进、东部突破的发展格局。2017年，共实施“四个一批”（策划招商一批、开工建设一批、竣工运营一批、股改上市一批）项目30个，过亿元项目17个；新签约项目28个，过亿元项目16个，合同引资金112亿元。泰山国际电子商务产业园项目代表泰山区在2017中国泰安投资合作洽谈会重点项目签约仪式上签约，举办了第九届“泰山原浆啤酒节”、第四届“泰安青岛啤酒节”。

【民生建设】 ①扶贫。对12个村（社区）152户贫困户，共300人进行扶贫攻坚，脱贫率达100%；对辖区内429个因病致贫的建档立卡人员的看病就医实行优惠，共发放救助金2.5万元。②文化建设。新增健身小广场3个。新增体育器材60多件，累计投资15万元。开展“创城文艺汇演”40余场，公益讲座17次。开展学校大班额治理，泮河学校完成选址和规划工作。③安全生产。制定《安全生产目标责任考核意见》，签定责任书600余份，配备专职安全管理员，成立专项检查领导小组，配齐配全安全生产检查所需执法装备，检查企业120余家。④综合治理。建设“雪亮工程”监控研判平台，在辖区重点道路、重点部位安装高清探头180个，为交警部门提供事故线索30余个，服务群众50余人、100余次。

【创城工作】 2017年，累计投入资金3000余万元，制作宣传版面2000余块，发放宣传单、倡议书6万余份，打造文明一条街26条，维修道路12条。在全面治理的基础上突出重点，投入300余万元对新华机械厂、啤酒厂家属院等重点难点部位进行专项整治，辖区环境卫生状况得到有效改善，群众满意度明显提高。

（徐家楼街道）

省庄镇

【概况】 东邻邱家店镇，西连上高街道，南接高新区北集坡街道，北界泰山山脉。面积65平方公里，耕地面积2350公顷。2017年辖村民委员会37个。人口6万人，人口自然增长率15.1‰。地方财政收入8221万元。固定资产投资37.91亿元。招商引资项目17个，投资16.8亿元。民营企业320家，主营收入59600万元。农贸市场1处。农业机械总动力285000千瓦，农村用电量4640.40万千瓦时。粮食产量8058吨，肉类产量1462吨，牛奶产量4063吨。普通初中2所，在校生2949名，专任教师215名。小学7所，在校生3100名，专任教师145名。乡镇卫生院1所，床位106张，专业技术人员92名。村级卫生室（社区门诊）33个，乡村医生71名。居民人均纯收入16700元，居民人均生活支出8620元。享受最低生活保障金人数884人。敬老院数1所，入住14人。年内，获得山东省档案科学化管理先进单位、泰安市党的十九大维稳安保先进集体、泰安市安全生产先进单位等荣誉称号。

【经济发展稳中向好】 2017年，完成地方财政收入8221万元，占调整预算的100%，其中税收收入7598万元（国税4309万元、地税3289万元），同比增长15.8%。固定资产投资总额40亿元，同比增长7.6%。规模以上工业总产值6.02亿元，新增规模以上企业3家，规模以上企业总数达21家。洽谈引进项目13个，招商引资到位资金16.8亿元，同比增长7.5%。全镇31个“四个一批”重点项目实现快开工、快建设、快运营，绿城太阳谷项目列入市级重点推进项目，新能源汽车充电桩研发生产项目代表泰山区迎接了全市半年项目建设和招商引资考核检查，海纳轴研成功在齐鲁股权交易中心挂牌，成为省庄镇首家进入资本市场的企业。中天泰和实业有限公司、泰安华网电力装备有限公司、山东亚奥特乳业有限公司列入全区“三强”企业名单。新增省市研发平台3个，其中泰山工程机械有限公司通过“山东省工程技术研究中心”考评。省级旅游特色村、属地景点等共接待游客185.6万人次，同比增长11%，筹备编制的《省庄镇北部乡村旅游集群片区规划》启动实施。小津口村建成全区首家“中国淘宝村”，电商销售额过千万元。泰安市首届泰山茶优秀品牌评选暨第五届泰山茶炒茶技能大赛在省庄举办。新发展农业合作组织10家，新增农业龙头企业3家，品牌企业1家。

【加快美丽镇村建设】 《泰安市泰山区省庄镇总体规划（2017—2035）》经多次论证，通过专家评审。博阳路、岗宦路、李许路等重要路段的大修改造工程有序推进，“五纵三横”交通网络基本形成，完成农村道路建设26公里。推进文明城市创建工作，累计投入2000余万元，制作广告板面708块，完善文明一条街50余条，张贴1150张禁烟标识牌，发放创城明白纸、倡议书4万余份。治理违法建设，累计巡查300余次，组织会战3次，拆除兴隆、付家庄、宦家峪、东羊楼等村900余处违法建设群，清理面积105.8万平方米。投资200余万元，加快美丽乡村建设，公共服务功能、长效管护机制不断完善。前省庄村、东苑庄村入选“2017年度市级美丽乡村示范村”，全镇区级“美丽乡村”达到6个。环境保护综合整治，关闭养殖场和养殖专业户97家（户），摸排“散乱污”企业492家，清理取缔118家，整改提升374家，淘汰燃煤锅炉93台。完成农村改厕3435户。开展饮用水经营及泰山石保护和奇石市场整治，集中清理蚕子峪、宦家峪、羊西村沿路（河）非法经营、乱摆乱放奇石经营业户150余户。结合博阳路拓宽改造，进一步规范羊西奇石市场，联合水务部门依法取缔、封停北部山区售水点、取水点5处。全面实行“河长制”，清理沿河养殖区8处，清理河道障碍物等30余处，清理垃圾20余吨，关停污水出水口15处。

【推进社会事业全面进步】 发放各类扶贫资金375万元，实施扶贫项目5个，全镇561户、1037人贫困人口实现脱贫。推进少数民族帮扶工程，累计投入141万元，为东孙、廿里埠、岗上等6个少数民族村硬化道路1.5万平方米，整修排水渠3000米，修建便民桥2座。社会治理创新发展，全镇划分网格142个，充实网格员363人，排查并解决各种风险隐患276件。东羊楼、东苑庄、南河西等20个村建成村级综治中心。新增探头585个，推进“天网工程”向“雪亮工程”延伸。医保、新农保参保率达90%以上。累计发放各类救助资金240余万元。建成农村幸福院7所、日间照料中心1处。新增就业再就业950人、创业243人。省庄卫生院荣获全国群众满意的乡镇卫生院、山东省健康促进医院荣誉称号。

【打赢脱贫攻坚战】 一是精准摸底排查。深入贫困村户实地摸底排查，实施挂账销号，共建立台账592册，覆盖37个村，实现贫困户建档率100%。二是精准产业脱贫。立足贫困村实际，精准施策。大河峪村成立猕猴桃专业合作社，吸收2户贫困户入股集中经营；亓家滩村盘活闲置资产，将3处贫困户的老旧房屋改造升级为农家乐，建设绘画写生基地，引进艾条加工项目，发展农村淘宝；贝家庄村利用村民养羊的传统，与牧业公司合作，发展养殖业。叶家庄村建设“那一叶”女儿茶基地、“小地主”采摘农场等项目，小津口、刘家庄、安家庄等村依托“互联网+”，发展农村电商。三是精准基础设施建设。投入500余万元完成23个村、32公里的农村道路建设任务。累计投资2000余万元建设北部山区饮水工程、标准化茶园项目和农田水利维修项目等工程。争取资金34.5万元完成24户贫困户、1500平方米的危房改造。投资1300余万元，改扩建省庄一中和德惠希望小学综合教学楼，对全镇家庭经济困难的15名学生免除高中段学杂费。四是精准政策利用。大河峪村申报“国家级旅游扶贫村”“省级美丽乡村”“省级旅游特色村”通过验收。落实产业化脱贫攻坚项目8个，补助资金100余万元，176名贫困人口实现增收。

（省庄镇）

邱家店镇

【概况】 邱家店镇地处泰山、徂徕山中间地带，被大汶河环绕，距泰城城区8公里，东、南与岱岳区徂徕镇和范镇隔河相望，西靠省庄镇，北邻岱岳区山口镇，面积54.3平方公里，耕地3294.8公顷。2017年，村民委员会36个。人口55285人，人口自然增长率7.58‰。地方财政收入5053万元。固定资产投资10.34亿元。招商引资项目14个，投资87亿。民营企业60家，主营收入40亿元。农贸市场1处。粮食产量12245吨，肉类产量1300吨，牛奶产量5102吨。普通初中2所，在校生2356名，专任教师164名。小学10所，在校生1896名，专任教师117名。乡镇卫生院1所，床位60张，专业技术人员105名。村级卫生室（社区门诊）34个，乡村医生86名。居民人均纯收入16700元，居民人均生活支出7393元。享受最低生活保障金人数887人。敬老院1所，入住22人。先后荣获全国计划生育协会工作先进单位、山东省森林乡镇、山东省档案科学化管理先进单位、泰安市脱贫攻坚先进集体、泰安市安全生产工作先进单位、泰安市国防建设十佳单位等荣誉称号。

【财税收入明显增加】 2017年，全镇完成地方财政收入5053万元，增幅列全区第一，其中，税收收入完成2748万元，同比增长54.2%；镇农商行存贷余额19.1亿元，同比增长12.4%。全镇实现规模以上工业企业总产值34亿元，增长27%；固定资产投资额10.34亿元，增长26.46%；服务业营业收入、批发业、零售业销售额等均大幅提升。

【发展后劲明显增强】 ①旅游业呈现火爆趋势。宝泰隆项目影响力、吸引力持续增强，游客人数再创历史新高，入园游客突破220万人次，营业收入突破3亿元，成为继泰山之后，全市又一张旅游新名片。芝田河湿地项目完成河道清理、污水站建设和驳岸护坡，建成后与宝泰隆、花木城相链接，将成为中心镇区新的景观带和金腰带。②工业实现重大突破。招商引进投资3.2亿元的嘉和重工项目。越泰机械等汽配产业项目逐步正规，全年实现销售收入1.8亿元。③农业亮点更加突出。泰山国际花木城成功举办第十三届泰山苗交会和第二届泰山花木论坛，吸引了全国17个省市地区的近400家企业参展，交易额突破12亿元，提升了知名度和影响力，带动了产业发展，促进了农民增收。同时，以宋官果蔬基地、刘家疃菌菇基地为龙头的果蔬采摘、菌菇生产等产业不断壮大，经济效益不断提升。

【基础设施建设】 ①供电方面，投资9000万元的110千伏变电站项目，完成设备安装和进线工作。供气方面，镇驻地清华苑、卧龙小区和工业园区入住使用。路网方面，投资1200万元的侯石路大修改造工程竣工通车。环境方面，争取上级财政资金1000万元，镇、村自筹368万元，实施侯石路沿线7个村的连片治理项目，并通过省市区财政部门验收。②环保方面，共关停“散乱污”企业285家，淘汰燃煤锅炉45台，畜禽养殖场关闭搬迁482家。投资724万元，改造危房和厕所4372户，并通过环保部生态乡镇考核验收，36个村均通过市级生态村考核验收。③治违方面，共查处违章建筑426处，拆除13万平方米。

【民生建设】 ①扶贫工作，全年共争取上级扶贫资金300万元，发动社会力量捐款捐物120万元，通过产业帮扶“全覆盖”、政府兜底“全保障”、包保帮扶“全方位”，624户贫困户脱贫，3个省级贫困村“摘帽”。全市脱贫攻坚现场调度会在邱家店镇召开，市委王云鹏书记给予邱家店镇高度评价。②教育方面，投入1800万元，改善硬件设施，投入700万元，解决教师的医疗保险，中心小学迁建项目完成征地工作，中心幼儿园通过“省级规范化示范园”验收，两所中学中考成绩在全区分列第三位、第五位，十三中被评为泰安市教书育人先进单位。③卫生方面，中心卫生院不断改善基础设施和诊疗环境，大力提升医疗服务水平，成功创建“省级中医诊疗特色卫生院”。④文化建设方面，利用“汶水大舞台”，举办各类文艺演出活动30余场，组建腰鼓队、秧歌队、棒子剧团16个，组织文化下乡活动30余场。⑤社会治理方面，深入排查化解矛盾纠纷，完善社会综合治理体系，加大派出所等基层站所建设力度，全面提升”雪亮工程“，较好地完成中共十九大安保维稳工作。 （邱家店镇）

人　物

赵　斌　男，汉族，山东肥城人，1967年1月出生，1988年7月加入中国共产党，研究生学历。

1988年7月至1988年9月，曲阜师范大学体育系教师。1988年9月至1989年7月，任山东省机关讲师团峄城支队支队长。1989年7月至1992年2月，任曲阜师范大学体育系辅导员。1992年2月至1994年12月，任共青团泰安市委干事。1994年12月至1997年1月，任共青团泰安市委经济部副部长。1997年1月至1997年3月，任共青团泰安市委经济统战部部长。1997年3月至1998年12月，任泰安市政府办公室综合科主任科员。1998年12月至1999年12月，任泰安市政府办公室政工科科长。1999年12月至2002年3月，任泰安市政府办公室纪检组长。2002年3月至2004年2月，任泰安市政府办公室副主任、党组成员、纪检组长（2000年9月至2003年6月山东省委党校在职干部研究生班学习）。2004年2月至2007年1月，任泰山区委常委，泰山区政府副区长、党组副书记。2007年1月至2010年12月，任泰山区委副书记。2010年12月至2011年1月，任泰山区委副书记、泰山区政府代理区长。2011年1月至2016年4月，任泰山区委副书记，泰山区政府区长、党组书记。2016年4月至2016年12月，任泰山区委书记、区委党校校长，泰山区政府区长、党组书记。2016年12月，任泰山区委书记、区委党校校长。

王爱新　女，汉族，山东肥城人，1969年7月出生，1995年8月加入中国共产党，研究生学历。

1991年7月至2001年12月，任肥城人民广播电台新闻部副主任、主任，台长助理（1993年8月至1995年12月中央党校函授学院本科班经济管理专业学习）。2001年12月至2004年4月，任肥城市老城镇党委副书记。2004年4月至2006年9月，任肥城市安临站镇党委副书记、镇长（2005年5月至2005年8月浙江省台州市黄岩区南城街道办事处挂职主任助理，2005年9月至2008年6月山东省委党校在职干部研究生班经济管理专业学习）。2006年9月至2008年10月，任肥城市安临站镇党委书记、人大主席团主席（2007年3月至2007年7月泰安市委党校第十八期中青年干部培训班学习）。2008年10月至2009年2月，任肥城市安临站镇党委书记。2009年2月至2010年1月，任肥城市湖屯镇党委书记。2010年1月至2010年4月，任肥城市委常委、宣传部部长，湖屯镇党委书记。2010年4月至2012年1月，任肥城市委常委、宣传部部长。2012年1月至2016年11月，任肥城市委常委，肥城市政府副市长、党组成员。2016年11月至2017年1月，任泰山区委副书记，泰山区政府代理区长、党组书记。2017年1月，任泰山区委副书记，区政府区长、党组书记。

毕华年　男，汉族，山东莱芜人，1965年4月出生，1991年11月加入中国共产党，大学学历。

1984年7月至1987年9月，莱芜市大王庄镇东上崮小学、镇中学任教。1987年9月至1989年7月，泰安教育学院学习。1989年7月至1989年12月，莱芜市第十一中学教师。1989年12月至1992年3月，泰山区计划生育委员会统计科员。1992年3月至1994年9月，任泰山区计划生育委员会宣传法规科科长。1994年9月至1995年9月，任泰山区粥店办事处党委组织委员。1995年9月至1997年9月，任泰山区大津口乡党委副书记、副乡长。1997年9月至1999年7月，任泰山区徐家楼乡党委副书记、乡长。1999年7月至2001年12月，任泰山区民政局局长、党委副书记。2001年12月至2002年10月，任泰山区邱家店镇党委书记。2002年10月至2006年10月，任邱家店镇党委书记、人大主席团主席（2001年9月至2003年12月山东省委党校业余本科班学习）。2006年10月至2007年3月，任泰山区政府区长助理。2007年3月至2007年12月，任泰山区政府区长助理，泰山工业园区管理委员会主任（副县级），区建设局局长、党委书记。2007年12月至2011年11月，任泰山区政府副区长、党组成员。2011年11月至2013年12月，任泰山区政府副区长、党组副书记。2013年12月至2016年12月，任泰山区委常委，区政府副区长、党组副书记。2016年12月至2017年1月，任泰山区委常委、区政府副区长。2017年1月，任泰山区委副书记。

安　丽　女，汉族，山东长清人，1976年11月出生，2000年12月加入中国共产党，大学学历。

1998年7月至2002年7月，泰安市地方史志办公室工作。2002年7月至2004年4月，任泰安市地方史志办公室年鉴科副科长（2003年7月至2004年4月在泰安市委办公室帮助工作）。2004年4月至2004年9月，泰安市委办公室秘书一科工作。2004年9月至2007年8月，任泰安市委办公室秘书一科副科长。2007年8月至2010年4月，任泰安市委办公室政工科主任科员。2010年4月至2011年6月，任泰安市委办公室政工科主任科员、团委书记。2011年6月至2011年11月，任泰安市委办公室政工科科长。2011年11月，任泰山区委常委、宣传部部长。

徐立勇　男，汉族，泰安市泰山区人，1972年12月出生，1995年6月加入中国共产党，研究生学历。

1991年7月至1996年1月，泰山区徐家楼乡教师。1996年1月至1996年7月，泰山区徐家楼乡党政办秘书。1996年7月至2000年8月，任泰山区委组织部调研室主任（1989年11月至1999年5月山东师范大学高等教育自学考试大专学习）。2000年8月至2002年3月，任泰山区委党员电教中心主任（2000年9月至2002年12月中央党校函授大学法律专业学习）。2002年3月至2003年12月，任泰山区委组织部副部长。2003年12月至2008年1月，任泰山区委组织部常务副部长（2004年9月至2007年6月山东省委党校研究生班学习）。2008年1月至2011年11月，任泰山区岱庙街道党工委书记、人大工作室主任。2011年11月至2012年1月，任泰山区政府党组成员。2012年1月至2016年12月，任泰山区政府副区长、党组成员。2016年12月至2017年1月，任泰山区政府副区长、党组副书记。2017年1月，任泰山区委常委，区政府副区长、党组副书记。

刘　静　女，汉族，山东嘉祥人，1974年1月出生，1995年3月加入中国共产党，研究生学历。

1996年7月至2000年1月，任泰安市泰山化工集团团委副书记。2000年1月至2002年1月，泰安市国有资产经营有限公司办公室科员。2002年1月至2004年2月，任泰安市国有资产经营有限公司办公室副主任。2004年2月至2005年2月，任泰安市国有资产经营有限公司工会副主席。2005年2月至2007年2月，任泰安市国有资产经营有限公司工会副主席、党政办副主任。2007年2月至2010年12月，任泰安市国有资产经营有限公司董事会秘书、党政办主任。2010年12月至2013年4月，任泰安市国有资产经营有限公司董事会秘书、党政办主任（其间整建制划入事业单位）。2013年4月至2015年12月，任泰安市企业国有资产管理中心办公室主任。2015年12月至2016年3月，任泰安市企业国有资产管理中心副主任、党委委员。2016年3月，任泰山区委常委、泰山区政府副区长（挂职）。

谷咏梅 女，汉族，山东威海人，1969年3月出生，1997年6月加入中国共产党，大学学历。

1991年7月至1993年8月，山东省财政厅办公室办事员（1992年2月至1993年7月泰安市泰山区财政局挂职锻炼）。1993年8月至1997年2月，山东省财政厅办公室科员。1997年2月至2000年11月，任山东省财政厅办公室副主任科员（1995年7月至1998年7月山东经济学院会计学专业学习）。2000年11月至2012年9月，任山东省财政厅办公室主任科员。2012年9月至2014年7月，任山东省财政厅办公室副调研员。2014年7月至2016年11月，任山东省财政厅办公室副主任。2016年11月至2017年11月，任泰山区委常委、泰山区政府副区长（挂职）。

赵永斌 男，汉族，泰安市泰山区人，1974年7月出生，1995年11月加入中国共产党，研究生学历。

1993年7月至1994年11月，泰安市郊区邱家店镇第二中学教师。1994年11月至1998年1月，任郊区邱家店镇党政办副主任兼党委秘书。1998年1月至1999年1月，任郊区邱家店镇旧县管区党总支书记。1999年1月至2003年12月，任泰山区邱家店镇党委委员、组织委员（1997年9月至2000年6月山东省委党校业余大专班学习，2000年9月至2002年12月山东省委党校业余本科班学习）。2003年12月至2006年10月，任邱家店镇党委副书记、副镇长。2006年10月至2007年11月，任邱家店镇党委副书记、镇长。2007年11月至2009年2月，任邱家店镇党委书记。2009年2月至2011年11月，任省庄镇党委书记、人大主席团主席。2011年11月至2012年1月，任泰山区政府党组成员。2012年1月至2012年10月，任泰山区政府党组成员，泰山工业园区党工委副书记、管理委员会副主任。2012年10月至2013年2月，任泰山区政府党组成员，泰山工业园区管理委员会主任（副县级）、党工委副书记。2013年2月至2013年12月，任泰山区政府党组成员，泰山工业园区管理委员会主任、党工委副书记，泰安泰山科技文化产业园有限公司董事长、党支部书记。2013年12月至2016年12月，任泰山区政府副区长、党组成员。2016年12月至2017年1月，任泰山区委政法委书记、泰山区政府副区长。2017年1月，任泰山区委常委、政法委书记。

李培国 男，汉族，泰安市岱岳区人，1974年4月出生，1998年6月加入中国共产党，研究生学历。

1992年7月至1997年3月，泰安第十六中学教师（1992年11月至1995年11月曲阜师范大学法律专业在职大专学习）。1997年3月至1999年9月，任泰安市岱岳区下港乡党政办副主任、团委书记。1999年9月至2002年7月，岱岳区政府办公室科员。2002年7月至2003年3月，任岱岳区政府办公室副主任科员（2000年9月至2002年12月山东省委党校业余本科班法律专业学习）。2003年3月至2004年9月，任岱岳区人大常委会办公室副主任。2004年9月至2005年2月，任岱岳区人大常委会办公室副主任、主任科员。2005年2月至2008年12月，任泰安市纪委纪检监察二室正科级纪检监察员。2008年12月至2014年10月，任泰安市纪委纪检监察二室副主任（2006年9月至2009年6月山东省委党校在职干部研究生班法学理论专业学习）。2014年10月至2015年12月，任泰安市纪委第四纪检监察室副主任。2015年12月至2016年12月，任泰安市纪委第四纪检监察室主任。2016年12月，任泰山区委常委、纪委书记。

王冠祥 男，汉族，山东临沂人，1977年2月出生，1997年6月加入中国共产党，大学学历。

1999年8月至2001年1月，宁阳县飞达化工有限公司科技处科员。2001年1月至2002年1月，任宁阳县飞达化工有限公司质检计量处处长。2002年1月至2004年1月，任泰安市委组织部科员。2004年1月至2006年8月，任泰安市委组织部人才（知工）科副主任科员。2006年8月至2007年6月，任泰安市委组织部办公室副主任。2007年6月至2010年4月，任泰安市委组织部干部一科副科长、主任科员。2010年4月至2015年12月，任泰安市委组织部干部一科科长。2015年12月至2016年7月，任泰安市远程教育中心副主任、泰安市委组织部干部一科科长。2016年7月至2016年12月，任泰安市远程教育中心副主任。2016年12月，任泰山区委常委、组织部部长、统战部部长，泰山区老年大学校长。

刘兴钰 男，汉族，山东新泰人，1968年8月出生，1992年12月加入中国共产党，大学学历。

1988年7月至1991年4月，泰山区徐家楼乡泮河中学教师。1991年4月至1994年11月，任泰山区徐家楼乡团委书记、成人技校校长、乡党委秘书（1993年8月至1995年12月中央党校函授学习）。1994年11月至1996年10月，任泰山区委办公室、研究室秘书。1996年10月至1998年12月，任泰山区纪委办公室主任。1998年12月至2002年1月，任泰山区纪委常委、办公室主任。2002年1月至2002年5月，任泰山区纪委副书记、办公室主任。2002年5月至2003年3月，任泰山区纪委副书记。2003年3月至2003年12月，任泰山区纪委副书记（正局级）。2003年12月至2007年3月，任泰山区政府办公室副主任、区政府调研室主任。2007年3月至2007年8月，任泰山区政府党组成员、办公室主任，区政府调研室主任。2007年8月至2008年7月，任泰山区政府党组成员、办公室主任。2008年7月至2009年12月，任泰山区政府党组成员、办公室主任，区政府应急管理办公室主任。2009年12月至2011年11月，任泰山区政府党组成员、办公室主任。2011年11月至2015年7月，任泰山工业园区党工委书记（副县级）、泰山区委办公室主任。2015年7月至2017年1月，任泰山工业园区党工委书记，泰山区委办公室主任、区委“深改办”主任。2017年1月，任泰山区委常委、办公室主任、深改办主任。

周团结 男，汉族，山东东营人，1978年10月出生，1999年1月加入中国共产党，研究生学历。

2003年7月至2004年5月，任山东省委政策研究室财经研究处干部。2004年5月至2004年7月，任山东省委政策研究室综合研究处干部。2004年7月至2006年3月，任山东省委政策研究室综合研究处副主任科员。2006年3月至2007年12月，任山东省委办公厅综合室副主任科员。2007年12月至2013年6月，任山东省委办公厅综合室主任科员。2013年6月至2013年6月，任山东省委办公厅秘书处副处长。2013年6月至2017年9月，任山东省委组织部组织一处副处长。2017年9月，任泰山区委常委，泰山区财源街道党工委书记（挂职）。

李殿勤 男，汉族，泰安市岱岳区人，1960年7月出生，1987年6月加入中国共产党，大学学历。

1980年7月至1985年2月，泰安县（市）范镇沟头联中教师。1985年2月至1986年10月，泰安第四中学教师（1983年9月至1988年7月曲阜师范大学政史系政治专业函授学习）。1986年10月至1991年12月，泰安市泰山区委宣传部干事、副科长、科长。1991年12月至1993年11月，任泰山区委宣传部副部长。1993年11月至1994年12月，任泰山区政府办公室副主任。1994年12月至1999年1月，任泰山区政府办公室主任。1999年1月至1999年3月，任泰山区人民检察院代理检察长。1999年3月至2004年2月，任泰山区人民检察院检察长。2004年2月至2005年3月，任泰山区委常委、政法委书记，区人民检察院检察长。2005年3月至2011年11月，任泰山区委常委、政法委书记。2011年11月至2012年1月，任泰山区委常委、政法委书记，区人大常委会党组副书记。2012年1月至2016年3月，任泰山区人大常委会第一副主任（正县级）、党组书记。2016年3月，任泰山区人大常委会主任、党组书记。

王志亮 男，汉族，山东禹城人，1961年6月出生，1982年8月加入中国共产党，大专学历。

1979年11月至1982年9月，中国人民解放军某部八连战士。1982年9月至1984年7月，济南陆军学院学习。1984年7月至1985年4月，任某部八连见习排长。1985年4月至1986年9月，任某团政治处组织股干事。1986年9月至1989年9月，任某部五连政治指导员。1989年9月至1990年2月，任某团司令部政治协理员。1990年2月至1991年6月，任某师教导队副政治指导员。1991年6月至1995年3月，任某师教导队政治指导员。1995年3月至1997年1月，任某师炮兵团榴弹炮二营政治指导员。1997年1月至1998年1月，任某团政治处主任。1998年1月至2000年2月，任某团副政委。2000年2月至2001年3月，任泰安军分区第二干休所副所长。2001年3月至2004年1月，任蒙阴县人民武装部部长。2004年1月至2005年1月，任蒙阴县人民武装部政委。2005年1月至2005年3月，任泰山区人民武装部政委。2005年3月至2009年2月，任泰山区委常委、泰山区人民武装部政委。2009年2月至2012年1月，任泰山区人大常委会副主任。2012年1月，任泰山区人大常委会副主任、党组副书记。

刘 凤 女，汉族，泰安市岱岳区人，1963年12出生，大学学历。

1984年12月至1986年12月，山东省地矿局水文地质队工作。1986年12月至1990年5月，泰山区上高乡水利水产站科员。1990年5月至1993年1月，泰山区水利水产局科员。1993年1月至1996年2月，任泰山区粥店街道办事处副主任。1996年2月至2001年12月，任泰山区上高乡副乡长。2001年12月至2003年1月，任泰山区工商业联合会会长。2003年1月至2007年12月，任泰山区政协副主席、区工商业联合会会长（2003年9月至2005年12月山东省委党校本科班经济管理专业学习）。2007年12月至2011年11月，任泰山区人大常委会副主任、区工商业联合会会长。2011年11月，任泰山区人大常委会副主任。

葛安华 男，汉族，山东肥城人，1964年4月出生，1990年11月加入中国共产党，大学学历。

1987年7月至1988年5月，泰山区徐家楼乡干部。1988年5月至1992年4月，任泰山区水利水产局农水工管站站长（1989年9月至1992年6月北京农业工程大学函授学习）。1992年4月至1994年9月，任泰山区委研究室干事、经济科科长、研究室主任。1994年9月至1995年8月，任泰山区委办公室研究室主任、副局级秘书。1995年8月至1996年2月，任泰山区委办公室副主任（1994年9月至1996年12月山东省委党校业余本科班学习）。1996年2月至1999年2月，任泰山区财源办事处党委副书记、办事处主任。1999年2月至2001年2月，任泰山区政府办公室主任、党组成员。2001年2月至2001年12月，任泰山区上高乡党委书记。2001年12月至2004年12月，任泰山区上高乡（街道）党（工）委书记、人大主席团主席（人大工作室主任）。2004年12月至2005年2月，任泰山区财政局党组书记、副局长。2005年2月至2011年1月，任泰山区财政局局长、党组书记。2011年1月，任泰山区人大常委会副主任、党组成员。

史书超 男，汉族，山东临清人，1964年10月出生，1985年7月加入中国共产党，大学学历。

1983年10月至1986年9月，中国人民解放军某部战士。1986年9月至1988年7月，信阳陆军学院学习。1988年7月至1992年10月，任解放军某部排长。1992年10月至1993年10月，任某部副连长。1993年10月至1994年6月，任某部副连职干事。1994年6月至1997年6月，任某部正连职干事。1997年6月至1999年6月，任某部副营级干事。1999年6月至1999年12月，任某部一营政治教导员。1999年12月至2000年2月，任泰安军分区政治部组干科正营职干事。2000年2月至2002年3月，任泰安军分区政治部组干科副科长。2002年3月至2003年1月，任新泰市人民武装部副部长。2003年1月至2004年12月，任泰安军分区政治部组干科科长。2004年12月至2006年1月，任泰安军分区政治部副团职干事。2006年1月至2006年2月，任宁阳县人民武装部政委。2006年2月至2006年3月，任宁阳县人民武装部政委、党委书记。2006年3月至2008年4月，任宁阳县委常委，宁阳县人民武装部政委、党委书记。2008年4月至2011年3月，任泰山区委常委、泰山区人民武装部政委。2011年3月至2012年3月，转业待安置。2012年3月至2013年1月，任泰山区人大常委会党组成员。2013年1月，任泰山区人大常委会党组成员、副主任。

李志科 男，汉族，河北清河人，1961年5月出生，1985年7月加入中国共产党，大学学历。

1983年7月至1988年12月，山东省交通干部学校教师。1988年12月至1991年3月，泰山区委老干部局干部。1991年3月至1994年10月，泰山区委老干部局安置服务科科长（1989年8月至1991年4月在泰山区粥店街道办事处小官庄村挂职村党支部副书记，1992年9月至1994年3月在泰山区人事局帮助工作，1994年3月至1994年10月在泰山区组织部帮助工作）。1994年10月至1996年12月，泰山区委组织部组织干事。1996年12月至1998年3月，任泰山区委组织部副部级组织员。1998年3月至2001年12月，任泰前街道党委副书记。2001年12月至2003年12月，任徐家楼乡党委副书记、乡长。2003年12月至2004年5月，任泰山区劳动和社会保障局副局长、党委副书记，区社会保险事业管理处主任。2004年5月至2006年5月，任泰山区劳动和社会保障局副局长、党委副书记，区社会保险事业管理局局长。2006年5月至2006年10月，任泰山区劳动和社会保障局局长、党委书记，区社会保险事业管理局局长。2006年10月至2012年1月，任泰山区劳动和社会保障局局长、党委书记。2012年1月，任泰山区人大常委会副主任、党组成员。

杨启典 男，汉族，山东东平人，1963年11月出生，1987年3月加入中国共产党，大学学历。

1985年7月至1990年1月，东平县公安局大羊派出所科员。1990年1月至1992年10月，任东平县公安局大羊派出所副所长、所长。1992年10月至1994年3月，任东平县公安局大羊派出所所长、副科级侦查员。1994年3月至1996年6月，任东平县公安局东平分局局长（1993年9月至1996年6月山东省政法管理干部学院经济法专业学习）。1996年6月至1998年1月，任东平县人民检察院党组成员、副检察长、反贪局副局长。1998年1月至1998年7月，任东平县接山乡党委副书记、乡长。1998年7月至2002年7月，任东平县公安局党委副书记、政委（1996年9月至1999年1月山东省委党校干部业余本科班经济管理专业学习）。2002年7月至2006年3月，任肥城市公安局党委书记、局长、副县级侦查员。2006年3月至2006年12月，任肥城市公安局局长（副县级）。2006年12月至2007年8月，任泰安市公安局党委委员，岱岳区公安分局党委书记、局长。2007年8月至2011年1月，任泰安市公安局党委委员，岱岳区政府区长助理，岱岳区公安分局党委书记、局长。2011年1月至2012年8月，任泰安市公安局党委委员，岱岳区政府党组成员，岱岳区公安分局党委书记、局长。2012年8月至2013年12月，任泰安市公安局党委委员，泰山区政府党组成员，泰山区公安分局党委书记、局长。2013年12月至2016年12月，任泰安市公安局党委委员、调研员，泰山区政府党组成员，泰山区公安分局党委书记、局长。2016年12月，任泰山区政府副区长、党组成员，泰安市公安局党委委员、调研员，泰山区公安分局党委书记、局长。2017年7月，任泰安市公安局党委委员、调研员，泰山区政府副区长、党组成员，泰山区公安分局党委书记、局长、督察长。

刘　伟 男，汉族，山东新泰人，1976年4月出生，1997年1月加入中国共产党，大学学历。

1995年7月至1997年6月，新泰市刘杜镇组织干事。1997年6月至1998年8月，新泰市政府办公室干部。1998年8月至2001年12月，任新泰市人事局干部科、人才交流中心副科长。2001年12月至2003年12月，泰安市政协办公室秘书科科员。2003年12月至2004年2月，任泰安市政协办公室秘书科副科长。2004年2月至2006年8月，任泰安市政协组织人事科副科长（主持工作）。2006年8月至2007年8月，任泰安市政协组织人事科科长。2007年8月至2011年5月，任泰安市政协组织人事科科长、机关党委副书记。2011年5月至2011年11月，任泰安市政协办公室副调研员。2011年11月至2016年12月，任泰山区政府副区长、党组成员。2016年12月，任泰山区政府副区长、党组成员（援疆）。

巩春秋 女，汉族，山东滕州人，1979年9月出生，1998年9月加入中国共产党，研究生学历。

2000年7月至2001年6月，任枣庄市市中区齐村镇镇长助理。2001年6月至2001年12月，任枣庄市市中区西王庄乡党委副书记。2001年12月至2004年9月，任山东省劳动和社会保障厅办公室副主任科员。2004年9月至2005年7月，任省劳动和社会保障厅办公室主任科员。2005年7月至2006年4月，任省劳动和社会保障厅纪检监察室主任科员。2006年4月至2009年11月，任省劳动和社会保障厅失业保险处主任科员。2009年11月至2010年12月，任省人力资源社会保障厅失业保险处主任科员。2010

年12月至2013年7月，任省人力资源社会保障厅失业保险处副调研员。2013年7月至2015年5月，任省人力资源社会保障厅高校毕业生就业处副处长。2015年5月至2017年5月，任泰山区政府副区长、党组成员（挂职）。

苏春明 男，汉族，泰安市泰山区人，1967年1月出生，1988年12月加入中国共产党，大学学历。

1989年7月至1991年10月，任泰山区徐家楼乡农技站站长。1991年10月至1994年11月，任泰山区房地产管理局办公室主任。1994年11月至1997年10月，任泰山区职称改革办公室副主任、主任（1994年8月至1997年6月中央党校函授学院大专班学习）。1997年10月至1998年7月，任泰山区人事局考核任免科科长。1998年7月至2002年10月，任泰山区人才交流中心主任（2000年8月至2002年12月中央党校函授学院本科班学习）。2002年10月至2003年12月，任泰山区人事局副局长、党组成员。2003年12月至2005年9月，任泰山区泰前街道党工委副书记、纪工委书记。2005年9月至2007年11月，任泰山区泰前街道党工委副书记、办事处主任。2007年11月至2009年4月，任泰山区科技局（科学技术协会）局长（主席）、党组书记。2009年4月至2009年12月，任泰山区科技局（科学技术协会）局长（主席）、党组书记，泰安省级农业高新技术产业示范区管理委员会副主任。2009年12月至2010年3月，任泰山区科技局（科学技术协会）局长（主席）、党组书记，泰安省级农业高新技术产业示范区党委副书记、管理委员会副主任。2010年3月至2013年12月，任泰山区财源街道党工委书记、人大工作室主任。2013年12月至2014年1月，任山东泰山工业园区管理委员会主任（副县级）、党工委副书记，泰山科技文化产业园有限公司董事长、党支部书记，财源街道党工委书记、人大工作室主任。2014年1月至2014年11月，任山东泰山工业园区管理委员会主任（副县级）、党工委副书记，泰山科技文化产业园有限公司董事长、党支部书记。2014年11月至2016年12月，任山东泰山工业园区管理委员会主任（副县级）、党工委副书记。2016年12月至2017年1月，任泰山区政府党组成员。2017年1月，任泰山区政府副区长、党组成员。

黄　涛 男，汉族，山东莱芜人，1966年9月出生，1987年12月加入中国共产党，研究生学历。

1988年7月至1991年8月，任泰安专用汽车制造厂技术处助工、党支部委员、团支部书记。1991年8月至1997年9月，任泰山区纪委案查室、办公室、党风室副主任。1997年9月至1998年12月，任泰山区纪委党风室主任。1998年12月至2001年12月，任泰山区纪委常委、党风室主任。2001年12月至2002年6月，任泰山区财源办事处党委副书记、纪委书记。2002年6月至2003年12月，任泰山区财源街道党工委副书记、纪工委书记。2003年12月至2004年12月，任泰山区财源街道党工委副书记、办事处副主任。2004年12月至2008年7月，任泰山区财源街道党工委副书记、办事处主任。2008年7月至2011年11月，任泰山区上高街道党工委书记、人大工作室主任、泰山区东部新区（山东泰山工业园区）管委会党工委副书记（2006年9月至2009年6月山东省委党校在职研究生班学习）。2011年11月至2016年12月，任泰山区岱庙街道党工委书记、人大工作室主任。2016年12月至2017年1月，任泰山区政府党组成员。2017年1月，任泰山区政府副区长、党组成员。

姚学理 女，汉族，湖北武汉新洲人，1975年2月出生，2000年11月加入中国共产党，研究生学历。

1995年7月至1997年9月，泰安市大麻纺织集团办公室工作。1997年9月至2003年3月，泰安市岱岳区计划生育局科员、统计科长（1999年8月至2001年12月中央党校函授学院本科班学习）。2003年3月至2007年6月，任泰安市岱岳区企业工委督查科长（副局级）。2007年6月至2008年8月，任泰安市岱岳区经济合作局副局长、党组成员(2008年4月至2008年8月满庄镇挂职副书记)。2008年8月至2009年1月，任泰安市岱岳区山口镇党委委员、副镇长（2006年9月至2009年6月山东省委党校在职干部研究生班学习）。2009年1月至2010年4月，任泰安市岱岳区范镇党委副书记。2010年4月至2014年1月，任泰安市岱岳区范镇党委副书记、镇长。2014年1月至2016年12月，任泰安市岱岳区道朗镇党委书记。2016年12月，任泰山区政府副区长、党组成员。

赵　宁　男，汉族，山东莱芜人，1982年10月出生，2003年4月加入中国共产党，材料学专业博士学位。

2011年11月至2014年12月，任山东省科学院新材料研究所工作，助理研究员；2014年12月至2017年9月，任山东省科学院新材料研究所工作，副研究员。2017年9月，任泰山区科技副区长、党组成员（挂职）。

王成金　男，汉族，山东东平人，1958年3月出生，1981年10月加入中国共产党，大学学历。

1976年9月至1978年3月，东平县水河乡焦铺村民办教师。1978年3月至1980年1月，泰安师范学校中师专业学习。1980年1月至1982年12月，任东平第九中学团总支书记。1982年12月至1986年6月，任东平县湖区公社党委组织干事、湖区区委组织委员(1984年9月至1986年7月泰安市委党校干部大专班农学专业学习)。1986年6月至1991年9月，任东平县委组织部干事、干训科科长。1991年9月至1994年6月，任东平县委组织员办公室副局级组织员、干训科科长。1994年6月至1996年1月，任东平县委组织员办公室副局级组织员、干部科科长、干部档案科科长(1994年9月至1996年12月山东省委党校涉外经济管理专业学习)。1996年1月至1998年3月，任东平县委组织部副部长。1998年3月至2002年10月，任东平县委组织部副部长，县人事局局长、党组书记，县编办主任(2001年9月至2002年1月泰安市委党校第十二期中青年干部培训班学习)。2002年10月至2003年1月，任东平县委组织部常务副部长，县人事局局长、党组书记，县编办主任。2003年1月至2006年12月，任宁阳县委常委、组织部部长。2006年12月至2011年11月，任泰山区委常委、纪委书记。2011年11月至2012年1月，任泰山区委常委、纪委书记，区政协党组副书记。2012年1月至2017年1月，任泰山区政协主席、党组书记。2017年1月至2017年2月，任泰山区政协党组书记。

陈庆业　男，汉族，山东莱芜人，1964年9月出生，1986年1月加入中国共产党，大学学历。

1987年7月至1992年8月，泰安第六中学教师（1988年9月至1991年7月曲阜师范大学函授学习）。1992年8月至1993年9月，泰山区台湾工作办公室干事。1993年9月至1994年10月，泰山区民政局募捐办公室干事。1994年10月至1996年1月，泰山区委办公室研究室科员。1996年1月至1996年8月，任泰山区委办公室研究室副主任。1996年8月至1999年2月，任泰山区委政策研究室副主任。1999年2月至2001年2月，任泰山区委办公室副主任、区委政策研究室主任。2001年2月至2003年12月，任泰山区政府党组成员、办公室主任、调研室主任。2003年12月至2007年1月，任泰山区政府区长助理、党组成员、办公室主任。2007年1月至2011年11月，任泰山区委常委、区委办公室主任。2011年11月至2012年1月，任泰山区委常委、泰山区政府党组副书记。2012年1月至2017年1月，任泰山区委常委，泰山区政府副区长、党组副书记。2017年1月至2017年2月，任泰山区政协主席。2017年2月，任泰山区政协主席、党组书记。

王德玉 男，汉族，山东东平人，1963年3月出生，1991年6月加入中国共产党，研究生学历。

1988年7月至1992年5月，泰山区粥店办事处林业站工作。1992年5月至1994年9月，任泰山区粥店办事处曹村管区党总支书记。1994年9月至1997年12月，任泰山区粥店办事处副主任（1995年9月至1997年7月山东省委党校党政干部研究生班函授学习）。1997年12月至2001年6月，任泰山野马毛纺织公司经理、党委副书记。2001年6月至2001年12月，任泰山区外经委副主任、党组成员（正局级）。2001年12月至2003年1月，任泰山区房地产管理局局长。2003年1月至2003年12月，任泰山区徐家楼街道党工委书记。2003年12月至2006年10月，任泰山区徐家楼街道党工委书记、人大工作室主任。2006年10月至2007年11月，任泰山区岱庙街道党工委书记。2007年11月至2008年1月，任泰山区岱庙街道党工委书记、人大工作室主任。2008年1月至2008年6月，任泰山工业园区管理委员会主任（副县级）。2008年6月至2009年4月，任泰山工业园区管理委员会主任、党工委副书记。2009年4月至2012年1月，任泰山工业园区管理委员会主任、党工委副书记，泰山区政府区长助理。2012年1月至2012年10月，任泰山区政协副主席、党组副书记，泰山工业园区管理委员会主任。2012年10月，任泰山区政协副主席、党组副书记。

李战德 男，汉族，山东莱芜人，1962年10月出生，大学学历。

1987年7月至1993年10月，泰安市中医二院住院医师（1992年10月至1993年10月山东中医大学附院进修医师）。1993年10月至1995年10月，泰安市中医二院骨科住院医师。1995年10月至1999年10月，任泰安市中医二院骨科主治医师。1999年10月至2003年12月，任泰安市中医二院骨科副主任医师、骨科主任。2003年12月至2007年12月，任泰安市中医二院副院长。2007年12月，任泰山区政协副主席、泰安市中医二院副院长。

钱涛 男，汉族，泰安市岱岳区人，1963年12月出生，1986年10月加入中国共产党，大学学历。

1981年8月至1985年8月，泰安市郊区黄前联中教师（1984年12月至1987年12月泰安师范专科学校学习）。1985年8月至1991年1月，泰安市郊区区委办公室研究室干事（1988年12月至1996年5月山东师范大学自学考试学习）。1991年1月至1992年8月，任泰安市郊区区委办公室研究室副局级秘书。1992年8月至1993年10月，任泰安市郊区区委办公室研究室副局级秘书、政治体制改革办公室副主任。1993年10月至1994年12月，任泰安市郊区区委办公室研究室副局级秘书。1994年12月至1995年3月，任泰安市郊区区委办公室正局级秘书。1995年3月至1996年3月，任泰安市郊区区委办公室副主任、正局级秘书。1996年3月至1996年8月，任泰安市郊区区委办公室副主任、研究室主任。1996年8月至1997年3月，任泰安市郊区区委办公室副主任、保密局局长。1997年3月至1998年1月，任泰安市郊区区委组织部副部长（正局级）。1998年1月至1999年6月，任泰安市郊区邱家店镇党委书记。1999年6月至2001年12月，任泰安市泰山区邱家店镇党委书记。2001

年12月至2003年12月，任泰山区纪委常务副书记。2003年12月至2005年12月，任泰山区农业局局长、党组书记。2005年12月至2007年11月，任泰山区政府区长助理，区农业局局长、党组书记。2007年11月至2008年1月，任泰山区政府区长助理、区教育局局长。2008年1月至2008年8月，任泰山区政府区长助理，区教育局局长、党委书记。2008年8月至2011年1月，任泰山区政府区长助理，区教育局局长、党委书记，区体育局局长、党支部书记。2011年1月至2011年5月，任泰山区政协副主席、党组成员，泰山区政府区长助理，区教育局局长、党委书记，区体育局局长、党支部书记。2011年5月至2012年1月，任泰山区政协副主席、党组成员。2012年1月至2015年7月，任泰山区政协副主席、党组成员，区委统战部部长。2015年7月至2017年1月，任泰山区政协副主席、党组成员。2017年1月至2017年2月，任泰山区政协党组成员。2017年2月，任泰山区政协党组副书记。

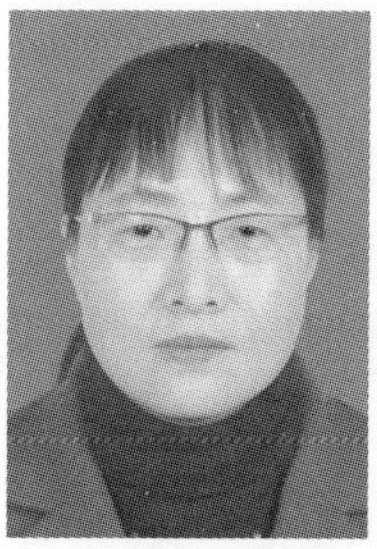

张　玲　女，汉族，泰安市岱岳区人，1972年11月出生，中国民主同盟会盟员，大学学历。

1997年7月至2001年9月，泰安市郊区省庄镇组织办公室干部。2001年9月至2001年12月，泰山区土矿局干部。2001年12月至2007年8月，任泰山区泰前街道办事处副主任。2007年8月至2011年1月，任泰山区泰山苗木花卉科技示范园管理委员会办公室主任。2011年1月至2011年11月，任泰山区政协副主席。2011年11月，任泰山区政协副主席、泰山区工商联主席。

甄永莲　女，汉族，泰安市岱岳区人，1964年4月出生，1986年1月加入中国共产党，大学学历。

1986年7月至1994年7月，泰安迎春中学教师、办公室主任。1994年7月至1998年7月，任泰山区区直机关党委妇联主任（1995年9月至1997年12月山东省委党校业余本科班学习）。1998年7月至2002年3月，任泰山区区直机关党委副书记。2002年3月至2003年12月，任泰山区委组织部副部长。2003年12月至2007年11月，任泰山区委办公室副主任，区委、区政府督查局局长。2007年11月至2012年1月，任泰山区发展和改革局局长、党组书记。2012年1月，任泰山区政协副主席、党组成员。

孙圆景　女，汉族，泰安市泰山区人，1967年7月出生，中国民主促进会会员，大学学历。

1990年9月至1999年6月，任泰安市郊区计划生育服务站检验科检验员、副主任。1999年6月至2001年12月，任岱岳区计划生育服务站检验科副主任（1999年9月至2003年7月泰山医学院函授专科班临床医学专业学习）。2001年12月至2007年9月，任岱岳区粥店办事处副主任(2003年9月至2005年12月山东省委党校干部业余本科班法律专业学习)。2007年9月至2007年10月，任民进泰安市委办公室副科级干部。2007年10月至2008年8月，任民进泰安市委办公室副主任。2008年8月至2009年12月，任民进泰安市委办公室主任科员。2009年12月至2011年12月，任民进泰安市委办公室主任。2011年12月至2017年1月，任民进泰安市委秘书长(副县级)。2017年1月，任泰山区政协副主席、民进泰安市委秘书长。

刘国锋　男，汉族，河南新野人，1972年3月出生，2000年11月加入中国共产党，研究生学历。

1992年7月至1995年2

月，泰安轴承厂工人（1989年10月至1993年6月山东大学高等教育自学考试法律专科学习）。1995年2月至1996年7月，任泰安市中级人民法院书记员。1996年7月至2002年2月，任泰安市中级人民法院助理审判员（1998年9月至2001年6月山东大学高等教育自学考试法律本科学习）。2002年2月至2002年4月，任泰安市中级人民法院助理审判员、办公室副主任。2002年4月至2006年9月，任泰安市中级人民法院审判员、办公室副主任。2006年9月至2007年10月，任泰安市中级人民法院信息管理处处长。2007年10月至2009年6月，任泰安市中级人民法院办公室主任、信息管理处处长（2007年12月获山东大学法律专业法律硕士专业学位）。2009年6月至2010年2月，任泰安市中级人民法院办公室主任。2010年2月至2013年12月，任宁阳县人民法院院长。2013年12月至2014年1月，任泰山区人民法院代院长、党组书记。2014年1月，任泰山区人民法院院长、党组书记。

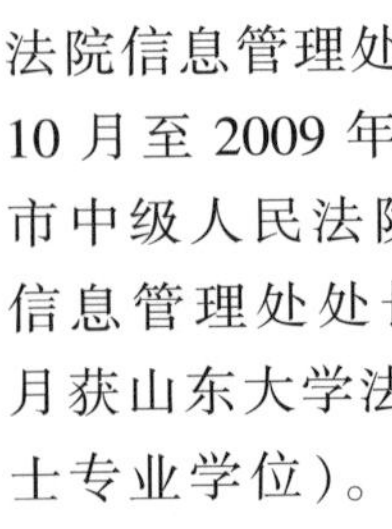

王增爱 男，汉族，山东栖霞人，1965年10月出生，1988年7月加入中国共产党，大学学历。

1989年7月至1990年7月，任中国人民解放军济南军区独立坦克修理营三连一排排长。1990年7月至1993年3月，任济南军区独立坦克修理营三连副连长。1993年3月至1997年9月，任济南军区独立坦克修理营三连连长、助理工程师。1997年9月至2000年8月，任济南军区独立坦克修理营技术室助理工程师。2000年8月至2001年3月，泰安市人民检察院干部。2001年3月至2004年6月，任泰安市人民检察院书记员。2004年6月至2008年2月，任泰安市人民检察院办公室副主任。2008年2月至2009年3月，任泰安市人民检察院法律政策研究室主任。2009年3月至2011年5月，任泰安市人民检察院办公室主任。2011年5月至2011年11月，任泰山区人民检察院副检察长、代理检察长。2011年11月至2012年1月，任泰山区人民检察院代理检察长、党组书记。2012年1月，任泰山区人民检察院检察长、党组书记。

朱振敬 男，汉族，泰安市泰山区人，1965年1月出生，1986年8月加入中国共产党，大学学历。

1984年5月至1988年2月，铁道部十四局二处干部。1988年2月至1990年10月，任泰山区房屋建设综合开发公司办公室主任。1990年10月至1992年11月，任泰山区建设委员会团委书记。1992年11月至1993年11月，任泰山区建设委员会监察室主任。1993年11月至1994年4月，任泰山区房屋建设综合开发公司副经理。1994年4月至1997年5月，任泰山区建设委员会副主任。1997年5月至1998年3月，任泰山区旅游开发公司经理（1997年9月至1999年12月山东省委党校业余本科班学习）。1998年3月至2000年4月，任泰山区财源街道党委副书记、办事处副主任（正局级）。2000年4月至2003年1月，任泰山区财源街道党工委副书记、办事处主任。2003年1月至2004年12月，任泰山区财源街道党工委书记。2004年12月至2006年5月，任泰山区劳动和社会保障局党委书记、副局长。2006年5月至2008年3月，任泰山区人事局局长、党组书记。2008年3月至2010年4月，任泰山区委组织部副部长，泰山区人事局局长、党组书记。2010年4月至2010年12月，任泰山区委组织部常务副部长。2010年12月至2012年8月，任泰安农业高新技术产业示范区党工委书记（副县级）、泰山区委组织部常务副部长。2012年8月至2013年9月，任泰山区政府党组成员、泰安农业高新技术产业示范区党工委书记。2013年9月，任泰山区政府党组成员、泰安省级农业高新技术产业示范区管理中心党工委书记。

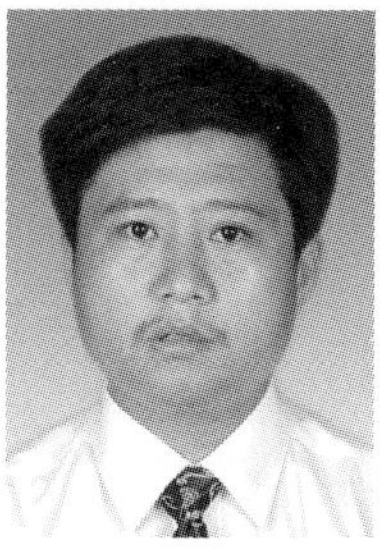

韩荣泉 男，汉族，山东莱芜人，1966年4月出生，1986年12月加入中国共产党，大学学历。

1987年7月至1990年8月，泰安御碑楼中学教师。1990年8月至1991年6月，泰山区人大常委会办公室科员。1991年6月至1995年8月，任泰山区人大常委会办公室秘书科副科长、科长。1995年8月至1999年3月，任泰山区人大常委会办公室副主任（1994年9月至1996年12月山东省委党校业余本科班学习）。1999年3月至2001年12月，任泰山区政府办公室副主任。2001年12月至2003年4月，任泰山区政府办公室副主任（主任科员）。2003年4月至2003年12月，任泰山区行政审批中心筹建处主任、政府办公室副主任。2003年12月至2004年7月，任泰山区政府办公室副主任、区直机关事务管理中心主任。2004年7月至2004年12月，任泰山区建设局副局长、党委副书记，区房地产管理局局长、党支部副书记。2004年12月至2008年7月，任泰山区上高街道党工委书记、人大工作室主任，东部新区（泰山高新技术产业开发区）党委副书记。2008年7月至2011年11月，任泰山区泰前街道党工委书记、人大工作室主任。2011年11月，任泰山区委党校常务副校长（副县级）。

李　文 男，汉族，山东莱芜人，1964年7月出生，1989年4月加入中国共产党，大学学历。

1989年8月至1997年9月，任泰安起重机械厂技术员、科长。1997年9月至2000年9月，任徐家楼乡政府经贸办干事、副主任。2000年9月至2002年9月，任泰山区民政局干事、科长，殡仪馆党支部书记、馆长。2002年9月至2003年12月，任泰山区民间组织管理局局长。2003年12月至2004年8月，任泰山区民政局副局长、党委委员，区民间组织管理局局长。2004年8月至2006年10月，任泰山区上高街道党工委副书记、纪工委书记。2006年10月至2009年2月，任泰山区上高街道党工委副书记、办事处主任。2009年2月至2009年4月，任泰山区邱家店镇党委书记。2009年4月至2011年11月，任泰山区邱家店镇党委书记、人大主席团主席。2011年11月至2016年12月，任泰山区上高街道党工委书记、人大工作室主任，泰山工业园区党工委副书记。2016年12月，任泰山工业园区管理委员会主任（副县级）、党工委副书记。

吴　杰 男，汉族，泰安市泰山区人，1972年10月出生，1995年6月加入中国共产党，大学学历。

1992年8月至1993年3月，泰山区徐家楼乡农技站办事员。1993年3月至1996年7月，泰山区徐家楼乡计划生育办公室办事员（1993年9月至1996年7月中华女子学院山东分院学习）。1996年7月至2000年4月，任泰山区委政策研究室信息督查科科长（1997年9月至2000年1月山东省委党校大学学习）。2000年4月至2003年12月，任泰山区委政策研究室副主任。2003年12月至2007年11月，任泰山区委办公室副主任、区委政策研究室主任。2007年11月至2011年11月，任泰山区泰前街道党工委副书记、办事处主任。2011年11月至2016年12月，任泰山区泰前街道党工委书记、人大工作室主任。2016年12月，任泰安省级农业高新技术产业示范区管理中心副主任（副县级）。

李光学 男，汉族，泰安市岱岳区人，1963年5月出生，1990年12月加入中国共产党，大学

学历。

1985年7月至1987年7月，泰安第三中学教师。1987年7月至1992年3月，任泰安迎春中学教导处主任。1992年3月至1994年3月，泰山区教育局科员。1994年3月至1998年7月，任泰山区委组织部干事，干部调配办公室副主任、主任（1995年9月至1997年12月山东省委党校函授学习）。1998年7月至2000年4月，任泰山区委党史征集研究室主任、组织部调配办主任。2000年4月至2001年12月，任泰山区徐家楼乡党委副书记。2001年12月至2002年6月，任泰山区徐家楼乡党委副书记、副乡长。2002年6月至2003年12月，任泰山区徐家楼街道党工委副书记、办事处副主任。2003年12月至2007年11月，任泰山区徐家楼街道党工委副书记、办事处主任。2007年11月至2011年5月，任泰山区农业局局长、党组书记。2011年5月至2012年1月，任泰山区委办公室副主任，区“新农办”主任，区农业局局长、党组书记。2012年1月至2012年7月，任泰山区委办公室副主任，区“新农办”主任，区人力资源和社会保障局局长、党委副书记，区农业局局长、党组书记。2012年7月至2013年4月，任泰山区人力资源和社会保障局局长、党委副书记。2013年4月至2016年12月，任泰山区委组织部副部长，区人力资源和社会保障局局长、党委副书记。2016年12月，任泰安省级农业高新技术产业示范区管理中心副主任（副县级）。

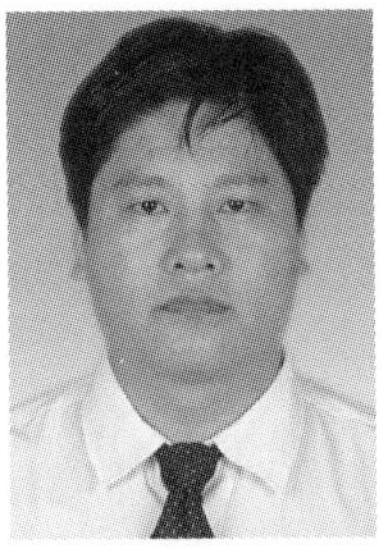

范玉文　男，汉族，山东莱芜人，1967年2月出生，1995年6月加入中国共产党，大学学历。

1988年7月至1993年1月，任泰山区财政局科员。1993年1月至1997年9月，任泰山区财政局行财科副科长（1994年7月至1997年7月山东财政学院业余学习）。1997年9月至1998年7月，任泰山区财政局预算科副科长。1998年7月至2000年4月，任泰山区财政局预算科科长。2000年4月至2003年12月，任泰山区财政局副局长。2003年12月至2006年4月，任泰山区财政局副局长、党组成员、区农业税征收管理局局长。2006年4月至2010年7月，任泰山区财政局副局长、党组副书记、区农业税征收管理局局长。2010年7月至2011年5月，任泰山区财政局副局长、党组副书记、泰山区处镇财政管理局局长。2011年5月至2015年7月，任泰山区财政局局长、党组书记。2015年7月至2016年3月，任泰山区财政局局长、党组书记，区联合办税服务中心主任、党支部书记。2016年3月至2017年7月，任泰山区财政局局长、党组书记，区财税服务中心主任、党支部书记。2017年7月至2017年11月，任山东泰山工业园区党工委书记（副县级），泰山区财政局局长、党组书记，区财税服务中心主任、党支部书记。2017年11月，任山东泰山工业园区党工委书记。

附 录

在全区经济工作暨新旧动能转换重大工程推进动员大会上的主持讲话 *

赵 斌

（2018 年 2 月 23 日）

同志们：

新年伊始，我们召开全区经济工作暨新旧动能转换重大工程推进动员大会，主要任务是传达贯彻中央和省、市经济工作会议精神，贯彻落实全省全面展开新旧动能转换重大工程动员大会精神，总结工作、表扬先进，分析形势、部署任务，动员全区上下以习近平新时代中国特色社会主义思想为指引，拼搏实干、创新争先，积极主动地展开新旧动能转换重大工程，全力推动高质量发展，为加快富强和美泰山区建设进程提供强大动力。

在今天的会议上，区委、区政府隆重表扬了2017 年度全区各相关方面、各条战线上涌现出来的先进集体和先进个人；各指挥部指挥、各位副区长、泰山经济开发区和农高区主要负责同志、各街道镇党（工）委书记分别就 2018 年的工作谈思路、讲打算，大家讲得都非常好，开门见山，具体明确，措施有力，充分体现了干好工作的信心和决心，希望大家要按照发言抓好落实。区督查局要对发言中涵盖的重点工作、重点项目，逐一拉出单子，进行跟踪督查，年中、年底汇总对账，真正做到事事有回音、件件有着落。会上印发了《关于印发 2018 年全区“四个一批”工程项目名单的通知》《关于 2018 年度实施“亮点示范工程”的通知》《关于印发〈建立招商引资暨重点建设项目梯次推进机制实施意见〉的通知》《2018 年全区招商引资工作计划安排》《2018 年度国家和省市重点产业投资方向与政策》等一系列文件，各级各部门要认真学习研究，立足实际，不折不扣地抓好落实，确保取得实效，特别是要认真落实《关于印发“进百企、送服务、促发展”集中调研活动实施方案的通知》要求，坚持真心解问题，端正态度，真心实意帮助企业解决实际问题；坚持服务促发展，全力促进企业更好更快发展；坚持帮忙不添乱，决不允许出现“吃拿卡要”、给企业添堵添乱等问题，在这方面，区纪委监委要全年持续跟踪检查，确保进一步优化发展环境。同时，会上印发了 2017 年泰山区招商引资集中签约、集中开工项目情况汇总，希望各级各单位要在项目建设上出实招、求实效，确保项目建设顺利推进。刚才，区委副书记、区长王爱新同志总结了 2017 年的经济工作，对 2018 年的工作特别是全面展开新旧动能转换重大工程，进行了安排部署，思路清晰、全面具体，重点突出、要求明确，希望大家要认真抓好贯彻落实。

中央经济工作会议指出，高质量发展是当前和今后一个时期的根本要求。大家要深刻认识

* 根据录音整理

到，加快高质量发展，是习近平新时代中国特色社会主义经济思想的重要内容，务必要站在讲政治的高度全面理解、全力推动。下面，结合我区实际，讲四个方面的问题。

一、树牢政治思维，正确看待高质量发展

加快高质量发展，是党中央站在新时代的新高地上作出的重大战略判断、重大政治抉择。从国际看，高质量发展是大势所趋。当前，美国积极推行减税法案，大力实施“美国优先”政策，着力重塑“美国制造”形象；欧盟去年12月发布地平线2020计划，拟投资300亿欧元，用于技术研发和质量改善；日本加快实施“安倍经济学”，彩电、手机等传统制造业被人工智能、健康医疗等高端产业逐步替代，专利总数、专利全球覆盖率仅次于美国、居世界第二，下一步国家的竞争、区域的竞争、地方的竞争，归根结底就是发展质量的竞争。从国内看，高质量发展是当务之急。20世纪60年代以来，全球100多个中等收入经济体，只有十几个成为高收入经济体，凡是取得成功的国家，都是在高速增长阶段之后，实现了经济发展从量的扩张转向质的提高。作为我国，经过改革开放近40年来的高速发展，综合国力进入世界前列，但是发展的质量和效益还不够高。为此，中共十九大作出了“我国经济已由高速增长阶段转向高质量发展阶段”的重大论断，在发展速度上，连续7年把稳中求进作为总基调，今年《经济蓝皮书》将我国GDP增速预期下调到6.7%；在发展质量上，进一步强调要统筹推进稳增长、促改革、调结构、惠民生、防风险各项工作，充分体现了提质增效的鲜明导向。从全省看，高质量发展是正当其时。思路清则方向明，围绕贯彻落实中央要求，省委、省政府提出，以建设新旧动能转换综合试验区为战略支点，推动高质量发展大踏步向前。2018年，国务院第一个批复就是山东新旧动能转换综合试验区建设的总体方案，这是党的十九大后获批的首个区域性国家发展战略，标志着山东新旧动能转换成为国家战略；昨天上午，春节假期后上班的第一天，省委、省政府立即召开全面展开新旧动能转换重大工程动员大会，对各项工作进行安排部署，这足以说明这项工作的重要性、必要性、紧迫性。可以说，实施新旧动能转换重大工程，为我们实现高质量发展指明了方向、提供了机遇，加快推进正当其时、机不可失、失不再来。从全区看，高质量发展是现实需要。泰山区作为市中区，空间小、资源少等制约因素日益突出，走高质量发展之路，泰山区别无选择。对此，大家一定要进一步统一思想、提高认识，要深刻认识到，加快高质量发展是一项系统工程，凡是涉及到的工作，都是事关全局的重要政治任务、重要政治责任、重大历史机遇，必须提高主观能动性，全力以赴地抓实抓好，确保全区经济社会更好更快发展。

二、提高政治站位，科学谋划高质量发展

能否科学谋划高质量发展，是对各级各单位政治站位、能力素质的检验。一方面，远期要观大势、谋全局，思想上同心同向。坚决贯彻中央、省委、市委决策部署不走样，持之以恒地落实“一二三四五”工作思路，推进新旧动能转换重大工程，加快建设富强和美泰山区，确保全区上下步调一致、同频共振。另一方面，近期要明目标、定方向，工作上落实落细。要按照区委、区政府要求，全力以赴地抓好今年各项工作，通过一年接着一年干、一锤接着一锤敲，确保尽快把蓝图变成现实。2018年，全区工作的目标是“三个名列前茅、三个走在前列”。“三个名列前茅”，即对定量指标要紧抓不放，确保在全市项目建设观摩考核、全市经济社会发展综合考核、全市全面从严治党考核中名列前茅。“三个走在前列”，即对定性指标要紧抓不松，持续优化经济环境、生态环境、人才环境、稳定环境，确保在增强发展内生动力上走在前列；做好脱贫攻坚、为民要办实事、解决大班额问题等任务，确保在民生改善上走在前列；突出特色、打造亮点，提高实效、争创品牌，确保在改革创新上走在前列。

三、保持政治定力，全面加快高质量发展

（一）要追求项目的高线。项目建设要走高端高效之路。不管政策怎么变、任务怎么变，发展第一要务的要求不能变、项目总抓手的定位不能变。发展中的问题必须靠发展去解决，抓项目就是抓发展、上项目就是增优势的意识要牢固树立，只有高质量的项目才有新旧动能的转换、只有新旧动能的转换才能高质量的发展这个思路要清晰明确。实现新旧动能转换，提高发展质量，必须在项目质量上树立更高标准，做到力求高科技项目、高端产业项目，实现高质量发展。一要明确一个定位，就是落地见效、开花结果。项目质量再高，不落地就是空中楼阁、水中明月。2017 年，经过各方共同努力，京鲁（泰山）跨区域协作和两次集中签约活动取得了积极成效，达成了一批合作意向、签约了一批优质项目。下一步，各级各单位要逐个细化方案、逐个破解要素瓶颈，确保“四个一批”项目全方位落实、全过程见效，尤其是人工智能·智能制造产业园、泰开新能源汽车配件产业园、碧霞湖文化、东部商务区等重点项目，年内必须开工建设、见到大的工作成效。二要强化一个意识，就是机遇意识。当前，全省新旧动能转换重大工程正式启动，提出了一系列含金量高的全国首创政策，设立了6000 亿元专项基金。各有关方面要抓住机遇、借势而上，聚焦新一代信息技术、高端装备、新能源新材料、医养健康等高端产业，策划好、引进好、运作好动能转换项目，推动经济实现更高质量、更有效率、更可持续的发展。三要坚持一个机制，就是“四定三包一负责”。各指挥部、项目部、园区、街道镇，要细化责任、量化任务，所有项目、所有工作都要定目标、定时限、定人员、定措施，形成运转高效、落实有力的责任体系，特别是教育装备产业园、绿城太阳谷等今年新调整的 10 个项目部，要上紧发条、发挥作用，确保一批能够支撑高质量发展的大项目、好项目快速推进。

（二）要守牢安全的底线。树立总体安全观，是以习近平同志为核心的党中央治国理政经验的深刻总结，是我们党的重要理论创新成果。去年以来，在全区上下的共同努力下，我们的安全稳定工作取得了一定成效，证明了安全稳定抓与不抓不一样、实抓虚抓不一样。安全责任重于泰山，没有安全，一切归零。在新的一年，我们面对加快高质量发展这场持久战，面对推动新旧动能转换这场攻坚战，全区上下必须牢固树立“稳定第一责任、安全第一要求”的理念，牢牢守住安全底线，为经济社会发展创造有利条件。一要突出抓好扫黑除恶专项斗争，确保生活安全。只有生活环境平安稳定，干部群众才有心思、有精力上项目、谋发展。要深入开展扫黑除恶专项斗争，从严从快从重打击各类黑恶势力、犯罪行为。自年前行动开展以来，已破获各类犯罪案件 58 起，抓获犯罪嫌疑人 96 人，其中刑事拘留 20 人，打掉团伙 11 个，下一步，要进一步加大力度，重拳出击，为全区人民群众打造一个和谐安定的生活环境。二要突出抓好矛盾化解，确保社会安全。近期全国“两会”即将召开，年中上合组织峰会将在青岛举办，今年敏感性、政治性工作仍然较多。要扎实开展信访积案化解攻坚年活动，继续实施政法机关“双周”联席会议、人民调解强基工程，最大限度化解矛盾、解决问题。会后，“两会”安保维稳工作指挥部要迅速集结人员，迅速进入状态，迅速开展工作，确保信访稳定。三要突出抓好责任落实，确保生产安全。要深入开展“企业安全生产主体责任落实全面提升年”等活动，严格落实安全生产“一岗双责”等方面制度，严厉查处各种违法、违规、违章行为，坚决防止各类安全事故发生。会后，各相关部门要认真开展一次大排查、大整治活动，确保全国“两会”期间安全生产平稳有序。

（三）要不碰政策的红线。当前，各级在生态、扶贫等方面政策要求越来越严、问责越来越严。其中，生态环保方面，去年中央开展了史上最严的环保督察，问责人数超过 1 万人，特别是祁连山生态环保事件，包括副省级干部在内的 23 名领导干部被追责问责；11 月，中央对“2+26 城市”实行了最严“停工令”，相关行业全面停产限产，面积之广、力度之大、决心之强前所未有。在扶贫开发方面，习近平总书记强调，党中央、政治局把身家性命都压在扶贫攻坚这件事上，春节前腊月二十六，亲自到四川大凉山地区考察脱贫攻坚。去年以来，各地紧盯扶贫领域关键环节，严肃问责失职问题，仅山东就查处问题3650起。对于这些工作，去年我们也在下大气力抓，但不少单位和干部还存在模糊认识，还没有上升到政治高度严肃对待。对此，大家必须清醒认识到，全面小康是党中央向全世界发出的政治宣示，核心就在于“全面”二字，如果环保不达标、脱贫任务完不成，都不能叫全面小康。大家要从讲政治的高度，准确把握好经济与生态、发展与民生的关系，紧紧围绕抓好“民生第一目标”，高标准建设国家重点生态功能区，严格落实产业负面清单，切实守住绿水青山、留住金山银山。特别是要坚决打赢脱贫攻坚战，做到扶贫工作务实、脱贫成果真实，同时，要加大扶贫领域监督执纪问责力度，坚决查处虚报冒领、优亲厚友、雁过拔毛、强占掠夺等行为，确保全面小康一户不落、一个环节不少。

（四）要走在创新的前线。创新是第一动力，进入新时代，环境在变、条件在变、要求也在变，不创新就可能丧失发展机遇和生存空间。在建设新旧动能转换综合试验区中，省委、省政府明确提出，要全面强化创新、改革、开放三大动力。作为泰山区，发展空间小、制约因素多、工作难度大，去年财政收入仅增长5.3个百分点，但是从预算看，今年城乡社区事务支出将增长2.6倍，医疗卫生支出将增长17%。面对保工资、保运转的压力，我们要以“稳中求进、又好又快”为目标，坚持向创新、向改革、向开放要动力要活力，在确保质量效益的基础上实现加快发展。一要坚持问题导向。要提升境界、开拓思路，认真排查存在问题，积极研究新办法、谋求新成效，切实通过解决问题促进发展。二要紧扣关键要素。要紧紧扭住人才、科技两大关键要素，重点抓好企业家队伍、科技人才队伍、技工队伍、劳模队伍等队伍建设，落实好、制定好支持人才、吸引人才的相关政策，让更多的人才来泰山区投资兴业，让更多的人才留在泰山区共谋发展，这项工作由区委组织部牵头。三要打造特色亮点。对于“亮点创新、比学赶超”活动，区直各部门要高度重视、积极落实，完善机制办法，更好地服务企业、服务基层，创新开展工作，做出特色亮点。同时，在村社区方面，我们将组织开展区级“支部书记大讲堂”活动，让支部书记定期在大讲堂上说工作、讲成绩、谈做法、摆问题，相互学习、相互促进，以讲促学、以讲促干，真正在区、街道镇、区直部门、社区村等各个层面搭起擂台、搞好比赛，努力形成比学赶超的良好氛围。这项工作由区委组织部牵头，尽快拿出实施方案，付诸实施。

（五）要筑牢风险的防线。一方面，要抓金融，筑牢经济风险防线。金融是现代经济的核心和血液。要强化措施，制定出台相关政策，吸引更多金融企业到泰山区发展，助推新旧动能转换。同时，要树牢风险意识，加强防范和监管，做到服务、监管两手抓、两手硬，确保金融秩序规范有序。另一方面，要抓党建，筑牢廉洁勤政防线。从严治党永远在路上。习近平总书记在中纪委全会上，明确发出重整行装再出发的动员令，十九大以来已有440名高官“落马”，充分表明全面从严治党决不是一阵风，越往后要求越严。对此，要按照全面从严治党要求，从严从实抓好党建这个第一关键，筑牢思想内部防线、制度外部防线，切实做到守土有责、守土负责、守土尽责、守土完责。

四、增强政治自觉，全力保障高质量发展

（一）要增强责任担当。经济建设是党的中心工作。做好新旧动能转换工作是重大责任、重大使命、重大机遇。各级党组织要坚决贯彻习近平新时代中国特色社会主义经济思想，做到敢于担当、善于担当、勇于担当，特别是各单位“一把手”要既挂帅、又出征，分管同志要盯紧靠实，抓什么、怎么抓、谁来抓都要细化明确，真正做到精准掌握、定向施策，引领全区经济科学健康发展。

（二）要加大落实力度。全区的经济工作，全面展开新旧动能转换重大工程，方向已定、目标已明，关键在于抓好落实。全区上下要同心同德，奋力拼搏，继续做好各方面工作。区委、区政府将继续坚持2月下旬集中签约，2月底集中开工，5月上旬举行招商引资和大项目检查，6月底举行区级“支部书记大讲堂”上半年集中汇讲，让大家感受一下基层干部是怎么干的，受到教育和启发，7月中旬举行区直部门“亮点创新、比学赶超”推进会，9月上旬第二次集中签约，9月下旬第二次集中开工，10月中旬举行区级领导干部互观互检、互学互促推进会，11月上旬举行招商引资和大项目检查，11月下旬举行区级“支部书记大讲堂”下半年集中汇讲，12月份全年综合考核，分层次搭好比武台、建好校验场，力促各项目标任务落到实处。

（三）要提高从严强度。要学习借鉴市里做法，坚持分类考核、差异化考核，进一步完善指标体系，要对各项工作进行认真分析总结，对有关内容、考评等方面进行修改完善，与评先树优更好地结合起来。特别是在考核中，要不搞平衡照顾、不搞名次并列，不讲人情面子、不怕暴露差距，坚持鼓励先进、鞭策后进，位次靠前的与位次靠后的要在先进比例、主要领导先进档次上有差别，要把后进单位的比例匀给先进单位，真正发挥好考核“指挥棒”作用，使干事创业的氛围更加浓厚。

同志们，新时代孕育新机遇，新一年承载新希望。全区上下要坚持以习近平新时代中国特色社会主义思想为指导，坚定信心、鼓足干劲，拼搏实干、创新争先，以新动能激发新活力，以新姿态担当新使命，以新业绩展现新作为，真正交出一份高质量发展的满意答卷，为建设富强和美泰山区做出更加积极的贡献。

全区经济工作暨新旧动能转换重大工程推进动员大会讲话提纲

（2018年2月23日）

王爱新

同志们：

刚才，区委、区政府隆重表彰了在2017年工作中涌现出的先进单位和先进个人；各指挥部指挥、两个园区和七个街道镇的主要负责同志聚焦招商引资和项目建设，做了非常好的表态发言，思路清晰，重点突出，措施得力。从大家的发言可以看出，大家谋划工作越来越实、思路越来越清晰、手段越来越硬、办法越来越多、水平越来越高，说空话、套话的少了，都在说事说办法，精神面貌、精神状态都非常好。稍后，赵书记还要就贯彻中央、省、市经济工作会议和全省新旧动能转换重大工程动员大会精神，做好今年各项工作提要求，请同志们深刻领会、认真抓好贯彻落实。下面，我先简要讲几点意见。

一、客观评价2017年经济工作，进一步增强发展信心

2017年，面对艰巨繁重的改革发展稳定任务，全区上下围绕建设富强和美泰山区这一总目标，拼搏实干，创新争先，各项工作实现了新突破。归纳一下，可以用“六个一”来概括。

一是明确了一个契合新时代发展要求、符合泰山区实际、积极可行的发展思路。在2017年初，区委就明确提出了“建设富强和美泰山区”的工作总要求和“一二三四五”的发展思路。实践证明，区委这一发展思路，高度契合党的十九大精神和习近平新时代中国特色社会主义思想，与省委、省政府“建设物质富裕、精神富有、和谐美丽现代化强省”的目标和市委、市政府“建设富裕文明幸福新泰安”的定位一脉相承，可以说，“建设富强和美泰山区”已经成为引领全区党员干部奋发进取、干事创业的动员令和集结号，在全区上下营造了比学赶超、竞相发展的浓厚氛围。

二是完成了一系列急难险重的硬任务和市委市政府交办的重大工程。2017年，在全市任务最重的情况下，圆满完成了十九大维稳工作任务。组织多次拆违大会战，全区拆违面积达到585万平方米。文明城市创建工作效果明显、市民普遍受益。迎接省和中央两级的环保督察，基本解决了一些环保方面的突出问题。用一个月的时间集中整治奇石山水经营活动。在解决城镇中小学大班额问题方面，铺开了29所学校的新建续建扩建工程。完成了8.32公里济泰高速的拆迁清障和10.8公里的博阳路征地拆迁工作，万官大街全程拆迁和中段建设基本完成，佛光路、双龙路基本建成通车，老泰莱路大修改造、候石路建成通车。灵山大街的“小黄楼”、南湖大街的泰新电器，还有双龙路、南关大街立交，包括博阳路的原来遗留的问题，都一并得到解决，市委市政府领导给予充分肯定，广大市民拍手叫好。

三是探索了一条具有泰山区特色的产业优化升级路径。出台了支持“三强”和“四上”企业发展、突破园区转型发展、鼓励科技创新的具体实施意见和扶持政策，全区研发投入占生产总值比重达到3.01%，新申报“四上”企业82家，第三产业增加值增幅高于生产总值增幅2.7

个百分点，三次产业比例优化为 1.2∶33∶65.8。完成一般公共预算收入 30.86 亿元，税收收入占财政收入的比重达到 91.58%。主要表现在：“服务业强区”建设步伐加快，服务业税收占税收总收入的比重达到 67.5%。我们成功入选省级服务业综合改革试点区，特别是金融保险业税收占服务业总税收的比重达 28.6%，旅游服务业接待游客 1918 万人次、实现消费 124.8 亿元，电子商务交易额、网络零售额分别增长 30%和 35%，服务业发展新引擎初步显现。“工业兴区”战略发力迅速，规模以上工业企业完成总产值增长 7%、总量突破 500 亿元大关，高新技术产业产值占规模以上工业总产值的比重达到 52.06%，5 家市级“三强”企业主营业务收入、利润、上缴税金，分别增长 6.4%、22.1%和 20.2%。“农业特区”工作推进高效，在农业占比较小的情况下，突出特色化发展，成功举办第十三届泰山苗交会，泰安农高区顺利通过国家级、省级验收，市级以上农业龙头企业达到 60 家，农业向专精特优方向发展的步伐加快。

四是抓牢了一批牵动全局、关系长远的新旧动能转换重点项目。狠抓策划招商、开工建设、竣工运营、股改上市“四个一批”项目建设。2017 年共举办两次集中签约仪式、两次集中开工仪式、两次京鲁（泰山）跨区域协作对接活动，全年招商引资到位资金 80.2 亿元；一批产业特色突出、拉动作用强的项目开工建设、投入运营，8 家企业在齐鲁股权中心挂牌。我区在全市招商引资和项目建设检查考核中夺得县市区第二名的好成绩。特别是以北京非首都功能疏解为契机，分别在北京、泰安举办了两次京鲁（泰山）跨区域产业协作活动，北京 66 家园区、200 多家企业参加了活动，签约项目 21 个，建立了跨区域产业协作的对接平台，储备了高层次高品质的合作资源。经过发改部门积极争取，泰山云谷 We+创客空间、康平纳染色智能工厂、永昌志和教育装备产业园、诺莱国际医学细胞制备中心、国泰科技智能消防产业园、鲁普耐特高性能纤维绳网装备、泰山碧霞湖文化等 7 个项目列入全省新旧动能转换重大项目库。

五是营造了一种奋发进取、充满活力、生态环保、和谐稳定的发展环境。在营商环境方面，深化行政执法、放管服等重点改革，扎实推进政务服务平台建设，159 项区级许可事项、1246 项公共服务事项实现网上运行，全区政务环境不断优化。在生态环境方面，编制产业发展负面清单，建立生态功能区项目库，国家级重点生态功能区建设扎实推进。$PM_{2.5}$ 同期改善 13.3%左右，空气质量稳居全省内陆城区前列。启动东南片区徐家楼组团建设，实施尚家寨、灌庄等 6 个棚户区改造项目。新建、改建城乡道路 90 公里，农村无害化厕所改造 7565 户，城乡环卫一体化位列全省前茅。全区美丽乡村覆盖率达到 81.7%，列全市第一位。在社会环境方面，坚持财政支出优先向民生事业倾斜，2017 年民生支出占可用财力支出的比重达 75.1%。城镇和农村居民人均可支配收入分别增长 7.8%和 8.7%。我区先后荣获全国投资潜力百强区、全国平安建设先进区、全国法治宣传教育先进区、全国科普示范区、全国平安农机示范区、全省社会治安综合治理先进区、全省安全生产工作先进区、全省征兵工作先进区等称号，顺利通过全国农村社区建设示范区验收，被认定为国家防震减灾科普教育基地。

六是打造了一支勇于担当、作风过硬、团结协作的干部队伍。全区上下认真贯彻落实全面从严治党任务，牢牢把握“拼搏实干、创新争先”的要求，以“勇担当、提效能、促发展”作风建设年活动为抓手，全方面提高落实能力，以“亮点创新、比学赶超”活动为标尺，多层次激励争先进位，在全区形成了敢于担当、勤政务实、快捷高效的良好作风和形象。一年来，全区各级的配合非常默契，几大班子之间、班子成员之间，在兢兢业业干好自己分工工作的同时，分工不分家，既分工又配合，主动承担全区一些重点难点工作任务，大家相互补位、相互补台、相互配合的非常好，高度的同心同向同力、步调一致。我们的园区、街道镇、区直部门、社区村和企事业单位在一些急难险重工作面前，大家都在积极主动干工作，心往一处想、劲往一处使，全区上下一盘棋，表现出了团结协作的风格，这既是我们泰山区的优良传统，也是我们干好工作的坚实基础，更是我们干好工作的巨大潜力。

二、科学研判形势，进一步增强发展的紧迫感

在充分肯定成绩的同时，我们必须清醒地认识到当前经济工作面临的困难和问题。从国际看，当前国际环境依然复杂严峻，宏观经济持续低迷徘徊，全球经济复苏仍难摆脱“低增长困境”；从国内看，当前正处于需求侧相对疲软期、供给侧结构性改革期、问题局部爆发期的“小三期叠加”阶段，经济发展进入新常态，经济运行还存在不少困难和问题，风险和挑战无处不在；从县域看，区域竞争越来越激烈，大家都在强拼硬搏，争项目抢发展，争先进位的压力越来越大。从区内看，一些长期积累的发展性矛盾、结构性矛盾、体制性矛盾逐步显现，特别是新旧产业进入更替期，做大做强县域经济面临既要“赶”又要“转”的双重任务，保持经济平稳快速增长需要付出极大努力。面对这种大形势，我们必须坚持用发展的办法、创新的举措和扎实的作风，切实增强发展的紧迫感，牢牢把握发展的主动权，找准高质量发展的着力点。

三、立足新时代，积极确定争先进位目标

新的一年，新的起点，新的征程。关于2018年的发展思路、工作要求、目标任务，区委全委会和区人代会都进行了明确。大的方面，就是区十三届四次全会为全区发展确定的主题：“践行新思想，实现新作为，努力推动富强和美泰山区建设再创新佳绩”。下一步，我们要持之以恒地落实“一二三四五”的工作思路，始终保持开拓进取的锐气和昂扬向上的士气，以新旧动能转换为主线，统筹推进稳增长、促改革、调结构、惠民生、防风险各项工作。

（一）2018年的主要预期目标：地区生产总值增长7%左右；一般公共预算收入增长6%；全社会固定资产投资增长8%；社会消费品零售总额增长10%左右；进出口总额增长6%；实际到账外资增长8%；研发投入占GDP比重3%左右；城镇和农村居民人均可支配收入分别增长7.5%、8.5%；城镇登记失业率控制在3.5%以内。

（二）2018年的位次前移目标：根据有关部门提出的方案，经区委、区政府研究同意，在以下五个方面实现位次前移，有关部门要从年初就牢牢抓死，确保年底实现目标。第一个方面的排名，是泰山区在全省139个县（市、区）中要争先进位。这项工作，年底市委市政府要考核，2018年我区主要经济指标在全省139个县（市、区）的排名位次前移目标是：生产总值总量排名前移2个位次，增幅排名前移3~5个位次；公共财政预算收入总量排名前移10个位次，增幅排名前移10个位次；固定资产投资额总量排名前移3个位次、进入前50名，增幅排名前移18个位次；税收占财政收入的比重排名前移5个位次。第二个方面的排名，是区直各部门在全市6个县（市、区）中要争先进位。这项工作总的调子是能量化的尽量量化，不能量化的要比业务、比荣誉的争取。2017年自己所在的部门在全市六个县（市、区）同类部门中是什么位次，2018年要前移多少个位次，要有一个明确的提升目标。不能量化排名的部门要比业务、比亮点，看一看我们出了哪些亮点、做了哪些创新性工作，争取了多少市级、省级甚至国家级荣誉。这一些都不要虚的，要实的，要对全区发展起到重要推动作用的排名和荣誉。第三个方面的排名，是各街道（镇）在全市88个乡镇中要争先进位。市里已经安排了2018年进行全市乡镇排名，主要指标是各街道镇财政收入，区财政局也拟定了一个初步的意见。2018年，财源街道要保二争一，泰前街道和岱庙街道要进前5名，徐家楼街道力争前10名，上高街道争取进入前15名，省庄镇进入前30名，邱家店镇进入前35名。第四个方面的排名，是泰山经济开发区和泰安农高区在同类园区中要争先进位。2017年，泰山经济开发区前移了12个位次，2018年要前移10个位次以上；泰安农高区要重点抓好省级和国家级现代农业产业园争创工作。第五个方面的排名，是重点行业、重点企业要争先进位。我们着力培植的重点行业、“三强”企业在全市、全省是什么位次。2018年市级“三强”企业的发展目标是：实现销售收入、利润、税金等主要指标增长10%以上，力争在全省、全国的排名进一步提升。对上述目标，各主要经济指标主管部门、有关园区和街道镇要因地制宜制定具体实施方案，确保目标、责任、措施三到位。

四、践行新理念，全力做好2018年经济工作

今年经济工作的主要目标任务已经明确，大家要切实咬定目标向前看，准确把握发展新要求：一方面要准确把握高站位的要求，坚持党对经济工作的领导，要把讲政治落实到经济工作的方方面面；另一方面，要把握高质量的要求，具体到我们区来说，必须突出发展产业、振兴实体，突出质量第一、效益优先，大力推动质量变革、效率变革、动力变革，加快建设现代化经济体系。

（一）*着力聚焦新旧动能转换重大工程*。我省新旧动能转换重大工程的实施意见、实施方案已得到国务院批复。昨天上午，省委、省政府就专门召开了高规格、大规模的动员大会，省委书记刘家义亲自做动员报告。目前，区里已经成立了新旧动能转换重大工程领导小组，组建了推进工作办公室，正在编制总体规划方案。抓好新旧动能转换重大工程的落实工作，首先要明确我们自己的新旧动能转换布局定位和工作重点。

一是推进产业大转型。以新旧动能转换为总抓手，通过发展新技术、新产业、新业态、新模式，促进产业智慧化、智慧产业化、跨界融合化、品牌高端化，实现传统产业提质效、新兴产业提规模、跨界融合提潜能、品牌高端提价值。结合我们的实际，就是要继续强力实施服务业强区、工业兴区、农业特区，走集约发展、精细发展、高效发展之路，切实把每一寸土地利用好，形成具有泰山区特色的发展路径，打造产业发展升级版。要大力发展城市经济。城市经济是以楼宇经济、总部经济为主的现代服务业经济，是新动能很重要的增长点，具有占地少、污染小、效益高、带动强的特点。要科学布局商务区和居民区配套，加快建设一批商务中心，助推城市升级，活跃市场经济，重点发展的行业是金融证券保险、高端商务商贸、现代物流、文化旅游、养老养生等一些生产性服务业。要大力发展数字经济。随着云计算、大数据等技术的应用，我国数字经济发展步入快车道，数字经济正渗透到生产生活的方方面面。作为旅游城市，泰安流动人口多，发展数字经济特别是共享经济，具有得天独厚的优势。要用好这一优势，对涌现出的新业态新模式，加强前瞻性研究，包容审慎地进行监管，先发展后规范，为新生事物发展创造良好条件。在省庄和邱家店两个镇，要研究好城镇规划、乡村振兴战略，依托工业聚集片区、大力实施腾笼换鸟和技术改造，协调推进北部文化旅游区、滨河旅游观光区、城镇建设区及文化旅游体验区等功能片区，建设以旅游服务业为支撑，集高端工业、特色农业于一体的现代化新城镇。

二是推进招商大提质。实践证明，实施招商引资“一号工程”，是我们主动适应新常态、加快新旧动能转换的最佳选择、唯一选择。龚正省长在任杭州市委书记时提出招商引资要解决好四大问题：为什么投？谁来投？投什么？怎么投？对此，我们要结合实际，深入破题。①关于为什么来泰山区投资的问题。我们有泰山这个金字招牌的名山优势，加之今年春晚泰安分会场的巨大轰动效应；我们有高铁、高速的交通优势，加上地处省会经济圈、连接南北和东西的区域位置；我们有悠久的齐鲁文化和生态环保的发展环境；通过这些年的努力，我们也有了较好的产业基础和园区平台。我们要整合利用好已有的资源优势、生态优势、人文优势、平台优势，提高招商引资的吸引力。②关于谁来投资的问题，从投资主体看，大的分为两类，一是政府投资，二是社会投资。从政府投资看，无论是扩大债务还是经营土地，我们的空间都比较有限，因此我们的重点就是吸引社会投资、民间投资。

③关于吸引什么样投资者的问题。我们要真招商、招真商、引强商，切实提高招商引资的质量和效益，坚决防止招商“只讲数量不讲质量、只图收入不顾环保、只看眼前不重长远”。要突出重点引强商，聚焦重点区域、重点产业、重点群体，灵活运用全民招商、节会招商、小分队招商、以商招商等方式招大引强。要做好“引三资”文章，坚持选外资、招央企国企、引客商回归“三管齐下”，推进科学招商，着力引进一批投资规模大、技术含量高、对环境损害小的项目，特别是对产业发展具有引领作用的项目。④关于怎么招商的问题。要瞄准重点产业链、着力引进产业关联性大、带动能力强的上下游项目，鼓励发展总部经济，吸引技术和智力投资，引进研发团队和优秀人才来泰山区投资入股创业。要全程服务真招商，建立“引进-落地-帮扶”全过程服务机制，对引来的每一个项目、引进的每一笔资金，都要跟踪问效、一包到底确保洽谈项目能签约、签约项目能落地、落地项目能运营。年内，确保浙江大学国家科创园（麦德龙项目）、泰山书城文化综合体、泰山文旅国际度假区、万胜荣首岳电商产业园、美的智能家居工厂等项目正式签约；全区引进过50亿元项目2个，过30亿元项目4个，引进500强企业不少于3家。要不断深化京鲁（泰山）产业协作对接活动成果，精心策划推进我区与省会济南、长三角、珠三角等区域的产业协作，年内组织两次大的推介招商活动，每次邀请国内外500强客商不少于30家。

三是推进项目大建设。牢固树立抓项目就是抓发展的理念，严格按照“四定三包一负责”的要求，逐一落实责任目标，坚持经济工作项目化、项目推进目标化、目标实现责任化、责任落实具体化。今年，区委、区政府确定了“四个一批”工程重点项目100个，落实了具体的责任单位和责任人；筛选出36个项目放在区级层面重点调度，并实行区级领导包保推进制度，并成立了10个重点项目部，由区级领导挂帅，进行重点攻坚。会后，10个重点项目部，要尽快抽调人员，一周之内组建完成。年内，正式开工碧霞湖文化、新城吾悦广场、绿城太阳谷、泰开新能源汽车配件产业园、宝来利来普度、智能康复机器人生产、旭德光伏产业园等项目，加快推进中南财源门、居然之家城市广场、人工智能制造产业园、华网电力装备、交通工程检测及新材料研发等一批续建项目，竣工运营三里屯文商旅综合体、WE+创客空间、诺莱国际医学、春雨软件园、星艺佳家居生活广场、中天泰和高端装备制造等项目。要按照技术含量高、影响带动强、有亮点特色的原则，提前谋划迎检项目，制定迎检工作方案，拉出每个项目的任务清单，明确责任单位和人员，确保项目加快推进。同时，要在7个项目列入省级新旧动能转换重大项目库的基础上，继续筛选确定一批业态新、投资大的项目，争取纳入市级重大项目库。

在招商引资和项目建设的工作机制方面，在坚持每季度召开一次经济形势分析会的基础上，完善实施项目预审论证、联席会议、专题研办“三大机制”，推动项目建设不断取得新成效、实现新突破。一是项目预审论证机制。这一块分两条线进行：一条线是招商引资项目，由立勇同志牵头负责，具体落实和牵头部门是区发改局，成立项目论证预审委员会，区财政局、经信局、商务局、经合局、住建局、环保局、水务局、林业局、国土分局、规划分局等部门负责人和各街道镇主任镇长任成员，主要论证在谈项目到底能不能谈，适合放在哪里，研究实行好飞地政策等。第二条线是关于旧村改造、棚户区改造和老旧小区改造项目，这些城市建设类的项目由黄涛同志牵头负责，具体落实和牵头部门是区住建局，需要涉及到哪些部门、哪些手续，组成一个班子建立项目预审机制。这项工作必须要迈动脚、迈开脚，还要迈大步。棚户区改造、老旧小区改造、旧村改造，以街道镇为主统一招商，立足于吸引国企央企、上市公司来投资。二是项目联席会议机制。由区政府分工区长组织，每月召开一次招商引资项目联席会议，通过定期召开会议，通报项目进展情况，着力解决好招商引资项目只签约不落地或落地慢的问题。把项目落地建设运营中遇到的问题和困难，通过联席会议的形式来研究解决，一月一开，但是有急项目的时候也不能局限于一个月。这一块也是两个层面：按照第一项机制的范围，立勇同志和黄涛同志各负责一个层面。三是分级专题研办机制。分级专题研办机制是就某一个项目来说，这个专题研办机制也是三层面：某一个具体项目涉及的园区和街道镇是第一层面，会前专门向赵书记汇报，赵书记安排必须是主要负责人召集，也就园区的主任、街道镇的书记要牵头研究、抓紧研办；园区和街道镇专题研办解决不了的问题，提报区指挥部这个层面来解决，由政委和指挥共同研究；在指挥部政委和指挥这个层面解决不了的重大疑难问题，提报到区委、区政府这个层面，由我来牵头研办，目的是集中力量解决问题、快速有效推进项目，着力发挥好园区街道镇、指挥部、区级的积极性。

四是推进园区大发展。发挥三个园区的平台载体、规划引领和产业聚集作用，立足资源禀赋和现有基础，科学界定主导产业，扬长避短、突出特色、错位发展，最大程度减少同质竞争。泰山经济开发区重点做好人工智能制造产业园、教育装备产业园、大健康医疗产业园和文化创意产业园四个特色园的详细规划，合理确定各产业业态比例，优化发展空间，做好产城融合、以产兴城文章。要围绕产业配套及生活配套，提升园区“水电气热”保障能力，加强道路、管网、信息、物流等基础设施建设，统筹抓好教育、医疗、商业、公交、社区服务等生活配套，营造良好的创新创业和生产生活环境。年内，要确保啤酒大街、规划一路、科技北街等道路建成通车，兴隆学校年底前主体竣工，桑家疃小学上半年开工建设，明堂医院投入使用。泰安农高区要重点抓好省级、国家级现代农业产业园争创工作，打造集技术研发、企业孵化、成果转化、项目展示、科技服务等功能于一体的农业科技创新创业基地。在抓好园区整体招商的同时，现代农业科技孵化项目确保10月底投入运营，年内，力争引进农业类科研院所4家、创新企业10家；国家级研学旅行基地项目实现全面运营，打造辐射全国的青少年农业科普示范基地。碧霞湖省级旅游度假区要重点围绕泰山碧霞湖文化项目、碧霞湖生态旅游基础设施建设项目，积极跟进各项手续办理工作，水秀项目、部分酒店集群下半年必须开工；碧霞湖生态旅游基础设施建设项目，确保项目上半年开工建设。

五是推进企业大帮扶。就是培植一批新旧动能转换企业。这些企业主要是我们原有企业的实施腾笼换鸟、腾笼换凤，要确实实现凤凰涅槃，这项工作康平纳集团做得很不错，两个大项目去年实现当年开工、当年投产。我们要提升帮扶企业的实效，坚持一企一策精准帮扶，既要扶强扶优，更要扶弱扶困，坚持培养骨干企业与发展中小企业两手抓。今天会上印发了《开展“进百企、送服务、促发展”集中调研活动的实施方案》，集中一个月的时间，调研范围是：全区“百强”企业，财税高成长性企业，“种子期、孵化期”企业，文化、体育、科技、生物健康等新兴业态企业。调研活动采用实地调研、行业座谈会、问卷调查、财税数据分析等方式。前五十强企业，按照企业性质，分工业、农业、服务业、金融保险业、建筑房地产业等分类进行，由区政府分工领导任组长，区发改、财政、经信、商务、农业、住建、经合、国税、地税等部门负责人联合组成调研小组。其他企业，由园区和街道镇主要负责人任组长，区政府相关部门参与，园区和街道（镇）财政、国税、地税、经贸、建环、招商等单位负责人参加。各位分工副区长、各园区、街道（镇）和区直有关部门的负责同志，都要高度重视，严格按照方案要求，深入企业进行调研，进一步提高服务企业发展的能力和水平，解决政企沟通少、信息不对称的问题，形成“扶商、助企、促发展”的良好环境氛围。要在集中调研的基础上，分类指导，实施领军企业培育计划和中小企业成长工程，着力培育一批行业领军型和创新创业型企业。年内。确保规模以上工业企业突破100家；力争通过3~5年的时间，形成一批主营业务收入过50亿元、100亿元的骨干企业。

（二）着力提升生态环境和人居环境。一要注重发挥“生态化”效益，全力推进国家重点生态功能区建设。2017年，我们编制了《泰山区国家重点生态功能区产业准入负面清单》，国家发改委正在对《负面清单》进行审核。2018年，我们要深入开展蓝天工程，严格落实水十条，认真执行河长制、田长制，实施山水林田湖综合治理等项目，开工建设泮河、明堂河、芝田河等水体生态修复工程，加大“散乱污”企业和畜禽养殖污染防治长效监管，打好污染防治攻坚战、违建治理歼灭战。建成用好智慧城管系统，大力实施乡村振兴战略，深入推进乡村文明行动，美丽乡村覆盖率达到85%以上。

二要注重发挥“一体化”效能，全力推进东部新城区建设。泰城东部上风上水，是泰城未来发展的主要阵地。特别是随着济泰高速公路的开通，东部优势越发明显。对东部进行高标准规划，高标准打造新城区是下一步市委、市政府和我们的工作重点。我们要借助济泰高速公路建设机遇，科学规划“十七横、十二纵”路网，将全区乡村旅游连绵带列入100个省级乡村旅游集群片区，建设产城融合、宜业宜居的组团式、生态化、节点式新型社区和新型园区，建成集旅游休闲、科技研发、高端制造、生态绿地为一体的现代化产业新城。

三要注重发挥“城市化”效应，全力推进棚户区改造工作。棚改工作是一项从中央到地方、自上而下，层层责任落实的重要政治任务，按照市委、市政府的要求，城中村改造工作三年内必须全部开工建设，全区各级各有关单位要把旧改、棚改作为今年工作的重中之重，抢抓三年政策机遇，以棚改的大突破，推动片区的大开发。目前，全区在规划区范围内有55个城中村，基本完成改造的11个、正在实施和部分完成的25个、还有19个村居未启动；规划区范围外市里明确了28个城边村，基本完成改造的3个、正在实施的3个、还有22个村未启动。从这些数字看，我们面临的棚改工作，任务重、压力大，必须强化责任担当，抓住机遇，背水一战。今年要在确保棚改项目新开工4027套、50万平方米的基础上，努力新增1000套，各街道镇、园区要对辖区内旧村改造项目进行细致梳理，制定好2018年~2020年旧村改造工作计划，确保三年棚改工作有序推进。各街道镇、园区作为棚改工作的责任主体，要认真研究，主动作为，结合实际，尽快确定实施方案、运作模式(包括自行改造、购买服务、招商引资、平台选择等)。今年是村两委换届后的第一年，各村社区要充分调查摸底，全面了解民意，科学评估测算，积极稳妥推进棚改和旧村改造工作。各相关部门、单位要加大融资力度，认真研究政策，多方争取政策补贴和银行贷款，全力支持棚改工作。

（三）着力强化科技创新和企业家队伍建设。“创新力”已成为驱动经济高质量发展的关键力量。一要强化科技平台建设。进一步完善山东泰山专利技术展示交易中心功能，召开第一届泰山区科技奖励大会，积极策划举办2018年驻泰高校技术成果展示交易推介会，将高校创新资源、科研院所的研究成果与企业的创新产品需求紧密连接，形成一条创新价值链。二要提升高新技术产业产值比重。新增国家级高新技术企业2家，总数达到35家；高新技术产业产值占规模以上工业总产值的比重达到52.51%，比2017年增长0.5个百分点。三要高度重视企业家队伍建设。企业家是创新创业的宝贵人才，是推动新旧动能转换的重要力量。我区企业家敢闯敢干，敢为天下先，特别能吃苦，为富强和美泰山区建设做出了突出贡献。作为党委政府要充分尊重企业家的市场主体地位。着力构建“亲”“清”新型政商关系，建立顺畅的双向沟通交流机制，积极帮助企业家解决实际问题。要加强对企业家队伍建设的组织领导，推动企业家队伍建设各项政策落地见效，特别是要认真落实《中共中央国务院关于营造企业家健康成长环境，弘扬优秀企业家精神，更好发挥企业家作用的意见》，为企业家成长创造良好环境，充分调动企业家创业的积极性、主动性、创造性。作为有关职能部门要精心组织对企业家的引导培训提升。要根据我区经济发展的特点，适应产业转型升级、企业创新发展、新旧动能转换等需要，适时举办主题鲜明、层次丰富、形式多样的专题培训班，为增强企业核心竞争力奠定坚实基础。要邀请金融、资本运营、企业战略等领域知名专家，与企业家研究交流产业发展、上市融资、企业管理等前沿核心问题，畅通企业长远发展通道。作为企业家要着力提升企业治理水平。要大力弘扬企业家精神，打造一支有信念、有实力、有信誉、有情怀的企业家队伍。要有开放的心态，进一步转变观念，拓宽国际视野，同行业之间、不同行业之间都要加强学习交流。要加快建立完善现代企业制度，健全公司治理结构，建立起符合规范要求的现代财务制度。要增强财务和金融风险意识，充分利用多层次资本市场，积极创造条件挂牌上市，提高直接融资比重。要坚持诚信为本，加强质量管理，强化品牌意识，增强社会责任感，加强企业环保工作，强化安全生产管理，积极投身公益慈善事业，为经济社会发展再立新功。

（四）着力优化营商环境。深入推进“放管服”改革，继续取消一批行政许可等权力事项，全面推进“互联网+政务服务”、“双随机一公开”监管和政务服务大厅“一窗受理，集成服务”，推行行政许可“三集中、三到位”运行机制，试点推进“证照分离”。积极推进全区政务服务平台建设，拓展网上服务渠道，进一步提升网办深度，力争全程网办率达到全市最好水平。制定出台《泰山区重点项目“绿色通道”管理办法》，开通重点项目和招商项目“绿色通道”。全面实行“一窗受理”业务模式。设置社会保险、市场准入、不动产登记、建设项目、社会事务五个领域一窗统办综合受理窗口，变“一事跑多窗”为“一窗办多事”，努力打造审批事项少、办事效率高、服务质量优和诚实守信的服务环境。

同志们，历史把我们推向新时代。时代时代，时不我待。抓住了就是属于我们的时代，抓不住就只有永远的等待。让我们紧密团结在以习近平同志为核心的党中央周围，在区委的坚强领导下，以学习贯彻党的十九大精神为动力，以习近平新时代中国特色社会主义思想为指导，只争朝夕，奋发作为，开拓创新，埋头苦干，为推动富强和美泰山区建设再创新佳绩做出新的更大的贡献！

2017年泰山区国民经济和社会发展统计公报

泰山区统计局

2017年，面对艰巨繁重的改革发展稳定任务，全区上下围绕建设富强和美泰山区的总目标，按照“一二三四五”的工作思路，拼搏实干，创新实干，经济社会发展再上新水平。

一、综合

国民经济稳中有进。初步核算，2017年全区生产总值为543.85亿元，按可比价格计算，同比增长7.01%（下同）。其中，第一产业增加值7.31亿元，下降23.13%；第二产业增加值183.7亿元，增长6.02%；第三产业增加值352.84亿元，增长8.42%。三次产业比重为1.34:33.78:64.88。

服务业发展态势平稳。全区始终把服务业发展作为“转方式、调结构”的主攻方向和经济工作的第一重点，全年服务业增加值占全区GDP的比重达64.88%，比去年同期提高0.44个百分点，对经济增长的贡献率为77.5%，拉动经济增长5.4个百分点，服务业朝着更有利于生产的方向发展，经济结构更为优化。

民营经济蓬勃发展。全区登记个体工商户发展到52301户，增长16.01%;从业人员120039人，增长18.87%;注册资金24.26亿元，增长26.37%。全区私营企业发展到19913户，增长19.81%;从业人员82109人，增长11.46%;注册资金286.34亿元。

二、农业

农业生产平稳发展。全年实现农林牧渔业增加值8.9亿元。其中，种植业实现增加值4.72亿元，增长2.9%；林业0.2亿元，增长5.2%；牧业2.32亿元；渔业0.07亿元；农林牧渔服务业1.59亿元，增长14.5%。

农牧产品产量稳中有降。据全面统计，全年粮食播种面积3.87万亩，总产为1.89万吨。全年蔬菜播种面积2.42万亩，总产为5.73万吨。全区肉类总产量6355吨，禽蛋产量1313吨。猪、羊、家禽存栏量分别为7347头、4051只、32.54万只，生猪和家禽出栏量分别为2.53万头和345.07万只。全区奶牛存栏达2259头，牛奶产量0.87万吨。

林业、农机、渔业、水利稳步发展。2017年完成更新造林580亩，发展经济林120亩，道路绿化32公里，全区义务植树达60万株，中幼林抚育10000亩，新增育苗600亩，苗木花卉面积达到12.56万亩。全区拥有农业机械总动力16.78万千瓦，增长3.1%，农作物耕、播、收综合机械化水平达到91.66%，机具配套比1:3，均居全市前列。机耕作业面积8347公顷，机播、机收面积分别为9659公顷、9808公顷。全区已建成水库17座，累计治理水土流失面积10.26千公顷，水利有效灌溉面积8.3千公顷，节水灌溉面积5.4千公顷。除险加固小（二）型水库3座，新建拦砂坝1座，新修防汛道路2.5公里。

三、工业和交通

工业经济平稳增长。全部工业实现增加值146.31亿元，按可比价格计算，增长6.82%，对经济增长的贡献率为26.2%。全区规模以上工业（全年主营业务收入2000万元以上的工业企业）增加值增长8.1%。其中，国有工业增长2.3%，股份制工业增长9.8%，外商及港澳台商投资工业增长8%，轻重工业分别增长7.1%和9.3%。

工业效益稳步提高。规模以上工业企业实现销售收入351亿元，下降9.24%;利润28.89亿元，下降6.94%;利税45.76亿元，下降10.28%；工业产品销售率达99.5%，产销衔接良好。完成出口交货值31.1亿元，增长14.32%。实现销售收入过亿元的企业51家、利税过千万元的企业48家。

装备制造业有所下降。规模以上工业企业中装备制造业企业达52家，占规模以上工业企业数54.17%；实现工业总产值161.26亿元，占规模以上工业总产值38.13%。

公路运输缓慢恢复。全年客运量1091.7万人，下降28.1%；旅客周转量110487万人公里，下降6.84%。货运量1426.12万吨，增长26.6%；

货物周转量为116225万吨公里，增长3.7%。公路通车里程（含国、省道）676.7公里。

四、固定资产投资和房地产业

固定资产投资增速放缓。全社会固定资产投资累计完成348.45亿元，增长3.0%。其中，第一产业完成投资1.27亿元，第二产业完成投资120.71亿元，第三产业完成投资226.47亿元。

投资结构不断优化。第三产业完成投资占全社会固定资产投资比重为65.0%，比第二产业投资占比高30.4个百分点。社会产业结构发生了很大的改变。与此同时，由于经济形势复苏明显，技改投资增速放缓。全区技改投资累计完成86.40亿元，比去年同期增长32.1%，成为第二产业投资的主要支撑力量。

房地产开发运行增长较快。全年房地产开发累计完成投资47.29亿元，下降19.3%；商品房销售面积为79.31万平方米，增长53.9%。商品房屋销售额56.17亿元，增长52.1%。

建筑业生产与效益稳步提高。全年建筑业实现增加值37.39亿元，按可比价格计算，增长11.70%。全区具有资质建筑业企业74家，完成总产值79.88亿元，增长5.15%。其中竣工产值39.64亿元，下降18.01%。房屋建筑施工面积645万平方米，增长6.90%。

五、国内贸易和物价

消费品市场繁荣活跃。全区实现社会消费品零售总额376.81 亿元，增长9.9%；限额以上社会消费品零售总额202.24亿元，增长4.32%，占全社会消费品零售总额的53.7%。其中批发业实现零售额0.16亿元，下降59.32%；零售业实现零售额165.71亿元，增长4.35%，两者占全部零售额的82%。住宿业实现营业额6.91亿元，下降12.54%；餐饮业实现营业额29.55亿元，增长10.08%。

物价水平低位运行。居民消费价格累计上涨1.8%。八大类价格同比六涨二降。衣着、居住、生活用品及服务、交通和通信、教育文化和娱乐、医疗保健价格分别上涨6.2%、1.7%、1.4%、1.8%、2.8%和6.4%。食品烟酒价格下降0.8%，其他用品和服务价格下降0.1%。2017年，工业生产者出厂价格上涨8.7%，涨幅比上月回落1.4个百分点。

六、对外经济

对外贸易企稳回升。全区进出口总额53.68亿元，增长18.7%。其中，出口42.23亿元，增长34.5%；进口11.45亿元，增长34.5%。贸易顺差为30.78亿元。外商直接投资中，合同利用外资595908万元，实际利用外资46868万元。对外承包和劳务合作继续扩大，全区完成对外承包工程合同额19564万美元，营业额14247万美元，派出各类劳务人员1511人次，实现境外投资实际投资5594.8万美元。

七、财政和金融

财政收支运行平稳。全区实现财政总收入30.86亿元，增长5.3%。其中，各项税收28.26亿元，增长10.95%，占地方财政收入的比重为91.57%。其中，国税完成14.56亿元，增长8.5%，地税完成15.52亿元，增长11.06%。全区财政总支出23.50亿元，增长9.05%，其中，民生支出17.65亿元，增长0.99%，占总支出的75.1%。

金融保险业稳健运行。金融机构年末各项存款余额为285.1亿元，比年初增长5.6%。其中，城乡居民储蓄余额206.2亿元，比年初增长0.7%。各项贷款余额为181.73亿元，比年初增长7.2%。

八、科技和教育

科技事业成果丰硕。全区申报市级以上各类科技计划项目58项，立项49项，争取无偿资金1220.75万元，其中省级立项22项，争取资金1045.68万元；市级立项27项，争取资金175.07万元。科技成果评价2项。全年发明专利申请量877件，其中发明专利授权量266件，申请量和授权量均位居全市第一。

教育事业有序推进。8所中等职业学校在校生15780人，专任教师637人；4所高中在校生19184人，专任教师1613人；21所普通初中在校生35945人，专任教师2384人；54所小学在校学生41445人，专任教师2044人；幼儿园176所，在园儿童27011人，专任教师2047人；特殊教育学校2处，在校生268人，专任教师109人。

九、卫生、文化体育、广播电视和安全生产

卫生保健服务不断提升。全区拥有卫生机构

478所（不含计生机构和村卫生室，下同）。其中，医院39所，疾病预防控制机构3所，妇幼保健机构2所，专科疾病防治院（所、站）1所，卫生院3所，社区卫生服务中心（站）68所，门诊部（所）356所。各类卫生机构拥有床位11257张，卫生技术人员10992人，其中，执业（助理）医师4497人，注册护士5755人。

文化档案事业稳步推进。全区拥有公共图书馆1个，群众文化馆1个，文物保护管理所1个。拥有艺术表演团体23个，艺术表演场馆1个；街道镇综合文化站7处，社区村综合文化服务中心187处，农家书屋120家。全年举办各类群众性文化活动150余项，参与区民群众30万人次。国家二级综合档案馆1个，馆藏档案总量165882卷（件），本年利用档案1622卷、465件、2017人次。

体育事业再创新高。全年共组织开展各类群体活动333项，发展城区健身俱乐部1家，向市体校及各训练中心输送运动员48人，完成体育彩票销售额5780万元，创体彩公益金130万元。

广播电视事业蓬勃繁荣。全年一套广播电台自办节目，全年播出6570小时，广播人口综合覆盖率100%，数字电视用户16万余户。广播电视通村率100%，有线电视入户率68%以上。

安全生产形势持续稳定。2017年未发生亡人的安全生产事故，安全生产形势保持了持续稳定。

十、居民生活、就业、社会保障和人口

城乡居民生活不断改善。2017年，全区居民人均可支配收入为35403元，增长8.3%。其中，城镇居民人均可支配收入为37962元，增长7.8%。农村居民人均可支配收入为16701元，增长8.7%。年末城镇居民人均拥有房屋面积31平方米。全区农村居民人均拥有房屋面积达到43平方米。

就业局势总体稳定。2017年，全区实现新增就业7114人，完成年计划的116.6%，其中下岗失业人员再就业5314人，完成年计划的129.6%，特因人员再就业411人，完成年计划的108.2%；城镇参加养老保险的新增就业人数6612人，完成年计划的116%；新增农村劳动力转移就业4206人，新增小额贷款5160万元，扶持创业1710人；城镇登记失业率为2.08%，低于3.5%的控制指标。

社会救助体系进一步完善。全区各种社会福利收养性单位数增加到6个，拥有床位1040张，年末收养人数388人。其中，敬老院2处，供养床位130张，集中供养45人，农村五保供养人员105人；老年公寓4处，床位910张，实际入住老年人数238人。

社会保障体系更加健全。全区收缴各项保险费16.65亿元，增长9.32%。城镇职工养老、失业、医疗、工伤和生育保险参保人数分别达到10.4万人、4.5万人、9.5人、8.5人和10.1人，收缴保险费分别为5.92亿元、0.16亿元、2.29亿元、0.17亿元和0.21亿元，五大险种的社会保险费收缴率100%。调整提高各项社会保险待遇水平，全区发放各项社会保险金14.88亿元，增长12.22%，企业离退休人员养老金社会化发放率保持100%。城乡居民养老保险有效参保达110549人，当年收缴保费1857万元，发放8081万元。城乡居民医疗参保人数406107人，收缴保费7253万元。

城乡低保水平稳步提高。全区最低保障救助3719户、6559人，发放低保金2387万元；其中城镇2113户、3785人，发放低保金1629.6万元;农村1606户、2774人，发放低保金757.4万元。

人口保持低速增长。据计划生育部门统计，辖区内人口全年出生8060人，死亡1798人，出生率12.7‰，死亡率2.8‰，自然增长率9.9‰；男女出生性别比为107.8。据统计，年末辖区内常住人口74.35万人。

注：

1. 本公报中部分数据为初步统计数或快报数。

2. 本公报所列生产总值、各产业增加值绝对数，按当年价格计算，增长速度按可比价格计算。

3. 本公报中，部分数据为在地统计后市区数据。

4. 本公报中，部分数据为两区划转调整后数据。